本书系国家社科基金项目（批准号：14BZW059）研究成果
出版受"杭州师范大学人文社会科学振兴计划项目"资助

张兴武 著

宋代士人的家学、婚姻与诗文创作

中国社会科学出版社

图书在版编目(CIP)数据

宋代士人的家学、婚姻与诗文创作/张兴武著. —北京：中国社会科学出版社，2021.5（2021.11重印）
ISBN 978-7-5203-7916-8

Ⅰ.①宋⋯　Ⅱ.①张⋯　Ⅲ.①知识分子—研究—中国—宋代　Ⅳ.①D691.71

中国版本图书馆 CIP 数据核字（2021）第 027746 号

出 版 人	赵剑英
责任编辑	郭晓鸿
特约编辑	杜若佳
责任校对	师敏革
责任印制	戴　宽

出　　版	中国社会科学出版社
社　　址	北京鼓楼西大街甲 158 号
邮　　编	100720
网　　址	http://www.csspw.cn
发 行 部	010-84083685
门 市 部	010-84029450
经　　销	新华书店及其他书店
印　　刷	北京明恒达印务有限公司
装　　订	廊坊市广阳区广增装订厂
版　　次	2021 年 5 月第 1 版
印　　次	2021 年 11 月第 2 次印刷
开　　本	710×1000　1/16
印　　张	24.5
插　　页	2
字　　数	339 千字
定　　价	138.00 元

凡购买中国社会科学出版社图书，如有质量问题请与本社营销中心联系调换
电话：010-84083683
版权所有　侵权必究

目 录

绪论 ……………………………………………………………（1）

第一章　两宋文学生态研究的新领域 ………………………（15）
 一　家族与家学的历史属性 …………………………………（15）
 二　宋人家学的内涵及特点 …………………………………（24）
 三　宋代婚姻观念的法理与实践 ……………………………（41）

第二章　望族家学以婚姻为纽带的传承与互动 ……………（52）
 一　新世族家学的创建与坚守 ………………………………（53）
 二　文化望族之间的姻缘扭结 ………………………………（67）
 三　以婚姻为媒介的家学融通 ………………………………（78）

第三章　渭阳之情与两宋士人的家学传承 …………………（88）
 一　昔在舅氏育我诸孤 ………………………………………（89）
 二　甥舅从来多酷似 …………………………………………（94）
 三　甥舅之学的似与不似 ……………………………………（101）

第四章　理学宗派与家传之学 ………………………………（108）
 一　河南程氏：明理尽性格物致知 …………………………（109）
 二　武彝胡氏：强学力行志于康济 …………………………（120）

三　婺源朱氏：四世名儒文质彬彬 …………………………（129）
　　四　金溪陆氏：悟得本心六经注我 …………………………（138）
　　五　成都范、苏：经史相辅以古鉴今的家学典范 …………（149）

第五章　文学家族的家学与婚姻 ……………………………（166）
　　一　盐泉苏氏：孟母之教翰林才情 …………………………（167）
　　二　常州葛氏：进士之家抱道履德 …………………………（185）
　　三　鄱阳洪氏：馆阁父子词科兄弟 …………………………（204）
　　四　富阳谢氏：丹桂青松锦绣相迭 …………………………（221）
　　五　新喻刘氏与绩溪胡氏：文学世家的盛衰得失 …………（238）

第六章　苏州范氏家学及周边诸问题 ………………………（263）
　　一　范氏家学的核心要义 ……………………………………（263）
　　二　敦伦睦族与忧及天下 ……………………………………（270）
　　三　师友传承及联姻互动 ……………………………………（276）

第七章　分宁黄氏的婚姻与家学 ……………………………（284）
　　一　分宁黄氏的文学世系 ……………………………………（285）
　　二　山谷诗中的舅氏、外舅与诸甥 …………………………（303）
　　三　黄氏家学内涵的变与不变 ………………………………（318）

第八章　陆氏家学与渭南文章 ………………………………（338）
　　一　山阴陆氏之家学渊源 ……………………………………（339）
　　二　援据精详的史法传承 ……………………………………（347）
　　三　经史之学与渭南散文 ……………………………………（360）

参考书目 ………………………………………………………（374）

绪　　论

唐、宋两代政治文化及文学生态之异同，前贤讨论已深，其视角之多变，论点之纷繁，颇有可瞩目者。唯家学与婚姻两端涉足者既少，研究迄今仍未能深入。实际上，家族之学内涵极其广博，其显著者，或专精经史注疏与义理发明，或探究典章文物之因革损益，或雅好金石书画，或究心诗文歌赋，累世相传，各具姿彩。家学的传承主要在族内成员间进行，但随着婚姻关系的延展，诸甥、诸婿亦可成为家学扩播的生力军。于是，家学与婚姻遂成为影响诗文创作的重要生态因素。

近年来，有关宋代家族文学个案研究的著作陆续面世，[①] 诸家所述虽然资料翔实，新见迭出，却很少触及家学、婚姻与文学创作的深层思致，譬如宋人家学的个性化特质，不同家学之间以师友、婚姻为纽带的传承与互动，以及家学、婚姻关涉诗文创作的内在逻辑等。[②] 事实上，两宋文学生态中诸多要素之间的互动逻辑更像是鱼龙腾渊、燕雀横空，形影支离，根盘节错，鲜有能清晰把捉、深度理会者。相对而言，史学探索涉及宋代家族、婚姻以及相关的法律制度、家法家规乃至文化

[①] 如李贵录《北宋三槐王氏家族研究》，齐鲁书社2004年版；刘焕阳《宋代晁氏家族及其文献研究》，齐鲁书社2004年版；汤江浩《北宋临川王氏家族及文学考论——以王安石为中心》，人民文学出版社2005年版；张剑《宋代家族与文学——以澶州晁氏为中心》，北京出版社2006年版；何新所《昭德晁氏家族研究》，上海古籍出版社2006年版；张剑、吕肖奂、周扬波《宋代家族与文学》，中国社会科学出版社2009年版。

[②] 如陶晋生《北宋士族：家庭·婚姻·生活》，中研院历史语言研究所专刊之一〇二。

交流等，① 其部分结论对考察诗文作者的术业传承提供了借鉴。由此联想到，假如研究者能够淡化文学、史学及哲学之间的学科独立性，不着意强调各个学科在内涵、对象及方法等方面的排他性，充分尊重研究对象的"整体智慧"，其研究过程或许更容易达到血脉流畅、筋骨相亲的从容境界。

类似的研究还须克服文学史叙事的影响，即避免程式化、概念化乃至"典型"说教的弊端，不以单调贫弱的社会阶层理论以及简单粗糙的"运动"思维来阐释文学发展的过程和规律。此外，近年来形形色色的"汉学"做派令人眩目，不少学者已经习惯用逻辑推理替代艺术审美，其研究成果往往充斥着盲人摸象式的臆测和论说。相比之下，我们更注重经史融通的求是传统，即准确把握相关作家的家学内涵，深入解读姻缘关系作用于诗文创作的厚重隐情，有效提高文本解读的能力和水平，充分尊重诗文评资料的原始意涵，积极拓展自在从容的审美想象。

宋人家学涉及哪些领域，家学传承的动因与保障如何，家学与婚姻之间的关联互动需要怎样的人伦契机，如何理解文学创作与家学、婚姻之间密切相关的深层逻辑，所有这些，只有将宏观研究与个案考察紧密结合起来方能解答。本书探索例属文学生态研究的范畴，其价值考量理性而客观。

首先，两宋士人的家学和婚姻，深刻影响诗文创作与批评的诸多层面，相关的梳理与考索，不仅能拓展文学研究的视野和空间，更能生动再现研究者不曾留意的奇妙细节，为文学史叙事增添许多极富情韵的画面和解说。

作家审美趣味的多元与丰富，首先养成于转益多师的学习过程，在分科教育尚未实现之前，父兄之教与师友传授最具渊源。譬如，有唐文章既

---

① 如徐扬杰《宋明家族史论》，中华书局 1995 年版；张邦炜《宋代婚姻家族史论》，人民出版社 2003 年版；邢铁《宋代家庭研究》，上海人民出版社 2005 年版；王善军《宋代宗族和宗族制度研究》，河北教育出版社 2000 年版；柳立言《宋代的家庭和法律》，上海古籍出版社 2008 年版；黄宽重、刘增贵主编《台湾学者中国史研究论丛·家族与社会》，中国大百科全书出版社 2005 年版。

脱胎于六朝，骈词俪句遂造就无数名公圣手。作为当时文人普遍效习和模仿的对象，《文选》中的骈文名篇深受推重，该书之经典价值因此确立。高宗显庆三年（658）时任崇贤馆直学士兼沛王侍读的李善"勉十舍之劳，寄三余之暇，弋钓书部，愿言注缉"①，撰成《文选注》六十卷，嘉惠文艺之林，助益诗文之作；杜甫所谓"呼婢取酒壶，续儿诵《文选》"即为显证②。善子李邕，颇能传承家学，骈体俪作秀逸于时。《旧唐书》本传称："李邕，广陵江都人。父善，尝受《文选》于同郡人曹宪。后为左侍极贺兰敏之所荐引，为崇贤馆学士。转兰台郎。敏之败，善坐配流岭外。会赦还，因寓居汴、郑之间，以讲《文选》为业。年老疾卒。所注《文选》六十卷，大行于时。邕少知名。长安初，内史李峤及监察御史张廷珪，并荐邕词高行直，堪为谏诤之官，由是召拜左拾遗。"颇得宋璟等人的赏识。天宝初为汲郡、北海二太守。"邕早擅才名，尤长碑颂。虽贬职在外，中朝衣冠及天下寺观，多赍持金帛，往求其文。前后所制，凡数百首，受纳馈遗，亦至巨万。时议以为自古鬻文获财，未有如邕者。"③另据封演《封氏闻见记》卷三载：开元初"选人王翰颇攻篇什，而迹浮伪，乃窃定海内文士百有余人，分作九等，高自标置，与张说、李邕并居第一，自余皆被排斥"④。按：李峤与杜审言、崔融、苏味道皆以骈辞获誉，被称为"文章四友"；苏颋、张说所为诏令雍容华美，时号"燕许大手笔"。李邕能与这几位骈文大家并驾齐驱，其特长与成就可想而知。骈文作家如此，"古文"作家亦有相似者。以韩愈为例，其家学之传不仅泽及子孙，更延及诸婿。愈孙绾、衮，子昶，皆有文名。韩绾为咸通四年（863）进士，是年知举者乃右常侍萧仿，柳子厚之子告与韩文公之孙绾俱名列榜中。⑤ 韩衮咸通

---

① 李善：《唐李崇贤上文选注表》，萧统编，李善注：《文选》，上海古籍出版社1986年版，第4页。
② 杜甫：《杜诗详注》卷一四《水阁朝霁奉简严云安严明府》，仇兆鳌注，中华书局1979年版，第1248页；同书卷一七《宗武生日》，第1477页。
③ 刘昫等：《旧唐书》卷一九〇中《李邕传》，中华书局1975年版，第5039—5043页。
④ 封演撰：《封氏闻见记校注》卷三，赵贞信校注，中华书局2005年版，第22页。
⑤ 王定保：《唐摭言》卷一四，中华书局1959年版，第158页。

七年（866）状元及第，是年赵隐知贡举①。愈之女婿李汉、侄女婿李翱，皆以"古文"获誉。史载"汉字南纪，宗室淮阳王道明之后"；"文宗即位，召为屯田员外郎、史馆修撰。汉，韩愈子婿。少师愈为文，长于古学，刚讦亦类愈"②。李翱"始从昌黎韩愈为文章，辞致浑厚，见推当时"③；娶韩弇之女为妻，愈之侄也④。邕善骈辞，名随李峤、张说后；绾、衮传承家学，皆得进士及第；汉、翱师承韩愈，又以"古文"名家，凡此，皆为传承家学而卓有成就者。胡应麟尝曰："韩文公子昶，虽有'金根车'之讥，而昶子绾、衮皆擢第，衮为状元。君子之泽远矣！"⑤复云："昌黎子昶，颇负不慧声，然亦举进士。而二婿李汉、蒋系，并为史官，名重一时。今但知有汉而已。按系，蒋荐子，属辞典实，有父风。尝理宋申锡之冤，举朝称其鲠亮，则其人尤可重也。李翱二婿皆显，三甥入相，而子无闻。"⑥事实上，唐代作家像李善、韩愈那样能够创建一家之学且有人传承者比比皆是，而家学、婚姻关涉文学发展的种种鲜活景象也格外动人。

北宋建国之后，新型的名门望族在奋斗与积累中不断产生。他们既无世袭特权，也没有土地屋宇等恒产，绝大多数只能经由科举、仕宦立业起家，光耀门庭。望门子孙欲求"门阀不坠"⑦，便只能依靠"诗书传家"。在此背景下，士大夫家学的兴盛遂成必然。不过，和唐人相比，宋人家学遍涉经学、史学、天文地理、典章制度、金石书画、佛老杂学、举业辞章以及诗艺文法等众多领域，包融既广，内涵亦丰。另一方面，宋人家学的传播链条也普遍长于唐人，其承接主体不再局限于族内成员，而是上下延

---

① 《唐摭言》卷一二，第142页。
② 《旧唐书》卷一七一《李汉传》，第4454页。
③ 欧阳修：《新唐书》卷一七七《李翱传》，中华书局1975年版，第5282页。
④ 韩愈：《与孟东野书》，马其昶：《韩昌黎文集校注》卷二，上海古籍出版社1986年版，第138页。
⑤ 王应麟：《困学纪闻》卷一四，上海古籍出版社2008年版，第1640页。
⑥ 胡应麟：《诗薮·外编》卷四，上海古籍出版社1979年版，第201页。
⑦ 苏颂：《苏魏公文集·丞相魏公谭训》卷三，中华书局1988年版，第1135页。

伸，惠及诸甥、诸婿。此外，两宋妇女也为丰富家学贡献良多，如程颢、程颐的母亲"好读书史，博知古今"，"识虑高远，有英雄之气"，还有诗作传世。① 李公择妹、洪鲁妻文城县君李氏，"治《春秋》，博学能文，所作诗甚多。公择挽诗云：'久历金门贵，未酬黄屋知。如闻天禄客，抱恨作铭诗。'"② 公择另一妹、王之才妻崇德郡君李氏，"能临松竹木石，见本即为之。曾临文与可纡竹及着色偃竹，米元章莫能辨。山谷亦有题姨母李夫人纡竹、偃竹及墨竹图歌诗载集中"③。有许多文学女性都值得敬重，如曾巩《夫人周氏墓志铭》曰："夫人讳琬，字东玉，姓周氏，父兄皆举明经。夫人独喜图史，好为文章，日夜不倦，如学士大夫，从其舅邢起学为诗。既嫁，无舅姑，顺夫慈子，严馈祀，谐属人，行其素学，皆应仪矩。有诗七百篇，其文静而正，柔而不屈，约于言而谨于礼者也。昔先王之教，非独行于士大夫也，盖亦有妇教焉。故女子必有师傅，言动必以《礼》，养其德必以《乐》，歌其行，劝其志，与夫使之可以托微而见意，必以《诗》。此非学不能，故教成于内外，而其俗易美，其治易洽也。兹道废，若夫人之学出于天性，而言行不失法度，是可贤也已。"④ 毫无疑问，创造主体与受益人群的显著增加，已经彻底改变了宋人家学的训习和传播方式，使之更加开放，并由此成为社会教育的有机组成。

其次，通过家学与婚姻的深细考察，不仅能准确捕捉到作家审美个性锻炼养成的初始动因，更容易把握蕴涵着血脉亲情的文艺发展场景。从某个角度讲，由父子、祖孙、甥舅、翁婿等亲缘关系钩织的文学网络，处处彰显着人性之善、人情之美，为文学史叙事提供了许多鲜活的细节。

唐代文学史研究者多未顾及作家的家学传承，所谓"世族"研究大多

---

① 程颐：《上谷郡君家传》；曾枣庄、刘琳编：《全宋文》，上海辞书出版社、安徽教育出版社2006年版，第80册，第356页。
② 江少虞：《宋朝事实类苑》卷三八，上海古籍出版社1981年版，第496页。
③ 朱谋垔：《画史会要》卷二，《景印文渊阁四库全书》，台湾商务印书馆股份有限公司1986年版，第816册，第479页上。
④ 曾巩：《曾巩集》卷四五，中华书局1984年版，第613页。

着眼于名门世族的久远历史、地域分布、政治特权、文化优势以及时代影响等。虽说唐代三百余年间以文学获誉的名门望族远不及宋代之多，但其家学内涵及传承轨迹仍有可瞩目者。胡应麟《诗薮》云："唐诗赋程士，故父子兄弟文学并称者甚众，而不能如汉、魏之烜赫。至祖孙相望，则襄阳之杜，亦古今所无也。世所共知二贾、二苏、三王、五窦外，他或以爵位勋名掩之。结夏杜门，永昼如岁，呻吟之暇，漫疏其略于后。"他还列举了父子、兄弟、祖孙、父子兄弟、父子祖孙及"夫妇俱能诗"的多种情形，例曰："自昔兄弟齐名者众矣，未有五人俱出仕而俱能诗者，唐窦氏是也。自昔姊妹并称者有矣，未有五人俱入宫而俱能诗者，唐宋氏是也。而窦之父叔向，宋之父廷芬，皆以文学称，尤异中之异也。窦四子俱登第，独群处士官最达，几至宰相。宋五女俱尚宫，独一男质最下，白首编氓。事固有不可知者。"① 胡元瑞即兴而发的"戏论"之词，实际隐含着唐代士人家学传承的重要信息。此后胡震亨撰《唐音癸签》，有感于"家之盛者，固可慕；遇之穷者，犹可引而自慰"，故"爰稍增订"②，使记载更为详备。有学者认为"家学"研究势必会涉及经学和史学，这已经超出了文学史考察的范畴，难免会陷入"为文化史打工"的困境。其实，除了文学的"艺术"性及文学研究区别于史学、哲学的学科特点之外，家学、婚姻关涉心灵人格的内在因素还有很多。

与唐人相比，两宋士人重学识、重议论、重积淀的习尚追求与家学、婚姻的关系更为密切。张端义尝谓"本朝大儒皆出于世家"③，其说虽不够周延，但望门子弟引领学术探索及文学创作的情形的确不可否认。与此同时，"昔在舅氏，育我诸孤"④ 的深切追忆，"我初知书，许以远器。馆我甥室，饮食教诲。道德文章，亲承讲画。有防有范，至今为则"⑤ 的翁婿

---

① 《诗薮·外编》卷三《唐上》，上海古籍出版社1979年版，第167、170页。
② 胡震亨：《唐音癸签》卷二八，古典文学出版社1957年版，第241—243页。
③ 张端义：《贵耳集》卷上，《丛书集成初编》第2783册，第9页。
④ 黄庭坚：《又将葬祭文》，《全宋文》第108册，第178页。
⑤ 黄庭坚：《祭外舅孙莘老文》，《全宋文》第108册，第171页。

情怀，也为宋代文学增色不少。

再次，家学及婚姻两大要素的介入，为文学流派考察提供了许多珍贵线索。在家学兴盛的时代，诗文艺术的传承首先是耳提面命的结果；骚人才士的联姻，又为不同家学之间的交流互动提供了方便。

研究唐宋诗歌的艺术转型轨迹，"学人之诗"不可遗缺。李商隐、韩偓、吴融等人将"四六"技法运用于近体律绝创作，绮丽典雅，精切工稳，此后以学问为诗者多能承其余绪。李商隐初从令狐楚游，得授文法，及王茂元镇兴元，"素爱其才，表掌书记，以子妻之"。"商隐工诗，为文瑰迈奇古，辞难事隐。及从楚学，俪偶长短，而繁缛过之。每属缀多检阅书册，左右鳞次，号'獭祭鱼'。而旨能感人，人谓其横绝前后。"[1] 韩偓父瞻，与李商隐同登开成四年（839）进士第，又同为王茂元女婿。李商隐所谓"留赠畏之"者[2]，即韩瞻字。韩、李两家以姻缘故，遂成同好，其以"四六"为诗的传统亦延及韩偓。《唐摭言》卷六云：韩偓谪官入闽，有诗曰："手风慵展八行书，眼暗休看九局图。窗里日光飞野马，案前筠管长蒲卢。谋身拙为安蛇足，报国危曾捋虎须。满世可能无默识，未知谁拟试齐竽。"[3] 此诗偶对工稳，诗律精确，句句用典，乃是以"四六"为诗的典范。吴融与韩偓同年登第，又同为翰林学士，其"才力浩大，八面受敌，以八韵著称，游刃颇攻骚雅"[4]，在诗风方面亦与韩偓相仿佛。方回尝曰"吴融、韩偓同时，慨叹兵戈之间，诗律精切，皆善用事"[5]，所言不虚。

李商隐从游令狐楚，吴融、韩偓同掌"内翰"，他们对诗文法度的切磨缘于师友之谊；韩、李两家则是以婚姻为纽带，彼此借鉴。类似的情形

---

[1] 傅璇琮主编：《唐才子传校笺》卷七，中华书局1990年版，第264—277页。
[2] 朱鹤龄：《玉溪生诗集笺注》卷二，上海古籍出版社1979年版，第534页。
[3] 《唐摭言》卷六，第68、69页。
[4] 《唐摭言》卷一〇"李洞"条，第109页。
[5] 方回选评，李庆甲集评校点：《瀛奎律髓汇评》卷三二，上海古籍出版社2005年版，第1367页。

在唐、宋文学史上还有许多，譬如，宋初大儒杨徽之"文学之外长于吟咏，历宰二邑，周旋数载，凡游赏宴集良辰美景，必有雕章丽句传诵人口，或刊于琬琰，或被于筦弦，岐陇巴蜀之间，盖金相而玉振矣"①。他既能将多识典故、善诗能文的家学修为传递给族孙杨亿，又能恩及女婿宋皋、外孙宋绶，最终成就宋氏父子典司纶诰的丰功伟业。放眼两宋，像杨徽之这样将家学传承与姻缘血脉纽结在一起的硕学鸿儒比比皆是，由此形成的诗文流派也举不胜举，只要用心梳理，深加考量，两者之间或隐或显的内在联系便不难把握。

第四，唐、宋士人的家学内涵颇多差异。唐人多以诗学传家，各家之学在"诗法""诗格"方面的传承熏陶颇为近似；宋人大多偏好学问，以经学和史学为基础的家学传承特别强调"根底"。家学内涵的丰富与否，深刻制约着诗文作者的审美判断和艺术取向，故宜深加瞩目。

宋人之所以讥笑唐人浅识，或与其不同于唐贤的学养观念及审美追求有关。如葛立方称："郑綮诗思在灞桥风雪中驴子上，唐求诗所游历不出二百里，则所谓思者，岂寻常咫尺之间所能发哉。"复云："孟郊诗云'食荠肠亦苦，强歌声无欢。出门即有碍，谁谓天地宽'，许浑诗云'万里碧波鱼恋钓，九重青汉鹤愁笼'，皆是穷蹙之语。"②《老学庵笔记》卷六则称："世言荆公《四家诗》，后李白，以其十首九首说酒及妇人，恐非荆公之言。白诗乐府外，及妇人者实少，言酒固多，比之陶渊明辈，亦未为过。此乃读白诗不熟者，妄立此论耳。《四家诗》未必有次序，使诚不喜白，当自有故。盖白识度甚浅，观其诗中如'中宵出饮三百杯，明朝归揖二千石'，'揄扬九重万乘主，谑浪赤墀金锁贤'，'王公大人借颜色，金章紫绶来相趋'，'一别蹉跎朝市间，青云之交不可攀'，'归来入咸阳，谈笑皆王公'，'高冠佩雄剑，长揖韩荆州'之类，浅陋有索客之风。集中此等语至多，世俱以其词豪俊动人，故不深考耳。又如以布衣得一翰林供

---

① 杨亿：《杨公行状》，《全宋文》第 15 册，第 11 页。
② 葛立方：《韵语阳秋》卷二，《丛书集成初编》第 2553 册，第 16、17 页。

奉，此何足道，遂云'当时笑我微贱者，却来请谒为交亲'，宜其终身坎壈也。"① 其实，诗语之"浅识""穷蹙"，说到底还是学问积累不够丰厚，若从家学传承的角度看，这也是唐人通病。或许正因如此，胡应麟在叙述刘氏家学时才感叹说："刘知几兄弟八人俱有文学，而父藏器，从父廷祐，并显名。唐史知几父子咸富著述，二孙滋、浃，又能世其家。一门之盛，终唐世未有也。"② 假使李唐望族中"父子咸富著述"的情形更多一些，那么唐诗究能展示怎样的风采或另当别论。

相对而言，宋人家学不仅内涵丰富，涉及的范围和领域也更加广泛。以家传"理学"者为例，河南"二程"从"天理"出发，主张"天理"和"人欲"相互对立，充分肯定"性"有善恶，教人加强"格物致知诚意正心修身"③的内在修养；其有关"作文害道""玩物丧志"④的价值判断，进一步加重了文、道对立的态势。以胡安国、胡宏、胡寅及胡宪为代表的"武彝胡氏"虽亦坚守道学，但相对于河南程氏，他们更重视史学。该族学人皆主张"性"无善恶，强调"力行"与"康济"。在江西抚州之金溪，陆九渊兄弟创建"心学"，将"吾心"与"宇宙"消融合一，明确提出"吾心即是宇宙"，⑤反复强调"存心、养心、求放心"的为学之道⑥。在学术上，他们明确认定"伊川之言与孔孟不类"⑦，进而宣称"学苟知本，六经皆我注脚"⑧。这种雄姿英发的主体精神，明显超越了程、朱各家。都是理学名族，程、胡、陆三家的家学同异互见，风采各别，至有南辕北辙不相容让者。道学领域尚且如此，其他以典章文物、诗文创作为家学者，其内容差异之悬殊，价值取向之多元，更待智者而辨。

---

① 陆游：《老学庵笔记》，中华书局1979年版，第79页。
② 《诗薮·外编》卷三《唐上》，第170页。
③ 朱熹：《朱子语类》卷一四"或问明明德"条，中华书局1988年版，第264页。
④ 程颢、程颐：《二程遗书》，上海古籍出版社2000年版，第290、291页。
⑤ 《陆九渊集》卷二二《杂说》，中华书局1980年版，第273页。
⑥ 《陆九渊集》卷五《与舒西美》，第64页。
⑦ 吴杰：《象山集序》，《景印文渊阁四库全书》第1156册，第240页上。
⑧ 《陆九渊集》卷三四《语录上》，第395页。

两宋士人的家学修养，为文学创作提供了取之不尽的艺术源泉，四六骈文的创作即其显例。陈寅恪先生尝曰："就吾国数千年文学史言之，骈俪之文以六朝及赵宋一代为最佳。"① 宋代文人博通经史，熟知典故，精于偶对，其四六骈辞亦呈现出精切绚烂的艺术魅力。再如诗歌创作。严羽曾拿唐诗与宋诗相比较，谓"盛唐诸人惟在兴趣，羚羊挂角，无迹可求。故其妙处透彻玲珑，不可凑泊，如空中之音，相中之色，水中之月，镜中之象，言有尽而意无穷。近代诸公乃作奇特解会，遂以文字为诗，以才学为诗，以议论为诗。夫岂不工，终非古人之诗也。盖于一唱三叹之音，有所歉焉。且其作多务使事，不问兴致；用字必有来历，押韵必有出处，读之反复终篇，不知着到何在。……诗而至此，可谓一厄也"。② 后人对此颇有同感，并从不同角度加以理解，如胡震亨曰："唐诗不可注也。诗至唐，与《选》诗大异，说眼前景，用易见事，一注诗味索然，反为蛇足耳。"③ 其虽未言及宋诗，但宋诗需注释而后可读早已是人尽皆知的事。除了以学问为诗的整体特点，不同流派的宋诗创作各具风采，不同作家的诗文作品也自成个性，其中虽有师友传承之异，但不同家学的熏陶更能潜移默化。是知有关宋人宋诗的讨论必当叩及家学，否则便难免给人留下"隔着一层"的虚浮感。

　　学术探索的意义在于超越，而创新研究的动力往往源自研究对象的神秘和未知。为了充分挖掘和展示宋人家学、婚姻关涉文学创作的种种动力和情致，相关讨论必须尊重以下基本思路。

　　其一，宋人家学的成熟与其家族的发展大体同步，是故家学讨论必须与相关家族史的考察结合起来。两宋望族数量虽多，但家有学术、根株分明者却屈指可数；唯有家学内涵清晰且传承有序者，方具讨论价值。

　　宋人家学所包涵的"人智之活动与文化之多方面"，④ 确实达到了空前

----

① 陈寅恪：《寒柳堂集·论再生缘》，上海古籍出版社1980年版，第64页。
② 严羽著，郭绍虞校释：《沧浪诗话校释》卷一《诗辨》，人民文学出版社1983年版，第26页。
③ 胡震亨：《唐音癸籤》卷三二，古典文学出版社1957年版，第280页。
④ 王国维：《王国维遗书》第五册《宋代之金石学》，上海书店1983年版，第70页。

绝后的水平。即北宋而言，自庆历至元祐，众多家族的兴盛，各种家学的交会融合，可谓目不暇接。不管是"乐以天下，忧以天下"的"苏州范氏"，以"象数"《易》学为特长的"河南邵氏"，还是以博学儒雅、笃信释老而著称的"昭德晁氏"，或者是因"尚权变""重人情"而受到指责的"眉州苏氏"，都不乏唯"道"是求的执着与自信。这些以学术智慧而称盛的名门望族，即便其主要成员身遭贬斥，祸及宗亲，子孙后代为真理而献身的人格自觉也会赢得世人尊重。这些学有根底且骨干成员在诗文创作方面卓有建树的名门望族，理应成为考察重点。

其二，超越史家成说，重新探讨"婚姻"与"阀阅"的时代内涵，进一步明确"婚姻"实践作用于家学传承的有效途径，将"婚姻"考察的范围拓展到"甥舅""外舅"等关系层面，确保相关研究取得新的创获。

有关两宋家族，郑樵所谓"自五季以来，取士不问家世，婚姻不问阀阅"①的论断最具权威性。但客观情况是，两宋士大夫虽不像唐人那样特别看重门阀谱系，但这绝不意味着他们就没有阀阅意识。事实上，宋代名门望族之间的婚姻也并非"不问阀阅"。如苏州范氏自范仲淹起家后，便与王旦之侄、天章阁待制王质"相友善，约以儿女为婚姻"，范纯仁之妻即为王质长女。此后，纯仁之女又嫁给了司马光之侄司马宏②。华阳望族之后杨景略，其"夫人嘉兴县君韩氏，故太师周忠宪公讳亿之孙，今门下侍郎维之女"，"女子二，适宣义郎李持正、承事郎韩戩，并当时望族"③。名门望族相约为婚，往往是为了提升或巩固其家族的声望地位。而就"家学"传承与互动来看，问"阀阅"而论"婚姻"乃是最直接的途径。如"春明宋氏"迎娶杨徽之爱女，遂入文化望族行列。江西"四洪"乃黄庭坚外甥，因得其真传而显名海内，名列"江西诗派"。王明清《挥麈前录》卷二云："晏元献夫人王氏，国初勋臣超之女，枢密使德用之妹也。元献婿富郑公也，郑公

---

① 郑樵：《通志》卷二五《氏族略第一·氏族序》，浙江古籍出版社1988年版，第439页上。
② 毕仲游：《魏国王夫人墓志铭》，《全宋文》第111册，第166页。
③ 苏颂：《杨公墓志铭》，《全宋文》第62册，第86、87页。

婿冯文简，文简孙婿蔡彦清、朱圣予，圣予女适滕子济，俱为执政。元献有古砚一，奇甚，王氏旧物也，诸女相授，号'传婿砚'，今藏滕氏。朱之孙女适洪景严，近又登二府，亦盛事也。又有古犀带一，亦元献旧物，今亦藏滕氏，明清尝于子济子琪处见之。"① 倘若不重"阀阅"，此砚不过旧物而已。望族之间以婚姻为纽带的优势互补，甚至还引发了朝野议论，如苏辙就曾公开指责韩、范、傅、谢、杜诸名族互为"姻家"、彼此攀附的情状，曰："臣窃见本朝势家，莫如韩氏之盛，子弟姻娅，布满中外，朝之要官多其亲党者。昔韩维为门下侍郎，专欲进用诸子及其姻家，陛下觉其专恣，即加斥逐。其后宰相范纯仁秉政，亦专附益韩氏，由此阿私之声达于圣听。今纯仁罢去未几，而傅尧俞任中书侍郎。尧俞与韩缜通昏，而素与纯仁亲厚，遂擢其弟纯礼自外任权刑部侍郎，曾未数月，复擢补给事中。纯礼门荫得官，初无学术，因缘侥幸，致身侍从，与尧俞阴为表里，惟务成就诸韩……其他韩氏亲戚，度越众人与优便差遣者，盖未易一二数也，是以外议纷然。"② 由此可知，家学、婚姻关乎"阀阅"，乃是不争事实。

宋人婚姻的功能与价值前贤论述已多，但"诸甥""诸婿""舅氏""外舅"等却很少被纳入考察范围。事实上，舅氏、外舅乃母亲和妻子之至亲，甥、婿则为婚姻关系之延展，他们都属于家学传承互动网络中至关重要的核心成员。如黄庭坚先后取法于舅氏李常以及外舅谢绛、孙觉，兼收并蓄，熔铸锻炼，其琢磨提升的过程，不仅有效融合了黄、谢、孙三家诗艺探索的宝贵经验，也进一步丰富了黄氏家学的固有内涵。再如洪适、洪遵、洪迈兄弟，自幼在舅氏沈松年的教诲下修"宏博之习"③，三人连中博学宏词科。胡舜陟习为四六骈语，也得到了外舅汪藻的真传。曾几夙得舅氏"清江三孔"教诲，后举进士，以诗文驰名天下，尝撰《遗直堂》诗云："三孔吾渭阳，犹及见仲叔。堂堂舍人公，再拜但乔木。长身一庭中，劲气九霄上。思公立

---

① 王明清：《挥麈录·前录》卷二，中华书局1964年版，第19页。
② 李焘：《续资治通鉴长编》（下称《长编》）卷四五三，中华书局1995年版，第10868页。
③ 许及之：《洪公行状》，《全宋文》第280册，第312页。

朝时,凛凛不可向。策登董相科,赋作长卿语。刘牢出外甥,愧我不如古。老柏蜀人爱,甘棠召南思。领客清樾下,作诗咏歌之。元祐几阅岁,诸公一无遗。吾舅典型在,神明力扶持。"① 像这样深情婉转的自我表白,在宋人集子中随视可见,表明两宋士人基于亲情关照的家学传承,已经超越了"敬宗收族"的传统意识,彰显出开放豁达的"人情自然"之美。

其三,准确把握不同家学的真正内涵,清晰描述家学精神直接或间接作用于诗文创作的深层理路,突出人性人情的自然选择流程,避免道德伦理等抽象说教,使家学、婚姻关涉文学创变的探索更加真实生动,既是本专题研究力求呈现的学术境界,更是区别于"汉学"做派的清晰表达。

家学内涵作用于子孙后代者不可抗拒。两宋士人深受家学熏陶,故无论"居庙堂之高"还是"处江湖之远",都能表现出超越凡俗的淡定与从容,只可惜这种特殊文化现象并没有引起学界注意,议论者寥寥无几。史学家对"族规""家训""义学""义田"等颇感兴趣,却很少探究家学对精神人格的制约影响。文学研究者则普遍认为,两宋士大夫在知识结构、精神气质乃至文学追求等方面均不同于唐人,其集官僚、文士、学者于一身的"复合型主体特性"更加明显。判断固然合理,动因讨论却未能展开。假使能够从家学、婚姻入手,讨论两宋望族子弟人格特点的复杂成因,进而考察该群体在文化及文学创作方面造就"一代之盛"的历史必然性,其学理逻辑会更加清晰。

经史之学与诗文创作之间的关联互动最宜深究。凡"门阀不坠"的名门望族,其家学传承世代不绝。如"眉山苏氏"成员,无论"三苏"还是苏迈、苏过、苏元老等晚辈,学术上均能继承"尚权谋""重人情"、主张"三教合一"的家学内涵。苏洵及苏轼、苏辙的诗文创作各具风采,苏过和苏元老亦各有情致。同样,"澶州晁氏"子孙,始终保持博学儒雅、"参杂儒禅"的家学传统,"自晁迥以来,家学相传,其习尚如是"②。其族内

---

① 《全宋诗》,北京大学出版社1998年版,第29册,第18578页。
② 永瑢等:《四库全书总目》卷一二〇《晁氏客语提要》,中华书局1965年版,第1037页下。

成员的个性风采亦极鲜明,晁迥"善吐纳养生之术,通释老书,以经传傅致,为一家之说。性乐易宽简,服道履正,虽贵势无所屈,历官临事,未尝挟情害物。真宗数称其好学长者。杨亿尝谓迥所作书命无过褒,得代言之体。喜质正经史疑义,标括字类"①;晁迥与杨亿、钱惟演同在《西昆酬唱集》中,可谓学术与文章相得益彰者。晁补之虽自号"归来子",忘情仕进,却能跻身"苏门四学士"。《苕溪渔隐丛话》曰:"余观《鸡肋集》,惟古乐府是其所长,辞格俊逸可喜。如《行路难》云:'赠君珊瑚夜光之角枕,玳瑁明月之雕床,一茧秋蝉之丽縠,百和更生之宝香。秾华纷纷白日暮,红颜寂寂无留芳。人生失意十八九,君心美恶谁能量。愿君虚怀广末照,听我一曲关山长。不见班姬与陈后,宁闻衰落尚专房。'"②优雅洒脱的情致,飘逸瑰丽的文辞,透露着名门才俊的才情与修养。晁冲之亦以文学才华名列《江西诗派图》中,此公自绍兴中落入党籍,便超然出世,屡荐不应,刘克庄尝曰:"余读叔用诗,见其意度沉阔,气力宽余,一洗诗人穷饿酸辛之态";"晁氏家世显贵,而叔用不肯于此时陪伊优之列而甘随于芳之后,可谓贤矣。他作皆激烈慷慨,南渡后惟放翁可以继之"。③有关家学精神与家族成员诗文创作的趋同与求异,当如是观。

有关宋人家学、婚姻关涉文学创作的讨论牵涉太过广泛,也很难获得确定而成熟的结论。愚之所论,一方面着眼于文史哲贯通的学理建构,力求勾勒三者之间关联互动的内在轨迹;另一方面则不得不用心于个案考察,考据事势,推勘情伪,分析异同。二者互济,或可有所判断。孔子尝曰:"譬如为山,未成一篑,止,吾止也;譬如平地,虽覆一篑,进,吾往也。"④每一次背负行囊的学术远行,如是而已。

---

① (元)脱脱等:《宋史》卷三〇五《晁迥传》,中华书局1985年版,第10086、10087页。
② 胡仔:《苕溪渔隐丛话·前集》卷五一,人民文学出版社1962年版,第348页。
③ 刘克庄:《江西诗派小序·黄山谷》,《全宋文》第329册,第112、113页。
④ 《论语注疏》卷九《子罕》,李学勤主编:《十三经注疏》本,北京大学出版社1999年版,第119页。

第一章 两宋文学生态研究的新领域

宋代士人的学术研究及文学创作，普遍受到家学与婚姻两大因素的制约，许多名流大家既能"以文学世其家"①，又能借联姻之机扩展自身影响，并促成不同家学之间的互动与交流。从文学生态演进的角度看，以婚姻为纽带的家学互动，以及由此影响到诗文创作的种种复杂轨迹，构成了文学发展史程中最具人文情韵、最能体现真实灵魂的优美场景。文学既是语言艺术，更是心灵与人格的真实呈现；作者在孩童时代受到的熏陶，以及借助姻缘而获得的经验传授，无疑会积累凝铸，转化为富含人格魅力的艺术自觉。在知识大众普遍崇尚博学，借秀雅文辞彰显其风采的两宋时代，这种特点尤其值得关注。宋人家学的传承脉络之复杂、涉及领域之广泛、受益人群之众多，明显有别于李唐以前。为了清晰展示宋人家学脱胎于汉魏以来门阀士族之"家学及礼法"②的历史轨迹，准确把握其不同以往的婚姻观念，本章讨论还须从相关概念的梳理和界定入手。

一　家族与家学的历史属性

所谓家学，或指家族之学校，如《宋会要辑稿·刑法》二之一五所谓"访闻虔、吉等州，专有家学，教习词讼"③者是也。《困学纪闻》曰：

---

① 王称：《东都事略》卷七二《欧阳修传》，《景印文渊阁四库全书》第382册，第468页下。
② 陈寅恪：《唐代政治史述论稿》中篇《政治革命与党派分野》，生活·读书·新知三联书店2001年版，第259页。
③ 徐松：《宋会要辑稿·刑法》二之一五〇，中华书局1957年版，第6570页。

"古者世臣必有家学,内有师保氏之教,外有外庶子之训。国子之贤者,命之导训诸侯,若鲁孝公是也。使惇惠者教之,文敏者道之,果敢者谂之,镇静者修之,若晋公族大夫是也,教行而俗美,然后托以安危存亡之寄,而国有与立矣。"①《癸辛杂识》云:"章文庄参政与其兄宗卿,虽世家五马,而清贫自若。少依乡校,沈丞相该之家学相连,章日过其门。"②不过,学界对家学概念的理解,更侧重于家族成员世代传承的某种学问,以及与之相关联的治学理念、方法及成就等。宋人家学所涉及的领域极为广泛,从天文历法、制度名物到经学、史学和文学,不一而足。有学者仅仅着眼于家庭教育,谓宋人家学乃是指某一家族的教育学术传统③,此说虽有新意,但概括似不够周延。也有人主张将家学的外延适当放宽,经学之外,还应涵盖家传之史学、文学乃至技艺等④,愚以为家传技艺固可瞩目,但不宜与富含人文理性精神的"家传学问"相提并论。

两宋士人时有门楣之旌,却绝无"士族"荣宠,其家学则不同于李唐以前高门大姓世代相传之学业。要准确把握宋人家学的内涵与特点,还须通过史料梳理,探求其源流本末。

家学初兴盖与宗族有关,胡士行所谓:"禹之家学见于《甘誓》,周公之家学见于《费誓》。伯禽初就封,骤当徐夷之变,一旦誓师,曲折详尽,若老于行阵者,盖圣贤之学,本末并举而无遗故也。"⑤ 即其证。上古先民既重宗族血缘亲情,理应有世代相传之学业礼法。不过,真正将家学传承与家族兴衰联系起来,应是两汉以后才有的事,正如陈寅恪先生所云:"盖自汉代学校制度废弛,博士传授之风气止息以后,学术中心移于家族。"⑥ 经学之外,史学与文学亦然;前汉"景、武之际,司马谈,谈子

---

① 王应麟:《困学纪闻》卷二,第238页。
② 周密:《癸辛杂识·别集》卷上"二章清贫"条,中华书局1988年版,第241页。
③ 邹重华:《家学传承与学术发展——以宋代四川士人家族为例》,载《蒙文通先生诞辰110周年纪念文集》,线装书局2005年版。
④ 邢铁:《家学传承与唐宋时期士族的更新》,《中华文史论丛》2012年第2期。
⑤ 胡士行:《尚书详解》卷一三,《景印文渊阁四库全书》第60册,第427页下。
⑥ 陈寅恪:《隋唐制度渊源略论稿》,中华书局1963年版,第17页。

迁，以世黎氏之后，为太史令，迁著《史记》，作《天官书》"①，即为显证。司马谈临终嘱迁云："余先周室之太史也。自上世常显功名于虞夏，典天官事。后世中衰，绝于予乎？汝复为太史，则续吾祖矣。今天子接千岁之统，封泰山，而余不得从行，是命也夫，命也夫！余死，汝必为太史；为太史，无忘吾所欲论著矣。且夫孝始于事亲，中于事君，终于立身。扬名于后世，以显父母，此孝之大者。夫天下称颂周公，言其能论歌文武之德，宣周召之风，达太王王季之思虑，爰及公刘，以尊后稷也。幽、厉之后，王道缺，礼乐衰，孔子修旧起废，论《诗》《书》，作《春秋》，则学者至今则之。自获麟以来四百有余岁，而诸侯相兼，史记放绝。今汉兴，海内一统，明主贤君忠臣死义之士，余为太史而弗论载，废天下之史文，余甚惧焉，汝其念哉！"② 司马迁遵乃父遗嘱，恪守太史本职，撰成《史记》与《天官书》，遂为司马氏家学之大成者。

　　魏晋南北朝时期，家学的重要性更加凸显，陈寅恪先生曾说："中原经五胡之乱，而学术文化尚能保持不坠者，固有地方大族之力，而汉族学术文化变为地方化与家族化矣。故论学术，只有家学可言，而学术文化与大族盛门常不可分离也。"③ 复云：魏晋南北朝时期的高门士族"实以家学及礼法等标异于其他诸姓"；"夫士族之特点既在其门风之优美，不同于凡庶，而优美之门风实基于学业之因袭。故士族家世相传之学业乃与当时之政治社会有极重要之影响"。④ 当日名族如陈郡谢氏、谯郡桓氏、颍川庾氏等，莫不浸心于玄学，独琅琊王氏，累世以儒学自奋。汉、魏之际，王朗、王肃父子以经学获誉，"肃善贾、马学，而不好郑氏，采会同异，为《尚书》《诗》《论语》《三礼》《左氏》解，及撰定父朗所

---

① 范晔：《后汉书志》第一〇《天文上》，中华书局1965年版，第3214—3215页。
② 司马迁：《史记》卷一三〇《太史公自序》，中华书局1959年版，第3295、3296页。
③ 陈寅恪：《崔浩与寇谦之》，载《金明馆丛稿初编》，上海古籍出版社1980年版，第131页。
④ 陈寅恪：《唐代政治史述论稿》中篇《政治革命与党派分野》，第259、260页。

作《易传》，皆列于学官"①。魏、晋之间，王祥、王览兄弟俱以儒学称，"天子幸太学，命祥为三老。祥南面几杖，以师道自居。天子北面乞言，祥陈明王圣帝君臣政化之要以训之，闻者莫不砥砺"②。南北朝时又有王筠、王承、王俭等经学大家。王筠"幼年读《五经》，皆七八十遍。爱《左氏春秋》，吟讽常为口实，广略去取，凡三过五抄。余经及《周官》《仪礼》《国语》《尔雅》《山海经》《本草》并再抄。子史诸集皆一遍"③，其深厚渊博的经学造诣足以令门楣增辉。王承"七岁通《周易》"，梁时"累迁中书黄门侍郎，兼国子博士。时膏腴贵游，咸以文学相尚，罕以经术为业，惟承独好之。发言吐论，造次儒者。在学训诸生，述《礼》《易》义。中大通五年，迁长兼侍中，俄转国子祭酒。承祖俭及父暕尝为此职，三世为国师，前代未之有也，当世以为荣"④。王俭"幼有神彩，专心笃学，手不释卷"。及入仕，遂依《七略》撰《七志》四十卷，撰《元徽四部书目》，另著《古今丧服集记》⑤。王氏家学，真可谓源远而流长。

在文学领域，像彭城刘氏那样的甲姓高门也值得瞩目。史载"孝绰辞藻为后进所宗，世重其文，每作一篇，朝成暮遍，好事者咸讽诵传写，流闻绝域"；"孝绰兄弟及群从诸子侄，当时有七十人，并能属文，近古未之有也"⑥。是知所谓"优美之门风实基于学业之因袭"者，非虚语也。

不过，随着隋唐科举制度的建立和完善，自六朝以来世袭已久的士族特权逐步受到削弱，唐代许多"科第自进，居三省台阁"的朝廷新贵与那些"门胄高华"的传统贵族并肩而立，同为"缙绅之士"⑦，品级和地位完全一致。不仅如此，《唐六典》规定："凡出身非清流者，不注清资之

---

① 郝经：《续后汉书》卷六五下上，《景印文渊阁四库全书》第 385 册，第 591 页下。
② 房玄龄：《晋书》卷三三《王祥传》，中华书局 1974 年版，第 988 页。
③ 姚思廉：《梁书》卷三三《王筠传》，中华书局 1973 年版，第 486 页。
④ 《梁书》卷四一《王承传》，第 585 页。
⑤ 萧子显：《南齐书》卷二三《王俭传》，中华书局 1972 年版，第 433、438 页。
⑥ 《梁书》卷三三《刘孝绰传》，第 483、484 页。
⑦ 《资治通鉴》卷二六五，第 8643 页。

官。"原注："谓从流外及视品出身者。"① 王定保尝曰："卢汪门族，甲于天下，因官，家于荆南之塔桥。举进士二十余上不第，满朝称屈。尝赋一绝，颇为前达所推，曰：'惆怅兴亡系绮罗，世人犹自选青娥。越王解破夫差国，一个西施已太多。'晚年失意，因赋《酒胡子长歌》一篇甚著。"② 是知高门子弟若屡试不第，亦难免落魄。正如陈寅恪先生所说："贞元以后宰相多以翰林学士为之，而翰林学士复出自进士词科之高选，山东旧族苟欲致身通显，自宜趋赴进士之科，此山东旧族所以多由进士出身，与新兴阶级同化，而新兴阶级复已累代贵仕，转成乔木世臣之家矣。"③

科举考试对天下士人的普遍约束力，面对"贴经""墨义"等考试，试子只能撇开"家世相传之学业"，转而精读《五经正义》。相对而言，进士科所试诗赋倒有自觉精进的空间，故而以此名家者层出不穷，其如胡应麟所云："唐诗赋程士，故父子兄弟文学并称者甚众，而不能如汉、魏之烜赫。至祖孙相望，则襄阳之杜，亦古今所无也。世所公知二贾、二苏、三王、五窦外，他或以爵位勋名掩之。"④ 胡氏列举的文学家族多至数十家，名公巨擘，历历在焉。其中既有段文昌、段成式那样的庶族人家，也不乏博陵崔氏那样的世袭显族。崔氏一族诗人接踵，初唐有崔信民、崔融等十二位，盛唐有崔颢、崔巨等九位，中唐有崔峒、崔琮等二十二位，晚唐有崔鲁、崔涂等十一位，还有崔莺等三位女性诗人。"初唐之融，盛唐之颢，中唐之峒，晚唐之鲁，皆矫矫足当旗鼓。以唐诗人总之，占籍几十之一，可谓盛矣。"⑤ 唐人对诗歌的兴趣远远超过了经学和史学，所谓"三十老明经，五十少进士"⑥，缘由盖在于此。当然，经史之学并未彻底告衰，像彭城刘氏那样的史学世家也盛极一时。胡应麟称："刘知几兄弟八

---

① 《唐六典》卷二，《景印文渊阁四库全书》第 595 册，第 12 页上。
② 《唐摭言》卷一〇，第 107 页。
③ 陈寅恪：《唐代政治史述论稿》中篇《政治革命及党派分野》，第 91 页。
④ 胡应麟：《诗薮·外编》卷三，第 167 页。
⑤ 《诗薮·外编》卷三，第 174 页。
⑥ 《唐摭言》卷一"散序进士"条，第 4 页。

人俱有文学,而父藏器,从父廷祐,并显名。唐史知几父子咸富著述,二孙滋、浃,又能世其家。一门之盛,终唐世未有也。"① 只不过与那么多的文学家族相比,类似的经史世家显然要少很多。

唐末五代近一个世纪的战乱分裂,致使门阀世族走向最终衰亡,同时也从根本上改变了汉魏至隋唐以来社会精英文化的发展模式。而这两方面的深层变革,则关乎"宋型文化"及宋人家学的建立,是故不能不详加瞩目。

从僖宗朝"内府烧为锦绣灰,天街踏尽公卿骨"② 的黄巢之乱,到五代十国武夫称雄的血腥岁月,门阀士族始终承受着灭顶之灾。《资治通鉴》载:"自唐末丧乱,缙绅之家或以告赤鬻于族姻,遂乱昭穆,至有舅、叔拜甥、侄者,选人伪滥者众。郭崇韬欲革其弊,请令铨司精加考核。时南郊行事官千二百人,注官者才数十人,涂毁告身者十之九。选人或号哭道路,或馁死逆旅。"③ 顾炎武进一步检讨说:"氏族之乱,莫甚于五代之时。当日承唐余风,犹重门荫,故史言唐梁之际,仕宦遭乱奔亡,而吏部铨文书不完,因缘以为奸利,至有私鬻告敕,乱易昭穆,而季父母舅反拜侄甥者。(原注:《豆卢革传》)《册府元龟》:长兴初,鸿胪卿柳膺将斋郎文书两件卖与同姓人柳居则,大理寺断罪当大辟,以遇恩赦减死,夺见任官,罚铜,终身不齿。敕曰:'一人告身,三代名讳,传于同姓,利以私财。上则欺罔人君,下则货鬻先祖,罪莫大焉。自今以后,如有此弊,传者受者,并当极法。'"④ 其《裴村记》复云:"自唐之亡,而谱牒与之俱尽。然而裴枢辈六七人犹为全忠所忌,必待杀之白马驿而后篡唐,氏族之有关于人国也如此。至于五代之季,天位几如奕(弈)棋,而大族高门降为皂隶。"⑤

---

① 《诗薮·外编》卷三,第170页。
② 此事初见五代孙光宪《北梦琐言》卷六"以歌词自娱"条之记载。《秦妇吟》全诗久佚,20世纪初重新发现于敦煌石室中,陈寅恪先生有《韦庄〈秦妇吟〉校笺》,见《寒柳堂集》。
③ 《资治通鉴》卷二七三,第8917、8918页。
④ 《日知录集释》卷二三,中册,第1716—1717页。
⑤ 顾炎武:《顾亭林诗文集·文集》卷五,中华书局1959年版,第101页。

至此，自汉魏以来主导政治、经济和文化发展的士族门阀势力不复存在，而与之相关联的贵族家学也宣告终结。

赵宋建国之初，各地官学尚未建立，教育之事还得依靠隐逸人群。汪藻尝云："五季干戈纷扰之时，衣冠散处诸邑之大川长谷间，率皆即深而潜，依险而居。迨宋兴百年，无不安土乐生，于是豪杰始相与出耕而各长雄其地，以力田课僮仆，以诗书训子弟，以孝谨保坟墓，以信义服乡间，室庐相望，为闻家。子孙取高科、登显仕者，无世无之。"① 所谓"豪杰"，首推河南种放，他"与母俱隐终南豹林谷之东明峰，结草为庐，仅庇风雨。以讲习为业，从学者众，得束脩以养母"②。另据《玉壶清话》载："戚同文，宋都之真儒，虽古之纯德者，殆亦罕得。其徒不远千里而至，教诲无倦，登科者题名于舍，凡孙何而下，七榜五十六人。不善沽矫，乡里之饥寒及婚葬失其所者，皆力赈之。好为诗，有《孟诸集》。杨侍读徽之守南都，召至郡斋，礼遇益厚，唱和不绝。杨谓君曰：'陶隐居昔号坚白先生，以足下纯白可侔，仆辄不揆，已表于朝，奏乞坚素之号，未知报否。'后果从请。及设旧学百余楹，遇如庠序之盛。州郡惜其废，奏乞赐额为本府书院。"③ 按：戚同文自后晋时已高隐不仕，以聚徒讲学为事。《宋史》本传载同文少时"闻邑人杨悫教授生徒，日过其学舍，因授《礼记》，随即成诵，日讽一卷，悫异而留之。不终岁毕诵《五经》，悫即妻以女弟。自是弥益勤励读书，累年不解带。时晋末丧乱，绝意禄仕，且思见混一，遂以'同文'为名字"。后"筑室聚徒，请益之人不远千里而至。登第者五六十人，宗度、许骧、陈象舆、高象先、郭成范、王砺、滕涉皆践台阁"④。戚同文讲学之所，后经修葺，遂为应天府书院。

类似的遁世隐君还有不少。嵩阳田诰"好著述，聚学徒数百人，举

---

① 汪藻：《为德兴汪氏种德堂作记》，《全宋文》第157册，第262页。
② 《宋史》卷四五七《种放传》，第13422、13423页。
③ 释文莹：《玉壶清话》卷一，中华书局1984年版，第8页。
④ 《宋史》卷四五七，第13418页。

进士至显达者接踵，以故闻名于朝，宋惟翰、许衮皆其弟子也"①；周启明"四举进士皆第一。景德中举贤良方正科，既召，会东封泰山，言者谓此科本因灾异访直言，非太平事，遂报罢。于是归，教弟子百余人，不复有仕进意，里人称为处士"②。导江代渊，年四十"举进士甲科，得清水主簿，叹曰：'禄不及亲，何所为耶！'还家教授，坐席常满"；"著《周易旨要》、《老佛杂说》数十篇"③。孙复"举进士不第，退居泰山"④，以著书讲学为务。王辟之尝云："孙明复先生退居太山之阳，枯槁憔悴，鬓发皓白，著《春秋尊王发微》十五篇，为《春秋》学者，未有过之者也。"⑤程颢曾回忆孙复聚徒讲学的盛况说："孙殿丞复说《春秋》，初讲旬日间，来者莫知其数，堂上不容，然后谢之，立听户外者甚众。当时《春秋》之学为之一盛。至今数十年，传为美事。"⑥此外，像王昭素、李觏等亦莫不如此。仁宗庆历以后，即便州县学及太学得以重建，那种由隐君讲学蜕变而来的家学教育依然延续，此后两百年间更是愈演愈烈。

　　宋人家学的兴盛还与族产的积累方式有关。随着士、庶差别的消失，所有士人都有了相同的起点，所谓"显人魁士，皆出寒畯"⑦或许稍嫌夸张，但"略观贵途，良鲜旧族"⑧已是不争的事实。宋室"恩逮于百官者，惟恐其不足，财取于万民者，不留其有余"⑨，故在常人看来，"好官亦不过多得钱耳"⑩。有了足够的钱财，要想获得土地即非难事，所

---

① 《宋史》卷四五七《田诰传》，第13428页。
② 《宋史》卷四五八《周启明传》，第13441页。
③ 《宋史》卷四五八《代渊传》，第13442页。
④ 《宋史》卷四三二《孙复传》，第12832页。
⑤ 王辟之：《渑水燕谈录》卷二，中华书局1981年版，第21、22页。
⑥ 《二程集·河南程氏文集》卷七《回礼部取问状》，第568页。
⑦ 赵彦卫：《云麓漫钞》卷七，中华书局1996年版，第116页。
⑧ 张方平：《条制资荫敕》，见吕祖谦编《宋文鉴》卷三二，《景印文渊阁四库全书》第1350册，第325页下。
⑨ 赵翼：《廿二史札记》卷二五《宋制禄之厚》，中国书店出版社1987年版，第331页。
⑩ 《长编》卷一七，曹彬语，第364页。

谓"富者有赀可以买田,贵者有力可以占田,而耕田之夫率属役于富贵者也"①,即谓此也。当日有许多世家大姓聚族而居,几世不异爨,土地与物产的保障首当其冲。宋朝政府明确保护"永业田",宋哲宗元祐七年(1092)十一月五日诏曰:"诸太中大夫、观察使以上,每员许占永业田十五顷,余官及民庶,愿以田宅充祖宗缭祀之费者,亦听。官给公据,改正税籍,不许子孙分割典卖,止供祭祀,有余,均赡本族。"② 这种规定,既是对已有财富的重新认定,同时也鼓励富贵之家以合法名义广占田产。范仲淹"方贵显时,于其里中买负郭常稔之田千亩,号曰义田,以养济群族"③,即为显例。南宋潭州衡山县赵葵在创办"义庄"时声称:"文正家在颍昌,族在吴,吴田为赡族设,家不预也。吾家与族皆居于潭,皆食于庄,非五千亩不可。"④ 江阴葛氏自真宗朝以来代有闻人,"高祖密至郯,五世登科第。大父胜仲至郯,三世掌词命",宋理宗宝庆二年三月建昭勋崇德阁,葛郯与赵普、曹彬、薛居正、石熙载等二十四人"皆图形其上"⑤。《江阴葛氏宗谱》序称:"方其鼎盛之时,户籍凡占九乡","南北岁收租米五万余石"。类似的情形还有很多,文烦不赘。随着土地买卖的合法化和常态化,所谓"贫富无定势,田宅无定主;有钱则买,无钱则卖"⑥ 是也。世家望族因子孙不肖而致田产荡析者亦非个案。

有宋三百年间,"锦衣白日还家乐,鹤发高堂献寿荣"⑦ 的美好场景始终令广大士人梦绕魂牵,为此他们普遍致力于"诗书传家"。吴兴人沈立登天圣进士第,累官至右谏议大夫,"生平乐经史,手不释卷,自奉甚约,其稍廪之余皆供纸札之费,故藏书埒于内府","尝曰'吾起家寒素,仕宦至两省,藏书三万卷以遗子孙,年余七十而支体康宁,是无一不如意也",

---

① 马端临:《文献通考》卷二《田赋考二》,中华书局2011年版,第49页。
② 《宋会要辑稿·食货》六一之六一,第5904页上。
③ 范仲淹:《范仲淹全集·范文正公褒贤集》卷三,凤凰出版社2005年版,第978页。
④ 刘克庄:《赵氏义学庄记》,《全宋文》第330册,第331页。
⑤ 董斯张:《吴兴备志》卷一二,《景印文渊阁四库全书》第494册,第403页下、404页上。
⑥ 袁采:《袁氏世范》卷三,《丛书集成初编》第974册,第62页。
⑦ 欧阳修:《欧阳修全集》卷一一《送杨先辈登第还家》,中华书局2001年版,第188页。

"治家有法度，教子有义方，故内外雍肃，诸子笃学，所至有能声，皆其善教之致也"。① 宋神宗曾问宰相苏颂学问何以能渊博，苏颂回答说："吾收书已数万卷，自小官时得之甚艰。又皆亲校手题，使门阀不坠。则此文当益广，不然，耗散可待，可不戒哉！"② 此可谓两宋士人之楷模。当日那些起家寒微的望族缔造者，都能严训子孙，使之亲诗书、谋科举，以光耀门庭。余靖撰《故萧府君墓志铭》，称墓主萧陟终身不第，然"博通古今，好读书"，"临终之夕，呼二子，嘱之曰：'吾昔为狱官，有阴德于人，吾闻有阴德者，其后必大，汝等当力学图富贵，以大吾门。'二子果皆擢进士第"。③ 萧陟的临终嘱托所体现的乃是一种寻常心态。事实上，显贵之家要想"长保富贵"，也须勤奋向学，唯有确保世代有人进士及第，不断出现能吏显宦，才能"使门阀不坠"。而在向学过程中，不仅家族成员的知识结构能得到丰富和提高，有关"修、齐、治、平"的价值理念也将深入人心，而雍容大方的贵族气质也会在潜移默化中逐渐成熟起来。

有宋一代，确有无数饱受诗书熏陶的高门贵胄步入朝堂，走向社会，承担起政治、文化及文学建设的使命。他们一方面创造出崇尚学识、追求雅逸的时代风气，同时也直接或间接地影响到诗文创作的整体风貌。

二 宋人家学的内涵及特点

相对于汉魏六朝及隋唐以来高门世族的家学教育，宋人家学在基本内涵、价值取向、传授方法及受益对象等方面均有显著差异。如同样是追求"贵族"气质，唐人注重"立身""行事"的人格修养，鄙弃"坏名灾己，辱先丧家"④ 的五种恶劣品行，宋人则强调"宗法"，称："宗子之法不立，则朝廷无世臣。且如公卿一日崛起于贫贱之中，以至公相，宗法不

---

① 杨杰：《沈公神道碑》，《全宋文》第75册，第262页。
② 苏颂：《苏魏公文集·丞相魏公谭训》卷三，第1135页。
③ 余靖：《故萧府君墓志铭》，《全宋文》第27册，第147页。
④ 《旧唐书》卷一六五《柳公绰传》，第4309页。

立，既死，遂族散，其家不传。宗法若立，则人人各知来处，朝廷大有所益。或问朝廷何所益？公卿各保其家，忠义岂有不立？忠义既立，朝廷之本岂有不固。今骤得富贵者，止能为三四十年之计，造宅一区及其所有，既死，则众子分裂，未几荡尽，则家遂不存，如此则家且不能保，又安能保国家？"① 这种议论或基于现实，或纯属思想家议论，其家国理念无疑为宋人家学基本内涵的确立奠定了基础。

　　超越与创新，乃是宋人家学的恒久主题。从平民阶层跃升至名流显贵的过程，最容易激发怀疑和创造的冲动，而这种冲动最终会转化为切实的行动，个人如此，家族更是如此。唐前士大夫最普遍的人格理想仍为"修齐治平"，至于如何行事，似乎并不明确。宋人则明确提出："圣贤自一衣食、一居处之微而兴，泽被四海，并育万物之政者，理义而已矣。贪人鄙夫损彼益我，谓肥其家，乃陨其宗，不利之究起于为利。扬休亹亹蹈善，景行前修，以燕云来，夫岂苟然哉。"② 它体现着超越凡俗的理性思考，更蕴含着脚踏实地的践履意识。

　　在实践中寻求超越，就需要将怀疑精神放在首位，而超越与创新的所有细节，也要通过具体成果得以呈现；从构建家学传统的角度看，这无疑是非常艰难的。好在"庐陵欧阳氏"、"眉山苏氏"以及"抚州陆氏"等众多家学的缔造者都已获得超越前贤、创新求真的非凡成就，展示出卓然风姿和过人胆识。

　　以"庐陵欧阳氏"家学为例。汉唐经学虽有"古文"与"今文"、"师法"与"家法"之别，但用力方向均在注解和音训，义理阐释的发挥空间并不大，甚至还流传着"宁道孔圣误，讳闻郑、服非"③ 的古训。然而，这种态势在士大夫家学极度发达的两宋时代却被完全打破。"庐陵欧阳氏"乃名门望族，家学根底源远流长，欧阳修耳濡目染，遂成长为开启

---

① 张载：《张载集·经学理窟·宗法》，中华书局1978年版，第259页。
② 胡寅：《成都施氏义田记》，《全宋文》第190册，第84页。
③ 《旧唐书》卷一〇二《元行冲传》，第3181页。

有宋经学和史学新路的关键人物。史称"修于六经长于《易》《诗》《春秋》，其所发明，多古人所未见。尝奉诏撰唐《本纪》、表、志，又自撰《五代史记》。二书《本纪》法严而词约，多取《春秋》遗意，其表、传、志与迁、固相上下"①。复谓其"好古嗜学，凡周、汉以降金石遗文、断编残简，一切掇拾，研稽异同，立说于左，的的可表证，谓之《集古录》"②。欧阳修"弃传从经"，为"宋学"启蒙导夫先路。在他看来："后之学者因迹前世之所传，而较其得失，或有之矣。若使徒抱焚余残脱之经，伥伥于去圣千百年后，不见先儒中间之说，而欲特立一家之学者，果有能哉？吾未之信也。"③ 本着质疑与创新并重的学术理念，其所撰《诗本义》和《易童子问》均以意逆志，务求经之"本义"。其史学探索也将自我判断与正乱褒贬放在首位，曰："吾用《春秋》之法，师其意不袭其文。"复云："昔孔子作《春秋》，因乱世而立治法；余述《本纪》，以治法而正乱君，此其志也。"④ 大抵与《易童子问》质疑《文言》《大系》皆非孔子所作一样，其《新唐书》"意主文章而疏于考证"⑤，《新五代史》"刊削旧史之文，意主断制，不肯以纪载丛碎，自贬其体"⑥。虽说经史有别，但欧阳修在这两方面所展示的个性追求始终如一。不仅如此，他还将锐意进取的自觉精神与人生实践相结合，强调"君子之于学也务为道，为道必求知古，知古明道，而后履之以身，施之于事，而又见于文章而发之，以信后世"⑦。苏轼尝曰："自欧阳子出，天下争自濯磨，以通经学古为高，以救时行道为贤，以犯颜纳谏为忠，长育成就。至嘉祐末，号称多士，欧阳子之功为多。"⑧假使没有家学熏陶，像这样雄姿英发的伟人风采岂可轻易造就。

---

① 王称：《东都事略》卷七二《欧阳修传》，《景印文渊阁四库全书》第 382 册，第 467 页下。
② 《宋史》卷三一九《欧阳修传》，第 10381 页。
③ 《欧阳修全集》卷四二《诗谱补亡后序》，第 602 页。
④ 朱熹：《宋名臣言行录·后集》卷二，《文渊阁四库全书》第 449 册，第 164 页上。
⑤ 《四库全书总目》卷四六《新唐书纠谬》提要，第 411 页上。
⑥ 《四库全书总目》卷四六《旧五代史》提要，第 411 页中。
⑦ 《欧阳修全集》卷六七《与张秀才棐第二书》，第 978 页。
⑧ 苏轼：《苏轼文集》卷一○《六一居士集叙》，中华书局 1986 年版，第 316 页。

欧阳修之子发、棐，亦能传承家学，各有建树。欧阳发"笃志好礼，刻苦于学"。胡瑗掌太学，发"师事瑗，恂恂惟谨，又尽能传授古乐钟律之说。既长，益学问，不治科举文词，独探古始立论议，自书契以来至今，君臣世系，制度文物，旁至天文地理，无所不学。其学不务为抄掠应目前，必刮剖根本见终始，论次使族分部列，放之必得，得之必可用也"。"然其与人不苟合，论事是是非非，遇权贵不少屈下，要必申其意，用是亦不肯轻试其所有，而人亦罕能知君者。而君之死也，今眉山苏公子瞻哭之，以为君得文忠之学，汉伯喈、晋茂先之徒也。""其著书有《古今系谱图》《国朝二府年表》《年号录》，其未成者尚数十篇。"①

欧阳修每遇学者求见，"所与言未尝及文章，唯谈吏事。谓文章止于润身，政事可以及物"②，其重践履的人格特点对儿子欧阳棐影响至深。朱弁《曲洧旧闻》载："为帅守而踵父祖尝所居，自昔衣冠以为荣事……绍圣中，欧阳叔弼棐知蔡州，其父文忠公之旧治也。其谢宰执启曰：'惟近辅之名邦，实先人之旧治。高城不改，自疑华表之归；老吏几稀，尚守朱门之旧。追怀今昔，倍剧悲欣。'"③棐幼时，"修著《鸣蝉赋》，棐侍，修语之曰：'儿异日能为吾此赋否？'因书以遗之。修又尝书以教棐曰：'藏精于晦则明，养神以静则安。晦所以蓄用，静所以应物，善蓄者则不竭，善应者则无穷。虽学则可至，然性近者得之易也。'及长，举进士"，仕至右司郎中，以直秘阁知蔡州，以元祐党籍罢居颍州，卒。"修以道德文章为三朝所知，天下学士大夫皆师尊之。而棐亦能以文学世其家。"④从欧阳修到发、棐，其家学传承的生动细节很值得玩味。

"眉山苏氏"家学同样具有开拓创新精神，苏洵撰《苏氏族谱》即为显例。其《谱例序》云："自秦、汉以来，仕者不世，然其贤人君子犹能识其先人，或至百世而不绝，无庙无宗而祖宗不忘，宗族不散，其势宜亡

---

① 张耒：《张耒集》卷五九《欧阳伯和墓志铭》，中华书局1990年版，第876页。
② 《宋史》卷三一九《欧阳修传》，第10381页。
③ 朱弁：《曲洧旧闻》卷一〇，中华书局2002年版，第226、227页。
④ 王称：《东都事略》卷七二《欧阳棐传》，《景印文渊阁四库全书》第382册，第468页上、下。

而独存,则由有谱之力也。盖自唐衰,谱牒废绝,士大夫不讲,而世人不载。于是乎由贱而贵者耻言其先,由贫而富者不录其祖,而谱遂大废。昔者,洵尝自先子之言而咨考焉,由今而上得五世,由五世而上得一世,一世之上失其世次,而其本出于赵郡苏氏,以为《苏氏族谱》。它日欧阳公见而叹曰:'吾尝为之矣。'出而观之,有异法焉。曰:'是不可使独吾二人为之,将天下举不可无也。'洵于是又为《大宗谱法》,以尽谱之变,而并载欧阳氏之谱以为《谱例》,附以欧阳公《题刘氏碑后》之文,以告当世之君子,盖将有从焉者。"① 欧阳公及苏洵均以学术文章为天下师,他们私著族谱,创为"谱例",无疑具有示范价值。宋人私谱虽有"家自为说,事非经典,苟引先贤,妄相假托"的不足,② 但家族文化之重建有赖欧阳、苏创拓之功,总是不争的事实。

以创新自觉闻名于世者还有"金溪陆氏"。该族祖述唐相陆希声。希声之孙德迁、德晟于五代末避地南迁,始定居于江西抚州金溪县延福乡之青田里,至南宋时已成"代有名儒,德在谥典。聚其族逾三千指,合而爨二百年"③ 的大家族。陆氏家学虽属道学范畴,却与程、朱理学大异其趣。濂洛诸公是将"理"看作自然与社会的最高原则,强调通过"格物致知",达到"明理""修身"的目的,其客观唯心主义哲学的核心理念是"性即理"④。陆九渊等直接传承孟子"我善养吾浩然之气","其为气也至大至刚,以直养而无害,则塞于天地之间"⑤ 的修养功夫,秉持孟子"学问之道无他,求其放心而已矣"的思想,⑥ 称"人孰无心,道不外索","古人教人,不过存心、养心、求放心。此心之明,人所固有",只需善加"保养",避免"戕贼"即可,故曰"心即理"⑦。宋孝宗淳熙二年(1175)四

---

① 苏洵:《谱例序》,《全宋文》第43册,第173页。
② 钱大昕:《十驾斋养新录》卷一二,江苏古籍出版社2000年版,第245页。
③ 罗大经:《鹤林玉露》丙编卷五,中华书局1983年版,第324页。
④ 《二程集·遗书》卷二二上,第292页。
⑤ 《孟子注疏·公孙丑章句上》,《十三经注疏》,中华书局1980年版,第2685页下。
⑥ 《孟子注疏·告子上》,《十三经注疏》(下),第2752页下。
⑦ 陆九渊:《陆九渊集》卷五《与舒西美》,中华书局1980年版,第64页。

月，吕祖谦在江西信州铅山之鹅湖寺，召集朱熹、陆九龄、陆九渊、刘子澄、朱彦道、朱济道以及临川太守赵景明及其兄赵景昭等讨论"学术异同"。经过三天论辩，陆九渊和他的"心学"获得完胜，而朱熹却深感"不怿"①。此次雅集之后，陆氏兄弟进一步认定"伊川之言与孔孟不类"②，且明确宣称"学苟知本，六经皆我注脚"③。对此，朱熹在给张栻的信中表达了深切担忧，称："子寿兄弟气象甚好，其病却是尽废讲学而专务践履，却于践履之中要人提撕省察，悟得本心，此为病之大者。要其操持谨质，表里不二，实有以过人者。惜乎其自信太过，规模窄狭，不复取人之善，将流于异学而不自知耳。"④ 所谓"废讲学"即是放弃"格物致知"的学养功夫，在朱熹看来，在践履中"悟得本心"，是从根本上忽略了"心"与"理"的差别，陆氏兄弟越是自信，其学就越容易"流于异学"。毫无疑问，在"程朱"称盛的南宋学坛，陆氏兄弟能以无畏的精神与之抗争，并取得全胜，其超越时流、锐意探索的胆识令人钦佩。

其次，两宋士人家学内涵各异，各具特点，既没有绝对的权威，更没有不变的标准。为了"蝉联珪组"，使"门阀不坠"，基础与条件各不相同的家族都在寻求适合自己的家教内容和方式，家学发展的多元格局遂就此形成。

李唐以前，被称为"家学"者，或为经术，或为诗赋，内容并无显著差异。如西汉夏侯氏专治《尚书》。"夏侯始昌，鲁人也。通《五经》，以《齐诗》《尚书》教授。自董仲舒、韩婴死后，武帝得始昌，甚重之。始昌明于阴阳，先言柏梁台灾日，至期日果灾。"⑤ 其族子夏侯胜"少孤，好学，从始昌受《尚书》及《洪范五行传》，说灾异"⑥。至东汉光武帝时，

---

① 陆九渊：《陆九渊集》卷三六《年谱》，中华书局1980年版，第490页。
② 吴杰：《象山集序》，《景印文渊阁四库全书》第1156册，第240页上。
③ 《陆九渊集》卷三四《语录上》，第395页。
④ 朱熹：《答张敬夫》，《全宋文》第245册，第90页。
⑤ 班固：《汉书》卷七五《夏侯始昌传》，中华书局1962年版，第3154页。
⑥ 《汉书》卷七五《夏侯胜传》，第3155页。

又有沛郡龙亢之桓氏以《尚书》家学。桓荣"少学长安,习《欧阳尚书》",其子郁,亦"敦厚笃学,传父业,以《尚书》教授,门徒常数百人"。"郁中子焉,能世传其家学。"焉孙典,"复传其家业,以《尚书》教授颍川,门徒数百人"。范晔论曰:汉室中兴之后"桓氏尤盛,自荣至典,世宗其道,父子兄弟代作帝师,受其业者皆至卿相,显乎当世"①。两汉魏晋南北朝时期,像夏侯氏、桓氏那样专注于同一种学问的家族比比皆是。

隋唐以后,情形稍有改变。李唐时期,史书修撰多在史馆,普通士人少有涉足,像彭城刘氏那样的史学世家颇为罕见。在经学方面,像张镒、孔颖达那样有功于当世的经学大师,终究也未能缔造家学,使子孙后代有所承袭。当日有些家族本来具有造就家学的良好条件,最终却不了了之,如江都李善,"方雅清劲,有士君子之风",因宦途不济,晚年竟"以教授为业,诸生多自远方而至"②。此公以注解《昭明文选》获誉天下,另撰有《汉书辨惑》三十卷,可谓学有独专,值得传承。但其子李邕却并未传承父学,而是将注意力转移到了碑、颂文章的创作上。史载"邕早擅才名,尤长碑颂。虽贬职在外,中朝衣冠及天下寺观,多赍持金帛,往求其文。前后所制,凡数百首,受纳馈遗,亦至巨万。时议以为自古鬻文获财,未有如邕者"③。相对而言,以诗赋文章传家者为数较多,只可惜各家之学也没有形成清晰可辨的个性特点。

两宋时期,不仅"汉魏家学,多人一面"的情形得到了极大改观,像唐人那样子孙不传父祖之学的悲哀也大为缓解。建国之初,由五代入宋的士人仍然保持着一家几代专治一经的情况,如怀州李允及,其祖先"三世传春秋学",至其父"始以明经取科第",李允及"亦世其学,端拱二年及第"④。不过,随着时代的发展,宋人家学的新面貌便逐步显露出来,其可

---

① 范晔:《后汉书》卷三七《桓荣传》,中华书局2000年版,第1249、1254、1257、1258、1261页。
② 《旧唐书》卷一八九上《李善传》,第4946页。
③ 《旧唐书》卷一九〇中《李邕传》,第5043页。
④ 尹洙:《李公行状》,《全宋文》第28册,第47页。

瞩目者约有以下数端。

有博览群书,谙熟制度文献、古今沿革典故者,如"成都范氏"。该族成员中,范镇、范百禄、范祖禹和范冲等人均为翰林学士,同时也是宋代著名的史学家。苏轼《范景仁墓志铭》云:"公姓范氏,讳镇,字景仁。其先自长安徙蜀,六世祖隆,始葬成都之华阳。曾祖讳昌祐,妣索氏。祖讳璲,妣张氏。累世皆不仕。考讳度,赠开府仪同三司。""开府以文艺节行,为蜀守张咏所知。有子三人,长曰镃,终陇城令。次曰锴,终卫尉寺丞。公其季也。"镇"四岁而孤,从二兄为学",先后受到薛奎、宋庠、宋祁延誉,"由是名动场屋,举进士,为礼部第一"。"其学本于六经仁义,口不道佛老申韩异端之说。其文清丽简远,学者以为师法。""凡朝廷有大述作、大议论,未尝不与。契丹、高丽皆知诵公文赋。少时尝赋'长啸却胡骑',及奉使契丹,房相目曰:'此长啸公也。'其后兄子百禄亦使房,房首问公安否。"[①] 范镇著述颇丰,只可惜子孙乏人,未有如兄子百禄、仲兄之孙祖禹一样显著的人物。范百禄"字子功。曾祖讳璲,赠太保。祖讳度,赠太师。考讳锴,以卫尉寺丞致仕,赠太尉"。公"好学,终身不释卷。经术尤长于《诗》。文章精醇典丽,有古人气格。所著《诗传》二十卷、《文集》五十卷、《内制集》五卷、《外制集》三卷、《奏议》十卷"[②]。范祖禹字淳甫,嘉祐八年(1063)进士,历官龙图阁学士,出知陕州,寻谪宾化而卒。建炎二年(1128)追复龙图阁学士。事迹详《宋史》卷本传。治平中,司马光奉诏修《通鉴》,祖禹为编修官,分掌唐史,以其所自得者,著《唐鉴》一书,颇为时所重。蔡絛《铁围山丛谈》载:"范内翰祖禹作《唐鉴》,名重天下。坐党锢事。久之,其幼子温,字符实,与吾善。政和初,得为其尽力,而朝廷因还其恩数,遂官温焉。温,实奇士也。一日,游大相国寺,而诸贵珰盖不辨有祖禹,独知有《唐鉴》而已。见温,辄指目,方自相谓曰:'此《唐鉴》儿也。'又,温尝预贵人家会,贵人有侍儿,善歌秦少游长短句,坐间略不顾,

---

[①] 《苏轼文集》卷一四《范景仁墓志铭》,第435—443页。
[②] 范祖禹:《资政殿学士范公墓志铭》,《全宋文》第99册,第34、43页。

温亦谨，不敢吐一语。及酒酣欢洽，侍儿者始问：'此郎何人邪？'温遽起，叉手而对曰：'某乃"山抹微云"女婿也。'闻者多绝倒。"① 张端义《贵耳集》复云："德寿与讲官言：'读《资治通鉴》，知司马光有宰相度量。读《唐鉴》，知范祖禹有台谏手段。'虽学士大夫，未尝说到这里。"② 按：德寿，谓宋高宗。范祖禹不仅继承了前两代善文章、重经世、精于史学的家学传统，就连为官也颇具父祖风采。吕祖谦《少仪外传》卷上载："范太史言旧年子弟赴官，有乞书于蜀公者。蜀公不许，曰：'仕宦不可广求人知，受恩多则难立朝矣。元祐中，承议郎游冠卿知咸平县回，一日谒范太史，曰：'畿邑任满，例除监司，欲乞一言于凤池。'时范子功在中书也。公答曰：'公望实审当为监司，朝廷必须除授，家叔虽在政府，某未尝与人告差遣。'冠卿惭沮而退。子冲闻此语，因白公曰：'说与不说皆可也，何必面折之？'公曰：'如此是欺此人也，吾故以诚告之。'"③ 所谓耳濡目染，范氏家学的传承还真是有声有色。

南宋时期，"成都范氏"依然颇有闻人。范百禄的曾孙范仲黼，尝赴湖南从张栻学，遂使南轩学术大行蜀中。《宋元学案》卷七二《二江诸儒学案》云："范仲黼，字文叔，成都人。正献公祖禹之后也。仕至通直郎，为国子博士，兼皇侄许国公府教授。初南轩（按：指张栻）虽蜀产，而居湖、湘，其学未甚通于蜀。先生始从南轩学，杜门十年，不汲汲于进取。鹤山（按：魏了翁，字华父，号鹤山）谓其'剖析精微，罗络隐遁，直接五峰（按：胡宏，字仁仲，号五峰）之传'。晦翁、东莱皆推敬之。后以著作郎知彭州，学者称月舟先生。晚年讲学二江之上，南轩之教遂大行于蜀中。"复云："乾、淳以后，南轩之学盛于蜀中，范文叔为之魁，而范少才（按：字子长）、少约（按：字子该）与先生（按：指范荪）并称嫡传，时人谓之'四范'。"④ 此说客观公允，绝无半点夸饰。事实上，从北宋

---

① 蔡絛：《铁围山丛谈》卷四，中华书局1983年版，第62、63页。
② 张端义：《贵耳集》卷上，《丛书集成初编》第2783册，第3页。
③ 吕祖谦：《少仪外传》卷上，《丛书集成初编》第991册，第6页。
④ 黄宗羲：《宋元学案》卷七二《二江诸儒学案》，中华书局1986年版，第2410、2412页。

到南宋，范氏成员在文献及儒学研究方面前后相继，其家学成就广受赞誉。楼钥撰《干办审计司范荪太府寺主簿制》云："蜀之范氏，如晋王、谢，人物辈出，文献相望。尔在今日，又其翘楚也。……勾稽外府，姑以序进，勉绍家学，以称所蒙。"① 虽公文辞藻，亦为"成都范氏"之真实写照。

有隐而不出，潜心探索术数之学，超越凡俗之外者，如"河南邵氏"。邵雍年三十游河南，葬其亲伊水上，遂为河南人。从邵雍到邵伯温，再到邵溥、邵博、邵傅，三世皆为名儒。雍终身未仕，幽居百原之深山，"其学自天地运化、阴阳消长，皆以数推之，逆知其变，世无能晓之者"②，故能"穷日月星辰、飞走动植之数，以穷天地万物之理；述皇王帝霸之事，以明大中至正之道"③。尝自咏曰："意亦心所至，言须耳所闻。谁能天地外，别有好乾坤。"④ 言语之间所透露的生命主体意识及超逸情态令人景仰。邵氏《易》学受到当代及后世学人的普遍赞誉，如程颢谓其"自雄其材，慷慨有大志。既学，力慕高远，谓先王之事为可必致。及其学益老，德益劭，玩心高明，观于天地之运化，阴阳之消长，以达乎万物之变，然后颓然其顺，浩然其归"⑤。朱熹虽然将康节公排斥在道学谱系之外，但对他渊博深奥的学术造诣亦敬佩有加，曰："邵康节，看这人须极会处置事，被他神闲气定，不动声气，须处置得精明。他气质本来清明，又养得来纯厚，又不曾枉用了心。他用那心时，都在紧要上用。被他静极了，看得天下之事理精明。尝于百原深山中辟书斋，独处其中。王胜之常乘月访之，必见其灯下正襟危坐，虽夜深亦如之。若不是养得至静之极，如何见得道理如此精明！只是他做得出来，须差异。"⑥ 从"玩心高明"的《易》学探索到"神闲气定"的人格修养，不仅有日积月累的修炼功夫，更体现着

---

① 楼钥：《干办审计司范荪太府寺主簿制》，《全宋文》第262册，第307页。
② 《东都事略》卷一一八《邵雍传》，《景印文渊阁四库全书》第382册，第774页上。
③ 陈振孙：《直斋书录解题》卷一《皇极经世》《叙篇系述》解题，上海古籍出版社1987年版，第17页。
④ 邵雍：《心耳吟》，《全宋诗》第7册，北京大学出版社1998年版，第4573页。
⑤ 《二程集》卷四《邵尧夫先生墓志铭》，第503页。
⑥ 朱熹：《朱子语类》卷一〇〇，中华书局1986年版，第2543页。

清澈通透的超逸胸怀。晚朱子三十八岁的魏了翁亦盛赞邵雍，称："邵子平生之书，其心术之精微在《皇极经世》，其宣寄情意在《击壤集》。凡立乎皇王帝霸之兴替，春秋冬夏之代谢，阴阳五行之运化，风云月露之霁曀，山川草木之荣悴，惟意所驱，周流贯彻，融液摆落，盖左右逢源，略无毫发凝滞倚着之意。"① 至清人全祖望，则直谓"康节之学，别为一家"②。康节子伯温颇能传承家学，所著有《河南集》《闻见录》《皇极系述》《辨诬》《易学辨惑》《皇极经世序》《观物内外篇解》等，可谓博雅之士。因邵雍临终有"世行乱，蜀安，可避居"的嘱咐，伯温宣和末"载家使蜀"③，遂别河南。伯温子邵溥、邵博皆第进士。博撰《邵氏闻见后录》，以续乃父《闻见录》，凡时政、经义、史论、诗话等多有涉及，可谓善继家学者。清人称"伯温书盛推二程，博乃排程氏而宗苏轼。观所记游酢、谢良佐之事，知康节没后，程氏之徒欲尊其师而抑邵，故博有激以报之"④。程氏后学之褊狭固不待言，而邵氏家学之幽眇精微，绝非游、谢之徒所能轻易掩蔽者。

有以博学雄文，彰显儒道实践精神者，如"新喻刘氏"。该族以刘敞、刘攽及敞子奉世为代表。《宋史》曰："刘敞博学雄文，邻于遂古。其为考功，仁宗赐夏竦谥，上疏争之，以为人主不可侵臣下之官；及奉诏定乐，中贵预列，又谏曰：'臣惧为袁盎所笑。'此岂事君为容悦者哉。攽虽疏隽，文埒于敞。奉世克肖，世称'三刘'。……宋之中叶，文学法理，咸精其能。若刘氏、曾氏之家学，盖有两汉之风焉。"⑤ 他们所读之书"自浮屠老子，以及山经、地志、阴阳、卜筮、医药、天文，略皆究知大略，求其意义合于圣人者"⑥。叶梦得云："庆历后，欧阳文忠以文章擅天下，世莫敢有抗衡

---

① 《全宋文》第310册，第14页。
② 《宋元学案》卷九《百源学案上》，第365页。
③ 《宋史》卷四三三《邵伯温传》，第12853页。
④ 《四库全书总目》卷一四一《闻见后录》提要，第1199页中。
⑤ 《宋史》卷三一九，第10396页。
⑥ 刘攽：《刘公行状》，《全宋文》第69册，第205、220页。

者。刘原甫虽出其后，以博学通经自许。文忠亦以是推之，作《五代史》、《新唐书》凡例，多问《春秋》于原甫，及《书梁》入阁事之类，原甫即为剖析，辞辩风生。文忠论《春秋》多取平易，而原甫每深言经旨，文忠有不同，原甫间以谑语酬之，文忠久或不能平。原甫复忤韩魏公，终不得为翰林学士。将死，戒其子弟无得遽出其集，曰：'后百余年，世好，定当有知我者。'故贡父次其集，藏之不肯出，私谥曰'公是先生'。贡父平生亦好谐谑，慢侮公卿。与王荆公素厚，坐是亦相失。及死，子弟次其文，亦私谥曰'公非先生'。"① 敞、攽偏重文章，奉世最贵践履，史称"奉世优于吏治，尚安静，文词雅赡。最精《汉书》学。常云：'家世唯知事君，内省不愧，恃士大夫公论而已。得丧，常理也，譬如寒暑加人，虽善摄生者不能无病，正须安以处之。'"② 如此感悟，唯有博学通经且敏于实践者可得。

有沉潜道学，感激时事，将人性人情与圣贤言语融会说解者，如"建宁胡氏"。胡氏家学创自胡安国，其子寅、宏以及宏子季随均为大家。安国有《春秋传》三十卷"作于南渡之后，故感激时事，往往借《春秋》以寓意"③。朱熹尝云："胡《春秋传》有牵强处，然议论有开合精神。"④ 张栻乃胡宏门人，尝为乃师《知言》撰序，谓先生"卒传文定公之学，优游南山之下余二十年，玩心神明，不舍昼夜，力行所知，亲切至到。析太极精微之蕴，穷皇王制作之端，综事物于一源，贯古今于一息，指人欲之偏以见天理之全，即形而下者而发无声无臭之妙，使学者验端倪之不远，而造高深之无极，体用该备，可举而行"⑤。胡氏之学大抵追从濂洛，只因主张"性无善恶，心以成性。天理人欲同体异用。同行异情。指名其体曰性，指名其用曰心。性不能不动，动则心矣"⑥，便遭朱熹指责，谓："季

---

① 叶梦得：《避暑录话》卷上，《丛书集成初编》第2786册，第11页。
② 《宋史》卷三一九《刘奉世传》，第10390页。
③ 《四库全书总目》卷二七《春秋传》提要，第219页下。
④ 《朱子语类》卷八三，第2155页。
⑤ 张栻：《胡子知言序》，《全宋文》第255册，第261页。
⑥ 《四库全书总目》卷九二《知言》提要，第782页中、下。

随主其家学，说性不可以善言。……此文定之说，故其子孙皆主其说，而致堂、五峰以来，其说益差，遂成有两性：本然者是一性，善恶相对者又是一性。他只说本然者是性，善恶相对者不是性，岂有此理！"[1] 按：胡寅号致堂，胡宏号五峰。其实，在略无学术禁忌的时代，像这样尖锐的见解纷争并不稀见。

宋人家学的个性化特点所以显著，是因为家传之学的价值在于自由探索之精神及对个人灵智之培养，其旨归乃是推己及人，宽厚而博雅。因此，家学的个性越是鲜明多元，学术文化的发展就越会深邃广博，充满活力。两宋士人所以具有自我创造与批判的人格自觉，能彰显"乐以天下，忧以天下"的思想情怀，盖与其深受家学熏陶密不可分。

再次，宋人家学在内涵上往往较前人更为丰富博大，所涉领域颇为广泛，且少有禁忌。事实上，庆历以后，像两汉"博士"那样世代独专一经的家族已消失殆尽，而贯通经史、兼善诗文的家学巨子正与日俱增。

宋代重要的文化望族，如"东莱吕氏"、"夏县司马氏"及"常州葛氏"等，家学内涵普遍渊厚，涉猎极为广博。如"夏县司马氏"自司马炫、司马池以来就始终保持着文、史并重的家学传统。司马炫"举进士，试秘书省校书郎"[2]；司马池"以文学行义事真宗、仁宗"，"以清直仁厚闻于天下，号称一时名臣"[3]。池子旦、光。司马旦与文彦博同庚，官至朝议大夫。沈括《梦溪笔谈》载："文潞公归洛日，年七十八。同时有中散大夫程煦、朝议大夫司马旦、司封郎中致仕席汝言，皆年七十八。"[4] 司马光受家学教育最为成功，其所撰《资治通鉴》《稽古录》被史学奉为"史法"，《集韵》《切韵指掌图》及《类篇》则为训诂学家所推重，目为语言研究之珍宝；而《温公易说》《潜虚》《书仪》及《法言集注》等又成为儒学家讨论纷争的焦点之作。至于《传家集》《温公续诗话》以及与文学

---

[1] 《朱子语类》卷一〇一，第 2585、2586 页。
[2] 《苏轼文集》卷一七《司马温公神道碑》，第 513 页。
[3] 《苏轼文集》卷一六《司马温公行状》，第 475 页。
[4] 沈括：《梦溪笔谈》卷一五，《丛书集成初编》第 282 册，第 101 页。

生态密切相关之《涑水记闻》等，则是文学史家不敢忽略的重要著作。从现代学科划分的标准看，这些著作分属不同学科，但作为司马温公本人，其经、史研究与诗文创作互为表里，三者密不可分。

名门望族家学内涵的逐步扩大，无疑有利于"复合型"知识人才的培养，两宋士人兼具学者、能吏和文学之长者比比皆是，原因即在于此。或谓"华夏民族之文化，历数千载之演进，造极于赵宋之世"[1]，此说之周延与否固待商榷，然此种盛况得益于内涵广博的家学熏陶，似无可争。

最后，涵养"正气"，渴慕"圣贤"，乃是宋代衣冠之家力求超越寒微出身、效法前代"士族"风采的自觉表现。光宗朝名相赵汝愚之父赵善应尝云："欲学圣贤，当消客气，洒扫应对，是其入处也。"[2] 黄宗羲更举例说："胡文定公云：世事当如行云流水，随所遇而安可也。毋以妄想戕真心，客气伤元气。"《明儒学案》卷九复称："与人论事，辞气欠平，乃客气也。所论之事虽当于理，即此客气之动，便已流于恶矣，可不戒哉。"[3] 宋代甲族大多由贫贱寒微处走来，其文化根基不深，故早期家族成员的声望地位与"正气"修养多不相称，"每以正气流为客气，又每以其客气流为健讼"[4] 的现象屡见不鲜。也如此，当代士人欲兴其家者，必先致力于树立从容优美之家风，所谓言传身教，远较得之于书本文字者为多。

宋代士人没有与生俱来的贵族特权，但从寒微起步并取得成功的士大夫群体却对李唐时代高门大族的优美家风向往不已。如南宋马永卿就曾以柳公绰家侍婢为例，说明柳家家法之清高。《懒真子》云："唐世士大夫崇尚家法，柳氏为冠，公绰唱之，仲郢和之，其余名士，亦各修整。旧传柳氏出一婢，婢至宿卫韩金吾家未成券，闻主翁于厅事上买绫，自以手取视之，且与驵侩议价，婢于窗隙偶见，因作中风状仆地。其家怪问之，婢

---

[1] 陈寅恪：《邓广铭宋史职官志考证序》，《金明馆丛稿二编》，上海古籍出版社1980年版，第245页。
[2] 朱熹：《笃行赵君彦远墓碣铭》，《全宋文》第253册，第131页。
[3] 黄宗羲：《明儒学案》卷四《崇仁学案》，第27页；卷九《三原学案》，第170页。
[4] 《四库全书总目》卷七《易学》提要，第57页上。

云：'我正以此疾，故出柳宅也。'因出外舍，问曰：'汝有此疾几何时也？'婢曰：'不然。我曾伏事柳家郎君，岂忍伏事卖绢牙郎也。'其标韵如此。想见柳家家法清高，不为尘垢卑贱，故婢化之，乃至如此。虽今士大夫妻，有此见识者少矣。哀哉！"①这段文字拿唐人之"婢"与宋人之"妻"相比较，字里行间充满对唐人"家法"的钦羡与崇拜。不过，优美家风的培养绝非朝夕间所能济事，其如杨慎所云："《诗》'有女同车，颜如舜华。将翱将翔，佩玉琼琚。彼美孟姜，洵美且都'。孟姜，世族贵女也，美质之佳丽也。都，饰之闲雅也。'颜如舜华'可以言美矣，'佩玉琼琚'可以言都矣。盖冶容艳态，多出于膏腴甲族熏醲含浸之下；彼山姬野妇，虽美而不都。纵有舜华之颜，加以琼琚之佩，所谓'婢作夫人，鼠披荷叶'。故曰'三代仕宦，方会穿衣吃饭'。苟非习惯，则举止羞涩，乌有闲雅乎？"②换言之，优美家风乃是一种潜移默化的修养，更是一种集体无意识的表现。

虽说造就优美家风并非易事，但宋人对此孜孜不倦。如"深州李氏"自李昉、李宗谔到李昭述已富贵三代，至昭述为翰林侍读学士、勾当三班院，其"门内之治有规，治尚仁恩，休澣宴集，昆弟侄在焉，必以孝弟学行从容劝导，未尝言及资产。清素孝谨，为旧族之冠。尝言：'我家三世学士，论者以为美谈。吾殁后，汝等勉之，无坠素业。'……自守家法，不为时变"③。司马光《家范》云："国朝公卿，能守先法，久而不衰者，唯故李相昉家。子孙数世二百余口，犹同居共爨，田园邸舍所收及有官者俸禄，皆聚之一库，计口日给饼饭，婚姻丧葬所费皆有常数。分命子弟掌其事，其规模大抵出于翰林学士宗谔所制也。"④另据《青箱杂记》载：李昉"有第在京城北，家法尤严。凡子孙在京守官者，俸钱皆不得私用，与

---

① 马永卿：《懒真子》卷二"柳氏家法"条，《丛书集成初编》第285册，第16页。
② 杨慎：《丹铅总录》卷一八《诗话类·洵美且都》条，《景印文渊阁四库全书》第855册，第544页上、下。
③ 胡宿：《李公墓志铭》，《全宋文》第22册，第247页。
④ 司马光：《家范》卷一，《景印文渊阁四库全书》第696册，第663页下、664页上。

饶阳庄课并输宅库，月均给之，故孤遗房分皆获沾济，世所难及也。有子宗谔，仕至翰林学士，篇什笔札，两皆精妙。太宗朝，尝以京官带馆职赴内宴，阁门拒之，宗谔献诗曰：'戴了宫花赋了诗，不容重睹赭黄衣。无聊独出金门去，恰似当年下第归。'盖宗谔尝举进士，御试下第，故诗因及之。太宗实时宣召赴坐，后遂为例，虽选人带职，亦预内宴，自宗谔始也"。① 是知在家学及家法教育方面，李氏确为典范。

类似的情形，在其他家族中亦非稀见。朱熹尝描述"东莱吕氏"之家风，曰："正献公居家，简重寡默，不以事物经心。而申国夫人，性严，有法度，虽甚爱公，然教公事事循蹈规矩。甫十岁，祁寒暑雨，侍立终日，不命之坐，不敢坐也。日必冠带以见长者，平居虽天甚热，在父母长者之侧，不得去巾袜，缚袴衣服惟谨。行步出入，无得入茶肆酒肆。市井里巷之语，郑卫之音，未尝一经于耳。不正之书，非礼之色，未尝一接于目。正献公通判颍州，欧阳文忠公适知州事，焦先生千之伯强，客文忠公所，严毅方正。正献公招延之，使教诸子。诸生少有过差，先生端坐，召与相对终日，竟夕不与之语；诸生恐惧畏服，先生方略降辞色。时公方十余岁，内则正献公与申国夫人教训如此之严，外则焦先生化导如此之笃，故公德器成就，大异众人。公尝言：'人生内无贤父兄，外无严师友，而能有成者，少矣。'"② 按："东莱吕氏"自吕龟祥、吕蒙亨、吕夷简到吕公弼、吕公著，皆为显宦。吕公著乃哲宗朝名相，李焘《续资治通鉴长编》（下文简称《长编》）载："公著自少讲学，以治心养性为本，识虑深敏，量闳而学粹。"③ 这种涵养，也许正是其母申国夫人及焦伯强先生严加训育的结果。吕公著之子吕希哲"少从焦千之、孙复、石介、胡瑗学，复从程颢、程颐、张载游，闻见由是益广"④，其学问既出入于数家之中，又最早以师礼尊事程颐，熔铸锻炼的功夫有目共睹。不过，作为吕氏子孙，

---

① 吴处厚：《青箱杂记》卷一，中华书局1985年版，第3页。
② 朱熹：《伊洛渊源录》卷七，《丛书集成初编》第3340册，第65页。
③ 《长编》卷四二二，第10211页。
④ 《宋史》卷三三六《吕希哲传》，第10777页。

最终还是难以摆脱家学传统的束缚，朱熹谓其"意欲直造圣人，尽其平生之力，乃反见得佛与圣人合"①，盖由此也。吕希哲之后，"东莱吕氏"便走上了以吕希哲、吕好问、吕本中以及好问曾孙吕祖谦为代表的家学兴盛之路，而吕本中以撰《江西诗社宗派图》，影响更大。

吕本中字居仁，公著曾孙，好问之子，绍兴六年（1136）赐进士出身，擢起居舍人兼权中书舍人，累官至中书舍人兼侍讲、权直学士院。学者称"东莱先生"。在经学方面，他师从杨时、游酢、尹焞等，有《春秋集解》传世。朱彝尊尝考述云："按赵氏《读书附志》以《春秋集解》为东莱先生所著，而不书其名。盖吕氏自右丞好问徙金华，成公述家传，称为'东莱公'，而居仁为右丞子，学山谷为诗，作《西江宗派图》，学者亦称为'东莱先生'。然则吕氏三世皆以'东莱'为目，成公特最著者耳。陈氏《书录解题》撮居仁《集解》大旨，谓'自三传而下，集诸儒之说，不过陆氏、两孙氏、两刘氏、苏氏、程氏、许氏、胡氏数家'，合之今书，良然。而《宋史艺文志》于《春秋集解》三十卷直书成公姓名，世遂因之。考成公年谱，凡有著述必书，独《春秋集解》不书，疑世所传三十卷即居仁所撰，惟卷帙多寡未合，而陈和父之序无存，此学者之疑犹未能释也。"② 在文学方面，吕本中取法东坡、山谷而自成一家。《庚溪诗话》云："吕居仁作《江西诗社宗派图》，以山谷为祖，宜其规行矩步，必踵其迹。今观东莱诗多浑厚平夷，时出雄伟，不见斧凿痕。社中如谢无逸之徒亦然，正如鲁国男子善学柳下惠者。"③ 陆游《吕居仁集序》称："宋兴，诸儒相望，有出汉唐之上者。迨建炎、绍兴间，承丧乱之余，学术文辞，犹不愧前辈。如故紫微舍人东莱吕公者，又其杰出者也。公自少时，既承家学，心体而身履之，几三十年。仕愈踬，学愈进，因以其暇尽交天下名士，其讲习探讨，磨砻浸灌，不极其源不止。故其诗文汪洋闳肆，兼备众

---

① 朱熹：《答林择之》，《全宋文》第246册，第285页。
② 朱彝尊：《经义考》一八四，《景印文渊阁四库全书》第679册，第469页上、下。
③ 陈岩肖：《庚溪诗话》卷下，《景印文渊阁四库全书》第1479册，第70页上、下。

体，间出新意，愈奇而愈浑厚，震耀耳目，而不失高古，一时学士宗焉。晚节稍用于时。在西掖，尝兼直内庭，草赵丞相鼎制，力排和戎之议，忤秦丞相桧。秦公自草日历，载公制辞以为罪，而天下益推公之正。……某自童子时，读公诗文，愿学焉。稍长，未能远游，而公捐馆舍。晚见曾文清公，文清谓某：'君之诗渊源殆自吕紫微。'恨不一识面。"[1] 据此，则陆游诗学吕本中似可无疑。

简而言之，"深州李氏"与"东莱吕氏"代有闻人，其家学家风表里相关，堪称楷模。所谓正气涵养、圣贤品格，既要勤学体会，更需严训成习。

宋人家学的内涵非常丰富，其区别于汉、唐家学的时代特点也极其鲜明。究其根本，一方面是因为士大夫整体的知识结构较前人更加宏博，价值观及家训理念更趋多元化，另一方面则与自由开放、无所禁忌的文化氛围密切相关。应该说，宋人家学所蕴含的批判意识、创新精神以及复杂个性，与唐人不同。大抵由唐五代历史动荡及文化变革所导致的传统解构，既为宋代各家学之间多元价值的培育成熟创造了条件，同时也促成了士大夫家学的复合性、兼容性发展。从这个角度看，这种"个性"与"共性"相交织的繁荣景象，也是"唐宋转型"的应有之义。

三　宋代婚姻观念的法理与实践

家学的力量在于以潜移默化的方式，深刻影响士人的学术兴趣和诗文创作水平，而婚姻关系则意味着不同家族之间以亲情为纽带的家学交流与传承。婚姻与家学的偶然相遇，在多数情况下仅仅是一种可遇而不可求的机缘，但某些姻缘却能给当事人及其家族带来重要影响。文学史家对两宋作家的婚姻状况向来不甚重视，但就文学生态的丰富性和复杂性而言，婚姻与家学的润泽不可或缺。"婚姻"有狭义与广义之分，前者是指以男性

---

[1] 陆游：《吕居仁集序》，《全宋文》第222册，第340页。

为主导的法定夫妻，包括妾室，其得失毁誉仅限于家门之内；后者则包括由婚姻事实延伸出来的其他人伦关系，如舅父、外舅、内兄弟、表兄弟以及外甥等，他们承载着因婚姻产生的许多亲情与责任，也为相关家学的传承与扩播贡献其智慧。两宋士人的婚娶观念已较前代有了极大改变，它既有"不问阀阅"、钟爱"贤才"的进步与超越，也存在钱财与婚姻挂钩的史实。而在相对自由的婚姻实践中，"因亲及亲"的"世婚"最具时代特点，许多夫妻、姻亲之间的悲欢离合都由此产生。为了厘清宋人婚姻的功能与特点，本节叙述主要着眼于以下数端。

其一，两宋士人的婚姻观以及与之相关联的价值呈现，与汉魏六朝及李唐时代颇为不同，其显著差异既在社会等级制的消弭，即"婚姻不问阀阅"，更在以进士科考为"高下人物"的评断标准。

魏晋六朝"士庶之际，实自天隔"[①]，而士族阶层内部的婚姻选择虽有门第之别，但取舍标准相对灵活，其如陈寅恪先生所说："魏晋之际虽一般社会有钜族、小族之分，苟小族之男子以才器著闻，得称为名士者，则其人之政治及社会地位即与钜族之子弟无所区别，小族之女子苟能以礼法特见尊重，则亦可与高门通婚，非若后来士族之婚宦二事专以祖宗官职高下为惟一标准者也。"[②] 到了唐代，良贱不婚则为铁律。《唐六典》载："凡官户奴婢，男女成人，先以本色媲偶。若给赐，许其妻子相随。"[③] 士、庶之间不论婚姻，即所谓"民间修婚姻，不计官品而上阀阅"[④] 者。《新唐书·李绅传》载，会昌时，"（吴）湘为江都尉。部人讼湘受赃狼籍，身娶民颜悦女。绅使观察判官魏铏鞫湘，罪明白，论报杀之。时，议者谓吴氏世与宰相有嫌，疑绅内顾望，织成其罪。谏官屡论列，诏遣御史崔元藻覆按，元藻言湘盗用程粮钱有状，娶部人女不实，按悦尝为青州衙推，而妻王故衣冠女，不应坐。德裕恶元藻持两端，奏贬崖州司户参

---

① 《宋书》卷四二《王弘传》，中华书局 1974 年版，第 1318 页。
② 陈寅恪：《唐代政治史述论稿》，三联书店 2001 年版，第 259、260 页。
③ 《唐六典》卷一九，《景印文渊阁四库全书》第 595 册，第 187 页上。
④ 《新唐书》卷一七二《杜中立传》，第 5206 页。

军。宣宗立，德裕去位，绅已卒。崔铉等久不得志，导汝纳使为湘讼，言：'湘素直，为人诬蔑，大校重牢，五木被体，吏至以娶妻资媵结赃。'且言：'颜悦故士族，湘罪皆不当死，绅枉杀之。'"①吴湘因娶"民女"构成死罪，充分说明李唐士人"凡婚而不娶名家女，与仕而不由清望官，俱为社会所不齿"。②

唐律有关"人各有耦，色类须同。良贱既殊，何宜配合"③的规定，强调的是森严的等级制。赵宋建国以后，虽说"百官万民皆有等夷"④，但士、庶阶层之间以门第为基础的婚姻制度早不复存在，代之而起的是"取士不问家世，婚姻不问阀阅"⑤的新观念。司马光曾说："凡议婚姻，当先察其婿与妇之性行及家法何如，勿苟慕其富贵。婿苟贤矣，今虽贫贱，安知异时不富贵乎？苟为不肖，今虽富盛，安知异时不贫贱乎？"他特别强调"妇者，家之所由盛衰也。苟慕一时之富贵而娶之，彼挟其富贵，鲜有不轻其夫而傲其舅姑，养成骄妒之性，异日为患，庸有极乎？"⑥《袁氏世范》也明确规定："男女议亲，不可贪其阀阅之高，资产之厚。"⑦是知"性行及家法"在议婚因素中的权重已显著提高。

在淡化"富贵"及"阀阅"的同时，宋人却相当"爱才"，其如赵翼所云："当世风尚，妇人女子皆知爱才也。"⑧现实中许多"榜下择婿"⑨的悲喜剧，似乎更能为"爱才"一事作注。宋人称进士出身者为"贤才"，赵彦卫云："本朝尚科举，显人魁士，皆出寒畯，观此可见世家气象。"⑩

---

① 《新唐书》卷一八一《李绅传》，第 5349、5350 页。
② 《元白诗笺证稿·艳诗及悼亡诗》，上海古籍出版社 1978 年版，第 112 页。
③ 长孙无忌等：《唐律疏议》卷一四，《丛书集成初编》第 777 册，第 303 页。
④ 蔡襄：《国论要目十二事疏·明礼》，《全宋文》第 46 册，第 371 页。
⑤ 郑樵：《通志》卷二五《氏族略第一·氏族序》，第 439 页上。
⑥ 司马光：《司马氏书仪》卷三，《丛书集成初编》第 1040 册，第 29 页。
⑦ 袁采：《袁氏世范》卷一，《丛书集成初编》第 974 册，第 19 页。
⑧ 赵翼：《陔余丛考》卷四一《苏东坡秦少游字遇》，商务印书馆 1957 年版，第 911 页。
⑨ 彭乘：《墨客挥犀》卷一，中华书局 2002 年版，第 284 页。
⑩ 《云麓漫钞》卷七，第 116 页。

虽说像周密那样的道学人士坚持以为"场屋之文，朝廷假以取士，与学优则仕异矣。士大夫以此高下人物，更相矜傲，更相景慕，亦可悲矣"①，但"富贵之家教子弟读书，固欲其取科第，及深究圣贤言行之精微"② 早已是社会共识，那些被达官显宦择为新婿的进士更为公私美谈。如宋真宗朝，"范鲁公之孙，令孙也，有学行，登甲科，公辅器之，王魏公旦妻以息女"；③宋神宗时，蔡卞与蔡京同年登科，调江阴主簿，"王安石妻以女"④，都是择婿成功的例子。也有不成功者，如冯京"少隽迈不群，举进士，自乡举、礼部以至廷试，皆第一。时犹未娶，张尧佐方负宫掖势，欲妻以女。拥至其家，束之以金带，曰：'此上意也。'顷之，宫中持酒殽来，直出奁具目示之，京笑不视，力辞"⑤。再如鄱阳洪皓，"少有奇节，慷慨有经略四方志。登政和五年进士第，王黼、朱勔皆欲婚之，力辞"⑥。两位当事人虽有"不愿而为贵势豪族拥逼不得辞者"⑦ 的经历，但最终都以"力辞"告终。

由于"榜下择婿"具有诸多不确定性，故朝廷重臣或老成学子别具慧眼者，便提前预定外来佳婿。如黄龟年登崇宁五年（1106）进士第，授洛州司理参军。累迁起居舍人、中书舍人兼给事中。"龟年微时，永福簿李朝旌奇之，许妻以女。龟年既登第，而朝旌已死，家贫甚。或劝龟年别娶，龟年正色曰：'吾许以诺，死而负之，何以自立！'遂娶之。"⑧ 开封崔立"性淳谨，尤喜论事。大中祥符间，帝既封禅，士大夫争奏上符瑞，献赞颂，立独言：'水发徐州，旱连江、淮，无为烈风，金陵火，天所以警骄惰、戒淫洪也。区区符瑞，尚何足为治道言哉！'前后上四十余事。以

---

① 《癸辛杂识·前集》，第22页。
② 《袁氏世范》卷一，第5页。
③ 江少虞：《宋朝事实类苑》卷四六，第612页。
④ 《宋史》卷四七二《蔡卞传》，第13728页。
⑤ 《宋史》卷三一七《冯京传》，第10338、10339页。
⑥ 《宋史》卷三七三《洪皓传》，第11557页。
⑦ 《墨客挥犀》卷一，第284页。
⑧ 《宋史》卷三八一《黄龟年传》，第11741页。

右谏议大夫知耀州，改知濠州，迁给事中。告老，进尚书工部侍郎致仕，卒。识韩琦于布衣，以女妻之，人尝服其鉴云"①。韩琦后为北宋重臣，封魏国公，崔立若泉下有知，当自豪无比。

不过，仕前婚约对女婿人格品藻及忠诚度的判断颇有难度，好在史书所载大多优秀，吕夷简、富弼和真德秀即其例。富弼的岳父是庐州合肥人马亮，字叔明，举进士，仁宗朝累官至工部尚书，以太子少保致仕，卒。赠尚书右仆射。亮"有智略，敏于政事，然其所至无廉称。吕夷简少时，从其父蒙亨为县福州，亮见而奇之，妻以女。妻刘恚曰：'嫁女当与县令儿邪？'亮曰：'非尔所知也。'"②富弼"少笃学，有大度，范仲淹见而奇之，曰：'王佐才也。'以其文示王曾、晏殊。殊妻以女。仁宗复制科，仲淹谓弼：'子当以是进。'举茂材异等，授将作监丞、签书河阳判官"。③南宋鸿儒真德秀也有类似经历，只不过预订婚姻者乃普通学者。《宋史》传称真德秀"十五而孤，母吴氏力贫教之。同郡杨圭见而异之，使归共诸子学，卒妻以女。登庆元五年进士第，授南剑州判官。继试中博学宏词科，入闽帅幕，召为太学正，嘉定元年迁博士"④。富弼和真德秀生活的时代虽有不同，但都对政治文化发展卓有建树。

其二，"议婚"过程中有人强调品格与家法，有人看重钱财和装奁，均无可指责。事实上，宋代"娶妻论财"的士人并非少数。

社会心理的变易往往从精英阶层开始，宋人婚姻观的世俗化变易就从变"择"为"捉"的榜下选婿开始。南宋朱彧尝云："本朝贵人家选婿，于科场年，择过省士人，不问阴阳吉凶及其家世，谓之榜下捉婿。亦有缗钱，谓之系捉钱，盖与婿为京索之费。近岁，富商庸俗与厚藏者嫁女，亦于榜下捉婿，厚捉钱，以饵士人，使之俯就，一婿至千余缗。既成婚，其家亦索遍手钱，往往计校装奁，要约束缚

---

① 《宋史》卷四二六《崔立传》，第12698页。
② 《宋史》卷二九八《马亮传》，第9917页。
③ 《宋史》卷三一三《富弼传》，第10249页。
④ 《宋史》卷四三七《真德秀传》，第12957页。

如诉牒。"① 所谓"遍手钱"即婿家父母亲属索要之钱。新科进士奇货可居，竞为高价，遂致士风毁败。哲宗朝，有官员上《请禁绝登科进士论财娶妻奏》云："臣窃闻近年进士登科娶妻论财，全乖礼义。衣冠之家随所厚薄，则遣媒妁往返，甚于乞丐，小不如意，弃而之它。市井驵侩出捐千金，则贸贸而来，安以就之。名挂仕版，身被命服，不顾廉耻，自为得计，玷辱恩命，亏损名节，莫甚于此。陛下上法尧、舜，旁规汉、唐，开广庠序，遴择师儒，自京师以达天下，教育之法远过前古。而此等天资卑陋，标置不高，筮仕之初，已为污行，推而从政，贪墨可知。臣欲乞下御史台严行觉察，如有似此之人，以典法从事，庶几惇厚风教，以惩曲士。"② 不过，要改变"进士登科娶妻论财"的风气绝非易事。

娶妻论财的风尚甚至波及偏远乡村。蔡襄在《福州五戒文》中强调："婚娶何谓，欲以传嗣，岂为财也。观今之俗，娶其妻不顾门户，直求资财，随其贫富，未有婚姻之家不为怨怒。原其由，盖婚礼之夕广糜费，已而校奁橐，朝索其一，暮索其二，姑辱其妇，夫虐其妻，求之不已。若不满意，至有割男女之爱，辄相弃背。习俗日久，不以为怪。此生民之大弊，人行最恶者也。"③ 是其证。风气既已形成，就少不了贪财求婚的种种闹剧。如《宋史·向敏中传》载："故相薛居正孙安上不肖，其居第有诏无得贸易，敏中违诏质之。会居正子惟吉嫠妇柴将携赀产适张齐贤，安上诉其事，柴遂言敏中尝求娶己，不许，以是阴庇安上。真宗以问敏中，敏中言近丧妻不复议婚，未尝求婚于柴，真宗因不复问。柴又伐鼓，讼益急，遂下御史台，并得敏中质宅之状。时王嗣宗为盐铁使，素忌敏中，因对言，敏中议娶王承衍女弟，密约已定而未纳采。真宗询于王氏得其实，以敏中前言为妄，罢为户部侍郎，出知永兴军。"④ 对此，程颐的看法非常简单，称"本朝向敏中号有度量，至作相，却与张齐贤争取一妻，为其有

---

① 朱彧：《萍洲可谈》卷一，《景印文渊阁四库全书》第 1038 册，第 287 页上。
② 丁骘：《请禁绝登科进士论财娶妻奏》，《全宋文》第 72 册，第 311 页。
③ 蔡襄：《福州五戒文》，《全宋文》第 47 册，第 15 页。
④ 《宋史》卷二八二《向敏中传》，第 9555 页。

十万囊橐故也"①。向敏中、张齐贤等朝廷重臣尚且如此,普通士人"娶妻论财"又何足怪哉!

其三,两宋士人最重"因亲及亲"之"世婚"。这种婚姻虽有利于家庭和谐,却往往忽略了人性人情的许多弱点,至有演为悲剧者。

唐宋律法规定:"其外姻虽有服,非尊卑者,为婚不禁。"②但世人对此或有误解,如《朱子语类》卷八九载:"尧卿问姑舅之子为昏。曰:据律中不许。然自仁宗之女嫁李璋家,乃是姑舅之子,故欧阳公曰:'公私皆已通行。'"③洪迈《容斋续笔》卷八"姑舅为婚"条详细解释"外姻为婚不禁"的法律规定,曰:"姑舅兄弟为婚,在礼法不禁,而世俗不晓。案:《刑统·户婚律》云:'父母之姑舅、两姨,姊妹及姨若堂姨、母之姑、堂姑,己之堂姨及再从姨、堂外甥女、女婿姊妹,并不得为婚姻。'议曰:'父母姑舅,两姨姊妹,于身无服,乃是父母缌麻,据身是尊,故不合娶。及姨又是父母大功尊,若堂姨虽于父母无服,亦是尊属,母之姑、堂姑,并是母之小功以上尊;己之堂姨及再从姨、堂外甥女,亦谓堂姊妹所生者、女婿姊妹,于身虽并无服,据理不可为婚。并为尊卑混乱,人伦失序之故。'然则中表兄弟姊妹正是一等,其于婚娶,了无所妨。予记政和八年知汉阳军王大夫申明此项,敕局看详,以为如表叔取表侄女,从甥女嫁从舅之类,甚为明白。徽州《法司编类续降》有全文,今州县官书判,至有将姑舅兄弟成婚而断离之者,皆失于不能细读律令也。"④此外,袁采亦云:"人之议亲,多要因亲及亲,以示不相忘,此最风俗好处。"⑤是知,所谓世家重世婚本就无可指责。

从婚姻实践来看,宋代姑舅兄弟之间相互通婚的情形的确非常普遍。

---

① 《二程集·河南程氏外书》卷一〇,第407页。
② 长孙无忌等:《唐律疏议》卷一四,《丛书集成初编》第777册,上海商务印书馆1939年版,第298页。
③ 《朱子语类》卷八九,第2275页。
④ 洪迈:《容斋随笔·续笔》卷八,中华书局2005年版,第321页。
⑤ 《袁氏世范》卷一,《丛书集成初编》第974册,第19页。

仅与家学研究相关的家族就有很多。如《二程外书》载："周恭叔行己，自太学早年登科，未三十，见伊川，持身严苦，块坐一室，未尝窥牖。幼议母党之女，登科后，其女双瞽，遂娶焉，爱过常人。伊川曰：'某未三十时，亦做不得此事。然其进锐者其退速。'每叹惜之。"① 表兄妹皆为婚姻，虽有双瞽之病，亦深加体贴，此乃人情常理，至于"爱过常人"似言过其实。观下文"周以酒席有所属意"，程颐曰"此禽兽不若也，岂得不害义理"，"以父母遗体偶倡贱，其可乎"诸语可知矣。另如韩亿和李若谷两家，史载李若谷"少时与韩亿为友，及贵显，婚姻不绝焉"。② 韩元吉《桐阴旧话》载，韩忠献公亿曾"与李康靖公同行应举，有一毡同寝卧，至别，割毡为二，分之。其后浸贵，以长女嫁康靖公子邯郸公，而第七解州府君娶康靖公女。子孙数世，婚姻不绝"③。按："邯郸公"指李淑，为韩亿长女婿。"第七解州府君"指韩纬。亿有八子，迎娶若谷之女者为七子韩纬。

姑舅兄弟之间的婚姻很容易出现矛盾，其如袁采所说："其间妇女无远识，多因相熟而相简，至于相忽，遂至于相争而不和，反不若素不相识而骤议亲者。故凡因亲议亲，最不可托熟，阙其礼文。又不可忘其本意，极于责备，则两家周致无他患矣。故有侄女嫁于姑家，独为姑氏所恶；甥女嫁于舅家，独为舅妻所恶；姨女嫁于姨家，独为姨氏所恶；皆由玩易于其初，礼薄而怨生，又有不审于其初之过者。"④ 两宋文学巨匠，如苏洵、黄庭坚以及陆游等，就曾经受过由"世婚"带来的痛苦。

曹学佺《蜀中广记》卷一〇三载："苏小妹，老苏先生之女。幼而好学，慷慨能文。适其母兄程浚之子之才，先生有诗曰：'汝母之兄汝伯舅，求以厥子来结姻。乡人嫁娶重母族，虽我不肯将安云。'人言苏子无妹，却有此诗出《苏氏小抄》。"⑤ 按：此事乃以悲剧收场，苏洵为赋《自尤》

---

① 《二程集·河南程氏外书》卷一二，第 434 页。
② 《宋史》卷二九一《李若谷传》，第 9740 页。
③ 陶宗仪：《说郛》卷四五下，《景印文渊阁四库全书》第 878 册，第 482 页上。
④ 《袁氏世范》卷一，《丛书集成初编》第 974 册，第 20 页。
⑤ 曹学佺：《蜀中广记》卷一〇三，《景印文渊阁四库全书》第 592 册，第 656 页下。

长诗，叙曰："余生而与物无害，幼居乡间，长适四方，万里所至，与其君子而远其不义。是以年五十有一，而未始有尤于人，而人亦无以我尤者。盖壬辰之岁，而丧幼女，始将以尤其夫家，而卒以自尤也。女幼而好学，慷慨有过人之节，为文亦往往有可喜。既适其母之兄程浚之子之才，年十有八而死。而浚本儒者，然内行有所不谨，而其妻子尤好为无法。吾女介于其间，因为其家之所不悦。适会其病，其夫与其舅姑遂不之视而急弃之，使至于死。始其死时，余怨之，虽吾之乡人亦不直浚。独余友发闻而深悲之，曰：'夫彼何足尤者？子自知其贤，而不择以予人，怨则在子，而尚谁怨？'余闻其言而深悲之。"① 周密亦尝记云，有沧洲先生程公许，字季与，眉山人，"其言老泉《族谱亭记》，言乡俗之薄，起于某人，而不着其姓名者，盖苏与其妻党程氏大不咸，所谓某人者，其妻之兄弟也。老泉有《自尤》诗，述其女事外家，不得志以死，其辞甚哀，则其怨隙不平也久矣。其后东坡兄弟以念母之故，相与释憾。程正辅与坡为表弟，坡之南迁，时宰闻其先世之隙，遂以正辅为本路宪将，使之甘心焉。而正辅反笃中外之义，相与周旋之者甚至。坡诗往复倡和，中亦可概见矣"。② 苏、程后人"相与释憾"是一回事，苏小妹和程之才的婚姻悲剧是另一回事。唯有苏老泉深悲幼女之死的泪水，让后人对"因亲议亲"多了些许警惕。

周密尝云："陆务观初娶唐氏，闳之女也，于其母夫人为姑侄。伉俪相得，而弗获于其姑。既出，而未忍绝之，则为别馆，时时往焉。姑知而掩之，虽先知挈去，然事不得隐，竟绝之，亦人伦之变也。"③ 陆游与唐琬之间的这段婚姻悲剧，因为《钗头凤》词而家喻户晓。但在此之前，黄庭坚亲姐嫁给表兄洪民师，最终因姨母苛待，年二十五而卒，其悲凉凄楚的故事似乎少有人知，今特述于此。

---

① 苏洵：《自尤并叙》，《全宋诗》卷三五二，北京大学出版社1992年版，第4372页。
② 周密：《齐东野语》卷一三，中华书局1983年版，第235页。
③ 《齐东野语》卷一，第17页。

山谷有《毁璧序》述其长姐之遭遇云:"夫人黄氏,先大夫之长女","归南康洪民师。民师之母文成县君李氏,太夫人母弟也"。① 此谓"太夫人"者,即山谷与长姐之生母。吴曾尝述及黄氏才貌,曰:"生重瞳子,眉目如画,玉雪可念。其为女工,皆妙绝人。幼少能自珍重,常欲练形仙去",只因"先大夫弃诸孤早,太夫人为家世埋替,持孤女托",才被迫将她嫁给了南康洪民师②。黄震亦概言曰:"《毁璧序》叙山谷之女兄事姨母之子洪民师,年二十五而卒。姑恶之,不以葬,焚而投诸江。山谷筑亭庐山而妥之。"③ 明确了黄氏兄妹这段不堪言说的往事,便知山谷披肝沥胆以教"四洪"者,盖与手足亲情阴阳两隔的悲苦凄楚隐然相关。

本书所述婚姻事实,乃是家学与文学生态研究所必需。对同一研究对象,我们只谈"家学"与"婚姻"本身,不涉及其他。如欧阳修"四岁而孤,母郑氏守节自誓,亲教修读书,家贫至以荻画地学书。比成人,举进士,两试国子监,一试礼部,皆第一,遂中甲科"。④ 郑氏出自江南名族,欧阳公后显贵,特为《泷冈阡表》一文以陈其深情,传诵千古。欧阳修"有妹适张龟正,卒而无子;有女,实前妻所生,甫四岁,以无所归,其母携养于外氏,及笄,修以嫁族兄之子晟。会张氏在晟所与奴奸,事下开封府。权知府事杨日严前守益州,修尝论其贪恣,因使狱吏附致其言以及修。谏官钱明逸遂劾修私于张氏,且欺其财。诏安世及昭明杂治,卒无状。乃坐用张氏奁中物买田立欧阳氏券,安世等坐直牒三司取录问吏人而不先以闻,故皆及于责。安世,开封人也。狱事起,诸怨恶修者,必欲倾修,而安世独明其诬,虽忤执政意,与昭明俱得罪,然君子多之"⑤。欧阳修因此被贬,以知制诰知滁州。治平四年三月,"有薛良孺者,修妻之从

---

① 黄庭坚:《山谷别集》卷三,《景印文渊阁四库全书》第1113册,第558页下。
② 吴曾:《能改斋漫录》卷一四《陈后山李氏墓铭》条,上海古籍出版社1979年版,第418、419页。
③ 黄震:《黄氏日抄》卷六五,《景印文渊阁四库全书》第708册,第588页上。
④ 《东都事略》卷七二《欧阳修传》,《景印文渊阁四库全书》第382册,第463页下。
⑤ 《长编》卷一五七,第3798—3799页。

弟也，坐举官被劾，会赦免，而修乃言不可以臣故徼幸，乞特不原，良孺竟坐免官，怨修切齿。修长子发，娶盐铁副使吴充女，良孺因谤修帷薄，事连吴氏"。敌党要员借题发挥，建议将欧阳修"贬窜"[1]，后经欧阳修和吴充的上章力辩，朝廷严查，此事纯属捏造，造谣者遂受到惩罚。两个事案既不在"婚姻"讨论范畴之内，更不能证明欧阳公有悖人伦风化；有史学研究者引此两条，与章惇的身世问题相提并论[2]，以证宋人反对"异辈婚"[3]，其严谨与否，颇待商榷。

---

[1] 《长编》卷二〇九，第5078页。
[2] 王明清《挥麈录·余话》卷一载："章俞者，郇公之族子，早岁不自拘检。妻之母杨氏，年少而寡，俞与之通，已而有娠生子。初产之时，杨氏欲不举，杨氏母勉令留之，以一合贮水，缄置其内，遣人持以还俞。俞得之云：'此儿五行甚佳，将大吾门。'雇乳者谨视之。既长，登第，始与东坡先生缔交。后送其出守湖州诗，首云'方丈仙人出渺茫，高情犹爱水云乡'，以为讥己，由是怨之。其子入政府，俞尚无恙，尝犯法，以年八十，勿论。事见《神宗实录》。绍圣相天下，坡渡海，盖修报也。所谓燕国夫人墓，独处而无衬者，即杨氏也。"第293页。
[3] 张邦炜：《宋代婚姻家族史论》，人民出版社2003年版，第102、103页。

第二章 望族家学以婚姻为纽带的传承与互动

赵宋之世,深受家学熏陶的名门望族子弟,以精英群体的力量引领并制约着主流文化发展的方向与节奏,其影响力可以抵达政治、学术研究和诗文创作的方方面面。内涵各异的家学背景造就了丰富多元的价值理念,而不同家学之间以婚姻为纽带的传承与互动,又为主流文化及文学思潮的形成创造了条件。饱受诗书熏陶的望族子弟自幼熟知"圣人之道",其及第进士、入仕途,便能将"识虑明达、用心公正"的人格追求与"但求理道切当,不取文辞华美"[①]的诗文作风联系起来,使两者相得益彰,无论是杨亿有关"文彩焕发,五色以相宣;理道贯通,有条而不紊"的素质要求[②],还是李觏对新进之士"不求经术而摭小说以为新,不思理道而专雕镂以为丽"[③]的反面批评,其着眼点都在于此。同时,两宋望族子弟以学术名家兼为诗文圣手者并非少见,其有关诗文价值、创作方法及审美标准的讨论绝非单纯的文学问题,褒贬取舍之间往往有着深层复杂的家学背景。有人认为学术与文学属于两个不同的研究范畴,有关诗文创作及文学发展史历程的讨论绝不应与学术问题牵扯到一起。在学科分类日渐细化的背景下,类似的分割似乎顺理成章,但宋代作家的文学创作却很难脱离学

---

① 司马光:《乞转对札子》,《全宋文》第55册,第62页。
② 杨亿:《答并州王太保书》,《全宋文》第14册,第311页。
③ 李觏:《上宋舍人书》,《全宋文》第41册,第346页。

术背景的制约，至少在一些名门贵胄身上的确存在这样一种倾向。假使对家学传统避而不谈，那么其他方面的思考便很难获得恰当周延的结论。

明确了宋人家学的多元个性及综合价值，还须了解其传承与传播的基本轨迹。如果说父子、兄弟之间世代传承属于门内之事，那么当婚姻介入之后，嫁娶活动将为不同家学之间的交流互动及丰富发展创造更多机会和条件。

一 新世族家学的创建与坚守

张端义尝曰："本朝大儒皆出于世家。周濂溪以舅官出仕，两改名，先名宗实，因英庙旧名改；后名惇颐，又以光宗御名改。二程父为别驾。南轩，张魏公之长子。文公，朱郎中之子，奉使朱弁之侄。东莱吕，枢密之孙。致堂，胡文定公之子。惟横渠、象山，士子也。"[①] 此说看似有据，其实不尽是也。赵宋建国之时，自唐五代延续下来的，以家学优美著称的名门世族少之又少，其如欧阳修所说："近世士大夫于氏族尤不明，其迁徙世次多失其序，至于始封得姓，亦或不真。"[②] 祖无择亦云："唐末五代，天下丧乱，衣冠旧族，往往流落间阎间，没而不振。"[③] 王明清《挥麈录》还举例说："唐朝崔、卢、李、郑及城南韦、杜二家，蝉联珪组，世为显著，至本朝绝无闻人。"[④] 而张氏所谓"本朝大儒皆出于世家"者，不过追溯至父祖罢了。

两宋望族多为后起新贵，即便自晚唐五代至宋初世代有显宦者，其建族创业的历史也不会很长，如"阆州陈氏""盐泉苏氏"等。

"阆州陈氏"的祖先陈翔，在王建御蜀时入川为官，始建其族。欧阳修《陈公神道碑铭》云："自公五世以上为博州人。皇高祖翔，当五代时

---

① 《贵耳集》卷上，《丛书集成初编》第 2783 册，第 9 页。
② 《欧阳修全集》卷四七《与曾巩论氏族书》，第 665 页。
③ 祖无择：《张君神道碑铭》，《全宋文》第 43 册，第 333 页。
④ 《挥麈录·前录》卷二，第 20 页。

为王建掌书记，建欲帝蜀，以逆顺祸福譬之，不听，弃官遁于阆州之西水，遂为西水人。"①《宋史·陈尧佐传》则云："其先河朔人。高祖翔，为蜀新井令，因家焉，遂为阆州阆中人。"该族自陈省华随孟昶归宋起渐有声望。陈省华于真宗景德年间权知开封府，长子陈尧叟为太宗端拱二年（989）殿试状元，大中祥符中为枢密使、同平章事；次子陈尧佐端拱元年（988）进士及第，景祐中为宰相；三子尧咨为咸平三年（1000）殿试状元，真、仁两朝官翰林学士兼龙图阁学士，先后知数州，为节度使。兄弟状元，一门枢相，声名显赫，无以复加。《渑水燕谈录》卷二载："谏议大夫陈省华，生三子皆登进士第，而伯仲皆为天下第一。晚年燕国夫人冯氏俱康宁，长子尧叟知枢密院，次子尧佐直史馆，少子尧咨知制诰。每对客，三子列侍，客不自安，求去，省华曰：'学生辈立侍，常也。'士大夫以陈氏为荣。"②陈氏家传之学首重科举，而培养"有材用，多智术"，能"镇抚百度，周知天下之良苦"的"经纶之才"③，更是其中最核心的内容。

"盐泉苏氏"亦由苏传素避乱入蜀而建族。蔡襄《苏才翁墓志铭》云："苏才翁，讳舜元，其先自汉典属国武葬武功，其后周邠公、隋房公、唐许公、文宪四相，世居不迁。文宪之后曰传素，避广明乱，西入蜀。其子振仕蜀为梓州桐山令，生剑州司马寓，司马生赠刑部侍郎讳协，是为曾祖考。"④该族后以苏易简、苏舜钦等显名当世，跻身望族之列。苏易简预修《文苑英华》，自撰《文选菁英》《文房四谱》及《续翰林志》等。由《文选菁英》可知，苏氏家学例属举业，故特重《文选》，其如陆游所云："国初尚《文选》，当时文人专意此书，故草必称'王孙'，梅必称'驿使'，月必称'望舒'，山水必称'清晖'。至庆历后，恶其陈腐，诸作者始一洗之。方其盛时，士子至为之语曰：'《文选》烂，秀才半。'"⑤南宋"鄱阳

---

① 《欧阳修全集》卷二〇《陈公神道碑铭》，第323页。
② 王辟之：《渑水燕谈录》卷二，中华书局1981年版，第12页。
③ 《东都事略》卷四四《陈尧佐传》，《景印文渊阁四库全书》第382册，第279页上、下。
④ 蔡襄：《苏才翁墓志铭》，《全宋文》第47册，第256页。
⑤ 《老学庵笔记》卷八，第100页。

洪氏"亦重"词科之学"，洪适、洪遵、洪迈等皆长于文献考索、分类纂辑，其情形与"盐泉苏氏"颇相类似。

类似的情形还有"吕氏"家族，王明清云："五代时有姓吕为侍郎者三人，皆名族，俱有后，仕本朝为相。吕琦，晋天福为兵部侍郎，曾孙文惠端相太宗。吕梦奇，后唐长兴中为兵部侍郎，孙文穆蒙正相太宗，曾孙文靖夷简相仁宗，衣冠最盛，已具《前录》。吕咸休，周显德中为户部侍郎，七世孙正愍大防相哲宗。异哉！"① 不过，由五代入宋的名门望族数量不多，其家学重在实用，无意创新，像苏易简《文房四谱》那样的著述并不多见。

就整体来看，两宋望族多起自寒微，家学雏形多与起家之主的学识经历密切相关，严格意义上的"家世相传之学业"②殆无所闻。又因起家之主或仕或隐，辗转四方，相较于汉魏六朝及李唐"世族"，宋人家学在地望崇著之"地方化"与世系久远之"家族化"两方面，③均不可同日而语。

先说家学肇端于隐逸名家者，有"汝阴王氏"和"河南邵氏"等，兹以王氏为例略事说明。

王昭素"少笃学不仕，有志行，为乡里所称。常聚徒教授以自给。李穆与弟肃及李恽皆常师事焉"；"博通《九经》，兼究《庄》《老》，尤精《诗》《易》，以为王、韩注《易》及孔、马疏义或未尽是，乃著《易论》二十三篇"④。宋太祖时以李穆荐召拜国子博士，旋告致仕。王氏本系开封酸枣人，陆游《跋蒲郎中易老解》所谓"宋兴，有酸枣先生以《易》名家"者⑤，即此公也。该家后徙汝阴，故陆游诗称："汝阴太史万签藏，酸枣先生六世芳。"⑥ 昭素之子仁著亦不仕，仁著之子萃始为闻人。王萃字

---

① 《挥麈录·后录》卷二，第20页。
② 陈寅恪：《唐代政治史述论稿》中篇《政治革命与党派分野》，第259、260页。
③ 陈寅恪：《崔浩与寇谦之》，载《金明馆丛稿初编》，上海古籍出版社1980年版，第131页。
④ 《宋史》卷四三一《王昭素传》，第12808页。
⑤ 陆游：《跋蒲郎中易老解》，《全宋文》第223册，第29页。
⑥ 《陆放翁全集·剑南诗稿》卷三〇《送王仲言倅泰州绝句》，中国书店1986年版，第477页。

乐道，与司马光、曾巩、王安石等同时游处。王明清云："先祖早岁登科，游宦四方，留心典籍，经营收拾，所藏书逮数万卷，皆手自校雠，贮之于乡里，汝阴士大夫多从而借传。元符末，坐党籍谪官湖外，乃于安陆卜筑，为久居计，辇置其半于新居"者①，即莘也。莘有兄长名得臣者，亦好学，有声誉。陈振孙于《麈史》解题云："宋司农少卿安陆王得臣彦辅撰，嘉祐四年进士。其序称政和乙未行年八十，自号凤台子。盖王昭素之后，王铚性之之伯父也。"② 王明清述之更详，曰："伯祖彦辅，以文学政事扬历中外甚久。元符中为司农卿，哲宗欲擢贰版曹，已有定论。有卖卜瞽者过门，呼而问之云：'何日可以有喜？'术者云：'目下当动，殊不如意。寿数却未艾。更五年后，作村里从官。'是时伯祖已为朝议大夫，偶白事相府，言忤章子厚，遂挂冠去国。明年，徽庙登极，已而遇八宝恩转中大夫，又以其子升朝迁太中大夫。又数年，年八十一乃终。伯祖名得臣，自号凤台子，有注和杜少陵诗、《麈史》行于世。"③

莘子王铚，字性之，自称"汝阴老民"，所著有《默记》《侍儿小名录补遗》及《雪溪集》。陆游称："王性之记问该洽，尤长于国朝故事，莫不能记。对客指画诵说，动数百千言，退而质之，无一语缪。予自少至老，惟见一人。方大驾南渡，典章一切扫荡无遗，甚至祖宗谥号亦皆忘失，祠祭但称庙号而已。又因讨论御名，礼部申省言：'未寻得《广韵》。'方是时，性之近在二百里内，非独博记可询，其藏书数百箧，无所不备，尽护致剡山，当路藐然不问也。"④ 绍兴初以廷臣奏荐，为枢密院编修官。

铚长子廉清，字仲信。史载南宋时"秦熺倚父势，移书郡将，欲取其先世藏书，且饵以官。廉清拒之，曰：'愿守此书以死，不愿官也。'熺不能夺

---

① 王明清：《挥麈录·后录》卷七，第173页。
② 《直斋书录解题》卷一一《挥麈录》解题，第343页。
③ 王明清：《挥麈录·后录》卷八，第178页。
④ 陆游：《老学庵笔记》卷六，第77页。

而止。著有《广古今同姓名録》《新乾曜真形图》《补定水陆章句》"①。王明清字仲言,陈振孙称"朝请大夫"②,有《挥麈录》《玉照新志》及《投辖录》传世。王昭素以隐者身份创建"王氏"家学,其后代有传人。

再说家学传统创自名流显宦者。宋初有许多新贵名臣,为了"使门阀不坠",遂致力于创建家学。仁宗朝名相韩亿,安州名人宋庠、宋祁等即其显例。

韩亿进士及第,至参知政事,遂兴其族。《东都事略》传云:"其先真定灵寿人也,后徙开封之雍丘。少力学,举进士,为大理评事。"③据《长编》载,韩亿于景祐二年(1035)二月同知枢密院事,景祐四年(1037)四月与盛度、程琳、石中立并为参知政事。亿"性质方重,正色立于朝,若大议论,一登于言,确乎不可转也。事上待下,本于忠恕,闲邪存其诚,故忮巧诡激之为不接于心术,虽燕居,未尝见其惰容。其家事尤理,清规素范,不为势利增改"④。亿虽无著述,但他确立了慎于立言、勤于立功、谨于立德立身的家学精神,影响着子孙后代,使之以文章事业彪炳天下。

亿八子。韩综字仲文,天圣八年(1030)举进士擢第,历官集贤校理、刑部员外郎、知制诰,皇祐四年(1052)五月暴卒,年四十五。史称其"以文雅政事著名于时,而世家益显"⑤。韩绛字子华,庆历二年(1042)"试进士,唱名第三,文章惊动一时",神宗朝官枢密副使,改参知政事,拜同中书门下平章事、昭文馆大学士,监修国史⑥。韩维字持国,"幼笃志问学",不乐仕进,"宰相文彦博荐维好古耆学,安冷静退,富弼帅河东,辟掌机宜文字,又荐为史馆检讨、知太常礼院"⑦。神宗朝历官龙

---

① 《江南通志》卷一六七,《景印文渊阁四库全书》第 511 册,第 823 页上、下。
② 《直斋书录解题》卷一一《麈史》解题,第 330 页。
③ 《东都事略》卷五八《韩亿传》,《景印文渊阁四库全书》第 382 册,第 359 页下、360 页下。
④ 张方平:《韩公神道碑铭》,《全宋文》第 38 册,第 212 页。
⑤ 张方平:《昌黎韩君墓志铭》,《全宋文》第 38 册,第 281 页。
⑥ 李清臣:《韩献肃公绛忠弼之碑》,《全宋文》第 79 册,第 68 页。
⑦ 《东都事略》卷五八《韩维传》,《景印文渊阁四库全书》第 382 册,第 362 页下。

图阁直学士、御史中丞、翰林学士承旨兼侍读学士。元祐元年（1086）为门下侍郎。有《南阳集》三十卷传世。韩缜字玉汝，举进士。英宗时历官淮南转运使等，拜天章阁待制。熙宁中，拜同知枢密院事，迁知院事。哲宗即位，拜尚书右仆射兼中书侍郎，与蔡确同秉政。① 其余四子亦显贵。吴曾曰："韩子华兄弟皆为宰相。门有梧桐，京师人以'桐木韩家'呼之，以别魏公也。子华既下世，陆司农为作挽章云：'棠棣行中排宰相，梧桐名上识韩家。'皆纪其实也。子华，其家呼为三相公，持国为五相公。"② 韩绛、韩维相继为相，无疑使本就显赫的家门更增添了几分"训育有法"的神秘感。

韩亿孙辈。韩宗彦于神宗元丰间由直龙图阁迁右正言、宝文阁待制、知瀛洲；③ 韩宗道于元祐初官户部侍郎、宝文阁待制④。余皆类此，不烦详述。王明清云："自祖宗以来，故家以真定韩氏为首，忠宪公家也。忠宪诸子名连系字，康公兄弟也。生宗字。宗生子，名从玉字。玉生子，从日字。日生元字。元生子，从水字，居京师，廷有桐木，都人以桐树目之，以别'相韩'焉。"

南宋时有韩元吉者，字无咎，韩维之玄孙，以任子仕，历龙图阁学士、吏部尚书。尝居广信溪南，自号"南涧居士"。著有《桐阴旧话》，陈振孙曰："吏部尚书颍川韩元吉无咎撰。记其家世旧事，以京师第门有桐木故云。元吉，门下侍郎维之四世孙也。"⑤ 编《河南师说》十卷，"以《河南雅言》《伊川杂说》及诸家语录厘为十卷，以尹和靖所编为卷首。不若《遗书》之详订也"⑥。又有《南涧甲乙稿》，陈振孙谓元吉"与其从兄元龙子云皆尝试词科不利。居广信溪南，号南涧"⑦，清人则考绎曰："据

---

① 《东都事略》卷五八《韩缜传》，《景印文渊阁四库全书》第382册，第365、366页。
② 《挥麈录·前录》卷二，第20、21页。
③ 《长编》卷三〇六，第7443页。
④ 《东都事略》卷五八《韩亿传》附综传；《景印文渊阁四库全书》第382册，第361页上。
⑤ 《直斋书录解题》卷七《桐阴旧话》解题，第210页。
⑥ 《直斋书录解题》卷九《河南师说》解题，第277页。
⑦ 《直斋书录解题》卷一八《南涧甲乙稿》解题，第537页。

其赴信幕诗,知初为幕僚。据其送连必达序,知尝为南剑州主簿。据其凌风亭题名,知尝知建安县。据其谢表状札,知在外尝为江东转运判官,两知婺州,又知建宁府。在内,尝权中书舍人,守大理寺少卿,为龙图阁学士,为待制,为吏部侍郎。中间一使金国,两提举太平兴国宫。及为吏部尚书,又晋封颍川郡公。而归老于南涧,因自号'南涧翁',并以名集。"复云:"元吉本文献世家。据其跋尹焞手迹,自称门人,则距程子仅再传。又与朱子最善,尝举以自代其状,今载集中,故其学问渊源,颇为醇正。其他以诗文倡和者如叶梦得、张浚、曾几、曾丰、陈岩肖、龚颐正、章甫、陈亮、陆游、赵蕃诸人,皆当代胜流,故文章矩矱,亦具有师承。其婿吕祖谦为世名儒,其子名淲字仲止者,亦清苦自持,以诗名于宋季,盖有由矣。《朱子语类》云:'无咎诗做著者尽和平,有中原之旧,无南方啁哳之音。'诚定评也。"① 此说翔实可信。

韩元吉之子曰沆、淲、济,其女嫁吕祖谦为妻。吕祖俭《吕祖谦圹记》云:"两娶:韩氏,今龙图阁学士元吉之女。又娶芮氏,故国子祭酒烨之女。"② 韩淲《涧泉日记》载:"吕祖俭子约,作明州苗米仓,因晁以道作船场之地,为作祠堂,陆务观为记,典甚。李缨伯清为景迁作家传,亦缀葺可观。景迁乃淲室人之曾大父也。淲之曾大父讳瑨,因元符上书,盛年致仕,与景迁往来甚厚,死乃景迁志墓。景迁作《星谱》亦甚精。"③ 韩、吕两族以姻缘相接,而晁说之与韩瑨同时,晁说之曾孙女又嫁韩淲为妻,是知"昭德晁氏"与"真定韩氏"又以婚姻为家学融通之捷径矣。

"安州宋氏"至宋庠、宋祁兄弟时才跻身望族之列。王珪《宋元宪公神道碑铭》云:"公讳庠,字公序,开封雍邱人。自其高祖绅,尝为唐御史中丞,其后三世仕不显。""父玘,端拱三年以明经及第,治狱有阴德,

---

① 《四库全书总目》卷一六〇,《南涧甲乙稿》提要,第1383页上、中。
② 吕祖俭:《吕祖谦圹记》,《全宋文》第282册,第251页。
③ 韩淲:《涧泉日记》卷上,上海古籍出版社1993年版,第13页。

终荆南节度推官。"庠"少笃学,遭父丧,寓其家安州。夏竦为州,一见公所为文,大器之。仁宗在亮阴,诏礼部贡举,公与其弟祁,皆奏名廷中。已而擢公为第一,亦置祁甲科。于是天下学者,以宋氏兄弟为师法"。"公与其弟祁尤相爱友。公出入将相久,而祁亦终学士承旨。宋兴,弟兄以文学一时显者,未有如公家。"①宋庠著《国语补音》《掖垣丛志》《纪年通谱》《尊号录》及《宋元宪集》,宋祁亦有《益部方物略记》《大乐图义》《宋景文笔记》及《景文集》。祁与欧阳修合撰《新唐书》,"欧阳修撰《纪》《志》,宋祁撰列传"②。四库馆臣云:"盖文章至五季而极弊,北宋诸家,各奋起振作,以追复唐贤之旧。穆修、柳开以至尹洙、欧阳修,则沿洄韩、柳之波;庠兄弟则方驾燕、许之轨。譬诸贾、董、枚、马,体制各殊,而同为汉京之极盛。固不必论甘而忌辛,是丹而非素矣。陈振孙称景文清约庄重,不逮其兄,以此不至公辅。今观其集,庠有沉博之气,而祁多新警之思,其气象亦复小殊。"③复称祁曰:"晁公武《读书志》谓祁诗文多奇字,证以苏轼诗,渊源皆有考,奇险或难句之语。以今观之,殆以祁撰《唐书》,雕琢劚削,务为艰涩,故有是言。实则所著诗文,博奥典雅,具有唐以前格律。残膏剩馥,沾丐靡穷,未可尽以诘屈斥也。"④大抵宋氏家学的特点在用心史学,尤精古迹文物之考索,文章则"方驾燕、许之轨",以四六骈文为主。

宋氏一族自"二宋"起家,代有闻人。庠子充国、均国。充国"刻意问学,以乡书试礼部;既,自谓宰相子,辄罢举。仁宗知之,召试学士院,赐进士出身……官至大中大夫"⑤。充国两娶皆庞籍女,一封德安县君,一封永康县君⑥。宋庠独女亦嫁庞籍第四子太子右赞善大夫庞元

---

① 王珪:《宋元宪公神道碑铭》,《全宋文》第53册,第211、212、215页。
② 晁公武撰,孙猛校证:《郡斋读书志校证》卷五,《新唐书》提要,上海古籍出版社1990年版,第193页。
③ 《四库全书总目》卷一五二《宋元宪集》提要,第1310页上。
④ 《四库全书总目》卷一五二《宋景文集》提要,第1310页中。
⑤ 《宋史》卷三五六《宋乔年传》,第11207、11208页。
⑥ 王珪:《庞公神道碑铭》,《全宋文》第53册,第211、212页。

中，封寿安县君①。庞、宋两家姻缘之深由此可知。宋均国曾官虞部员外郎②，后为绛州太守。娶岐国公陈执中次女。陈氏为豫章南昌之望族。韩国公恕"以器望忠力参知政事，太宗、真宗时为任职旧臣，总邦计十余年，典刑在朝，功利在民"。陈执中"风骨英秀，气韵粹深，河目犀角，居然公辅之表。初，以荫授秘书省正字，非其好也。学问通大义，不为章句，志欲以奇？高议感结明主，自致功名"。仕至宰相，卒赠太师兼侍中、岐国公③。伴随着宋、庞、陈三个家族之间的联姻，其家学交流亦得顺利进行。

宋祁子十五人，唯定国第进士，终太常博士，余皆以荫入官，不显④。徽宗时期，宋庠之孙、充国之子宋乔年攀附蔡京，使宋氏家族蒙难。《宋史·宋乔年传》称其"用父荫监市易，坐与倡女私及私役吏失官，落拓二十年。女嫁蔡京子攸，京当国，始复起用。崇宁中，提举开封县镇、府界常平，改提点京西北路刑狱。赐进士第、加集贤殿修撰、京畿转运副使，进显谟阁待制，为都转运使，改开封尹，以龙图阁学士知河南府"。其子升，"崇宁初，由谯县尉为敕令删定官，数年，至殿中少监。时乔年尹京，父子依凭蔡氏，陵轹士大夫，阴交谏官蔡居厚，使为鹰犬，以徽猷阁待制知陈州"，后至显谟阁学士、知应天府。卒赠金紫光禄大夫、延康殿学士⑤。自此以后，"安州宋氏"家势渐衰。

不管是王昭素、邵雍，还是韩亿、"二宋"，既无显赫身世，更没有渊源深厚的家传之学。他们从贫寒处起步，最终成就了家学辉煌。

新家学的创建固然不易，而要传承创变，彰显其优势与特点，增强其内涵及成就，或许更难。两宋三百年间，像"汝阴王氏""真定韩氏"那样学问渊源醇正且能世代相传者并不算多。也正因为如此，望族家学贡献

---

① 王珪：《宋元宪公神道碑铭》，《全宋文》第53册，第215页。
② 《长编》卷二八六，第7002页。
③ 张方平：《陈公神道碑铭》，《全宋文》第38册，第206页。
④ 范镇：《宋景文公祁神道碑》，《全宋文》第40册，第295页。
⑤ 《宋史》卷三五六《宋乔年传》，第11207、11208页。

于社会主流文化的精神品质才弥足珍贵。而在道学独盛的时代，内涵各异且颇具开放姿态的名门家学，无疑在维护文化生态的全面健康发展上别有建树。在这一方面，"昭德晁氏"和"春明宋氏"的家学坚守堪为典范。

晁氏家学别具神韵。该族自晁迥始建家学，传至七八世，绵延二百余年，"家传文学，几于人人有集"①。晁迥早先受学于王禹偁，太平兴国五年（980）中进士，真宗朝累官至翰林学士、同修国史，进承旨②；诗歌典赡博雅，与杨亿、刘筠、钱惟演等同列《西昆酬唱集》。天圣五年（1027）退居昭德里，"融会佛理，随笔记载"③，著《法藏碎金录》，由此确立了晁氏家族崇尚博雅、笃信释老的家学传统。晁迥之后，子孙相继，代有闻人，其独特家学遂得传承发展。如晁补之。黄庭坚《晁君成墓志铭》云："晁氏世载远矣而中微。有讳迥者，事某陵，为翰林学士承旨，以太子少保致仕，谥文元。生子，执政开封，晁氏始显。君成曾王父讳迪，赠刑部侍郎。王父讳宗简，赠吏部尚书。父讳仲偃，库部员外郎。刑部视文元，母弟也。夫人杨氏生一男，则补之。"④ 此公"七岁能属文，王安国一见而奇之。苏轼通判杭州，延誉如不及"⑤。"举进士，试开封及礼部别院，皆第一。神宗阅其文曰：'是深于经术者，可革浮薄。'"⑥ 仕至著作郎，迁吏部郎兼国史院编修、实录检讨官。晁补之精于《左传》《楚辞》，王应麟《玉海》载："元祐中，晁补之撰《左氏杂论》一卷，指《左传》之失，凡四十六条。"⑦ 周必大《高端叔变离骚序》称："迄于本朝，晁太史补之始重编《楚辞》十六卷，《续楚辞》二十卷，又上起荀卿，下逮王令，集《变离骚》二十卷。每篇之首各述其意，本根枝叶备于是矣。"⑧ 同时，他

---

① 《四库全书总目》卷一五八晁公遡《嵩山居士集》提要，第1363页中。
② 《宋史》卷三〇五《晁迥传》，第10085页。
③ 《四库全书总目》卷一四五《法藏碎金录》提要，第1237页下。
④ 黄庭坚：《晁君成墓志铭》，《全宋文》第108册，第71页。
⑤ 《东都事略》卷一一六《晁补之传》，《景印文渊阁四库全书》第382册，第759页下。
⑥ 《宋史》卷四四四《晁补之传》，第13111页。
⑦ 王应麟：《玉海》卷四〇，《景印文渊阁四库全书》第944册，第127页上。
⑧ 周必大：《高端叔变离骚序》，《全宋文》第230册，第153页。

和黄庭坚、张耒、秦观并称"苏门四学士",有着极高的文学声誉。清人谓其"古文波澜壮阔,与苏氏父子相驰骤。诸体诗俱风骨高骞,一往俊迈,并驾于张、秦之间,亦未知孰为先后"①,实为的评。从《鸡肋集》所收诗作来看,晁补之的禅思妙悟与生俱来,远非偶尔参禅者所能企及。他自谓"晚得释氏外生死说,始尽屏旧习,皇皇如堂室四达无所依,方寸之地虚矣"②:自幼受家学熏陶,以儒者身份而兼通佛、老,所谓潜移默化,何待于晚年!

晁氏家学的另一代表人物晁说之,端彦之子。元丰五年(1082)进士,苏轼以著述科荐。元符末,与崔鶠同书邪籍。靖康初,召为著作郎,试中书舍人兼东宫詹事。建炎初,终徽猷阁待制。此公在儒学探索方面卓有成就,史称其"深湛经术,亲得司马光之传","攻新经之学,尤不遗余力"③,有《古易》《太极传》《因说》《太极外传》《易玄星纪谱》《景迂集》。陆游称其"簿书稍暇,则以读书为乐,时时见于文章。如《汪伯更哀辞》《祭邹忠公文》皆传天下。亦间与为佛学者延庆明智师游,论著所谓天台教,至今其徒以为重。虽然,此犹未足言公也。公之学深且博矣,于《易》自商瞿下至河南邵先生,于《书》自伏生下至泰山姜先生,于《诗》杂以齐、鲁、韩三家,不梏于毛、郑,于《春秋》考至贾谊、董仲舒,不胶于啖、赵。其所引据,多先秦古书,藏山埋冢之秘,卓乎独立,确乎自信,虽引天下而与之争,不能夺。卒成一家之说,与诸儒并传"。④韩淲曰:"晁说之慕温公为人,自号景迂生。官至中书舍人、太子詹事、侍读。经史律历,无不精考。文章雅正,皆不肤浅。兵火未定时,葬之金陵,有经解著述行于世。"⑤《宋元学案》特述《景迂学案》,以彰显其学术传授之谱系。从家学传统的特殊角度看,其《晁氏客语》更受瞩目,学

---

① 《四库全书总目》卷一五四《鸡肋集》提要,第1334页下。
② 晁补之:《归来子名缗城所居记》,《全宋文》第127册,第30页。
③ 黄宗羲:《宋元学案》卷二二《景迂学案》全祖望案语,中华书局1986年版,第862页。
④ 陆游:《景迂先生祠堂记》,《全宋文》第223册,第101页。
⑤ 韩淲:《涧泉日记》卷上,第12页。

者以为"其中议论多有关于立身行己之大端,所载熙丰间名流遗事,大都得自目击,于史传亦可互相参证。其说或参杂儒、禅,则自晁迥以来,家学相传,其习尚如是"①。晁氏家学深厚广博,涉及儒学、佛学、文学及文献目录学等众多领域,所谓"复合性"特质,体现得尤为充分。

上述二公之外,"昭德晁氏"成员以学术文章显于世者联袂接踵,对此,何新所《昭德晁氏家族研究》已有详述,故不赘言。晁氏家族成员始终坚守晁迥创建的家学传统,代有闻人,著述颇丰,堪称两宋世家之典范。

"春明宋氏"之家学直可与"昭德晁氏"相媲美,范镇《宋谏议敏求墓志铭》述其世系颇详,曰:"公讳敏求,字次道。赵州平棘人。世事王氏,曾祖龟符犹为王氏平棘令,赠太师、中书令。祖皋,太宗、真宗时尚书度支员外郎,直集贤院,赠太师、中书令、谯国公。父绶,兵部尚书、参知政事,赠太师、中书令、尚书令、燕国公,谥曰宣献。"②该族起家之主宋皋乃宋初名儒杨徽之女婿。皋子绶,在真宗朝累擢知制诰,康定元年(1040)知枢密院,改参知政事,薨于位。曾巩《宋宣宪公绶碑铭》云:"宋绶字公垂,赵州人。幼聪警,额有异相,其外祖杨徽之器爱之。徽之无子,尽付以家所藏书,以徽之遗恩,授太常寺太祝","真宗奇其文,特迁大理评事,听于秘阁读书,同校勘天下图经。久之,复召试学士院,除集贤校理。与父皋同在馆阁,每赐书必得二本,世以为荣"。"绶资性孝谨,清介寡言。经史百家,莫不通贯。朝廷有大议论,皆所裁定。于前世文章,必深考其得失,而时之作者无所臧否。集外祖杨徽之诗,刻石嘉州明月湖上。家藏书万卷,皆手自校正。杨亿尝称其文淳丽,尤善赋咏,自以为不及也。绶之笔札精妙,上尝取所书千字文及其家之墨迹藏禁中。所著有七集"③。

---

① 《四库全书总目》卷一二〇《晁氏客语》提要,第1037页下。
② 范镇:《宋谏议敏求墓志铭》,《全宋文》第40册,第310页。
③ 杜大珪:《名臣碑传琬琰之集》下卷八,《景印文渊阁四库全书》第450册,第722页下、723页上。

宋绶及其子敏求、敏修，不仅"并以文学见称于世，其藏书之盛有以也"，① 且能"摛辞据古"，"自经、传所载，师儒所传，靡不旁通而浃洽，而于唐世及本朝尤为练达。礼乐之因革，官阀之迁次，朝士大夫之族系，九流百家之略录，悉能推本其源流而言其归趣"②。宋敏求在神宗朝，历龙图阁直学士、右谏议大夫、修国史，卒赠太尉、常山公，尤为著名。苏颂《龙图阁直学士修国史宋公神道碑》云："国朝史官无常员，惟时撰录所寄，尤艰其选。而宋氏二公载世典领其职。起建隆讫天禧，述祖宗创制致治之美，洎真宗一朝《实录》，时则尚书令、燕国宣献公预焉。自乾兴至治平，叙二帝成功盛德之事，洎仁宗一朝《实录》，时则贰卿龙图常山公继焉。五朝正史，二圣编年，出于一门父子手笔，可谓家世之盛矣。""子侄辈悉能奉循世范。熙宁三年，昆弟三人同年登科，士大夫著为衣冠盛事。"③宋敏修尝官著作佐郎，胡宿草制云："尔之先正，历居史任，为一时之宗匠，成两朝之典册，不朽之立，厥功茂焉。尔承先人，能世家学，二惠竞爽，见推于时。"④ 后转秘书丞、太常博士。⑤ 敏修著述不及敏求，王应麟《玉海》卷四〇载："皇祐五年，宋敏修上所著《列国类纂》。"⑥此书今佚。

敏求子庆曾亦以博学称。毕仲游《判西京国子监宋公墓志铭》云："宋氏出于赵州之平棘，宣献公以道德文章名天下，藏书万余卷，其所著述纂录合七百余卷。而公嗣常山公，著《平棘集》二十卷、《河南访古录》一卷、《先公故事》一卷、《愚谷记》五卷、纂《楹中集碎金》一卷。呜呼！其有家之遗风矣。"复云"宋氏自宣献公以儒居位，凡郊丘庙祧会朝礼文、官名制度，一皆出之手。至常山公益明习，而公继两人后，卷不释

---

① 陆友仁：《研北杂志》卷下，《景印文渊阁四库全书》第866册，第605页上。
② 苏颂：《苏魏公文集》卷五一《龙图阁直学士修国史宋公神道碑》，第771页。
③ 《苏魏公文集》卷五一《龙图阁直学士修国史宋公神道碑》，第771、776页。
④ 胡宿：《宋敏修可著作佐郎制》，《全宋文》第21册，第127页。
⑤ 蔡襄：《供备库副使李评……宋敏修可太常博士守监簿杨慥……》，《全宋文》第46册，第221页。
⑥ 《玉海》卷四〇，《景印文渊阁四库全书》第944册，第126页下。

手者三十年，亦多知古今沿革典故，公卿大夫疑于事，必咨公而后乃行，本朝之籍氏也，是可尚也。公娶燕氏，右谏议大夫度之女。生两男子、三女子，男曰焞与辉也。"① 宋庆曾晚毕仲游一辈，但这两位文化望族的优秀传人，在熟知典故精于笔札一点上却非常相似。究其原因，除了各受家学熏陶之外，两家之间以婚姻为纽带的交流与长期深层互补也至关重要。

庆曾之子辉亦"安州宋氏"之闻人。陆游尝记曰："予儿时见宋修撰辉为先君言：'某艰难中以转饷至行在，时方避虏海道，上大喜，令除待制。'吕相元直雅不相乐，乃曰：'宋辉系直龙图阁，便除待制，太超躐，欲且与修撰。修撰与待制，亦只争一等，候更有劳，除待制不晚。'遂除秘撰。宋公言之太息曰：'此某命也。'顷予被命修《高宗圣政》及《实录》，见《日历》所载，实有此事。自昔大臣以私意害人，此其小小者耳。"② 无论宦途是否公平，在赵宋政权南渡的艰难岁月，能够屡建功勋，亦属不易。

晁补之尝曰："宋氏自宣献公益大，德行文章，语世族者必先之。家故藏书，其多与四库等。而宣献公之子常山公次道，能世宣献公之学，好书滋不倦，博闻强志，为时显人。与客语，亹亹下上数千载间，在其齿牙也。补之为儿时，诸老先生为补之道宋氏如此，而补之生世晚，去宣献公远，重以不及拜常山公，私自记欲尽得宋氏之书而观之。元丰六年六月，遇毕公叔于京师，公叔言宋氏藏诗曰《岁时杂咏》者，盖宣献公所集唐以前诗人之作，髣髴具在。……宋氏故多贤，而宣献公之孙曰刚叔，尤笃志于学，不愧其先人。"③ 从宋皋、宋绶父子到宋敏求、敏修、庆曾乃至刚叔，该族成员或为名史官，或为著作家，其藏书之富，人才之多，德行文章之美，可赏叹者多矣。

应该承认，在政治地位、家族财富等均难"世袭"的两宋时期，士

---

① 毕仲游：《判西京国子监宋公墓志铭》，《全宋文》第111册，第108、109页。
② 陆游：《老学庵笔记》卷七，第89页。
③ 晁补之：《续岁时杂咏序》，《全宋文》第126册，第143页。

大夫群体对家学的坚守绝非诚心和毅力所能济事。伴随着赵宋政权的盛衰更替，许多名门望族的命运也随之改变，而相关家学的传承轨迹也被迫中止。洪迈曾感叹说："杜诗云：'大贤之后竟陵迟，荡荡古今同一体。'乃赠狄梁公曾孙者。至云'飘泊岷、汉，干谒王侯'，则其衰微可知矣。近见余干寓客李氏子云：'本朝三李相，文正公昉、文靖公沆、文定公迪，皆一时名宰，子孙亦相继达宦。然数世之后，益为萧条；又经南渡之厄，今三裔并居余干，无一人在仕版。文定濮州之族，今有居越者，虽曰不显，犹簪缨仅传，而文正、文靖无闻，可为太息！"① 可以设想，在党祸不绝、"诗案"频发、贬谪流配时有发生的时代，那些深陷"党籍"困扰的名门子弟既无力挽救势如飘蓬的家族命运，更遑论传承家学，不坠家声。

二 文化望族之间的姻缘扭结

宋人家学的族外传承途径主要有"婚姻"和"师友"两种。师友之间的讲习授受造就新的学术流派或文学团体，如"程门诸子"及"苏门四学士"等；翁婿及甥舅之间的切磨交流则能促成多种家学的交会融合。

宋初士人的婚姻诉求，大多具有宦途政治的考量，涉及家学交流者殊少。如在南方士人地位卑下的宋初时代，苏州人丁谓能位至宰相，盖与其迎娶窦偁之女为妻有关。窦氏之先为渔阳人，窦偁之父禹钧"在周为谏议大夫，避乱徙居河南。禹钧五子：仪、俨、僖、偁、侃，皆有文学，中进士第。冯道尝赠诗曰：'燕山窦十郎，教子以义方。灵椿一株老，丹桂五枝芳。'世多诵之"②。窦偁于后周广顺初登进士第，其后同与贾琰，在开封府晋王幕下。后除枢密直学士、参知政事。丁谓变身为窦氏女婿，方能致仕途

---

① 《容斋随笔·三笔》卷一二《大贤之后》条，第574页。
② 曾巩：《窦参政偁墓志铭》，《名臣碑传琬琰之集》下卷八，《景印文渊阁四库全书》第450册，第719页上下。

显达，应该说类似的情形绝非个案；宋祁于未显达时深叹"素无援姻，又乏支党。出守远郡，飘如转蓬，衰病自怜，没振谁咎"①，盖由此也。

当然，也有婚姻而兼顾家学者，徐铉女婿吴淑即其例。淑字正仪，丹阳人，"幼俊爽，属文敏速"，仕南唐，为内史。入宋后"尝献《九弦琴五弦阮颂》，太宗赏其学问优博"②，荐试学士院，授大理评事。后官至起居舍人、职方员外郎。曾预修《太平御览》和《文苑英华》，闻见超群。其所撰《事类赋注》百篇，赋既工雅，注与赋出自一手，事无舛误，传诵至广；吴淑自谓"凡谶纬之书，及谢承《后汉书》、张璠《汉记》、《续汉书》、《帝系谱》，徐整《长历》、《玄中记》、《物理论》之类，皆今所遗逸，而著述之家相承为用，不忍弃去，亦复存之"③，其资料征引的繁富与珍贵可想而知。清人谓"淑本徐铉之婿，学有渊源"，而《事类赋注》所引资料除"逸书数种外，皆采自本书，非辗转拚撦者比，其精审益为可贵，不得以习见忽之矣"。④ 按：辞赋与"四六"体制虽殊，比物引类偶对成文则一也。因此，在"四六"作者"步武前贤，犹不敢失尺寸"⑤ 的宋初时代，《事类赋注》的示范和引领作用显得弥足珍贵。此外，徐铉"尝积二十年之力，成《稽神录》一书，淑为铉婿，殆耳濡目染，挹其流波，故亦喜语怪"⑥，是故吴淑亦有《江淮异人录》及《秘阁闲谈》。以婚姻为媒介的家学传承，竟是这样一种引人入胜的光景。

北宋中期以后，以婚姻为纽带的家学传承渐成风气。根据授受者辈分的不同，以婚姻为媒介的家学传递大约可分为如下两种情形。

第一种情形：家学的精神内涵在翁婿间自然交流。如"苏州范氏"自范仲淹起家后，便与天章阁待制王质"相友善，约以儿女为婚姻"⑦，王质

---

① 宋祁：《上杜枢密书》，《全宋文》第 24 册，第 73 页。
② 《宋史》卷四四一《吴淑传》第 37 册，第 13040 页。
③ 吴淑：《进注事类赋状》，《全宋文》第 6 册，第 255 页。
④ 《四库全书总目》卷一三五《事类赋》提要，第 1145 页上。
⑤ 李调元：《赋话》卷五，《丛书集成初编》第 2622 册，第 40 页。
⑥ 《四库全书总目》卷一四二《江淮异人录》提要，第 1211 页下。
⑦ 毕仲游：《魏国王夫人墓志铭》，《全宋文》第 111 册，第 166 页。

长女妻范纯仁,次女则适范纯礼。"安州宋氏"与"阳翟谢氏"之间的联姻也是如此。杨杰《谢君墓志铭》称谢季康高祖讳凫,始以儒学自立,晋开运中明经中第,至周任瀛洲录事参军;其祖讳师颜,都官员外郎;父讳晔,朝议大夫,三世皆进士及第。"宋元宪、景文,文章学术为天下宗师。女弟临洺君,博学能文,贤而有识,君之母也。知其子可以托门户,临终以属舅氏元宪。元宪亦素爱君孝友介洁,每谓人曰:'真吾甥也。'及在政府,奏授秘书省正字,非所好也。与其兄公仪熙序益勤于学,偕有闻于时。"① 宋氏家学,因为宋祁小妹嫁给了谢晔,遂多了一个传承扩播的新途径。

不过,两宋望族之间通过婚姻实现家学融通的情形比较复杂。如宋绶及其子敏求皆娶于"平棘毕氏",毕仲游所谓"某之姑,实宣献公之夫人,所谓常山郡太夫人者也;某之姊,实常山公之夫人,所谓代国太夫人者也"②。苏颂亦谓宋敏求"母夫人常山郡太夫人毕氏,故相文简公之孙。公又娶其侄光禄少卿从善之女,号京兆郡君。室则姑子,家则妇姑"③。毕氏原居代州,后移居郑州平棘。毕士安乾德四年(966)举进士,真宗朝与寇准并为相,遂起家为名族。杨亿谓毕士安"通介有常,谦卑不伐,接下和易,未尝轻于匹夫。与人久要,以是称为长者。居处俭约,不爽于素风;中外践更,克守于清节。善谈名理,听者忘疲。多识典故,酌之不竭。屡掌书命,润色之美居多。亟预畴咨,献替之勤斯至"。"性嗜坟史,手不释卷。晚年写书百卷,字皆方寸,躬自雠对,以备观览。常所著述,遗札颇多,诸孤等孜孜编缀,为三十卷。垂世不朽。"④《宋史》本传则称其"端方沉雅,有清识,酝藉,美风采,善谈吐,所至以严正称。年耆目眊,读书不辍,手自雠校,或亲缮写。又精意词翰,有文集三十卷"⑤。毕

---

① 杨杰:《故通直郎签书商州军事判官厅公事谢君墓志铭》,《全宋文》第 75 册,第 264、265 页。
② 毕仲游:《判西京国子监宋公墓志铭》,《全宋文》第 111 册,第 143 页。
③ 《苏魏公文集》卷五一《龙图阁直学士修国史宋公神道碑》,第 777 页。
④ 杨亿:《文简毕公墓志铭》,《全宋文》第 15 册,第 84 页。
⑤ 《宋史》卷二八一《毕士安传》,第 9521 页。

士安与王祐、吕端、王旦、寇准、杨亿相友善。王禹偁、陈彭年皆其门人。其曾孙仲衍、仲游、仲愈亦皆显宦。杨徽之嫁女于宋皋，宋氏乃兴，宋、毕两家结为婚姻，亦有助于家学互补。

第二种情形：士人与舅氏、外舅之间的亲情传递，对家学交流往往具有积极意义，"昭德晁氏""清江孔氏""章贡曾氏"和"汝阴王氏"之间的联姻即如此。

"昭德晁氏"与"南丰曾氏""桐木韩家""华阳王氏""余杭盛氏""东莱吕氏"及"苏州范氏"等名门望族之间，都曾缔结了美好姻缘，而各家之间的互动交融也富含家学因素。

晁氏与"华阳王氏"数代为婚。王珪《晁君墓志铭》称晁仲衍之烈考妣为"资政殿学士、给事中、赠吏部尚书、谥文庄讳宗悫；安康郡太夫人王氏。安康，余之先姑也"；"君娶集贤院修撰、赠谏议大夫王公轸之女，封兴安县君，贤明柔穆，有闺梱之范"[1]。其《同安郡君狄氏墓志铭》复云，王珪叔父之三女中，即有一位"适尚书水部郎中晁仲蔚"[2]。是知宗悫之妻为王珪之姑，晁仲衍、晁仲蔚之妻亦出自"华阳王氏"，与珪同辈。另据晁补之《寂默居士晁君墓表》载，晁端禀"配王氏，颍川夫人之侄。颍川夫人为晁氏妇矜式，王氏恭俭似姑。居士二子觉之、贯之，皆文学善士"[3]。按：颍川夫人即王轸之女也，其侄又晚珪一辈。晁、王两族是否还有其他婚配尚待详察，但三代姻亲的血肉联系已经非同一般。

晁氏与"余杭盛氏"至少也有两代姻缘。晁说之生母既为盛度孙女，说之复娶于盛氏。晁说之《崇德县太君王氏墓志铭》称："本朝父子参知政事，俱以厚德称者，唯王氏，是谓惠献公若安简公。惠献公之子、安简公之弟、尚书驾部郎中讳举善，娶丞相文定张公之孙，生女淑静，得内外

---

[1] 王珪：《晁君墓志铭》，《全宋文》第53册，第231、233页。
[2] 王珪：《同安郡君狄氏墓志铭》，《全宋文》第53册，第300页。
[3] 晁补之：《寂默居士晁君墓表》，《全宋文》第127册，第158页。

奕世之美，嫁谯国文肃盛公弟谏议公之子、太子左赞善大夫、知邵武军、赠金紫光禄大夫、讳遵甫。""说之先妣，文肃公之孙也，得以为夫人铭。"①惠献公（王化基）与安简公（王举正）父子相继为参知政事，举正亲弟举善，娶丞相张齐贤之孙女，生王氏，嫁与文肃盛度弟盛京之子遵甫为妻，而晁说之生母为盛度孙女。另据晁说之《嵩隐长子墓表》云："嵩山晁说之长子公寿，字平子"，"虽幼，善用硬黄影榻古法书，予因见涧上陈叔易写科斗古文，颇留心愿学，顾非宜教童子者，则乃辄自能。为文外，作五字诗，往往有合处。时学李贺歌行，亦不凡。专读《礼记》，严于陆氏音，其义说制度，根柢郑、孔氏，不苟异妄从，盖其志不规于举子事业也。间则泛观务博，庶几可与学士大夫语言。予知其所能者，如是而止也。逮其既卒，余亲为料理其书箧，见其简牍之志甚大，有数巨篇正书细密，是谓《资治通鉴钞》，盖其中夜灯下之功。""母盛氏。自芮城归其柩于东里祖茔。"②晁说之之妻，晚"说之先妣"一辈，为盛度之重孙女。

晁氏与"真定韩氏"之间也有数代婚姻。晁子健妻韩氏，乃韩球之女。韩元吉《太恭人李氏墓志铭》称："夫人姓李氏，其先盖上党人，而家开封。七世祖讳崇矩，为皇朝开国勋臣。""祖讳说，任感德军节度使。考讳宗，任奉直大夫、直徽猷阁。""夫人生世族，袭富贵，皆清俭好礼，出天性。而外家本儒学，见闻有典型。初适符宝郎钱端义，生一女子矣而寡。为朝请大夫、秘阁修撰韩公继室。公名球，字美成，出入中外，有名声。""女三，前氏出也。婿则朝散大夫、荆湖南路提点刑狱晁子健，朝散大夫、主管台州崇道观李鄂，朝请大夫、直秘阁孟充。"③韩球乃韩元吉叔祖。此外，晁冲之女又嫁于韩元吉伯父为妻。韩淲《涧泉日记》载："公武，晁文庄之孙冲之叔用之子。叔用有诗名。子止记问博洽，作《易》

---

① 晁说之：《崇德县太君王氏墓志铭》，《全宋文》第130册，第343、344页。
② 晁说之：《嵩隐长子墓表》，《全宋文》第130册，第305、306页。
③ 韩元吉：《太恭人李氏墓志铭》，《全宋文》第216册，第345、347页。

《春秋》传，援据详甚，不肯臆说。作少尹时，先公在朝，与之亲契，亦相往来。子止之亲女兄，先公之伯母也。"① 子止，晁公武字。韩淲乃元吉子，其妻为晁子阖女，有《南涧甲乙稿》卷一二所载《淲言定晁氏书》为证，不烦赘引。

此外，晁氏姻亲中还有不少著名人物。如曾巩为晁宗悫之婿。曾巩《光禄少卿晁公墓志铭》云："公讳宗悫，字世恭。少以世父太子少保、赠某官、谥文元、讳迥恩，补将作监簿，十四迁至光禄少卿。""女六人：长适太常博士、集贤校理曾巩，铭公墓者也。"② 范纯粹娶晁仲参之女为妻。晁补之《寿安县太君公孙氏行状》云："尚书虞部郎中、赠中散大夫、南阳晁公讳仲参之夫人公孙氏。""五女子：长适前衢州开化县令石端，次适奉议郎、河北路转运判官杜纯，次适朝散郎、直龙图阁、权发遣环庆路经略安抚使公事、知庆州范纯粹。"③ 而婺源朱弁则为晁说之兄长女婿。《宋史·朱弁传》云："朱弁字少章，徽州婺源人。少颖悟，读书日数千言。既冠，入太学，晁说之见其诗，奇之，与归新郑，妻以兄女。新郑介汴、洛间，多故家遗俗，弁游其中，闻见日广。"④ 王明清《挥麈三录》亦云："又有朱弁，字少张，徽州人，学文颇工。早岁漂泊，游京、洛间。晁以道为学官于朝，一见喜之，归以从女。弁以启谢之云：'事大夫之贤者，以其兄子妻之。'"⑤ 类似的情形还有很多，不烦列举。晁、朱两族既有联姻，晁说之与朱弁在学术观点上也能同气相求，望门婚姻关乎学术互补，此又一显例。总体说来，晁氏家族和诸多名门世家之间的婚姻往来，一方面加强了他们之间的政治联系，相互援引，彼此倚重。另一方面，"昭德晁氏"子孙也能够借助更多渠道，及时有效地学习其他家族学术研究和诗文创作的成功经验，不断丰富和提高自己。

---

① 《涧泉日记》卷中，第22页。
② 曾巩：《曾巩集》卷四六《光禄少卿晁公墓志铭》，中华书局1984年版，第629、630页。
③ 晁补之：《寿安县太君公孙氏行状》，《全宋文》第127册，第68、69页。
④ 《宋史》卷三七三《朱弁传》，第11551页。
⑤ 王明清：《挥麈录·三录》卷三，第253页。

两宋之际,和"昭德晁氏"一样,通过联姻以强化文化学术之交流者还有很多。如王明清称:"曾文清吉父,孔毅父之甥也。早从学于毅父。文清以荫入仕,大观初以铨试合格,五百人为魁,用故事赐进士出身。绍兴中,明清以启贽见云:'传经外氏,早侍仲尼之闲居;提笔文场,曾宠平津之为首。'文清读之,喜曰:'可谓著题矣。'后与明清诗云:'吾宗择婿得羲之,令子传家又绝奇。甥舅从来多酷似,弟兄如此信难为。'徐敦立览之,笑云:'此乃用前日之启为体修报耳。'"① 徐度字敦立,谷熟人。父处仁,靖康时宰相。王明清所述涉及"章贡曾氏""清江孔氏"和"汝阴王氏"等三个家族,他们在家学渊源上不仅互通,且多有互动。

　　"清江孔氏"以"三孔"而显,曾几自幼得三位舅氏耳提面命,遂告大成。王明清《挥麈后录》列举"国朝以来,父子兄弟叔侄以名望显著荐绅间,称之于一时"的名门望族,其中就有"三孔:经甫文仲、常甫武仲、毅甫平仲"②。"三孔"之父延之,庆历二年(1042)进士及第,官至尚书兵部郎中,始为闻人。孔延之诸子,文仲于嘉祐六年(1061)随乡贡至礼部,奏名为天下第一,廷试擢进士丙科。元祐元年(1086)擢为礼部员外郎,"二年,自朝奉郎、起居舍人拜左谏议大夫。公素怀致君及物之志,既在言责,益思自效。每朝廷政令之出,无不深求其得失之迹,以告于上。前后陈数十事,或用或不用,义之所在,亦不为时之誉诽而回。未几,迁中书舍人"。元祐三年(1088)三月病卒③。"文仲学识高远,天资狷介,寡言笑,少所合。有文集五十卷。"④ 武仲于嘉祐八年(1063)举进士,为省元。元祐中官国子司业兼侍讲,"尝论科举之弊,诋王氏学,请复诗赋取士。进起居郎兼侍讲迩英殿,除起居舍人。数月,拜中书舍人,直学士院"⑤。后擢给事中、迁礼部侍郎,以宝文阁待制知洪州。绍圣四年

---

① 《挥麈录·后录》卷一一,第221页。
② 《挥麈录·后录》卷五,第113页。
③ 《苏魏公文集》卷五九《中书舍人孔公墓志铭》,第900页。
④ 《东都事略》卷九四《孔文仲传》,《景印文渊阁四库全书》第382册,第611页上。
⑤ 《宋史》卷三四四《孔武仲传》,第10933页。

（1097）二月坐元祐党籍夺职，贬池州居住①。元符元年（1098）九月卒②。武仲"所著《诗》《书》《论语》说、《金华讲义》《内外制》《杂文》共百余卷"③。孔平仲于治平二年（1065）进士及第。以吕公著荐，为秘书丞、集贤校理，迁太常博士。元祐三年文仲卒，诏以平仲为江南东路转运判官，护丧事，提点江浙铸钱、京西刑狱④。元符元年（1098）九月，当其兄武仲病卒时，平仲"特落秘阁校理，送吏部与合入差遣。诏以平仲党附元祐用事者，非毁先朝所建立，虽罢衡州，犹带馆职，故有是命"⑤。遂知衡州，徙韶州。元符二年（1099）五月，"庚申，诏朝奉大夫、新知韶州孔平仲，责授惠州别驾，英州安置"，理由是"元丰末上书诋讪先朝政事"⑥。"徽宗即位，召还，为户部员外郎，迁金部郎中，出使陕西，帅鄜、延、环、庆。"崇宁元年（1102）八月再罹"党禁"，罢职，卒。"平仲有史学，著《续世说》行于世。"⑦"三孔"与苏轼、苏辙同时，并以文章名一世，故黄庭坚有"二苏上连璧，三孔立分鼎"⑧之语。

宋代三曾氏，"章贡曾氏"其一也。陈振孙曰："本朝曾氏三望，最初温陵宣靖公公亮明仲；次南丰舍人巩子固兄弟，然其祖致尧起家，又在温陵之先矣；其后则几之族也，自赣徙河南，与其兄楙叔夏、开天游皆尝贰春官。楙至尚书，开沮和议得罪，并有名于世。又有长兄弼为湖北提举学士，渡江溺死。几以其遗泽补官，铨试第一，赐上舍出身。清江三孔之甥也。绍兴末，几已老，始擢用。乾道中年八十三以死，号茶山先生，其子逢、逮，皆显于时。"⑨王明清《挥麈前录》亦称："在江南则两曾氏，宣靖

---

① 陈均：《九朝编年备要》卷二四，《景印文渊阁四库全书》第328册，第649页下。
② 《长编》卷五〇二，第11967页。
③ 《东都事略》卷九四《孔武仲传》，《景印文渊阁四库全书》第382册，第611页下。
④ 《宋史》卷三四四《孔平仲传》，第10934页。
⑤ 《长编》卷五〇二，第11957页。
⑥ 《长编》卷五一〇，第12141页。
⑦ 《东都事略》卷九四《孔平仲传》，《景印文渊阁四库全书》第382册，第611页下。
⑧ 《黄庭坚诗集注》卷六《和答子瞻和子由常父忆馆中故事诗》，中华书局2003年版，第217页。
⑨ 《直斋书录解题》卷二〇《曾文清集》解题，第600、601页。

与南丰是也。曾文清兄弟亦以儒学显，又三族矣。"① 按：王、陈二人言及"章贡曾氏"，皆首举"曾文清兄弟"，但未详述。该族起家之主曾准"字子中，赣县人。刻励经史百家，悉手钞口诵"。登嘉祐进士第。"子弼、槃、开、几皆为名臣。"② 曾弼曾依逸人王元为诗友，后官湖北提举学士。曾槃字叔夏，元符进士。绍兴中，知福州，累官吏部尚书。有《内外制》《东宫日记》。曾开字天游，崇宁二年（1103）登进士第。③ 绍兴中以中书舍人召，进宝文阁待制④。"开尝从游酢学，与刘安世交，故临大节而不可夺如此。"⑤

曾几三兄虽以仕途显达、刚正有为而获誉，但"章贡曾氏"真正跻身望门之列则自曾几始，而该族家学之丰厚淹博，则与"清江三孔"的教诲提携密不可分。曾几之母乃司封郎中孔延之之女。延之"幼孤，自感厉，昼耕读书陇上，夜燃松明继之，学艺大成。乡举进士第一，遂中其科，授钦州军事推官"。其子文仲、武仲、平仲皆负盛名。长女嫁曾准为妻⑥。陆游《曾文清公墓志铭》曰："公贯通六经，尤长于《易》《论语》。夙兴，正衣冠，读《论语》一篇，迨老不废"；"初佐应天时，元祐谏臣刘安世亡恙，党禁方厉，仕者不敢阗其门，公独日从之游，论经义及天下事，皆不期而合。避乱寓南岳，从故给事中胡安国，推明子思、孟子不传之绝学。后数年，时相倡程氏学，凡名其学者，不历岁取通显，后学至或矫托干进。公源委实自程氏，顾深闭远引，务自晦匿。及时相去位，为程氏学者益少，而公独以诚敬倡导学者。吴、越之间，翕然师尊，然后士皆以公笃学力行，不哗世取宠为法。公治经学道之余，发于文章，雅正纯粹，而诗尤工。以杜甫、黄庭坚为宗，推而上之，由黄初建安，以极于《离骚》、雅、颂、虞、夏之际。初与端明殿学士徐俯、中书舍人韩驹、吕本中游，

---

① 《挥麈录·前录》卷二，第21、22页。
② 《江西通志》卷九四，《景印文渊阁四库全书》第516册，第158页下。
③ 龚延明、祖慧：《宋登科记考》卷八，江苏教育出版社2005年版，第512页。
④ 《宋史》卷三八二《曾开传》，第11771页。
⑤ 《江西通志》卷九四，《景印文渊阁四库全书》第516册，第161页上、下。
⑥ 《曾巩集》卷四二《司封郎中孔君墓志铭》，第575、576页。

诸公继没，公岿然独存，道学既为儒者宗，而诗益高，遂擅天下。有文集三十卷，《易释象》五卷，他论著未诠次者尚数十卷"。① 该文详述曾几转益多师以求高识的成长历程，客观而深情。

陈鹄《西塘集耆旧续闻》曰："曾文清公吉甫，三孔出也。少从诸舅游，见元城先生谈论间多及《论语》，其言曰：'"知之为知之，不知为不知，是知也。"真实处便是真知。才以不知为知，必是欺伪底人，如此，则所丧者多矣。故老先生常守一个"诚"字。又言"诚自不妄语中入"，盖为是也。'又曰：'"民可使由之，不可使知之"，若如此，则大有识义理者，岂可禁之使勿知，殊非人皆可以为尧舜，途人可以为禹之意，盖当熟味"使"字，如孟子言"梓匠轮舆，能与人规矩，不能使人巧"之义。圣人能以理晓人，至于知处，贵乎自得，非口耳可传授，故曰"人莫不饮食也，鲜能知味也"'。"② "元城先生"即刘安世。安世，字器之，"登进士第，不就选。从学于司马光"。"初除谏官，未拜命，入白母曰：'朝廷不以安世不肖，使在言路。倘居其官，须明目张胆，以身任责，脱有触忤，祸谴立至。主上方以孝治天下，若以老母辞，当可免。'母曰：'不然。吾闻谏官为天子诤臣，汝父平生欲为之而弗得。汝幸居此地，当捐身以报国恩。正得罪流放，无问远近，吾当从汝所之。'于是受命。在职累岁，正色立朝，扶持公道。"③ 苏轼尝评元祐人物，称"器之真铁汉，不可及也！"④ 后人辑有《尽言集》，清人以为"集中所论诸事，史不具载，颇足以考见时政。其中稍有遗议者，如吴处厚之劾蔡确，本出罗织，而安世申处厚之说，章凡一十二上，务欲置确于死地，殊不免意见之偏。然由其嫉恶太严，至于已甚，故徒知确为奸邪，而不察处厚非善类。见无礼于君者，遂如鹰鹯之逐，实非故相排挤之比。观欧阳棐为苏轼所善，程子为苏轼所仇，而安世论棐差遣不当，章凡九上，并程子诋为五鬼，绝无所区别于其间，是亦

---

① 陆游：《曾文清公墓志铭》，《全宋文》第 223 册，第 187、191 页。
② 陈鹄：《西塘集耆旧续闻》卷一，中华书局 2002 年版，第 5 页。
③ 《宋史》卷三四五《刘安世传》，第 10951—10955 页。
④ 《郡斋读书志校证·读书附志·语录类·元城先生语录》提要，第 1207 页。

其孤立无党之一证，不足以为疵瑕也。惟是气质用事，词或过激"①。

从曾准到曾弼、曾楘、曾开、曾几，"章贡曾氏"的家学渊源非常清晰。曾准"刻励经史百家，悉手钞口诵"，曾开、曾几则从游酢学，与刘安世游处。父子相继，大抵不出濂洛间。曾几在学术和诗文创作两方面建树更多，其最终能跻身鸿儒之列者，多半得益于舅氏"三孔"之教育。

"汝阴王氏"藏书之丰富及学业之厚重已如前述，而王明清与"曾氏"之关系尚待详察。王明清乃王铚之子，铚娶曾纡之女，是明清乃纡之外孙。曾纡于建中靖国中除太仆寺主簿。曾布罢相，纡亦为其父政敌吕嘉问所劾。入元祐党籍。南宋"建炎、绍兴之际，将漕江浙，入为司农少卿，知信、衢州以卒"②。汪藻《曾公墓志铭》曰："公讳纡，字公衮，世家抚之南丰。尚书户部郎中、直史馆、赠太师、密国公致尧之曾孙，太常博士、赠太师、鲁国公易占之孙，而丞相文肃公布之第四子也。母曰鲁国夫人魏氏。公少颖悟，天资既高，又受学于贤父母，当是时，文肃公为天子守边，不暇朝夕视，专以鲁国为师。年十三，伯父南丰先生巩授以韩愈诗文，学益进。""公才高而识明，博极书史。始以通知古今裨赞左右，为家贤子弟；中以文章翰墨、风流酝藉，为时胜流；晚以精明强力，见事风生，为国能吏。虽低徊外补，位不至公卿，而所交皆一时英豪，世之言人物者，必以公一二数。公之谪永州也，黄庭坚鲁直过焉，得公诗，读而爱之，手书于扇。公之叔父肇，不妄许可人，尝曰：'文章得天才，当省学问之半。吾文力学至此耳，吾家阿纡所得，超然未易量也。'故公诗文每出，人争诵之。""女一人，适右承事郎、主管江州太平观王铚。"③ 据此，则王明清外家实为"南丰曾氏"。但据前述《挥麈录》载，王明清拜见曾几的书启上明明写着"传经外氏，早侍仲尼之闲居"，而曾几答明清诗亦云："吾宗择婿得义之，令子传家又绝奇。甥舅从来多酷似，弟兄如此信

---

① 《四库全书总目》卷五五《尽言集》提要，第496页下。
② 《直斋书录解题》卷一八《空青遗文》解题，第525页。
③ 汪藻：《右中大夫直宝文阁知衢州曾公墓志铭》，《全宋文》第157册，第373、375页。

难为。"究其原委，实际上是王明清首先忽略了"南丰曾氏"与"章贡曾氏"之间的不同，先称曾几为"外氏"，而曾文清亦视"南丰曾氏"为"吾宗"，故有"择婿""甥舅"之说。

总之，无论是以翁婿关系为中轴的直接交流，还是甥舅乃至隔代远亲之间的亲情传递，婚姻关系的确立，首先意味着相关家族相互认同对方的家学传统，并乐于包容借鉴，交流互补。范祖禹所以能坚守"稽其成败之迹，折以义理"的家学传统，又能以包容姿态逐步理解河南吕氏"喜言禅理，每混儒、墨而一之"[①]的家学特点，就是因为他娶了吕公著之女为妻。宋绶及其子敏求皆娶于"平棘毕氏"，遂能间接影响毕氏家学。宋庆曾和毕仲游两位辈分不同的文化名人，能够在熟知典故、精于笔札的家学特点上趋于一致，与两族之间的两世婚姻密切相关。至于曾几在舅氏"清江三孔"的训育下成长，最终跻身名公之列；王铚及王明清父子相继娶于曾氏，使各自家学重新呈现出风流蕴藉的新气象，所有这些，都证明望族姻缘在促使家学融通方面颇为高效。当然，因"翁婿"或"甥舅"等关系实现家学传承与互补，在很多情况下绝非一对一那么简单。两宋高门望姓之间的婚姻扭结错综复杂，而与之相关的望族"家学"互动交流的范围更广，情形也更复杂，对此还需更多深入细致的分析和讨论。

三 以婚姻为媒介的家学融通

家学内涵的相互融通是望族成员之间不约而同的自觉选择，在经学研究及诗文创作领域更是如此。虽说两宋时代"婚姻不问阀阅"，但在绝大多数士人心中，严训子弟和慎重择婿都关乎家门兴衰。当日史家及诸多《墓志铭》动辄宣称某人之女"皆适士人"[②]，或"皆适士族"[③]，其门第意

---

① 范祖禹：《进唐鉴表》，《全宋文》第98册，第44页。
② 《续资治通鉴长编》卷二九八，第7259页。
③ 《欧阳修全集》卷二三《赠刑部尚书余襄公神道碑铭》，第368页。

识与价值判断相当清晰。余英时先生曾经说过:"宋代士阶层不但是文化主体,而且也是一定程度的政治主体,至少他们在政治上所表现的主动性超过了以前的汉、唐和后面的元、明、清。这是宋代在中国史上的一个非常显著的特色。"[①] 假使这一观点可以成立,那么作为士阶层精英的望族子弟,到底扮演过怎样的政治文化角色,名门家学如何塑造这些时代精英的精神人格,这些问题很值得思考。望族家学的内涵各不相同,其交流互鉴的过程及方式也有差异。为了使相关分析更具层次感和逻辑性,个案分析与多元比较都不可缺少。兹以相关家学的内涵特点为依据,具体展示不同家学在婚姻纽结下渐告融合的内在过程,进而归纳出蕴含其中的必然逻辑。

宋人的学术传承往往与婚姻关系绞缠在一起,由此产生的效果不可小觑,杨悫与戚同文之间便是如此。彭大翼《山堂肆考》载:"宋戚同文,字文约。幼孤,事祖母以孝闻。从邑人杨悫受经。悫隐居不仕,而以女弟妻同文。遇疾笃,因托以家事,同文为葬其三世之未葬者。遭世丧乱,亦不复仕,且思见混一,遂以同文为名,聚徒讲学,相继登科者五十六人,践台阁亦至十数,尚信义,喜周人急,所交皆当世知名士。杨徽之因使至郡,多与之酬倡,及卒,徽之与其门人谥'坚素先生'。"[②] 戚同文乃宋初名儒,其聚徒讲学之所即为应天府书院之前身,由此地出发而终践台阁者有宗度、许骧、陈象舆、高象先、郭成范、王砺、滕涉等。《长编》载,真宗大中祥符二年二月,"应天府民曹诚,以赀募工就戚同文所居造舍百五十间,聚书千余卷,博延生徒,讲习甚盛。府奏其事,上嘉之,诏赐额曰应天府书院,命奉礼郎戚舜宾主之,乃令本府幕职官提举,又署诚府助教。舜宾,同文孙,纶子也"[③]。《文献通考》卷四六载:"真宗大中祥符

[①] 余英时:《朱熹的历史世界:宋代士大夫政治文化的研究》,生活·读书·新知三联书店2004年版,第1页。

[②] 彭大翼:《山堂肆考》卷一三五"戚坚素"条,《景印文渊阁四库全书》第976册,第632页上。

[③] 《长编》卷七一,第1597页。

二年，应天府民曹诚，即楚丘戚同文旧居，造舍百五十间，聚书数千卷，博延生徒，讲习甚盛。府奏其事，诏赐额曰'应天府书院'，命奉礼郎戚舜宾主之，仍令本府幕职官提举，以诚为府助教。"① 五代乱离之后，学术荡然，其时隐逸者以儒道自奋，教授乡野，卓有成效。而杨悫与戚同文之间的翁婿佳话，无疑为那段荒芜苍白的学术史增添了些许温馨的色彩。

　　翁婿之间的一见钟情，往往会成就一段学术佳话。如王安石《尚书工部侍郎枢密直学士狄公神道碑》云："夫人武城县君路氏，左司谏、知制诰振之女。初，公以布衣见路公，路公即誉公文学行治，妻以其子。"② 另《宋史·狄棐传》载："狄棐字辅之，潭州长沙人。少随父官徐州，以文谒路振，振器爱之，妻以女。举进士甲科，以大理评事知分宜县。"③ 路振以女妻棐，缘于心灵契合，狄棐后来也以相同缘故，将爱女嫁给了何中立。只可惜何中立虽以"文词自喜"，但终究"嗜酒无行"，令人失望。据《宋史·何中立传》云："何中立字公南，许州长社人。幼警迈，与狄遵度游，遵度曰：'美才也。'其父棐遂以女妻之。进士及第，授大理评事。""庆历中，集贤校理苏舜钦监进奏院，为赛神会，预者皆一时知名士，中立亦在召中。已而辞不往，后舜钦等得罪，中立有力焉。"④ 狄棐既未预料到女婿人品，便不能指望他传承家学、光耀门楣了。

　　不过，在多数情况下，翁婿之间的学术传承值得期待，尤其在高门大姓之间，王安石和蔡卞即为显例。《宣和书谱》载："文臣蔡卞，字符度，莆田人也。少与其兄京游太学，驰声一时，同年及进士第。王安石见而奇之，妻以女，使从己学，得安石学术议论为多。自以王氏学擅一时，时流归之。自少喜学书，初为颜行，笔势飘逸，但圆熟未至，故圭角稍露。其后自成一家。亦长于大字，厚重结密，如其为人。初，安石镇金陵，作

---

① 《文献通考》卷四六，第1339页。
② 王安石：《尚书工部侍郎枢密直学士狄公神道碑》，《全宋文》第65册，第111页。
③ 《宋史》卷二九九《狄棐传》，第9925、9926页。
④ 《宋史》卷三〇二《何中立传》，第10029页。

《精义堂记》，令卞书以进。由是神考知其名，自尔进用。"① 撇开学术与朋党的争论不说，就婚姻与家学来看，蔡卞以王安石女婿和学生的双重身份潜心学习，成效极其显著。蔡卞有《毛诗名物解》，陈振孙题曰："知枢密院莆田蔡卞元度撰。卞，王介甫婿，故多用《字说》，其目自《释天》至《杂释》凡十类；大略如《尔雅》，而琐碎穿凿，于经无补也。"② 清人则称："自王安石《新义》及《字说》行而宋之士风一变，其为名物训诂之学者仅卞与陆佃二家。佃，安石客；卞，安石婿也。""盖佃虽学术本安石，而力沮新法，断断异议，君子犹或取之。卞则倾邪奸憸，犯天下之公恶，因其人以及其书，群相排斥，亦自取也。然其书虽王氏之学，而征引发明，亦有出于孔颖达《正义》、陆玑《草木虫鱼疏》外者，寸有所长，不以人废言也。"③ 相对于宋人敌视攻讦不遗余力的态度，清人的说法倒是平和了许多。若天下翁婿能尽似王安石与蔡卞，则学业以亲情而进，家学与姻缘相随，不亦乐乎！

  家学贵在精神，传承须潜移默化，心灵的默契，人格的尊重，是家学交融的基础和前提。范杲娶刘温叟之女为妻，即为例。刘温叟字永龄，河南洛阳人。"叔祖崇望，相昭宗。父岳，后唐太常卿。温叟七岁能属文，善楷、隶。岳时退居洛中，语家人曰：'吾儿风骨秀异，所未知者寿耳。今世难未息，得与老夫皆为温、洛之叟足矣。'故名之温叟。以荫补国子四门助教，河南府文学。清泰中，为左拾遗、内供奉，以母老乞归就养，改监察御史，分司。""五代以来，言执礼者惟温叟焉。立朝有德望，精赏鉴，门生中尤器杨徽之、赵邻几，后皆为名士。范杲幼时，尝以文贽温叟，大加称奖，以女妻之。"④ 其实，刘温叟择范杲为婿，除了同为名门望族之后，两人文学趣味相投，皆有好古能文声誉，乃是决定因素。范杲乃范质从子，少孤，刻志于学，为文尚深僻。初为太庙斋郎，尝求奏迁秩，质为作《诫儿侄八百字》诗以晓之。后历拾遗、补阙，终史馆修撰。叶梦得说："国初贡举法未备，公

---

① 《宣和书谱》卷一二，《景印文渊阁四库全书》第 813 册，第 268 页下。
② 《直斋书录解题》卷二《诗学名物解》解题，第 37 页。
③ 《四库全书总目》卷一五《毛诗名物解》提要，第 122 页上。
④ 《宋史》卷二六二《刘温叟传》，第 9071、9073 页。

卿子弟多艰于进取,盖恐其请托也。范杲,鲁公之兄子,见知陶谷、窦仪,皆待以甲科。会有言'世禄之家不当与寒畯争科名'者,遂不敢就试。"①鲁公即范质。杲善"古文",颇获时誉。《宋史·梁周翰传》曰:"五代以来,文体卑弱,周翰与高锡、柳开、范杲习尚淳古,齐名友善,当时有'高、梁、柳、范'之称。"②同书《柳开传》复云:开"尚气自任,不顾小节,所交皆一时豪隽。范杲好古学,大重开文,世称为'柳、范'"。③事实上,刘、范两大望族的这次联姻,完全是翁婿之间颇为近似的家学追求使然,其温馨含蓄的亲情后面,实际隐藏着惺惺相惜的文学情怀。

当然,以文学趣味相投而结为婚姻者,有时也会因学术或政见分歧而产生嫌隙,胥偃和欧阳修即为显例。欧阳修"初娶胥氏,即翰林学士偃之女",④但翁婿两人政见往往不合。《长编》载:"纠察刑狱胥偃言,权知开封府范仲淹判异,阿朱刑名不当,乞下法寺详定。诏仲淹自今似此情轻者,毋得改断,并奏裁。初,偃爱欧阳修有文名,置门下,妻以女。及偃数纠仲淹立异不循法,修方善仲淹,因与偃有隙。"⑤胥偃对范仲淹的纠察,不利于范、欧即将展开的政治"革新",翁婿之间由此产生嫌隙,实不难理解。

相比之下,杨大雅与欧阳修之间的翁婿感情就要简单一些。杨大雅乃唐昭宗朝名宦杨承休四世孙,进士及第。"真宗时召试学士院,又上书自荐,乃直集贤院。久历外官,直集贤院者二十七年不迁。有出其后者,往往致荣显。或笑其违世自守,大雅叹曰:'吾不学乎世而学乎圣人,由是以至此。吾之所有,不敢以荐于人,而尝自献乎天子矣。'天圣四年,以久次,迁集贤殿修撰,与陈从易并命知制诰。"⑥他和陈从易"同在西掖,俱以文学知名",时谓之"杨陈"⑦。据《宋史全文》载,"太常少卿、直

---

① 《石林燕语》卷五,中华书局1984年版,第65页。
② 《宋史》卷四三九《梁周翰传》,第13003页。
③ 《宋史》卷四四〇《柳开传》,第13024页。
④ 《苏辙集·栾城后集》卷二三《欧阳文忠公修神道碑》,第1136、1137页。
⑤ 《长编》卷一一八,第2775页。
⑥ 《东都事略》卷六〇《杨大雅传》,《景印文渊阁四库全书》第382册,第380页上。
⑦ 《东都事略》卷六〇《陈从易传》,《景印文渊阁四库全书》第382册,第379页下。

昭文馆陈从易为左司郎中，兵部郎中、集贤院修撰杨大雅并知制诰。自景德后，文士以雕靡相尚，一时学者向之，而从易独自守不变。与大雅特相厚，皆好古笃行，无所阿附。朝廷欲矫文章之弊，故并进从易及大雅，以风天下"。① 事实上，当"杨刘"俪文风靡天下之际，以"好古"的姿态"矫文章之弊"，可谓必由之路，所谓"文章之难，莫难于复古。亿与筠皆以文名于世，然去古既远，时尚骈俪，虽词华之妙足以畅帝谟，而议论之粹亦足以谋王体，至于属辞比事，用各有当，虽云工矣，而简严典重之体、温厚深淳之气，终有愧于古焉。夫欲维持斯文，使一变而复古，必得命世之大才而后可也"②。"杨陈"在西掖"矫弊"的尝试虽然没有取得很大成功，却已是欧阳修诗文革新的先声。杨大雅所以择欧阳修为婿，其心理逻辑或当如此。

薛奎对范、欧有知遇之恩，他能将爱女嫁给欧阳修，翁婿之间的关系始终和谐。史载"奎在政府，谋议无所迎避，或时不得如志，归辄叹咤不食。家人笑曰：'何必如是。'奎曰：'吾仰惭古人，俯愧后世尔。'尤善知人，范仲淹、庞籍、明镐，自为吏部选人，皆以公辅许之，后卒如其言。欧阳修、王拱辰，皆其女婿也"③。当然，这种择善为婿的情状究竟与家学之间有没有联系，或有多少联系，很难把握。

欧阳修与三位岳父之间在学术、政见及文学方面的交流互动，始终呈现在同一平面上，故能一目了然。但从赵昌言到女婿王旦，再从王旦到诸婿韩亿、苏耆、范令孙、吕公弼等，其互动情形则呈现出纵向、立体乃至网络化的显著特点。

赵昌言字仲谟，其父赵叡，从事太宗，有令名。"昌言少有大志，赵逢、高锡、寇准皆称许之。太平兴国三年，举进士，文思甚敏，有声于场屋，为贡部首荐。廷试日，太宗见其辞气俊辩，又睹其父名，谓左右曰：

---

① 《宋史全文》卷七上，黑龙江人民出版社2005年版，第287页。
② 《东都事略》卷四七《刘筠传》后评语，《景印文渊阁四库全书》第382册，第298页下。
③ 《长编》卷一一五，第2692页。

'是尝为东畿宰，朕之生辰，必献诗百韵为寿，善训其子，亦为可嘉也。'擢置甲科。""昌言喜推奖后进，掌漕湖外时，李沆通判潭州，昌言谓有台辅之量，表闻于朝。王旦宰岳州平江，昌言一见，识其远大，以女妻之。后皆为贤相。王禹偁自卑秩擢词职，亦昌言所荐也。"①　关于赵昌言，司马光《涑水记闻》尝曰："王嗣宗，汾州人，太祖时举进士，与赵昌言争状元于殿前，太祖乃命二人手搏，约胜者与之。昌言发秃，嗣宗殴其幞头坠地，趋前谢曰：'臣胜之。'上大笑，即以嗣宗为状元，昌言次之。"②　王明清《玉照新志》以为司马光所述未确，理由是"昌言乃太平兴国四年胡旦榜第二人，嗣宗廷试所争，乃陈识，温公所纪偶误焉。嗣宗是岁，以《桥梁渡长江》为赋题，盖当年下江南一时胜捷故耳"③。有关手搏的叙述固不可信。赵昌言乃当日胜流，岂有儒雅君子缠斗于冕旒之前者。王旦以气识远大才学富赡得为赵门女婿，传其家学，实为美事。

王旦既为赵昌言女婿，其文章政事得益于赵翁者实多。《长编》载，太宗淳化四年十月"以右谏议大夫、知大名府赵昌言为给事中、参知政事，令乘疾置以入，即赴中书视事"，"虞部员外郎、知制诰王旦，赵昌言女婿也。昌言既参政，旦以官属，当避嫌。引唐独孤郁、权德舆故事，辞职。上重其识。癸未，命为礼部郎中、集贤院修撰。及昌言罢，乃复命旦知制诰"④。王旦既蒙赏识，得为赵门贤婿，遂将"三槐王氏"的家学家风与赵门的才学胆识相结合，后来居上，名播四海。欧阳修曰："公之皇考，亦自植三槐于庭，曰：'吾之后，世必有为三公者，此其所以志也。'公少好学，有文。太平兴国五年进士及第"，"再迁著作佐郎，与编《文苑英华》"。在相位十余年，颇得贤名。"娶赵氏，封荣国夫人，后公五年而卒。子男三人：长曰司封郎中雍，次曰赞善大夫冲，次素。女四人：长适太子太傅韩亿，次适兵部员外郎、直集贤院苏耆，次适右

---

①　《宋史》卷二六七《赵昌言传》，第 9194、9198 页。
②　《涑水记闻》卷三，中华书局 1989 年版，第 47 页。
③　王明清：《玉照新志》卷四，《丛书集成初编》第 2769 册，第 64 页。
④　《长编》卷三四，第 756 页。

正言范令孙，次适龙图阁直学士、兵部郎中吕公弼。"① 司马光亦称："王旦字子明，大名人。祖彻，进士及第，官至左拾遗。父祜，以文学介直知名，知制诰二十余年，官至兵部侍郎，风鉴精审。旦少时，祜尝明以语人，谓旦必至公辅，手植三槐于庭以识之。旦自幼聪悟，宽裕清粹。太平兴国中，一举登进士第，除大理评事、知岳州平江县事，徙监潭州酒税。知州事何承矩荐其才行，太宗诏除著作郎。时方兴文学，修三馆，建秘阁，购文籍，旦以选预校正。""旦以宽厚清约为相几二十年，遭时承平，人主宠遇至厚，公廉自守，中外至今称之。"② 毫无疑问，在博学善文、以才德求仕乃至知人善任等方面，王旦不仅能完美传承赵、王两家的家学传统，更能后来居上，将志在"三公"的人格理想熔铸其中，使之更具充实高尚、宽厚清粹的精神内涵。

  王旦择韩亿、苏耆、范令孙、吕公弼四人为婿，其心思渴望与赵昌言差似。先看韩亿。苏舜钦《太原郡太君王氏墓志》曰："太子少傅、赠太子太保、忠宪韩公继室夫人王氏，太尉文正公旦之长女也。初，文正公在重位，夫人长矣，久择婿不偶，日有盛族扳求，而文正公辄却之。时忠宪公初第，上谒文正公。公一见，遂有意以夫人归焉。族间哗然，以谓韩氏世不甚显大，而上有亲老且严，又前夫人蒲氏有子，当教训抚育，于人情间实难，以夫人少为族人所宠爱，愿于大家著姓为相宜。文正公曰：'以吾女性孝而淑贤，必能尽力于夫族，且其节行易以显，亦足见吾家之法度焉。族盛者骄惰恣放，多以侈事相夸逐，是不喜吾女之所向，此非渠辈所晓知也。'遂以夫人归韩氏。果能上承尊嫜，奉忠宪公恂恂然，举动无一不中容礼者，抚蒲之生，若己所出。文正公每见，必谓之曰：'尔遂能履践吾言，出家人子所见，使吾无所恨也'"。"晚节尤以清澹自乐，日诵浮屠氏书。其治家不尚严厉，而事皆密有条记。忠宪教诸子甚严，夫人内以慈爱抚之，间又勖以义理之说。尝曰：'乃父方正有

---

① 《欧阳修全集》卷二二《太尉文正王公神道碑铭》，第345、348页。
② 《涑水记闻》卷七，第141、143页。

法则,为世所知,汝曹若不效之,外人将以为类我,是彰我不德也。'其善训如此。"①

苏耆乃易简子。苏易简是"武功苏氏"的奠基人,太平兴国五年(980)进士,官至参知政事。所著《文房四谱》颇受世人推重,清人称其"搜采颇为详博,如梁元帝《忠臣传》、顾野王《舆地志》之类,虽不免自类书之中转相援引,其他征引,则皆唐五代以前之旧籍,足以广典据而资博闻。当时甚重其书,至藏于秘阁,亦有以矣"②。王旦择苏耆为婿,除了家世地位的考量,更重要的还是人品与才识。《长编》载大中祥符三年八月甲子,"赐大理评事苏耆进士及第。耆,易简子,宰相王旦女婿也。耆先举进士,及唱第,格在诸科。知枢密院陈尧叟为上具言之,上顾问旦,旦却立不对。耆曰:'愿且修学。'既出,尧叟谓旦曰:'公一言则耆及第矣。'旦笑曰:'上亲临轩试天下士,示至公也。旦为宰相,自荐亲属于冕旒之前,士子盈庭,得无失体!'尧叟愧谢之,曰:'乃知宰相真自有体。'至是,耆献所为文,召试学士院,而有是命。旦长女婿殿中丞韩亿,后亦尝献所为文,上亟欲召试,旦力辞之。亿例当守远郡,上特召见,改太常博士、知洋州。旦私语其女曰:'韩郎入川,汝第归吾家,勿忧也。吾若有求于上,他日使人指韩郎缘妇翁奏免远适,则其为损不细矣。'亿闻之,喜曰:'公待我厚也。'"③ 从韩亿、苏耆身上即可看出,望门女婿当志存高远,唯有如此,方能奋发图强,有功于家国。

王旦诸婿,韩亿乃"真定韩氏"起家之主,吕公弼、苏耆亦为家族栋梁,二人事迹及家学渊源已如前述;而范令孙为"王氏"增辉者犹待补足。赵善璙《自警编》卷一载:"王沂公前罢参政日,往候故太尉王文正公,已疾困,辞弗得见。既而顾其婿范令孙,再言曰:'王君介然,他日勋业德望甚大。顾余不得见之耳。'且曰:'王君昨以避让会灵使颇咈上

---

① 苏舜钦:《太原郡太君王氏墓志》,《全宋文》第41册,第127页。
② 《四库全书总目》卷一一五《文房四谱》提要,第984页下。
③ 《长编》卷七四,第1685页。

意,而进退详雅,词直气和,了无所憾。且始被进用而能若是,仆在政府几二十年,每进对忤意,即蹙踏不能自容,以是知其伟度矣。'"① 按:王曾官至右仆射兼门下侍郎、平章事、集贤殿大学士,封沂国公,谥文正。虽然我们无法了解范令孙,但能够得到王曾、王旦等辅国重臣耳提面命的指教,其人品才干必有过人者,毕竟在朝堂之上始终保持"进退详雅,词直气和"的从容伟度,也是王氏"家学"的应有之义。

从赵昌言到王旦,从王旦到韩亿、苏耆、范令孙和吕公弼,再加上杜衍与苏舜钦,在这个婚姻链条上聚散离合的名门望族子弟都是非常优秀的。他们以最古老的联姻方式表达着对贤达门楣的敬意,同时也以内涵近似的家学传统相互砥砺。宋代士人崇雅尚贵的精神追求,那种超越名利的坦然心态,同样能够从类似的婚姻实践中得到理解和尊重。

宋人家学的创建者多来自寒畯,像张端义所说"本朝大儒皆出于世家"的情况少之又少。这种情形从客观上决定了望族家学的开放性,同时也决定了其传承轨迹的不确定性。或许正因如此,宋代士大夫在严训子弟的同时也慎重择婿。如果说宋初隐逸学者和官场新贵的婚姻选择,还是以"学业""人品""气度"等为基本依据,那么随着时代的发展,那些代有闻人的名门望族则多要掂量"门第",男子应娶于名家,女子当适士族。在以婚姻为纽带的家学传承过程中,翁婿或甥舅之间无私而默契的配合,必将为家学扩播增添许多新的机缘与可能。客观说来,两宋望族的存续状态各不相同,其婚姻网络关涉家学传承、使之发扬光大的内在逻辑也多有差异,要整体把握家学与婚姻纽结互动的情状非常困难。面对如此复杂、涉及广泛的研究对象,有关普遍规律和共性特点的梳理必不可少,但通过个案研究,从具体细致的考察中获得鲜活生动的学术信息,进而对某些特定家学在"门内"和"门外"的传递过程展开透视,其学术价值将会更加明确,讨论过程也会呈现出引人入胜的绝妙景致。

---

① 赵善璙:《自警编》卷一,《景印文渊阁四库全书》第 875 册,第 218 页上。

第三章　渭阳之情与两宋士人的家学传承

以甥舅关系为纽带的家学传承,是两宋学术及文学发展史程中值得瞩目的大概率事件。当日名公如徐铉、杨亿、宋庠、宋祁、周敦颐、黄庭坚、刘敞、张方平、曾几以及孔文仲兄弟、洪适兄弟等,不仅将"我少不天,殆欲埋替。长我教我,实惟舅氏"的温馨记忆铭刻于心,更以"四海之内,朋友比肩;舅甥相知,卒无间然"[①] 的人伦情怀垂范后世。宋代舅甥之间情兼师友的新型关系虽没有清代江南文化家族中的"舅权"那样具有权威性[②],但它已经超越传统的母系血缘之亲,充分体现着传承学术文章、彰显德行道义、鼓励门楣重构的多重价值。然而像这样牵涉广泛、内涵丰富的学术话题,迄今却没有得到应有的重视,探讨未深,成果寥寥。究其原因,或为史料记载零散琐屑、考察线索纷杂难寻所致。笔者以为,若能依循宋人家学的内涵和特点,对相关事案进行分类检讨,梳理总结,则甥舅之间性情声气相应相求的内在逻辑便不难得到寻绎和阐释。

宋人家学的承载主体既可以是世代相继的家族成员,也可以是有血脉亲缘关系的族外贤达,这与陈寅恪先生所谓"太学博士之传授变为家人父子之世业"的"南北朝之家学"颇为不同[③]。两宋家学的内涵极为丰富,文学之外更广涉经学和史学,甚至包括典章文物以及制度沿革等广泛领域。

---

① 黄庭坚:《祭舅氏李公择文》,《全宋文》第108册,第167页。
② 罗时进:《清代江南文学发展中的"舅权"影响》,《江海学刊》2011年第5期。
③ 陈寅恪:《隋唐制度渊源略论稿》,中华书局1963年版,第19页。

一　昔在舅氏育我诸孤

宋人家学的首要主题为"文章之学",而甥舅之间的讲习切磋也主要集中在诗赋文章方面。所以如此,当与世事剧变引发的人心转易密切相关。其如汪藻所云:"当唐宋五季干戈纷扰之时,衣冠散处诸邑之大川长谷间,率皆即深而潜,依险而居。迨宋兴百年,无不安土乐生。于是豪杰始相与出耕,而各长雄其地。以力田课僮仆,以诗书训子弟,以孝谨保坟墓,以信义服乡间,室庐相望,为闻家。子孙取高科、登显仕者,无世无之。"① 后人或为宋明理学家所惑,以为两宋道学称盛,"欲趋道,舍儒者之学不可"②,实际情况却并非如此。

自古以来,凡寄身翰墨者,莫不穷极作文之情状,推本篇章之体制,究竟辞藻之利病,追求声律之和谐。此学颇重渊源,贵乎积累,即便在"独尊儒术"的两汉时期也不曾偏废。东汉王充尝以刺绣为喻,对"文章之学"的价值予以说明,曰:"绣之未刺,锦之未织,恒丝庸帛,何以异哉。加五彩之巧,施针缕之饰,文章炫耀,黼黻华虫,山龙日月。学士有文章之学,犹丝帛之有五色之巧也。本质不能相过,学业积聚,超逾多矣。"③ 此说言简意赅,可谓不易之论。然而,自北宋中期以后,伴随着"濂洛道学"的勃兴,所谓"作文害道"之类的排抑之辞便逐步流行起来,④ 而"文章之学"和"儒者之学"的对立态势也逐步形成。不过,在意识形态多元化的时代,"道学之儒"的偏颇见解很难改变"文章之士"⑤从社会现实中得到的价值判断。

宋代甥舅之间新型关系的建立,首先是一种社会历史现象。当日有许

---

① 汪藻:《为德兴汪氏种德堂作记》,《全宋文》第571册,第262页。
② 《二程集·遗书》卷一八,第187页。
③ 刘盼遂:《论衡集解》卷一二《量知篇》,古籍出版社1957年版,第254页。
④ 《二程集·遗书》卷一八,第239页。
⑤ 《四库全书总目》卷一八七《文章正宗》提要,第1699页中。

多诗赋名家,幼年时曾孤寒寡助,只能在舅氏的抚育下学习成长。譬如徐铉为其舅包咏所撰《墓志》称:"铉兄弟少孤,长于舅氏,亲承抚恤,勉以进修,门构不倾,君之力也。"① 据史料记载,徐铉"十岁能属文",与弟锴皆以博学能文驰名江表,李穆曾赞叹说"二陆不能及也"②。徐铉"精于小学","文章淹雅,亦冠一时"。③ 入宋之后不仅与李昉"以同道相知论",就连王溥、李至、王祐、苏易简等当代名臣也"奉公以师友之礼"④。徐氏兄弟自幼接受包咏严训的细节已无从考察,但其师从舅氏勤苦为学的效果却显而易见。

在众多早得舅氏抚育的文学才俊中,张方平、黄庭坚、周敦颐三人最为楷模。王巩《文定张公乐全先生行状》云:"公讳方平,字安道,世家睢阳……太师冲默燕静,不以物累自婴,而太夫人贤明知书,躬自教诲。年十三,太夫人抚之曰:'扬州俗浮薄,睢阳乡里有庠序,四方学者萃焉,吾弟为之领袖。汝方志学,盍往依焉?吾惟汝一子,念孟母徙邻之义,不远千里致汝外氏,俾之就业,汝往勉哉!'夫人有弟颍,时名士,有学行,故割情遣之。既至,舅氏器爱之,切磋讲习,业大进。"⑤ 对这段温馨的童年经历,张方平的自述更情真意切,《祭舅氏翰林学士嵇公文》曰:"某粤在童年,早依外氏,惟舅文行,是亲是师。广平君之严明(外王母宋氏),南阳君之慈懿(舅前夫人滕氏),训诲鞠育,遂偕宾兴。策名六科,入游两禁,历践台省,周旋显要。舅繇文馆,乃登掖垣,十年京华,联步朝闼。瞻言母党之重,实兼僚友之欢。休瀚更过,笑言莫逆。"⑥ 前有"惟舅文行,是亲是师"的训育深情,后有"十年京华,联步朝闼"的共同经历,如此厚重的甥舅情谊在两宋士人中实属罕见。

---

① 徐铉:《前虔州雩都县令包府君墓志铭》,《全宋文》第 2 册,第 317、318 页。
② 《宋史》卷四四一《徐铉传》,第 13046 页。
③ 《四库全书总目》卷一五二《骑省集》提要,第 1305 页中。
④ 李昉:《徐公墓志铭》,《全宋文》第 3 册,第 173、175 页。
⑤ 王巩:《文定张公乐全先生行状》,《全宋文》第 84 册,第 353、354 页。
⑥ 张方平:《祭舅氏翰林学士嵇公文》,《全宋文》第 38 册,第 340 页。

张方平初举"茂才异等",复中"贤良方正能直言极谏科",其政事功业、学术文章直可与苏轼、司马光等当代名臣相提并论。虽说天生雄才各有异质,但张方平在舅氏培养下锻炼成长,渐成栋梁,却是不争的事实。嵇氏乃睢阳世族,素有家学。嵇颖父适师事正素先生戚同文,"通经术,有文,擢进士第",为兴家立业奠定了基础。嵇颖"早失所怙,力学自立",颇有所成;"睢阳庠序率先于天下,四方之士集焉。公以乡行为诸生领袖,士自远至,必先刺谒公,蒙一顾许誉者,犹公卿之重"①。"天圣中进士及第",为官有声,历仕三司度支判官、同修起居注,擢知制诰,累迁尚书兵部员外郎。皇祐二年八月召入翰林,充学士②;当代名公如范仲淹、富弼以及王曾等皆重其学行文章,颇为延誉。张方平十三岁时远赴睢阳,二十六岁便中"茂才异等",假使没有舅氏嵇颖不掩肺腑的"切磋讲习",其学业精进的速度和水平实难想象。

宋代作家像徐铉、张方平、黄庭坚以及江西"四洪"那样自幼承蒙外族抚养教育,长大后举进士、为显宦,与舅氏相知无间者为数不少。像周敦颐、谢季康以及鄱阳"三洪"等皆为显例。潘兴嗣撰《周茂叔墓志铭》云:"吾友周茂叔,讳敦颐,其先营道人。曾祖讳从远,祖讳智强,皆不仕。考讳辅成,任贺州桂岭县令,赠谏议大夫。君幼孤,依舅氏龙图阁学士郑向。以君有远器,爱之如子。龙图公名子皆用敦字,因以敦名君。景祐中,奏补试将作监主簿,授洪州分宁县。君博学行己,遇事刚果,有古人风,众交口称之。"③濂溪舅氏郑向,《宋史》传称"举进士中甲科",尝"以龙图阁直学士知杭州,卒。五代乱亡,史册多漏失,向著《开皇纪》三十卷,摭拾遗事,颇有补焉"④。朱熹尝谓周敦颐"博学力行,闻道甚早。遇事刚果,有古人风。为政精密严恕,务尽道理"⑤。两相比较,即

---

① 张方平:《嵇公行状》,《全宋文》第38册,第317、318页。
② 《宋史》卷二九八,第9900、9901页。
③ 潘兴嗣:《周茂叔墓志铭》,《全宋文》第69册,第326页。
④ 《宋史》卷三〇一,第9998页。
⑤ 朱熹:《伊洛渊源录》卷一《濂溪先生事状》,《丛书集成初编》第3340册,第1页。

可知周茂叔的确不负乃舅厚望，不仅能够发挥所学，以博学严谨获誉当世，更能体现当代学人锐意探索的主体精神，将儒学精髓与时代政治相结合，使儒道实践精神得到迅速发扬。

谢季康乃宋庠外甥，其声名虽不甚显赫，事迹同样值得关注。杨杰《谢君墓志铭》曰："君讳季康，字和卿，其先河朔人"，"宋元宪、景文，文章学术为天下宗师，女弟临洺君，博学能文，贤而有识，君之母也。知其子可以托门户，临终以属舅氏元宪。元宪亦素爱君孝友介洁，每谓人曰：'真吾甥也。'及在政府，奏授秘书省正字，非所好也。与其兄公仪熙序益勤于学，偕有闻于时。久之，调徐州司户参军，海州司法参军。君为掾常以法自持，未尝少屈于权贵，闻者危之，而志不可夺"。①从《墓志》的梳理中可以看出，谢季康勤学有为，孝友介洁，颇具乃舅风采。

鄱阳洪适、洪遵及洪迈兄弟，亲承舅氏勉励教诲，学有所成，连中博学宏词科，最为人伦美谈。洪适《盘洲老人小传》载："绍兴壬戌，某同元弟遵中博学宏词科。后三年乙丑，仲弟迈继之。""初，忠宣连仕浙部，因寓秀州。及持节使虏，某时年十三，奉秦国归乡，以俸入在秀州，侍魏国以往凡九年。魏国弃诸孤，仲舅博士公使奉丧来无锡，依外氏以葬。时河南复为王土，尝拟宰臣贺表，以'齐人归郓讙之田'对'宣王复文武之土'。舅氏爱其语，谓某曰：'甥若加鞭不休，词科不难取。'乃同二弟闭门习为之，夜不安枕者余岁。既试，偶中选。"②洪适所称"忠宣"即乃父洪皓，官徽猷阁直学士、兼直学士院，赠太师、魏国公，谥忠宣。妣沈氏，封魏国夫人。而"仲舅博士公"即沈松年。《无锡县志》载："宋沈松年，字性仁，无锡人。大观三年举进士，为润之金坛县，以文学擢太博。会靖康之难，丐归田里，以图史自娱。有妹适洪忠宣公，忠宣使金且久，

---

① 杨杰：《故通直郎签书商州军事判官厅公事谢君墓志铭》，另见《全宋文》第75册，第265页。

② 洪适：《盘洲老人小传》，《全宋文》第214册，第2页。

妹携诸甥归无锡，松年力勉以学，后皆中博学宏词科。适拜相，遵至枢府，迈再入翰苑，名闻中外。时语：非松，不能有甥若是。"①

虽说"渭阳之情"古已有之②，但在宋代以前，舅甥之间如此直接的家学传承尚不多见。像徐铉、张方平、黄庭坚、周敦颐、谢季康等当代名流，既没有唐代士族的显赫门第，经济上更是捉襟见肘，他们自幼孤寒，只有依靠舅氏的扶助才能自立，最终成长为国之栋梁。虽说当代士人也认识到"人伦情义，唯外族而最优；母党姻亲，于舅氏而为重"③，但这种理念在朝廷法规中并未得到体现。如《宋会要辑稿·食货》载，宋哲宗元祐七年十一月五日诏云："诸太中大夫、观察使以上，每员许占永业田十五顷，余官及民庶，愿以田宅充祖宗缋祀之费者，亦听。官给公据，改正税籍，不许子孙分割典卖，止供祭祀。有余，均赡本族。"④ 所谓"均赡本族"似乎并不包括异姓外甥。同样，在司马光《家范》、范仲淹《义庄规矩》以及袁采《袁氏世范》等私人"家范"中，舅氏抚育外甥的义务也没有得到明确认定。而从另一个更为严肃的角度讲，作为异姓的"诸甥"，无论其显达与否都无法名列舅氏族谱，更难满足舅氏家族"蝉联珪组"的功利要求⑤。

即便如此，宋人还是为甥舅关系赋予了现实而温馨的时代文化内涵。他们超越世俗传统，超越名利束缚，甚至超越了人情自私的本质，将那种源于母系血缘的人文关怀提升到了忘我和唯美的境界，这种境界是亲情担当的诗意呈现，更是圣贤人格的自然流露。要之，"昔在舅氏，育我诸孤"

---

① 《无锡县志》卷三上，《景印文渊阁四库全书》第492册，第700页下。
② 《毛诗注疏·秦风·无衣》曰："我送舅氏，曰至渭阳。何以赠之，路车乘黄。我送舅氏，悠悠我思。何以赠之，琼瑰玉佩。"注曰："母之兄弟曰舅。康公之母，晋献公之女，而文公之姊也。文公遭骊姬之难未反而秦姬卒，穆公之纳文公而康公送之渭阳，伤母之不及见，而作是诗。"所谓"渭阳之情"，由此确立为甥舅关系的经典意象。参见苏辙《苏氏诗集传》卷六，《景印文渊阁四库全书》第70册，第383页下。
③ 黄庭坚：《祭舅氏李公择文》，《全宋文》第108册，第167页。
④ 《宋会要辑稿·食货》六一之六一，第5904页上。
⑤ 《挥麈前录》卷二，第15页；《郡斋读书志校证》卷首《衢本昭德先生郡斋读书志序》，第15页。

的人伦美谈，为两宋文史的研究和书写增添了许多全新的亮点与角度。

二 甥舅从来多酷似

相对于那些自幼投亲蒙受抚育的孤寒少年，两宋甥舅之中，始以骨肉亲缘而得请教之便，终因德业文章而成莫逆之交者，也不在少数。他们家境各异，遭际不同，但归根结底，很多甥舅之间的情感交流，依然离不开人伦天性的深层约束。当然，如果没有足够丰富的细节支撑，要清晰讲述那些甥舅之间承传有自的源流关系或许并不容易，好在还有许多令人感动的史料值得玩味。

两代名公大家多起于寒微，其家学的积累和传承门径绝不仅限于"家人父子之世业"，宋初名士杨徽之将其家学传授于外孙宋绶，即其显例。徽之生于闽中一个"世尚武力"的小吏家庭，后周显德中第进士①，宋初始以文学为显宦。吴处厚曰："前世有翰林学士，本朝咸平中，复置翰林侍读学士，以杨徽之、夏侯峤、吕文仲为之，又置翰林侍讲学士，以邢昺为之。则翰林侍读与侍讲学士自杨徽之、邢昺等始也。"② 当天下久乱之后，像杨徽之那样的文章圣手并不多见。杨亿《杨公行状》称："公文学之外，长于吟咏。历宰二邑，周旋数载，凡游赏宴集，良辰美景，必有雕章丽句，传诵人口，或刊于琬琰，或被于筦弦。岐陇巴蜀之间，盖金相而玉振矣。"③ 此说客观公允。杨徽之膝下无子，只能将令女嫁于同事宋皋，而将其所学传授给外孙宋绶。《宋史·宋绶传》云："绶幼聪警，额有奇骨，为外祖杨徽之所器爱。徽之无子，家藏书悉与绶。绶母亦知书，每躬自训教，以故博通经史百家，文章为一时所尚。""绶性孝谨清介，言动有常。为儿童时，手不执钱。家藏书万余卷，亲自校雠，博通经史百家，其

---

① 《东都事略》三八《杨徽之传》，《景印文渊阁四库全书》第382册，第246页上。
② 《青箱杂记》卷三，第27页。
③ 《全宋文》第15册，第11页。

笔札尤精妙。朝廷大议论，多绶所裁定。杨亿称其文沉壮淳丽，曰：'吾殆不及也。'"①虽说宋绶乃徽之外孙，但在血缘亲情的关照下，这样的隔代传承与甥舅之间的直接交流并没有本质上的差异。

杨徽之父女不遗余力，器爱宋绶，寄予厚望，其思维做法已经超越了"贤士大夫尊祖而贵宗"②的传统意识，呈现着开放豁达的文化心态。从表面看"春明宋氏"是由宋皋起家，至宋绶为参知政事方为望族，其实杨徽之以女妻皋才是关键。类似的事案在两宋士大夫中虽不多见，但它对研究"渭阳之情"在后谱牒时代的内涵变易的确有着不可忽视的伦理学价值。

黄庭坚的外甥徐师川则生长于显宦之家，"以父禧死国事，授通直郎，累官至司门郎"③，其成长环境与洪氏兄弟颇有差异。但黄庭坚传导给他们的审美理念及诗文技巧是相同的。譬如，黄庭坚并不崇尚道学，故略谓周敦颐"人品甚高，胸中洒落如光风霁月"。而对周氏诗作，也只是说："溪毛秀兮水清，可饭羹兮濯缨，不渔民利兮又何有于名。弦琴兮觞酒，写溪声兮延五老以为寿。蝉蜕尘埃兮玉雪自清，听潺湲兮鉴澄明。激贪兮敦薄，非青苹白鸥兮谁与同乐。"④不过是赞美其清超澄明的境界而已。他曾明白告诉洪驹父"读书贯穿，自当造平淡"，"可勤董、贾、刘向诸文字。学作论议文字。更取苏明允文字读之。古文要气质浑厚，勿太雕琢"。⑤像这样交代文法楷模、指点为文关键的文字，正透露出甥舅之间讲习切磋的日常情态，其如李之仪所说："鲁直成就诸甥之意可谓尽矣，故率然自如，类不相远，盖一本于舅氏也。"⑥

清江"三孔"与曾几表里相通，契合无间，堪称舅甥楷模。孔氏一族世为儒者，孔延之官尚书兵部郎中，赠正议大夫，其长子文仲"少禀义

---

① 《宋史》卷二九一《宋绶传》，第9732—9735页。
② 苏洵：《嘉祐集》卷一四《谱例》，《景印文渊阁四库全书》第1104册，第947页下。
③ 《宋史》卷三七二《徐俯传》，第11540页。
④ 《全宋诗》（17），第11589页。
⑤ 黄庭坚：《与洪驹父》之二，《全宋文》第104册，第334—335页。
⑥ 李之仪：《姑溪居士前集》卷三八《跋苏黄众贤帖》，《景印文渊阁四库全书》第1120册，第573页上。

训,知自刻苦。经史传注、百氏子集外,至于天文、律历、算数之书,无不识于心而诵于口。其议论浃洽、讲解精辨,诸宿儒老生往往不能出其右。嘉祐六年,随乡贡至礼部,奏名为天下第一,廷试擢进士丙科。初,正议公出白屋,起江表,登庆历二年乙第,至是公又以文名振场屋。二季武仲、平仲相继举太学,试南宫,皆取甲等,故当时语文学高第者,以公家为甲族焉"①。文仲兄弟与苏轼、苏辙同时,并以文章名一世,故黄庭坚有"二苏联璧,三孔分鼎"②之语。

  曾氏一族自曾准起家,为朝请郎,赠少师,而其妣魏国太夫人孔氏,乃孔延之爱女。陆游撰《曾文清公墓志铭》盛赞其事,谓:"公有器度,舅礼部侍郎孔武仲、秘阁校理平仲,叹誉以为奇童。……会兄弼提举京西南路学事,按部,溺死,无后,特恩补公将仕郎。公以太夫人命,不敢辞。"③虽说曾弼、曾几并没有像张方平和黄庭坚那样自幼生长于外族,但"三孔"对他们的教育影响颇为深远。陈鹄《西塘集耆旧续闻》尝记述曾几从学舅氏的情景,曰:"曾文清公吉甫,三孔出也。少从诸舅游,见元城先生,谈论间,多及《论语》。其言曰:'知之为知之,不知为不知,是知也。'真实处便是真知。才以不知为知,必是欺伪的人。如此则所丧者多矣。故老先生常守一个诚字。又言:诚自不妄语中人,盖为是也。又曰:'民可使由之,不可使知之。'若如此,则大有识义理者,岂可禁之使勿知,殊非'人皆可以为尧舜'、'途人可以为禹'之意。盖当熟味'使'字。如《孟子》言'梓匠轮舆,能与人规矩,不能使人巧'之义。圣人能以理晓人,至于知处贵乎自得,非口耳可传授,故曰'人莫不饮食也,鲜能知味也。'"④或许正因为有这种耳提面命的授受机缘,曾几才会对《论语》产生独到见解,连朱熹都感佩不已。《朱子语类》载:"先生问:'曾文清有《论语解》,曾见否?'曰:'尝见之,其言语简。'曰:'其中极有

---

① 《苏魏公文集》卷五九《中书舍人孔公墓志铭》,第898、899页。
② 《直斋书录解题》卷一七《清江三孔集》解题,第505页。
③ 陆游:《曾文清公墓志铭》,《全宋文》第223册,第187页。
④ 陈鹄:《西塘集耆旧续闻》卷一,第294、295页。

好处，亦有先儒道不到处。某不及识之，想是一精确人，故解书言多简。'"① 陆游亦称曾文清能"贯通六经，尤长于《易》、《论语》"；"治经学道之余，发于文章，雅正纯粹，而诗尤工。以杜甫、黄庭坚为宗，推而上之，由黄初、建安，以极于《离骚》、雅、颂、虞、夏之际。初与端明殿学士徐俯、中书舍人韩驹、吕本中游。诸公继没，公岿然独存。道学既为儒者宗，而诗益高，遂擅天下"。② 从"三孔"到曾几，经学独宗"濂洛"，诗法取径"江西"，所谓家学传承，自有必然之理。

曾几终身不忘舅氏培育之恩，时常流露出甥舅相知的深情厚意。其《遗直堂》诗曰："三孔吾渭阳，犹及见仲叔。""思公立朝时，凛凛不可向。策登董相科，赋作长卿语。刘牢出外甥，愧我不如古。老柏蜀人爱，甘棠召南思。领客清樾下，作诗咏歌之。元祐几阅岁，诸公一无遗。吾舅典型在，神明力扶持。柏叶松其身，在时公手植。杂树谁所栽，一钱初不直。"③ 遗直堂在台州官舍，前有桧树，为曾文清仲舅孔武仲所植。后几十年，曾几假守于台，追忆往昔从游之乐，遂有是作。王明清尝曰："曾文清吉父，孔毅父之甥也，早从学于毅父。文清以荫入仕，大观初以铨试合格，五百人为魁，用故事赐进士出身。绍兴中，明清以启贽见云：'传经外氏，早侍仲尼之闲居；提笔文场，曾宠平津之为首。'文清读之，喜曰：'可谓着题矣。'后与明清诗云：'吾宗择婿得羲之，令子传家又绝奇。甥舅从来多酷似，弟兄如此信难为。'徐敦立览之，笑云：'此乃用前日之启为体修报耳。'"④ 所谓"甥舅从来多酷似"，乃是对曾文清能传承舅氏家学的充分肯定。至于"令子传家又绝奇"，则是说王廉清、王明清兄弟皆能承其父学。

两宋甥舅之间，像黄庭坚与"四洪"、徐师川，"三孔"与曾几那样，能够以家学相传授，并在相互切磋中产生深情厚谊者难计其数，只

---

① 《朱子语类》卷一九，第443页。
② 陆游：《曾文清公墓志铭》，《全宋文》第223册，第187页。
③ 《全宋诗》第29册，第18578页。
④ 《挥麈录·后录》卷一一，第221页。

是这样的考察能抽绎出哪些普遍性的规律，还有待思考。有些看似平常的文字，也许隐含着许多不为人知的深情。如清江刘敞、刘攽兄弟有舅氏王冲，字景儒，官至尚书屯田郎中、提举兖州仙源县景灵宫。敞为墓铭，志其舅之贤曰："公少则好学，论议依名节，慷慨自喜，不与众浮沉，士友多惮之。祥符中，举服勤词学，成进士名，得试校书郎，知兴国军永兴县。……呜呼，可谓笃于义，知所进退，不失其正者矣。性不妄悦人，谓穷困益坚，于时人鲜所合，而范文正公特知之，数荐于朝。其为政也，勇于当事，兴利若不及，去恶如恐失之。亦以此故，仕尝难进易退，然其处之晏然，未尝以见色辞。喜读书属文，尤长于为诗，诗凡千余篇，读之其志可见也。"① 王冲事迹史无详载，范文正举荐文字亦未传世，但从刘敞《公是集》、刘攽《彭城集》及众多的史传数据可以看出，刘氏兄弟在道义学术方面继承乃舅并超越奋进，乃是不争的事实。欧阳修盛称刘敞"公于学博，自六经、百氏、古今传记，下至天文、地理、卜医、数术、浮屠、老庄之说，无所不通。其为文章，尤敏赡。尝直紫微阁，一日追封皇子、公主九人，公方将下直，为之立马却坐，一挥九制数千言，文辞典雅，各得其体"②。其实，"刘攽博学有俊才"，③ 其学术成就及宦途声望均不在刘敞下。

同样的情形在李燔和李夔身上也有所体现。《宋史·李燔传》云："字敬子，南康建昌人。少孤，依舅氏。中绍熙元年进士第，授岳州教授，未上，往建阳从朱熹学。熹告以曾子弘毅之语，且曰：'致远固以毅，而任重贵乎弘也。'燔退，以'弘'字名其斋而自儆焉。至岳州，教士以古文六艺，不因时好，且曰：'古之人皆通材，用则文武兼焉。'即武学诸生文振而识高者拔之，辟射圃，令其习射；廪老将之长于艺者，以率偷惰。"后"改襄阳府教授，复往见熹，熹嘉之，凡诸生未达者先令访燔，俟有所

---

① 刘敞：《王公墓志铭》，《全宋文》第 60 册，第 1—3 页。
② 《欧阳修全集》卷三五《集贤院学士刘公墓志铭》，第 526 页。
③ 魏泰：《东轩笔录》卷八，中华书局 1983 年版，第 89 页。

发，乃从熹折衷，诸生畏服。熹谓人曰：'燔交友有益，而进学可畏，且直谅朴实，处事不苟，他日任斯道者必燔也。'熹没，学禁严，燔率同门往会葬，视封窆，不少怵。……燔卒，年七十，赠直文华阁，谥文定，补其子举下州文学。入仕凡四十二年，而历官不过七考。居家讲道，学者宗之，与黄干并称曰'黄李'。孙镳，登进士第。"① 陆陇其《三鱼堂文集》卷四亦载："朱子门人李燔，字敬子，尝曰：'仕宦至卿相不可失寒素。'体学者常将此语玩味，便觉一切纷华靡丽俱不足慕。朱门黄干、李燔并称，而传不言燔有著述，此二句便可当一篇大文字。"②《宋元学案》卷四八列燔于《晦翁学案表》。虽不知燔舅姓名，然既能如此成就李燔，其舅氏之博学多识亦可知矣。

李夔自幼长于外家，其成才过程全赖舅氏黄履。杨时《李修撰墓志铭》云："公讳夔，字斯和，其先江南人……公幼孤，鞠于外家，成童犹未知书，而颖悟绝人。舅氏大资政黄公擢第归，一见器之，使赋诗，有惊人语，因授以书。凡耳濡目染，过即成诵，至日数千言。自是于六经诸子百氏之书，下至毛郑笺传，期年之间，无所不窥。学日进，文日益有名，从黄公游者，咸推先焉。""其后预天府荐，及试南省，皆第二，遂中元丰三年进士第。""公为儿童时，甥舅自为知己，而退然官州县垂二十年。逮今上纂极，黄公已均逸于外，乃始以学官召擢。盖黄公所以期公者远，而公亦安于义命，不汲汲于进也。晚位通显，而恬于进取。"③ 黄履字安中，邵武人。少游太学，举进士，哲宗朝拜尚书右丞，出知亳州；徽宗朝拜尚书右丞。此公"始以文学进，初附蔡确，谋定策事，复附章惇，排击元祐之臣，时议嫉之"④。可就是这个因依附权奸而遭人"议嫉"的黄履，把外甥李夔教育成了忠臣名士，且甥舅之间"自为知己"。夔子李纲更为宋室存亡建立了特殊功勋，四库馆臣谓"纲人品经济，

---

① 《宋史》卷四三〇，第12783、12785页。
② 陆陇其：《三鱼堂文集》卷四，《景印文渊阁四库全书》第1325册，第43页下、44页上。
③ 杨时：《李修撰墓志铭》，《全宋文》第125册，第57、58、61页。
④ 《东都事略》卷九六，《景印文渊阁四库全书》382册，第627页下—628页下。

炳然史册，固不待言。即以其诗文而言，亦雄深雅健，磊落光明，非寻常文士所及"①，是为公论。

宋代文坛甥舅齐名、情深意笃者颇多，楼钥舅氏汪藻，王明清舅曾宏父，皆其例也。楼钥尝作《仲舅敷文阁学士汪公挽词》云："籍甚牢之舅，难追宅相风。惟公能爱我，独我最知公。""外氏桂成丛，诸甥长养中。名称无酷似，宦达偶相同。"②汪藻字彦章，"通显三十年，无屋庐以居。博极群书，老不释卷，尤喜读《春秋左氏传》及《西汉书》。工俪语，多著述，所为制词，人多传诵"③。其骈文创作与孙觌、洪适、周必大齐名。外甥楼钥"学问赅博，文章渊雅"，"宋自南渡而后，士大夫多求胜于空言，而不甚究心于实学。钥独综贯今古，折衷考较。凡所论辨，悉能洞澈源流。可谓有本之文，不同浮议"④，其"代言坦明，得制诰体，缴奏无所回避"⑤。从学术研究到骈文创作，甥舅之间还真有默契。

王明清接受外祖及舅氏家学的情形，与宋绶亲蒙杨徽之训育差似。他自幼得曾纡教诲，及长，遂显名于士大夫间，汪藻称曾纡"才高而识明，博极书史，始以通知古今裨赞左右为家贤子弟，中以文章翰墨风流酝藉为时胜流，晚以精明强力见事风生为国能吏"。"公之谪永州也，黄庭坚鲁直过焉，得公诗，读而爱之，手书于扇。公之叔父肇，不妄许可人，尝曰：'文章得天才，当省学问之半。吾文力学至此耳。吾家阿纡所得，超然未易量也。'故公诗文每出，人争诵之。又篆、隶、行、草，沉着痛快，得古人用笔意。江南大榜丰碑，率公为之，观者忘去。"⑥ 明清曰："明清少游外家，年十八九时，从舅氏曾宏父守台州。"⑦ 曾惇字宏父，曾布孙，曾纡子，有《曾宏父诗词》一卷，为守台时作。清人沈季友尝曰："明清字

---

① 《四库全书总目》卷一五六《梁溪集》提要，第1345页上。
② 《全宋诗》第47册，第29496页。
③ 《宋史》卷四四五《汪藻传》，第13132页。
④ 《四库全书总目》卷一五九《攻媿集》提要，第1373页中、下。
⑤ 《宋史》卷三九五《楼钥传》，第12046页。
⑥ 汪藻：《曾公墓志铭》，《全宋文》第57册，第375页。
⑦ 《挥麈前录》卷三，第20页。

仲言,本汝阴人,甫十岁,朱三十五希真、徐五敦立过其父,所询以国史中数事,应之无遗,由是受二公之知。庆元间,居甥馆于嘉禾,官至朝郎,与其父雪溪先生、兄仲信俱有史才,名卿钜公无不叹慕。尤遂初者,时之鸿儒也。一日,询明清以天临殿与南唐中主画像,明清详陈本末,无一不符,遂初惊愕。当时诸公欲告于上,收置史馆,不果。"① 既能传承家学,又得外祖及舅氏言传身教,明清之博学遂成必然。

与那些因幼年孤寒往依舅氏的外甥不同,杨徽之与宋绶,黄庭坚与徐师川,清江"三孔"与曾几,黄履与李夔,汪藻和楼钥,曾宏父与王明清,或为书香后人,或为官宦子弟,他们之间的渭阳之情似乎更具宋代特点。两宋士大夫之间的学术交流以及诗文酬答要比唐五代以前广泛得多,即便是普通士子的日常生活也比以往雅化许多。他们以"不学为戒"②,反对"使后辈务习趋竞,礼俗渐薄矣"③。可以设想,在书籍刻印与传播极其便利的条件下,社会各阶层的文化素养都很容易得到提升,更何况书香门第,雅逸人群。博学多闻的特点在诗赋和骈文的写作中集中体现出来,不仅造就了宋诗的"学问"和"议论",也让两宋四六文更显博赡瑰玮。从宋绶、曾几、李夔到楼钥和王明清,都是这方面的表率。从他们身上也不难看出,在宋代甥舅之间,学术探索和诗文创作的经验传授与交流,始终保持着崇雅避俗的层次和品味。

三 甥舅之学的似与不似

两宋家学的整体特点似乎很难概括。彼时甥舅之间的学术和文学交流都比较务实,毕竟潜心钻研以求实学是荣登科第、光耀门庭的不二选择。一般来说,甥舅之学源流一致,传承轨迹较为明显,但偶尔也会出现一些

---

① 沈季友:《檇李诗系》卷三,《景印文渊阁四库全书》第1475册,第55页上、下。
② 陈师道:《后山谈丛》,上海古籍出版社1989年版,第41页。
③ 《苏魏公文集》卷五一《杨公神道碑铭》,第767页。

虽有教诲切磨，但外甥之学终究不似舅氏的情况。有个别外甥还能呈现青出于蓝、高自标树的姿态，那或许正是舅氏所期盼的结果。当然，在道学与朋党等各种错杂因素的制约下，有少数外甥初从舅氏学，后又改弦易张，其情形虽有悖人伦，但不难理解。其基本情形约不出以下三种。

先说第一种，即甥舅一致，得传承之妙者。宋代家学的内容极为广泛，甥舅之间的讲习传承也会因人而异。程颐尝曰："古之学者一，今之学者三，异端不与焉。一曰文章之学，二曰训诂之学，三曰儒者之学。欲趋道，舍儒者之学不可。"① 这种说法过分强调道学的正义感和排他性，而与实际情况相去甚远。事实是"道学盛于宋，宋弗究于用，甚至有厉禁焉"②。不过，在崇尚道学的甥舅之间，那种心无旁骛的执着韧劲的确令人钦佩，如下列几位。

范如圭字伯达，建州建阳人。少从舅氏胡安国受《春秋》，登进士第。朱熹《直秘阁赠朝议大夫范公神道碑》云："公讳如圭，字伯达，建州建阳县人。""公生数岁，遭母丧，哀毁如成人。未冠而孤，奉继母尤谨。抚弟妹曲尽恩意，有人所难能者。从舅氏胡文定公受《春秋》学，乡举类试皆第一。对策廷中，极论人主正心立志之方，力诋和议宴安之失，言甚壮切。张公时为考官，读而异之，第以为选首，而同列有病其言者，抑置乙科。"③ 而在《范直阁墓记》中，朱熹又称范如圭"生于舅氏胡文定公荆南学官廨中。既孤自奋，从文定公受《春秋》学。举进士，建炎二年对策廷中，语切直。张和公时为考官，第为首选"④。朱熹所谓"张公""张和公"皆指张浚。黄震《黄氏日抄》亦称："范如圭伯达，胡文定甥，在馆论事，与时相不合，请奉祠十年。"⑤ 真德秀《跋秘阁太史范公集》则云："秘阁太史范公之学，得于其舅氏胡文定公。立朝行己，大略相似。其见

---

① 《二程集·遗书》卷一八，第187页。
② 《宋史》卷四二七《道学传序》，第12710页。
③ 朱熹：《直秘阁赠朝议大夫范公神道碑》，《全宋文》第253册，第36、37页。
④ 朱熹：《范直阁墓记》，《全宋文》第253册，第429页。
⑤ 黄震：《黄氏日抄》卷三六，《景印文渊阁四库全书》第708册，第93页上。

于议论，必尊《春秋》古经，必排王氏别说，必明夷夏大分，必辟和议，必诋权臣，今其集中斑斑可睹，而上思陵《谏屈己封事》、《责秦桧忘仇辱国书》，尤所谓光明绝特者也。使公平生亡他文，独此二篇亦足以贯虹霓而摩星斗矣。"① 胡安国提举湖南学事，振兴湖湘学术，为宋之大儒。其外甥范如圭学力虽有不及，然孤寒自奋，能得舅氏真传，颇为不易。

李郁字光祖，光泽人，元祐党人朝散郎李深之子，少从舅氏陈瓘学。逾冠，转从杨时。杨时一见奇之，遂妻以女。朱轼《史传三编》载：李郁"从舅陈莹中学，逾冠，谒杨时于余杭而请业焉。时奇之，谓曰：'学者当知古人之学何所用心，学之将以何用；若言孔门求仁，则何为而谓之仁？若言仁人心也，则何者而谓之人心？'郁受言，退求其说以进，愈投而愈不合。乃取《论》《孟》读之，早夜不懈。龟山深许之，因妻以女。盖十有八年，然后涣然有得"。"所著有《易传》《论孟》遗稿，学者称西山先生。"② 按：陈瓘，字莹中，自号了翁，延平人。元丰二年进士甲科。建中靖国初为右司谏，尝移书责曾布及言蔡京、蔡卞之奸，章数十上，除名，编隶合浦以死。事迹具《宋史》卷本传。另据李清馥《闽中理学渊源考》卷六载："龟山一见奇之，妻以第三女。是时龟山以程氏说教授东南，一时学者翕然趋之。而龟山每告之曰：'道之所以传，固不在于文字，而古之圣贤所以为圣贤者，其用心必有在矣。'"③ 李郁自幼从学于舅氏陈瓘，后为龟山女婿，耳提面命心领神会之积累，绝非寻常学子所能比。

在道学"弗究于用"的时代，甥舅之间的经学授受并不能获得朝廷重视，魏了翁所述禄坚复的舅氏王君行即其显例。禄坚复字子固，"生十七年而孤，弟妹幼弱，家贫为太夫人忧，子固率诸弟从舅氏传堂先生王君行问学，夙夜不敢怠。习戴氏《礼》，有乡曲之誉。君行名轸，潼之秀彦也"④。王君行终身不仕，默默无闻，好在家学的化育弥足珍贵，尤其是

---

① 真德秀：《跋秘阁太史范公集》，《全宋文》第313册，第261页。
② 朱轼：《史传三编》卷五，《景印文渊阁四库全书》第459册，第86页下。
③ 李清馥：《闽中理学渊源考》卷六，《景印文渊阁四库全书》第460册，第113页上。
④ 魏了翁：《知威州禄君坚复墓志铭》，《全宋文》第311册，第331页。

在超越名利的甥舅之间。许及之有《诸葛忠叟初逢家塾池中产双莲求予扁榜并作五言勉诸甥》云："我爱濂溪说，君能喜种莲。一经初建塾，双实遽呈川。和气埙篪应，荣名棣萼联。勉旃成宅相，学也是家传。"①林希逸《两舅氏挽诗》云："吾舅虽潜德，人间两玉人。眼高俱迈俗，鬓秃共娱亲。场屋因缘薄，诗书趣味新。少公谈颇胜，伯氏奕尤神。门外相过少，樽中自酿醇。荆花同伴老，竹叶满怀春。寿秩皆逾七，堂封亦与邻。赠车伤作梦，华屋怅今輀。甥老头如雪，山空骨已尘。前年松下酹，语不尽酸辛。"②超然脱俗，视濂洛学术为传家之宝，这才是"儒者之学"该有的样态。

再说第二种，青出于蓝而胜于蓝者。外甥能够在勤学苦练之后独自标树超越乃舅，无疑是值得骄傲的事，现实中真能达此境界者寥寥无几。南宋诗人徐俯，虽学诗法于舅氏黄山谷，但最终取径平澹，无雕镂之迹，人谓能超越乃舅者。刘克庄《江西诗派小序》云："徐师川，豫章之甥，然自为一家，不似渭阳。高自标树，藐视一世，同时诸人多推下之。然集中不能皆善。旧传豫章见师川《双庙》诗，勉诸洪进步。今《双庙》诗不存，则其诗零落亦多矣。师川在靖康中，朝列有改名避伪楚讳者，师川名婢曰昌奴，朝士至则呼之。以名节自任，故其诗云：'直道庶几师柳下，不应四海独诗名。'可谓实录。诸人所以推下之者，盖不独以其诗也。"③徐俯字师川，禧子。绍兴初赐进士出身。累官端明殿学士、签书枢密院事、权参知政事。李彭曰："徐诗到平澹，反自穷艰极。周鼎无款识，赏音略岑寂。阴何不支梧，少陵颇前席。"④胡仔《苕溪渔隐丛话·前集》卷五二引《雪浪斋日记》亦称："'佳树冬不雕，横塘春更绿。'此徐师川

---

① 许及之:《诸葛忠叟初逢家塾池中产双莲求予扁榜并作五言勉诸甥》,《全宋诗》第46册，第28336页。
② 林希逸:《两舅氏挽诗》,《全宋诗》第59册，第27354页。
③ 刘克庄:《江西诗派小序》,《全宋诗》第329册，第109页。
④ 李彭:《题洪驹父徐师川诗后》,《全宋诗》第24册，第15878页。

诗，颇平淡，无雕镌气。"① 在众人看来，徐俯诗尚平澹，不刻意雕镌，乃"不似渭阳"者。至于个中原因，叶绍翁引来子仪语曰："昔徐师川少年工诗，晚位枢府，浸以不逮于昔。人以为向来自是徐师川诗，后来自是徐枢密诗。"② 周紫芝亦云："近时士大夫论徐师川诗甚不公，以谓稍稍放倒，而不知师川暮年得句多出自然也。毛嫱丽姬，粉白黛绿，敛衽顾视，未免时自矜持。徐娘虽老，却以洗妆而真香生色，有不可描画之意。盖诗至于此然后为工耳。"③ 观照角度虽有不同，相关评论均言及徐俯暮年之地位变化及艺术转型，其诗风有别于乃舅者固当如此理解。

最后说第三种，甥舅取径南辕北辙。叶梦得乃晁无咎外甥，《石林诗话》自述云："外祖晁君诚善诗，苏子瞻为集序，所谓'温厚静深如其为人'者也。黄鲁直常诵其'小雨愔愔人不寐，卧听赢马啮残蔬'，爱赏不已。他日得句云：'马啮枯萁喧午梦，误惊风雨浪翻江。'自以为工，以语舅氏无咎曰：'我诗实发于乃翁前联。'余始闻舅氏言此，不解风雨翻江之意。一日，憩于逆旅，闻旁舍有澎湃鞺鞳之声，如风浪之历船者，起视之，乃马食于槽，水与草龃龉于槽间，而为此声，方悟鲁直之好奇。然此亦非可以意索，适相遇而得之也。"④ 王士祯曾赞叹说："吾郡遗文，惟晁无咎《北渚亭赋》最为瑰丽，有淮南小山之遗风。"⑤ 两宋文人多能熟读《楚辞》，但真能像晁无咎那样体其精髓、化为己用者少之又少。后人对晁无咎赞许有加，如吴曾云："鲁直长于诗辞，秦、晁长于议论。"⑥ 四库馆臣曰："今观其集，古文波澜壮阔，与苏氏父子相驰骤。诸体诗俱风骨高骞，一往俊迈，并驾于张、秦之间，亦未知孰为先后。世传《苏门六君子文粹》，仅录其文之体近程试者数十篇，《避暑漫抄》仅称其《芳仪曲》一

---

① 胡仔：《苕溪渔隐丛话·前集》卷五二，人民文学出版社1962年版，第355页。
② 叶绍翁：《四朝闻见录》丙集，中华书局1989年版，第94页。
③ 周紫芝：《书老圃集后》，《全宋文》第162册，第177页。
④ 《石林诗话》，《历代诗话》（上），中华书局1981年版，第409、410页。
⑤ 《香祖笔记》卷一二，上海古籍出版社1982年版，第242页。
⑥ 吴曾：《能改斋漫录》卷一一，上海古籍出版社1979年版，第313页。

篇，皆不足以尽补之也。"①

作为晁氏外甥，叶梦得的人生选择理应传承乃舅，呈现出风骨高骞、俊迈洒落的精神气魄和诗风取向。然而，正如四库馆臣所说："梦得为蔡京门客，章惇姻家，当过江以后，公论大明，不敢复嘘绍述之焰。"② 激烈的朋党斗争不能不使其陷入两难之境。好在总会有人能够透过错综复杂的历史烟云，窥视到人生的不易与挣扎，如方回《瀛奎律髓》即选录叶梦得《送严婿侍郎北使》诗："朔风吹雪暗龙荒，荷橐惊看玉节郎。楛矢石砮传地产，医闾析木照天光。传车玉帛风尘息，盟府山河岁月长。寄语遗民知帝力，勉抛锋镝事耕桑。"释曰："石林叶梦得少蕴以妙年出蔡京之门，靖康初守南京，当罢废。胡文定公安国以其才，奏谓不当因蔡氏而弃之。实有文学，诗似半山。然《石林诗话》专主半山而阴抑苏、黄，非正论也。南渡后，位执政，帅金陵，卜居霅川，福寿全备。此诗'楛矢石砮'、'医闾析木'一联佳，取之。秦桧之和，虽万世之下，知其非是。后四句含糊说过，无一毫忠义感慨之意，则犹是党蔡尊舒、绍述之徒常态也。"③ 可谓的评。

其实，在朋党之祸屡兴、文字之狱迭起的政治环境下，内心纠结如叶梦得者不止一人，只不过绝大多数与甥舅关系无涉，因而不在本文的讨论范围。当然，相对于范如圭和胡安国、"三洪"与沈松年等，叶梦得作为晁无咎外甥的处境毕竟要复杂许多。但无论如何，"淤泥生净质，妙观起凡心。少见人间瑞，谁栽满涧浔"④，甥舅之间亲切无间的血脉亲情，永远弥足珍贵。

将"渭阳之情"纳入家学传承或者文化生态演变的考查范畴，对两宋文史研究无疑有着独特而重要的意义和价值。首先，当我们意识到宋人家

---

① 《四库全书总目》卷一五四《鸡肋集》提要，第 1334 页下。
② 《四库全书总目》卷一五六《石林居士建康集》提要，第 1349 页上。
③ 《瀛奎律髓汇评》，第 1093 页。
④ 《诸葛忠叟初逢家塾池中产双莲求予扁榜并作五言勉诸甥》，《全宋诗》第 46 册，第 28417 页。

学在甥舅之间的传承已经超越了"家人父子之世业"的传统模式，初步具备了学术探索的本体性内涵和自由传播需求时，也就意味着这一研究对象本身蕴涵着足够丰富的历史信息和学术内涵。譬如说，当我们看到有不少硕学鸿儒都有过幼年孤寒、往依舅氏的经历时，就会对宋人所谓"本朝大儒皆出于世家"的说法提出质疑[①]，因为这些"大儒"的身世遭际与"世家"氛围格格不入。其次，唐五代之前的"家学"主要是指经学，而宋人家学无论内容还是形式都更为丰富，更显实用。虽说迄今为止，学界同仁习惯上仍将道学视为宋代家学的核心，但在真实的生活中，以科举为导向的"文章之学"和"训诂之学"远比为"趋道"而研习的"儒者之学"重要许多，这一点在甥舅相传的家学考察中体现得极为充分。要之，对文史研究者而言，"渭阳之情"在两宋家学传承及文化发展中所呈现的人伦美感和温馨体验弥足珍贵，若能将此种因素融入文史哲的生态考察之中，其所感所知必能超越前贤，别有创获。

---

① 张端义：《贵耳集》卷上，《宋元笔记小说大观》本，上海古籍出版社 2001 年版，第 4269 页。

第四章　理学宗派与家传之学

两宋三百余年间，道学的传承经历了一种由个体而家族、自家族而天下的漫长轨迹。而在众多家学逐步融合发展为几个主要学术流派的过程中，望族子弟在名师硕儒的引领下相互切磋，探询"真理"①，取长补短，久而久之，才有了"濂洛之学""湖湘之学""江西之学"等学术宗派论辩迭起的盛况。全祖望《同谷三先生书院记》云："宋乾、淳以后，学派分而为三：朱学也，吕学也，陆学也。三家同时，皆不甚合。朱学以格物致知，陆学以明心，吕学则兼取其长，而又以中原文献之统润色之。门庭径路虽别，要其归宿于圣人则一也。"② 其实，在孝宗以前，"宋学"流派"皆不甚合"的情形也相当普遍，各家之间的是非纷争一直不曾间断过。在主要学术流派形成以前，多种家学相互补充、彼此渗透的情形，已然构成了一幅幅绚丽多彩的学术画卷。虽说汇聚多种家学智慧、成就道学主流的过程非常曲折，对具体事案的功过得失也很难作出明确肯定的判断，但所有家学的基本指向都是启迪心志、播扬思想，这一点还是比较明确的。面对纷争不断的两宋道学，后世学人早已眼花缭乱，大抵最可叹赏的是那种将思辨智慧发挥到极致的学术境界，而众多家传之学的内涵特点与细微差异，也往往呈现着别具意趣的独特品质。正因如此，道学家们的家学与婚姻，自然成为文学生态研究者不可忽视的重要话题。

---

① 《朱子语类》卷一一，第183页。
② 《鲒埼亭集外编》卷一六，四部丛刊初编本。

为了避免陷入思想史研究的种种迷茫与困惑，本文的考察和讨论仅限于几个代表性家族；所述或致谬悖，乃学有未逮，绝非好异以取高者，诚祈学界友朋宽怀以待。

一　河南程氏：明理尽性格物致知

"河南程氏"以程颢、程颐显，遂跻身于北宋道学名族之列。程氏兄弟对于家学的自信溢于言表，程颐称其兄"生千四百年之后，得不传之学于遗经，志将以斯道觉斯民"①，而自己亦"窃以圣人之学不传久矣，臣幸得之于遗经，不自度量，以身任道"②。虽说这种说法既不符合黄百家所谓"周、程、张、邵五子并时而生，又皆知交相好，聚奎之占，可谓奇验"③的史实，也有将自己凌驾于汉、唐群贤之上、孩视同人的嫌疑，但他们在"心性"分析和"性理"解说方面的学术见解，的确呈现着"秦、汉以来，未有臻斯理者"④的巨大价值。

程氏"世居深州之博野，累代聚居，以孝义称"。及程羽仕至尚书兵部侍郎，方得"赐第京师，始居开府"⑤。羽生希振，仕至尚书虞部员外郎。希振生遹，不仕；遹生珦、琳。

程珦于仁宗天圣中以恩例，补郊社斋郎，后"熙宁中，厌于职事，丐就闲局，得管勾西京嵩山崇福宫。岁满再任，遂请致仕"。"娶侯氏，赠尚书比部员外郎道济之长女。"⑥侯道济，"盂人，祖元、父昌，皆以武勇闻。道济始以儒学登科，任丹徒县令，赠比部员外郎。子可、孙仲良著书，为世名儒，悉道济家教"⑦。程琳字季聪，"年四十五，始以伯兄大中恩，补

---

① 程颐：《明道先生墓表》，《二程集》，第640页。
② 《长编》卷八三一，第9295页。
③ 《宋元学案》卷九《百源学案》（上），黄百家案语，第367页。
④ 《宋史》卷四二七《程颢传》，第12717页。
⑤ 程颐：《叔父朝奉墓志铭》，《全宋文》第80册，第358页。
⑥ 程珦：《自撰墓志》，《全宋文》第30册，第112、113页。
⑦ 《山西通志》卷一二六，《景印文渊阁四库全书》第546册，第353页上。

郊社斋郎，调怀州修武县主簿"①。仕至朝奉郎，尝权管勾西京国子监。就整体而言，程珦、程玠建树无多。

珦生六男，四人早亡，三子程颢亦先乃父五年而殁。四子程颐字正叔，年十八游太学，胡瑗"得其文，大惊异之，即延见，处以学职。吕希哲首以师礼事颐。治平、元丰间，大臣屡荐，皆不起。哲宗初，司马光、吕公著共疏其行义……诏以为西京国子监教授，力辞。寻召为秘书省校书郎。既入见，擢崇政殿说书"。"苏轼不悦于颐，颐门人贾易、朱光庭不能平，合攻轼。胡宗愈、顾临诋颐不宜用，孔文仲极论之，遂出管勾西京国子监。久之，加直秘阁，再上表辞。董敦逸复摭其有怨望语，去官。绍圣中，削籍窜涪州。李清臣尹洛，即日迫遣之，欲入别叔母亦不许，明日赆以银百两，颐不受。徽宗即位，徙峡州，俄复其官，又夺于崇宁。卒年七十五。"②

程颐母亲侯氏，好读书史，博知古今，对二程影响至深。程颐自谓："颐兄弟幼时，夫人勉之读书，因书线贴上曰：'我惜勤读书儿。'又并书二行，曰'殿前及第程延寿'，先兄幼时名也。次曰'处士'。及先兄登第，颐以不才罢应科举，方知夫人知之于童稚中矣。宝藏手泽，使后世子孙知夫人之精鉴。夫人好文，而不为辞章，见世之妇女以文章笔札传于人者，深以为非。平生所为诗，不过三二篇，皆不存。独记在历阳时，先公觐亲河朔，夜闻鸣雁，尝为诗曰：'何处惊飞起？雠雠过草堂。早是愁无寐，忽闻意转伤。良人沙塞外，羁妾守空房。欲寄回文信，谁能付汝将？'读史，见奸邪逆乱之事，常掩卷愤叹；见忠孝节之士，则钦慕不已。尝称唐太宗得御戎之道，其识虑高远，有英雄之气。夫人之弟可，世称名儒，才智甚高，尝自谓不如夫人。"③ 不过，程母言行显然未能超越孝悌仁爱的传统礼教范畴，其对"二程"学术思想的启发非常有限。

有关程氏家学的讨论只能局限于程颢和程颐两人。据程珦自述，元祐

---

① 程颐：《叔父朝奉墓志铭》，《全宋文》第 80 册，第 358、359 页。
② 《宋史》卷四二七《程颐传》，第 12718、12720 页。
③ 程颐：《上谷郡君家传》，《全宋文》第 80 册，第 356 页。

五年（1090）其谢世时，有孙男五人："长端懿，蔡州汝阳县主簿、监西京酒。次端中，治进士业。次端辅，早亡。次端本，治进士业。次端彦，郊社斋郎。孙女七人：长适宣义郎李偲，次适假承务郎朱纯之，次适安定席彦正，次未嫁而卒，次为李偲继室，次适清河张敷，次幼亡。曾孙六人，昂、昇、昺、易、旻、毕。"① 所举诸人皆不以学术名世。

程氏学术究从何来，迄今仍无确解。《伊洛渊源录》及《宋史》道学、儒林诸传皆谓程氏学术源自周敦颐，即所谓"周程授受，万理一原"②，宋人对此非常肯定。如吕希哲即谓"二程初从濂溪游，后青出于蓝"③；吕本中亦称"二程始从周茂叔先生，为穷理之学，更自光大"④。但程颐本人在认可"从学"事实的同时，又否认"传道"结果。其《明道先生行状》曰："先生为学，自十五六时，闻汝南周茂叔论道，遂厌科举之业，慨然有求道之志。"紧接着又谓其从学于濂溪时"未知其要，泛滥于诸家，出入于老、释者几十年"⑤，仿佛那黄金般的十年都白白浪费了。黄宗羲在《宋元学案》卷首《宋元儒学案序录》中亦称："濂溪之门，二程子少尝游焉。其后伊、洛所得，实不由于濂溪，是在高弟荥阳吕公已明言之，其孙紫微又申言之，汪玉山亦云然。今观二程子终身不甚推濂溪，并未得与马、邵之列，可以见二吕之言不诬也。晦翁、南轩始确然以为二程子所自出，自是后世宗之，而疑者亦踵相接焉。然虽疑之，而皆未尝考二吕之言以为证，则终无据。予谓濂溪诚入圣人之室，而二程子未尝传其学，则必欲沟而合之，良无庸矣。"⑥ 此《序》虽已明确"伊、洛所得实不由于濂溪"的事实，但并未从根本上终结"周程授受"的道学关系，究其原因，或与朱熹《伊洛渊源录》的权威影响有关。近年来，有日本学者土田健次

---

① 程珦：《自撰墓志》，《全宋文》第30册，第113页。
② 朱熹：《沧洲精舍告先圣文》，《朱子全书》卷八六，第4050页。
③ 《宋元学案》卷一二《濂溪学案下·附录》，第520页。
④ 吕本中：《童蒙训》卷上，《文渊阁四库全书》第698册，第517页上。
⑤ 程颐：《明道先生行状》，《二程集》，第638页。
⑥ 《宋元学案》卷首，第3页。

郎在《道学之形成》一书中重新考察了二程与周敦颐的关系,提出了两点质疑。其一,程颢、程颐从未言及周敦颐的主要著作《通书》和《太极图说》,而被朱熹视为"濂洛之学"根基的"无极""太极"之说,在二程的话语中也不曾出现过;假使"周程授受"关系确实存在,像这样忘却根本的情形便很难得到合理解释。其二,程氏兄弟及程门弟子对周敦颐毫无敬意,或直呼"茂叔",或贬称为"穷禅客",这种冷漠傲慢的态度绝非周学传承者所应有①。此说虽无发明,但考察深细,益见程氏与周敦颐之关系绝非朱熹所言直接而密切。

其实,程氏兄弟少年时尝师从汝南周敦颐,之后便游于太学,师从胡瑗,同时还与邵雍、张载为讲习友,这种转益多师、兼收并蓄的经历,为他们最终成长为儒学大师奠定了基础。令人不解的是,在《程氏经说》《二程文集》《二程遗书》等传世著作中,"二程"都不曾就兼收并蓄的经历稍作陈述。

北宋时期,纯粹形而上的"义理"之学发端于庆历重建之太学,而海陵胡瑗实导其波。黄震尝云:"本朝理学虽至伊洛而精,实自三先生而始。故晦庵有伊川不敢忘三先生语。"② 程颐就读太学是在仁宗皇祐、英宗治平间,其时石介早已故去,而孙复自庆历五年责监虔州税后亦未能回到京城,故程颐得受教者唯胡瑗一人。前贤谓程氏获益于胡瑗者较周敦颐为多,不诬也。刘绍攽《周易详说》云:"朱子谓程子之学源于周子,然考之《易传》,无一语及太极之旨。《观》卦词云:'予闻之胡翼之先生曰:君子居上,为天下之表仪。'《大畜·上九》云:'予闻之胡先生曰:天之衢亨,误加何字。'《夬·九三》云:'安定胡公移其文曰:壮于頄,有凶。独行遇雨,若濡有愠,君子夬夬,无咎。'《渐·上九》云:'安定胡公以陆为逵。'"考《伊川年谱》,皇祐中游太学,海陵胡翼之先生方主教导,尝以颜子所好何学论试诸生,得先生所试大惊,即延见,处以学职。意是时

---

① 〔日〕土田健次郎:《道学之形成》,朱刚译,上海古籍出版社2010年版,第119—136页。
② 黄裳:《黄氏日抄》卷四五,《景印文渊阁四库全书》第708册,第253页上。

必从而受业焉。世第知其从事濂溪，不知其讲《易》多本于翼之也。"①

严格说来，程氏远绍思、孟，近师周、胡，乃取法多门者。即其核心著作《伊川易传》亦未完全承袭胡瑗"人情""自然"之论，而用"理一分殊"来解释万物变化。如曰："天下之理一也。途虽殊而其归则同，虑虽百而其致则一。虽物有万殊，事有万变，统之以一，则无能违也。故贞其意，则穷天下，无不感通焉。"②他反复强调"理"的绝对性，认为"天下之志万殊，理则一也。君子明理，故能通天下之志。圣人视亿兆之心犹一心者，通于理而已"③。且云："物虽异而理本同。故天下之大，群生之众，暌散万殊，而圣人为能同之。"④所有这些，显然超越了胡瑗《周易口义》的固有思致，所谓"理一分殊"，彻底背离了庆历诸公的"自然之理"。

"程门"学术在方法论层面还受到张载的启发。张载以躬行礼教为本，吕中谓张载之学"以乐天知命为本，以尊礼贵德为用，以《易》《中庸》为宗，以孔、孟渊源为法，其宗且远者。既得其要，明井田宅里之制，陈学校之法，与夫定婚祭之仪，裁古今之礼"⑤。张子门生吕大临《横渠先生行状》亦云："学者有问，多告以知礼成性，变化气质之道，学必如圣人而后已。"⑥应该说，在当日四大学派中，"关学"重"礼"知"性"的特点是相当突出的。"二程"乃张载外兄弟之子，三位宗师以亲缘之便，彼此尊重，相互启发。如《张子全书》原以《西铭》《东铭》为冠⑦，《二程遗书》载："问：'《西铭》何如？'曰：'此横渠文之粹者也。'曰'充得尽时如何？'曰：'圣人也。''横渠能充尽否？'曰：'言有多端，有有德之言，有造道之言。有德之言说自己事，如圣人言圣人事也；造道之言则

---

① 刘绍攽：《周易详说》卷一，《续修四库全书》，上海古籍出版社2012年版，第22册，第141页下。
② 《伊川易传》卷四《咸卦》"九四"爻辞注，《景印文渊阁四库全书》第9册，第276页下。
③ 《伊川易传》卷一《同人卦》象传注，《景印文渊阁四库全书》第9册，第206页下。
④ 《伊川易传》卷三《暌卦》象传注，《景印文渊阁四库全书》第9册，第299页下。
⑤ 吕中：《宋大事记讲义》，《景印文渊阁四库全书》第686册，第334页下。
⑥ 张载：《横渠易说》卷末附，《景印文渊阁四库全书》第8册，第761页下。
⑦ 《四库全书总目》卷九三《张子抄释》提要，第793页上。

知足以知此，如贤人说圣人事也。横渠道尽高，言尽醇，自孟子后，儒者都无他见识。'"同编又载："问：'横渠之书有迫切处否？'曰：'子厚谨严，才谨严，便有迫切气象，无宽舒之气。孟子却宽舒，只是中间有些英气。才有英气，便有圭角。英气甚害事，如颜子，便浑厚不同。颜子去圣人只毫发之间。孟子大贤，亚圣之次也。'"① 能够将横渠和孟子相提并论，以为"孟子后，儒者都无他见识"，可见"二程"对张载多么敬重。同时，在两位后辈面前，张载的心中也充满了学术自信。吕大临《横渠先生行状》云："嘉祐初，见洛阳程伯淳、正叔昆弟于京师，共语道学之要。先生涣然自信，曰：'吾道自足，何事旁求！'"② 不管人伦关系还是学术造诣，此类记载均值得信从。

张载"关学"重释儒经"义理"的思路方法与程氏"洛学"非常近似，但张载的用力重点在《礼》学。《宋史》本传称其"与诸生讲学，每告以知礼成性、变化气质之道，学必如圣人而后已"③。《张子语录》的许多议论亦与"性理之说"背道而驰，如曰："天地之气，虽聚散、攻取百途，然其为理也顺而不妄。气之为物，散入无形，适得吾体；聚为有象，不失吾常。太虚不能无气，气不能不聚而为万物，万物不能不散而为太虚。循是出入，是皆不得已而然也。"④ 在张载看来，人居天地间，不过是万"物"之一，人能够以"心"体"物"的范围非常有限："理不在人皆在物，人但物中之一物，如此观之方均。"复云："人本无心，因物为心，若只以闻见为心，但恐小却心。今盈天地之间者皆物也，如只据己之闻见，所接几何，安能尽天下之物？所以欲尽其心也。"⑤ 清人朱轼云："薛思庵曰：'张子以礼为教。'不言理而言礼，理虚而礼实也。儒道宗旨，就

---

① 《二程遗书》卷一八，《景印文渊阁四库全书》第232册，第51页。
② 《横渠易说》卷末附，《景印文渊阁四库全书》第2册，第179页。
③ 《宋史》卷四二七《张载传》，第12724页。
④ 《张载集·正蒙·太和篇》，第7页。
⑤ 《张载集·语录》，第313、333页。

世间纲纪伦物上着脚，故由礼入最为切要，即约礼复礼的传也。"① 所有这些，都很容易让人联想到范仲淹的《明堂赋》。张岱年先生认为张载属于唯物论者，其自然观的主要命题有两重意思，一是"世界的一切，从空虚无物的太虚到有形有状的万物，都是一气的变化，都统一于气"；二是"气之中涵有运动变化的本性，而气之所以运动变化，就是由于气本身包含着对立的两方面，这两方面相互作用是一切变化的源泉"。② 这种关于宇宙万物及人"心"本质的讨论，充满科学想象与逻辑推演的智慧，其观照角度已经远远超越了"心性""理道"之说。凡此种种，均与程氏"天理"之说判然有别。

游酢等程氏后学不明张、程学术相互发明的内在过程，一味宣称"横渠之学出于程氏"③。为了抬高"二程"而贬低张载，他们还在《二程遗书》和《二程外书》中编造了许多"记载"，如《二程外书》云："横渠昔在京师，坐虎皮，说《周易》，听从甚众。一夕，二程先生至，论《易》。次日，横渠撤去虎皮，曰：'吾平日为诸公说者，皆乱道。有二程近到，深明《易》道，吾所弗及，汝辈可师之。'（原注：逐日虎皮出，是日更不出虎皮也。）横渠乃归陕西。"④ 像这样宛如小说的描述，不待智者详辨，自可了然。更有甚者，游酢《书明道先生行状后》不仅直呼张载之字，且曰："先生生而有妙质，闻道甚早，年逾冠，明诚夫子张子厚友而师之"；"其视先生虽外兄弟之子，而虚心求益之意恳恳如不及"。⑤ 按：游酢乃程颢门人，其颠倒是非之叙述纯由门派私心所使然。此事还发生在邵雍与程氏之间，所谓"康节没后，程氏之徒欲尊其师而抑邵"⑥，亦出必然。

明确了程颢、程颐能主动汲取周敦颐、胡瑗、张载、邵雍等当代鸿儒

---

① 朱轼：《张子全书序》，《张载集·附录》，第 396 页。
② 张岱年：《关于张载的思想和著作》，《张载集》卷首，第 2 页。
③ 黄履翁：《古今源流至论·别集》卷四，《景印文渊阁四库全书》第 942 册，第 565 页。
④ 《二程外书》卷一二，《景印文渊阁四库全书》第 232 册，第 114 页。
⑤ 游酢：《游廌山集》卷四，《景印文渊阁四库全书》第 374 册，第 777 页。
⑥ 《四库全书总目》卷一四一《邵氏闻见后录》提要，第 1199 页中。

的学术思想，在兼收并蓄中力求创新、勇敢超越的史实背景，再来讨论"程氏"家学的贡献，就会轻松很多。

程氏家学的出发点是"天理"。《二程外书》载："明道尝曰：'吾学虽有所受，"天理"二字却是自家体贴出来。'"① 在他们看来，"天理"和"人欲"彼此对立，"'人心惟危'，人欲也；'道心惟微'，天理也"②。进而言之，"情"即"人欲"，"礼"乃"天理"，两者之间根本没有调和的余地。在这一点上，苏轼的观点与程颐截然相反，他以为"六经之道，惟其近于人情，是以久传而不废"③，故蔑视那些违背人情的"腐儒"说教，称"不情者，君子之所甚恶也。虽若孝弟者，犹所不与。以德报怨，行之美者也。然孔子不取者，以其不情也"④。两种哲学理念的对立和纷争，最终竟延展到了人格及政治层面。史称"颐在经筵，多用古礼，苏轼谓其不近人情，深嫉之，每加玩侮"⑤。苏轼《杭州召还乞郡状》确云："臣又素疾程颐之奸，未尝假以色词，故颐之党人，无不侧目。"⑥ 其所谓"奸"者即"不近人情"。这种争论，既彰显出"河南程氏"与"眉山苏氏"两种家学在基本理念与核心内涵上的悬殊差异，更预示着蜀、洛门户之争将经久难解。王士禛尝曰："孔文仲，号正人，而攻伊川至谤为五鬼之魁。朱子以蜀洛之故，甘心苏氏。更有甚焉，其《与汪尚书书》云'苏氏之学，害天理，乱人心，妨道术，败风教，不在王氏之下。其徒若秦观、李廌，皆浮诞轻佻，士类不齿'云云。"⑦ 其实，问题的核心不在人格高下，而在于哲学思想的不可调和。

其次，"河南程氏"充分肯定"性"有善恶，且认为善与恶的对立是一种必然状态。"二程"把儒家的伦理纲常理解为绝对准则，谓之"天理"，而视"理"在人身上的表现为"性"，故曰"性即理"。在他们看

---

① 《二程集·河南程氏外书》卷一二，第424页。
② 《二程遗书》卷一一，第173页。
③ 《苏轼文集》卷二《诗论》，第55页。
④ 《苏轼文集》卷六五《直不疑买金偿亡》，第2016页。
⑤ 陈邦瞻：《宋史纪事本末》卷四五，中华书局1977年版，第439页。
⑥ 《苏轼文集》卷三二，第913页。
⑦ 王士禛：《池北偶谈》卷七"朱子论苏王"条，中华书局1982年版，第163、164页。

来，"道""理""性""命"固为一事，只不过角度不同，称谓各异。"天之付与之谓命，禀之在我之谓性，见于事业之谓理"，"在天为命，在义为理，在人为性，主于身为心，其实一也"①。在这种理念的支配下，程颐反复强调善恶之间的永恒对立，曰："'道二，仁与不仁而已'，自然理如此。道无无对，有阴则有阳，有善则有恶，有是则有非。"②复云："天下有一个善，一个恶。去善即是恶，去恶即是善。譬如门，不出便入，岂出入外更别有一事也？"③既然如此，那么通过心性修养来提高人的"内圣"功夫，便成为避恶趋善的不二选择。

程氏的"性之善恶"论同样受到苏轼乃至王安石的批判。苏轼认为"性"和"道"一样，都具有不可见性。而所谓性之善恶的争论实肇端于孟子，"孟子之所谓性善者，皆出于其师子思之书"，"子思论圣人之道出于天下之所能行。而孟子论天下之人皆可以行圣人之道。此无以异者。而子思取必于圣人之道，孟子取必于天下之人。故夫后世之异议皆出于孟子"④。换言之，孟子忽视了"圣人"与"天下之人"在"性之善恶"方面的差异，这才是引发后世纷争的根源所在。而与之同时，苏轼又提出"性"本身的不可见性，无法完全消弭属于效能范畴的善、恶之别，故曰："古之君子，患性之难见也，故以可见者言性。夫以可见者言性，皆性之似也。君子日修其善，以消其不善。不善者日消，有不可得而消者焉。小人日修其不善，以消其善。善者日消，亦有不可得而消者焉。夫不可得而消者，尧舜不能加焉，桀纣不能亡焉，是岂非性也哉？"⑤虽说以"可见者言性"，继而"日修其善"，在思维逻辑上多少带有一点自我说服和自我满足的意味，但趋善避恶的德行修炼确需这样一种由"效能"反哺"本质"的过程。这些论述很容易让人联想到王安石，他说："世有论者曰'性善

---

① 《二程集》，第91、204页。
② 《二程遗书》卷一五，第199页。
③ 《二程遗书》卷一八，第233页。
④ 《苏轼文集》卷三《子思论》，第95页。
⑤ 《苏氏易传》卷一，第3页。

情恶',是徒识性情之名而不知性情之实也。喜、怒、哀、乐、好、恶欲未发于外而存于心,性也;喜、怒、哀、乐、好、恶欲发于外而见于行,情也。性者情之本,情者性之用,故吾曰性情一也。"① 复云:"性生乎情,有情然后善恶形焉,而性不可以善恶言也。"② 苏轼与王安石政见相左,但在哲学思想方面"同气相求",都站在"程氏"学说的对立面。

此外,"河南程氏"继承并发展了张载、邵雍的"心性"修养学说。张载尝曰"存心养性以事天,尽人道则可以事天",将"虔敬"功夫放在首位;其所谓"为天地立志,为生民立道,为去圣继绝学,为万世开太平"③,侧重点只在立言树德。程颢盛赞邵雍"自雄其材,慷慨有大志。既学,力慕高远,谓先王之事为可必致。及其学益老,德益劭,玩心高明,观于天地之运化,阴阳之消长,以达乎万物之变,然后颓然其顺,浩然其归"④,言语之间实际隐含着自我观照的浓重意味。"二程"特别强调"格物致知诚意正心修身"⑤ 的内在修养,而将天下家国之事置之度外。《二程外书》载:"伊川先生甚爱《表记》中说'君子庄敬日强,安肆日偷',盖常人之情才放肆则日就旷荡,自检束则日就规矩。"⑥ 这种以"穷理尽性"为主的思维定式,在疏奏文字中也有呈现。程颐《上仁宗皇帝书》云:"臣所学者,天下大中之道也。圣人性之为圣人,贤者由之为贤者,尧、舜用之为尧、舜,仲尼述之为仲尼。其为道也至大,其行之也至易,三代以上,莫不由之。自秦而下,衰而不振;魏、晋之属,去之远甚;汉、唐小康,行之不醇。自古学之者众矣,而考其得者盖寡焉。道必充于己,而后施以及人;是故道非大成,不苟于用。然亦有不私其身,应时而

---

① 《王荆公文集笺注》卷三〇《性情》,王安石撰,李之亮笺注,巴蜀书社2005年版,第1062页。
② 《王荆公文集笺注》卷三一《原性》,第1089页。
③ 《张载集·语录上》,第311页;同书《语录中》,第320页。
④ 《二程集》卷四《邵尧夫先生墓志铭》,第503页。
⑤ 《朱子语类》卷一四"或问明明德"条,第264页。
⑥ 《二程集·河南程氏外书》卷一二,第445页。

作者也。出处无常，唯义所在。"① 类似话语很容易让人联想到欧阳修的先见："夫人之材行，若不因临事而见，则守常循理，无异众人；苟欲异众，则必为迂僻奇怪以取德行之名，而高谈虚论以求材识之誉。前日庆历之学，其弊是也。"②"心性"之说对于时政得失鲜有裨益。

程氏兄弟对诗文艺术的鄙视，向来为文学史家所熟知。《二程遗书》载："问：'作文害道否？'曰：'害也。凡为文，不专意则不工，若专意则志局于此，又安能与天地同其大也？《书》云"玩物丧志"，为文亦玩物也。吕与叔有诗云："学如元凯方成癖，文似相如始类俳。独立孔门无一事，只输颜氏得心斋。"此诗甚好。古之学者惟务养性情，其他则不学。今为文者专务章句，悦人耳目。既务悦人，非俳优而何？'"③ 这种观点被当日道学家引为同调，用以贬低诗文价值。如邢恕《康节先生伊川击壤集后序》称："先生之学，以先天地为宗，以皇极经世为业，揭而为图，萃而成书。其论世尚友，乃直以尧舜之事而为之师；其发为文章者，盖特先生之遗余；至其形于咏歌，声而成诗者，则又其文章之余。"④ 既谓文章"特先生之遗余"，复称诗歌乃"文章之余"，其基本态度一如程颢。

《宋史·道学传序》云："仁宗明道初年，程颢及弟颐寔生，及长，受业周氏，已乃扩大其所闻，表章《大学》《中庸》二篇，与《语》《孟》并行，于是上自帝王传心之奥，下至初学入德之门，融会贯通，无复余蕴。迄宋南渡，新安朱熹得程氏正传，其学加亲切焉。大抵以格物致知为先，明善诚身为要，凡《诗》《书》六艺之文，与夫孔孟之遗言，颠错于秦火，支离于汉儒，幽沉于魏、晋、六朝者，至是皆焕然而大明，秩然而各得其所。此宋儒之学所以度越诸子，而上接孟氏者欤。其于世代之污隆，气化之荣悴，有所关系也甚大。道学盛于宋，宋弗究于用，甚至有厉

---

① 《二程集》卷五《上仁宗皇帝书》，第510、511页。
② 《欧阳修全集》卷一一〇，第1673页。
③ 《二程遗书》，第290、291页。
④ 《全宋文》第84册，第40页。

禁焉。"① 这段文字乃程、朱后学所为，它既沿袭了"周程授受"之说，又对程氏学说的价值作了夸大宣传。倒是"道学盛于宋，宋弗究于用，甚至有厉禁焉"一语，客观陈述了一个不容忽视的历史事实，而"河南程氏"家学的利弊得失与现实价值，由此不难得到明确的判断。

二 武彝胡氏：强学力行志于康济

李清馥《闽中理学渊源考》卷三云："武彝胡氏，自其先公渊已有孝德闻其家，本深末茂，得中州教泽，又师友于龟山先生，世传家学，发《春秋》大《易》之旨，论者谓渡江以来，儒者进退合义，以文定及尹公为称首。""胡氏父子叔侄阐发经旨，绍述儒学，世以五贤并称。"② 按：胡安国与其子胡宏、胡宁、胡寅及其侄胡宪等皆以道学显，"武彝胡氏"因此成为文化望族。胡氏家学的核心要义在"力行"与"康济"，其如《朱子语类》所云："文定却信'得于己者可以施于人，学于古者可以行于今'，其他人皆谓得于己者不可施于人，学于古者不可行于今，所以浅陋。"复云："胡文定公《传家录》，议论极有力，可以律贪起懦，但以上工夫不到。如训子弟作郡处，末后说道：'将来不在人下。'便有克伐之意。子升云：'有力行之意多，而致知工夫少。'曰：'然。'"③《宋史·胡安国传》云："安国强学力行，以圣人为目标，志于康济时艰。见中原沦没，遗黎涂炭，常若痛切于其身。虽数以罪去，其爱君忧国之心远而弥笃，每有君命，即置家事不问。然风度凝远，萧然尘表，视天下万物无一足以婴其心。"④ "胡氏"家学重在"践履"的特点，与"河南程氏"以《周易》《孟子》《大学》《中庸》为主攻对象者有所不同。胡氏诸公除勤治《春秋》《周易》外，对《资治通鉴》等史书格外用力，所谓经史世

---

① 《宋史》卷四二七《道学传序》，第12710页。
② 《闽中理学渊源考》卷三，《景印文渊阁四库全书》第460册，第31页下。
③ 《朱子语类》卷一〇一，第2579、2580页。
④ 《宋史》卷四三五《胡安国传》，第12915页。

家,"胡氏"乃副其实。

胡氏原非"世家",其"五世祖号主簿公,五代中至建州之鹅子峰下钓鱼自晦,人莫知其所从来。后世相传云,本江南人也"。胡文定曾祖容、祖罕,皆隐德不仕①。其父渊,字泽之,"生而聪敏,蚤岁能缀文。及冠,试于有司,不与选,而益务强识。下至阴阳卜筮之书,无不精究。亲老家贫,于是往来授学江浙间"。"方庆历、皇祐间,书籍多未刊,皆手传。公为儿童时,父所传书于同乡仙洲吴居士之家,居士阅其所写《论语》,字体谨慎,终二十篇文无误,又视瞻凝审,重叹赏之。有女未嫁,聪睿少伦,读书能探微旨,为择对,不轻许,察公端悫,特以妻之。"② 渊生五子,其二早卒,次为安国、士安、止安。女二人,长适宿州教授范舜举。是知,到胡安国这一辈,该族成员举进士为闻人者仅一人而已。

胡安国字康侯,幼时,其母吴氏"俾就外家学,岁时得一归,留不过信宿。日记数千言,不复忘。年十有五游学信州"。后"入太学,修懋德业,不舍昼夜。是时元祐盛际,师儒多贤彦,公所从游者伊川程先生之友朱长文及颍川靳裁之"。"凡三试于礼部,年二十有四中绍圣四年进士第。"为太学博士,旋提举湖南学事,除通判成德军。政和元年(1111)除提举成都学事。后除中书舍人,赐三品服。出为右文殿修撰、知通州。绍兴元年(1131)除给事中,寻兼侍读。后落职,提举仙都观。五年(1135)除徽猷阁待制、知永州,辞,提举江州太平观,令纂修《春秋传》,进宝文阁直学士。八年(1138)卒,谥文定。有文集十五卷,《资治通鉴举要补遗》一百卷。胡安国初娶李氏,继室王氏,皆赠令人。子三人:寅、宁、宏。"女申,适迪功郎、监潭州南岳庙向沈,其父即和卿也。"③ 按:黄庭坚、杨时集中多与向和卿唱和之作,黄称"荆南签判",向氏父子不以文学名世,对胡氏家学的传播贡献无多。安国三子皆以经学为闻人。

---

① 胡寅:《先公行状》,《全宋文》第190册,第147页。
② 游酢:《宣义胡公墓志铭》,《全宋文》第123册,第172页。
③ 胡寅:《先公行状》,《全宋文》第190册,第147、148、190页。

"胡寅字明仲，另字仲刚、仲虎。本文定弟淳之子。初生，淳妇以多男，不欲举，文定取而养之，以为己子。中宣和进士第。靖康初（1126）召除秘书省校书郎，从杨时学。建炎三年（1129）以张浚荐，为驾部郎，寻擢起居郎。宰相吕颐浩恶其上疏切直，除直龙图阁、主管江州太平观。绍兴四年（1134）复召为起居郎，迁中书舍人。上疏言事，高宗嘉纳，遂除集英殿修撰。后除吏部侍郎兼侍读，兼直学士院。丁父忧，免丧，除怀猷阁直学士、提举江州太平观。乞致仕，遂归衡州。秦桧恶寅，不以告老而宽贷，遂责授果州团练副使，新州安置。桧死，召自便，寻复徽猷阁直学士致仕。绍兴二十一年（1151）卒。谥文忠。学者称致堂先生。""公既退居，乃著《读史管见》三十卷，论周、秦至五代得失，其论甚正，盖以蔡京、秦桧之事数寄意焉。"① 另著《崇正辩》《论语详说》及《斐然集》等。

胡寅岳父张安时乃博学君子。杨时《张安时墓志铭》云："公自少力学有文，甫冠，中熙宁九年进士第。"后官太常博士，除监察御史，迁工部员外郎。尝以郊祀恩，赐三品服，知广济军。"平居卷不释手，自六经诸子百氏书，一经目辄成诵不忘，下至科举之文，亦无所不记。每春官较艺举天下士，公多与焉。晚学无根，类以剽截袭取为工，公一烛之，皆莫能掩也，人服其明。其后门生登朊仕、居要津者不可胜计，而公不一至其门。"② 第三女适胡寅。

胡宁字和仲，安国次子。《闽中理学渊源考》卷三载，胡宁以荫补官，召试馆职，除敕令所删定官。迁太常寺丞祠部郎，出为夔州路安抚司参议官。除知澧州，不赴，奉祠归。安国之传《春秋》也，编纂检讨多出宁手。又著《春秋通旨》以羽翼之。世称茆堂先生。元人吴莱有《春秋通旨后题》云："自宋季德安之溃，有赵先生者北至燕。燕赵之间，学徒从者殆百人。尝手出一二经传，及《春秋胡氏传》，故今胡氏之说特盛行。胡氏《正传》三十卷，传外又有总贯条例、证据、史传之文二百余章。子宁

---

① 李幼武：《宋名臣言行录·别集上》卷八，《景印文渊阁四库全书》第449册，第442页上。
② 杨时：《张安时墓志铭》，《全宋文》第125册，第115、116页。

集之，名曰《春秋通旨》，辅传而行。当胡氏传《春秋》时，光尧南渡，父仇未报，国步日蹙。将相大臣去战主和，浸忘东京宫阙、西京陵寝，而不有者。是故特假《春秋》之说，进之经筵，且见内夏外夷，若是之严，主辱臣死，若是之酷，冀一悟主听，则长淮不至于自画，江左不可以偏安。此固非后世学《春秋》之通论也。然而，胡氏传文大概本诸程氏。程氏门人李参所集程说，颇相出入，胡氏盖多取之。"①

胡宏字仁仲，安国季子。始事杨时、侯仲良，而卒传其父业。张栻尝师事之。绍兴间，上书论复仇大义，累数千言，闻者叹服。终身不仕，学者称五峰先生。所撰《知言》为理学名著，张栻作《胡子知言序》云：先生"自幼志于大道，尝见杨中立先生于京师，又从侯师圣先生于荆门，而卒传文定公之学。优游南山之下余二十年，玩心神明，不舍昼夜，力行所知，亲切至到。析太极精微之蕴，穷皇王制作之端，综事物于一原，贯古今于一息，指人欲之偏以见天理之全，即形而下者而发无声无臭之妙，使学者验端倪之不远，而造高深之无极，体用该备，可举而行。晚岁尝被召旨，不幸寝疾，不克造朝而卒。是书乃其平日之所自著，其言约，其义精，诚道学之枢要，制治之蓍龟也。然先生之意，每自以为未足。逮其疾革，犹时有所更定，盖未及脱稿而已启手足矣"。② 另撰《皇王大纪》八十卷，此书成于绍兴、绍定间，尝宣取入秘阁。晁公武称此书乃"五峰先生胡宏所述皇帝王伯之事。始于盘古氏，而终于周之末。自尧以上，六阙逢无纪。尧之初载，迄于赧王乙巳，二千有三十年。贯通经典，采摭史传，靡所不载。又因事而为之论所以述去取之原，释疑似之惑者，至矣"。③ 陈振孙则谓该书"述三王、五帝至周赧王。前二卷自盘古至帝喾，年不可考信，姑载其事而已。自尧以后，用《皇极经世》历，起甲辰，始著年纪。博采经传，时有论说，自成一家之言。然或取庄周寓言以为实，及叙邃古

---

① 吴莱：《春秋通旨后题》，李修生主编：《全元文》第44册，凤凰出版社2004年版，第94、95页。
② 张栻：《胡子知言序》，《全宋文》第255册，第260、261页。
③ 《郡斋读书志校证·读书附志》，第1108页。

之初，终于无征不信云尔"。① 朱轼尝论曰："自安国以《春秋》专家，诸子皆潜心励学，负志节，恢廓深远，建崇论宏，议以消庸靡之习，是有得于《春秋》之旨者也。宏在诸子中，伟抱卓识，自许尤为不偶，较其学术，亦最优也。"②

胡宪字原仲，胡安国从父兄淳之子，生而静悫，不妄笑语。长，从胡安国学。绍兴中，以乡贡入太学。"会伊洛学有禁，宪独阴与刘勉之诵习其说。既而学《易》于谯定，久未有得，定曰：'心为物渍，故不能有见，唯学乃可明耳。'宪喟然叹曰：'所谓学者，非克己工夫耶？'自是一意下学，不求人知。一旦，揖诸生归故山，力田卖药，以奉其亲。安国称其有隐君子之操。从游者日众，号籍溪先生，贤士大夫亦高仰之。"后以荐，"赐进士出身，授左迪功郎、添差建州教授"，七年不徙官。"秦桧方用事，诸贤零落，宪家居不出。桧死，以大理司直召，未行，改秘书正字。"既至，上章求去，以左宣教郎主管崇道观归，绍兴三十二年（1162）卒。"初，宪与刘勉之俱隐，后又与刘子翚、朱松交。松将没，属其子熹受学于宪与勉之、子翚。熹自谓从三君子游而事籍溪先生为久。方宪之以馆职召也，适秦桧讳言之后，宪与王十朋、冯方、查龠、李浩相继论事，太学士为《五贤诗》以歌之。人始信宪之不苟出，而惜其在位仅半年，不究其底蕴云。"③ 朱熹谓宪"两娶刘氏，皆白水先生之女弟。又娶严氏，子男一人，愉，蚤世"。④ 按白水先生即刘勉之也。朱轼《史传三编》卷五《刘勉之传》云："朱松病革时，属以后事，勉之为经理其家，教爱朱子如己子，以女妻之。"⑤ 据此，则胡宪与朱熹同为刘氏贤婿，只不过辈分不同而已。

胡氏家族成员中，能传安国《春秋》之学者还有数人。胡寔字广仲，祖

---

① 《直斋书录解题》卷四《皇王大纪》解题，第117页。
② 《史传三编》卷五，《景印文渊阁四库全书》第459册，第92页下。
③ 《宋史》卷四五九《胡宪传》，第13463、13465页。
④ 朱熹：《籍溪先生胡公行状》，《全宋文》第252册，第319页。
⑤ 朱轼：《史传三编》卷五，《景印文渊阁四库全书》第459册，第87页下。

渊，父安止。张栻《钦州灵山主簿胡君墓表》云："惟建州崇安胡氏至文定公而始大，其上世皆居里中。文定公宦游荆楚岁久，皇考宣义公渊没，葬于荆门，绍兴初，因徙家衡岳之下。于是二弟寔从，仲曰安止仕为朝奉郎，生子寔字广仲，是为君。君虽生晚，不及亲受文定之教，而自幼敏茂，气识异于常儿。年甫十五，从家塾习辞艺，从兄五峰先生宏察其质之美也，从容告之曰：'文章一小技，于道未为尊。所谓道者，人之所以生而圣贤得之所以为圣贤也。吾家文定之业，子知之乎？'君拱而作曰：'某不敏，故窃有志乎此，愿有以诏之。'先生嘉其志，乐以告语。君虽素羸多疾，而矻矻自力不肯置，由是所见日以开明。先生之没，君独念前贤沦落，且惧绪业荒坠，慨然发愤，见于辞色，孜孜访友，惟恐不逮，讲辩反复，以求至当。议论贵决白，不为含糊模棱态。""平时诵习文定公《春秋》之说，尤患末俗统系殽乱，每举'莒人灭鄫'之义，言意深切。其操心主于忠厚，为学谨于人伦，贵实用而耻空言，行事之可见者大抵如此。早以门荫补将仕郎，殆将二纪，约居恬然，不急仕进，近岁始就广西铨选，得钦州灵山县主簿，亦未上也。"[1] 胡寔虽无著述，但与张栻、朱熹等讲论颇多。另有胡大原字伯逢，胡宏从子，尝与朱熹论性之善恶。胡大时字季随，胡宏季子，师事张栻，并成为栻之女婿。朱熹撰张栻神道碑，称"二女，长适五峰先生之子胡大时，次未行而卒"[2]。胡季随后虽从学于朱熹，但同时又坚守家学，故与朱子论辩甚多。凡此，皆为胡氏家学的传承与扩播做出了积极贡献。

"武彝胡氏"自胡安国创建家学以来，代有传承，名公迭出。其学以杨时为梯媒，溯源至河南程氏，其独特发明则可由朱熹、张栻等人的论辩中寻得蛛丝马迹。如以下几点。

首先，胡氏家学有关"性"的阐释与濂洛之学有所不同，以致朱熹反复辩论。朱熹尝曰："胡氏说善是赞美之辞，其源却自龟山，《龟山语录》可见。胡氏以此错了。故所作《知言》并一齐恁地说。本欲推高，反低

---

[1] 张栻：《钦州灵山主簿胡君墓表》，《全宋文》第255册，第476、477页。
[2] 朱熹：《右文殿修撰张公神道碑》，《全宋文》第253册，第27页。

了。"而在另一场合，朱熹"因论湖湘学者崇尚《知言》，曰：'《知言》固有好处，然亦大有差失，如论性，却曰："不可以善恶辨，不可以是非分。"既无善恶，又无是非，则是告子"湍水"之说尔。如曰："好恶性也，君子好恶以道，小人好恶以己。"则是以好恶说性，而道在性外矣。不知此理却从何而出？'"① 直到胡宏季子胡大时与之讲论，朱熹仍对胡氏家学里面的论"性"言语表示不满。《朱子语类》卷一〇一载：

> 因言久不得胡季随诸人书。季随主其家学，说性不可以善言。本然之善，本自无对；才说善时，便与那恶对矣。才说善恶，便非本然之性矣。本然之性是上面一个，其尊无比。善是下面底，才说善时，便与恶对，非本然之性矣。"孟子道性善"，非是说性之善，只是赞叹之辞，说"好个性！"如佛言"善哉！"。某尝辨之云，本然之性，固浑然至善，不与恶对，此天之赋予我者然也。然行之在人，则有善有恶；做得是者为善，做得不是者为恶。岂可谓善者非本然之性？只是行于人者，有二者之异，然行得善者，便是那本然之性也。若如其言，有本然之善，又有善恶相对之善，则是有二性矣！方其得于天者，此性也；及其行得善者，亦此性也。只是才有个善底，便有个不善底，所以善恶须着对说。不是元有个恶在那里，等得他来与之为对。只是行得错底，便流入于恶矣。此文定之说，故其子孙皆主其说，而致堂、五峰以来，其说益差，遂成有两性；本然者是一性，善恶相对者又是一性。他只说本然者是性，善恶相对者不是性，岂有此理！

其实，较之程氏之学，胡氏家学无论在"性"论还是其他方面都有许多新的发明，从思辨的角度讲，所有能够引发思考或争议的细节，都可能成为思辨对象。如朱熹尝说："且如五峰《疑孟辨》，忽出甚'感物而动者，众人也；感物而节者，贤人也；感物而通者，圣人也'。劈头便骂了

---

① 《朱子语类》卷一〇一，第2588页。

个动。他之意,是圣人之心虽感物,只静在这里,感物而动便不好。中间胡广仲只管支离蔓衍说将去,更说不回。某一日读文定《春秋》,有'何况圣人之心感物而动'一语,某执以问之曰:'若以为感物而动是不好底心,则文定当时何故有此说?'广仲遂语塞。"朱熹又笑着说:"盖他只管守着五峰之说不肯放,某却又讨得个大似五峰者与他说,只是以他家人自与之辨极好。道理只是见不破,彼便有许多病痛。"① 从胡安国、胡宏直到胡大时,朱熹总能发现胡氏之学不同于程氏的种种"病痛"。譬如人心感悟,说到底不过是对文学创作活动的一个细节描述,再怎么辩论,终究也不会得出放之四海而皆准的结论。

其次,程氏学说乃是纯粹的性理思辨,并不观照现实世界的真实需求,甚至无关政令得失。在这一点上,胡氏家学倒是另一种景象。李心传《建炎以来朝野杂记乙集》卷九载:"晦庵先生,非素隐者也,欲行道而未得其方也。"绍兴己卯(1159)秋,"刘忠肃新除御史,籍溪胡先生赴秘书省正字。先生以诗寄之曰:'先生去上芸香阁,阁老新俄豸角冠。留取幽人卧空谷,一川风月要人看。'又曰:'瓮牖窗前翠竹屏,晚来相对静仪形。浮云一任闲舒卷,万古青山只么青。'时三十年五月矣。五峰胡先生初未识先生,闻之,和其诗曰:'幽人偏爱青山好,为是青山青不老。山中出云洗太虚,一洗尘埃山更好。'五峰又语其学者南轩张先生曰:'观此章知其能有进,特其言有体而无用,故为是诗以箴警之。'然先生则未之见也。"② 所谓"有体而无用",正中程、朱理学要害。

胡氏家学颇重历史,这一点与河南程氏专注"性理之学"有很大差异。胡文定《春秋传》作于南渡之后,故感激时事,往往借《春秋》以寓意,慷慨激昂。其奏疏中明确称:"《春秋》乃仲尼亲笔,门人高弟不措一词,实经世大典,见诸行事,非空言比也,义精理奥,尤难窥测。今方思济艰难,岂宜虚费光阴,耽玩文采?左氏所载师春等书及诸国交兵曲折,

---

① 《朱子语类》卷一四〇,第3339页。
② 李心传:《建炎以来朝野杂记乙集》卷九,第632、633页。

尚涉繁碎，况于其他？陛下必欲削平僭暴，克复宝图，使乱臣贼子惧而不作，莫若储心仲尼之经，则南面之术尽在是矣。"① 由此可以看出，他所以治《春秋》者，绝不是为了窥测其"义理"、耽玩其文采，而是欲"济艰难"。其实，宋人早已看出了他的用意，如罗大经云："胡文定《春秋传》，作于渡江之初。其论国灭也，曰：'《春秋》灭人之国，其罪则一，而见灭之君，其例有三：以归者，既无死难之节，又无克复之志，贪生畏死，甘就执辱，其罪为重，许斯、赖胖之类是也；出奔者，虽不死于社稷，有兴复之望焉，托于诸侯，犹得寓礼，其罪为轻，弦子、温子之类是也；若夫国灭死于其位，是得正而毙焉者矣，于礼为合，于时为不幸，若江、黄二国是也。'其旨严矣，如刘禅、愍怀，皆《春秋》之罪人也。"② 朱熹尝评此书，亦谓"胡《春秋传》有牵强处，然议论有开合精神"③。正是这样一种勇于济世的自信，让胡氏家学呈现出不同于其他理学家的精神和风采。

同样的精神在胡寅所撰《读史管见》中亦有所体现。陈振孙谓胡寅"以《通鉴》事备而义少，故为此书。议论宏伟严正，间有感于时事。其于熙、丰以来接于绍兴权奸之祸，尤拳拳寓意焉。晦翁《纲目》亦多取之"④。朱熹则称："胡文定公云：'世间事如浮云流水，不足留情，随所寓而安也。'寅近年却于正路上有个见处，所以立朝便不碌碌，与往日全不同。"复云："胡致堂议论英发，人物伟然。向尝侍之坐，见其数杯后，歌孔明《出师表》，诵张才叔《自靖人自献于先王义》、陈了翁《奏状》等，可谓豪杰之士也。《读史管见》乃岭表所作，当时并无一册文字随行，只是记忆，所以其间有抵牾处。"⑤ 其实，所谓议论"有感于时事"与"立朝便不碌碌"，乃是胡氏家学精神的集中体现，学术与践履表里相关。而《读史管见》重在有所寓意，对文字义理不加深究的情形，也与《春秋传》一脉相承。

---

① 胡寅：《先公行状》，《全宋文》第190册，第181页。
② 《鹤林玉露》甲编卷四，第70页。
③ 李幼武：《宋名臣言行录外集》卷一〇，《景印文渊阁四库全书》第449册，第751页下。
④ 《直斋书录解题》卷四《读史管见》解题，第117页。
⑤ 《朱子语类》卷一〇一，第2580、2581页。

胡氏父子叔侄阐发经旨，绍述儒学，世以"五贤"并称，"五贤"之外更有胡寔广仲、胡大原伯逢、胡大时季随等博雅君子与朱熹等人讲论交游，"武夷胡氏"学术人才之盛，足可赏叹。自胡安国不受蔡京笼络，超然远迹，不为所污，耿介脱俗的胡氏家风便得以确立。胡寅兄弟亦不屈于秦桧，能婉拒其招而不往，此情此举不仅克振家声，更能激励人臣节操，所谓家学家风染乎天下者，视此可知。宋孝宗乾道、淳熙之际，胡季随切磋于紫阳、南轩、象山之门，讲论家学，再三明辨，是知文定之学后继有人。而五峰之学传之南轩，遂开湖南一派，所谓胡氏家学，至此已超越"门内之学"的范畴，成为天下公器。

三　婺源朱氏：四世名儒文质彬彬

在南宋理学大家中，朱熹的家世与婚姻较少受人关注。学者皆知其能绍继程氏之学，并汲取周敦颐、张载及邵雍三家之长，熔铸锻炼，最终建立了庞大的理学体系，而对"婺源朱氏"之家学渊源及其作用于朱熹者却往往忽略不言。其实，朱熹父松、从父朱弁皆为当世名公，他们在性理之学及诗文创作方面对朱熹有直接影响。同时，白水先生刘勉之以女妻熹，不仅是理学史上的一段佳话，更为朱子学术发展创造了机遇。"婺源朱氏"最值得骄傲者无疑是朱熹，然其他成员的著述及仕历情况也不可忽视。

朱氏一族世居歙州婺源之黄墩，虽事儒业，但并非"世家"。朱森之"曾祖甫、祖振、父绚，皆不仕"，森"少务学，科举既废，不复事进取。既冠而孤，他日岁时子姓为寿，举先训戒饬诸子，谆谆以忠孝和友为本。且曰：'吾家业儒，积德五世，后当有显者。当勉励谨饬，以无坠先世之业。'已而呜咽流涕，以奉养日短为终身之忧"[①]。至此，不仕者已达四世。森子三：松、柽、槔，惟朱松一人入仕。朱松与从兄朱弁宦途稍显，遂使"婺源朱氏"跻身名门望族。明人唐桂芳《朱氏族图序》云："新安朱以姓

---

① 朱松：《先公行状》，《全宋文》第188册，第327页。

显。奉使讳弁,字少章;吏部讳松,字乔年。奉使为文公三从伯父,吏部为文公父。相传阙里有井,吏部生而白气从井起;文公生,井中紫气如云。呜乎!芙蓉绣水,储精孕秀,大贤迭生,即凫绎洙泗也。"① 乡间传说不免神秘,但朱氏后人对往圣前贤的顶礼膜拜发自内心。

朱松字乔年,政和八年以同上舍出身,授迪功郎、建州政和县尉。后游官闽中,始从龟山杨氏门人为《大学》《中庸》之学。绍兴四年(1134)除秘书省正字。迁著作佐郎、尚书度支员外郎,兼史馆校勘。历司勋、吏部两曹,皆领史职。及秦桧决策议和,松与同列上章极言其不可,桧怒,贬知饶州,未至,得主管台州崇道观。绍兴十三年(1143)卒。松娶同郡处士祝确之女,生熹。其"女嫁左迪功郎、长汀县主簿刘子翔。孙男塾、埜、在"②。孙女三人,"修职郎刘学古、迪功郎黄榦、进士范元裕,其婿也。曾孙男五人:巨、钧、鉴、铎、铨"③。松著有《韦斋集》十二卷、《玉澜集》一卷,朱熹称他"生有俊才,自为儿童时出语已惊人。少长,游学校,为举子文,即清新洒落,无当时陈腐卑弱之气。及去场屋,始放意为诗文。其诗初亦不事雕饰,而天然秀发,格力闲暇,超然有出尘之趣。远近传诵,至闻京师,一时前辈以诗鸣者往往未识其面而已交口誉之。其文汪洋放肆,不见涯涘"。晚年"屏居建溪之上,日以讨寻旧学为事,手抄口诵,不懈益虔。盖玩心于义理之微而放意于尘垢之外,有以自乐澹如也"④。虽过誉之辞,亦能窥见其家学渊源之所自。

松弟槔,不仕。善诗,有《玉兰集》。方回《瀛奎律髓》收朱槔《三山次潘静之升书记韵》曰:"客路那知岁月长,掀髯一笑苾蒭房。且倾徐邈圣贤酒,不问陈登上下床。云影翻空迷海峤,秋声随梦到江乡。明朝各听船窗雨,犹忆枯棋战寺廊。"后注云:"朱文公之父曰松,字乔年。季父曰槔,字逢年。尝梦至玉兰堂如王平甫之灵芝宫,自号其诗曰《玉兰集》。

---

① 唐桂芳:《白云集》卷五《朱氏族图序》,《景印文渊阁四库全书》第1226册,第857页上。
② 朱熹:《朱府君迁墓记》,《全宋文》第253册,第206页。
③ 周必大:《史馆吏部赠通议大夫朱公松神道碑》,《全宋文》第233册,第40页。
④ 朱熹:《朱公行状》,《全宋文》第253册,第321、328页。

尤延之为作序。诗格高峭，惜乎不多。三四甚佳，予亦偶尝记之。"① 尤袤字延之，少入太学，以词赋冠多士，寻冠南宫。朱槔诗能够得到尤袤的赞许，其才华可知。

朱弁字少章，熹从父。朱熹《奉使直秘阁朱公行状》称其"幼颖悟，读书日数千言。十岁能文，既冠，遂通六经百氏之书。游京师，入太学，补内舍生，客食诸王家。会景迂晁公说之为官学教授，一见其诗奇之，与归新郑，妻以兄女。郑介汴、洛两都之中，一时故家遗俗盖彬彬焉。公游其间，闻见日广，文章日进，益厌薄举子事，遂不复有仕进意"。靖康之难时"奋身自献阙下。宰相以闻，诏补修武郎，借右武大夫、吉州团练使，充河东大金军前通问副使"②。弁奉使被留，滞云中十七年，绍兴十三年（1143）方得南归。本当升迁，然"秦桧恶其言敌情"③，终奉议郎而已。朱弁婚姻、子嗣及著述等，朱熹述之颇详，不赘。复云："公之文慕陆宣公之为者，其气质雄浑，援据精博，明白疏畅，曲尽事理，识者以为深得其体。于诗酷嗜李义山，而词气雍容，格力闲暇，不蹈其险怪奇涩之弊。《聘游集》凡四十二卷，别有《奏议》一卷，《尚书直解》十卷，《曲洧旧闻》三卷，《续骫骳说》一卷，《杂书》一卷，《风月堂诗话》三卷，《新郑旧诗》一卷，《南归诗文》一卷，皆藏于家。"④ 传世者有《曲洧旧闻》《风月堂诗话》。《风月堂诗话》乃留金时作，多记元祐中欧阳修、苏轼、黄庭坚、陈师道、梅尧臣及晁氏诸公遗事，清人称其"论黄庭坚用崑体工夫而造老杜浑成之地，尤为窥见深际，后来论黄诗者皆所未及"⑤。朱弁以奉使功，为"婺源朱氏"增光添彩，只可惜子孙皆默默无闻。

朱熹字元晦，一字仲晦，号晦庵、遯翁。出生于福建尤溪。《宋史》本传谓其"幼颖悟，甫能言，父指天示之曰：'天也。'熹问曰：'天之上

---

① 《瀛奎律髓汇评》卷四七，第1756—1757页。
② 朱熹：《奉使直秘阁朱公行状》，《全宋文》第252册，第360页。
③ 《宋史》卷三七三《朱弁传》，第11553页。
④ 朱熹：《奉使直秘阁朱公行状》，《全宋文》第252册，第363页。
⑤ 《四库全书总目》卷一九五《风月堂诗话》提要，第1784页上。

何物?'松昇之。就傅,授以《孝经》,一阅,题其上曰:'不若是,非人也。'尝从群儿戏沙上,独端坐以指画沙,视之,八卦也。"后中绍兴十八年(1148)进士第,初任泉州同安县主簿。任满而归,讲学著书达二十余年。淳熙八年(1181)浙东大饥,宰相王淮奏改熹提举浙东常平茶盐公事。"时郑丙上疏诋程氏之学且以沮熹,淮又擢大府寺丞陈贾为监察御史。贾面对,首论'近日搢绅有所谓道学者,大率假名以济伪,愿考察其人,摈弃勿用'。盖指熹也。"熹由此奉祠达五年。后知漳州、潭州,修复岳麓书院。曾诏为焕章阁待制兼侍讲,旋被罢,归福建考亭,讲学紫阳书院。宁宗庆元六年(1200)卒。"熹登第五十年,仕于外者仅九考,立朝才四十日。""嘉泰初,学禁稍弛。二年,诏:'朱熹以致仕,除华文阁待制,与致仕恩泽。'后侂胄死,诏赐熹遗表恩泽,谥曰文。"①

在朱熹的成长道路上,朱松之友白水先生刘勉之、胡安国之侄籍溪先生胡宪、屏山先生刘子翚等人给予的教诲至关重要。朱松卒时,属后事于刘勉之,"且戒其子熹受学,勉之经理其家,而诲熹如子侄。熹之得道,自勉之始"②。刘勉之以女妻朱熹,足见其扶持教诲之诚。另据《宋史·胡宪传》载:"初,宪与刘勉之俱隐,后又与刘子翚、朱松交。松将没,属其子熹受学于宪与勉之、子翚。熹自谓从三君子游,而事籍溪先生为久。"③ 事实上,朱松与理学家交游,及其殁,朱熹遂得先机,且最终成长为性理之学的集大成者。如朱熹重建"圣贤道统之传"的努力,即是受刘子翚《圣传论》启发。据上海图书馆藏宋端平中黄壮猷修补本《诸儒鸣道集》卷七〇所载《圣传论》,其目为:"尧舜(一)、禹(仁)、汤(学)、文王(力)、周公(谦牧)、孔子(生死)、颜子(复)、曾子(孝)、子思(中)、孟子(自得)。"《全宋文》卷四二五七收录此书,将每位圣贤下所注小字标题全部删除,未知何故。其实,原有小字乃是标明相关圣贤在创

---

① 《宋史》卷四二九《朱熹传》,第 12751—12769 页。
② 《宋史》卷四五九《刘勉之传》,第 13463 页。
③ 《宋史》卷四五九《刘勉之传》,第 13465 页。

建圣道方面所建立的主要功勋。尧舜之下标注"一",刘氏释曰:"尧舜有传道之名,而无可传之迹。后世圣人,岂喜托虚名而强追遐躅哉,必有受也。《书》曰'惟精惟一',此相传之密旨也。昧乎一则莫知元本,滞乎一则入于虚妙,悦于谈听而不可用,岂所谓'允执厥中'耶?《易》曰:'天下之动,贞夫一者也。'随动而一,非舍此合彼也。且性外无物,安得有二?一者道也,能一者心也,心与道应,尧舜所以圣也。"① 尧舜作为"圣道"之祖的理由盖在于此。此后所有圣贤名下的小字标注,大抵都有同样功能,文繁不赘。就整体而言,刘子翚不仅认为往圣所传各有差异,且明确指出:"书论'人心道心',本之'惟精惟一',此相传之密旨也。"复云:"圣贤相传一道也。前乎尧舜,传有自来,后有孔、孟,传固不泯。韩子谓轲死不得其传,言何峻哉!达如尧、舜、禹、汤,穷如孔、孟,人类超拔,固难俪也。道果不传乎?曾、颜,传道者也。轲死千余年,果无曾、颜乎?……荜门圭窦,密契圣心,如相受授,故恐无世无之。孤圣人之道,绝学者之志,韩子之言何峻哉!"② 其说可瞩目者,一是"圣道之传"代不乏人,韩愈所谓"轲死之后道不得其传"的说法太过武断,言下之意,程氏所谓"生千四百年之后,得不传之学于遗经"者③,亦嫌虚妄;二是系统阐述了"道统之传"的丰富内涵。虽说历代圣贤对丰富和拓展"道"贡献各异,但"圣贤相传一道也……密契圣心,如相受授",道统受授的原则并未改变。这一说法,实际上已经为朱熹提炼出"人心惟危,道心惟微,惟精惟一,允执厥中"④的十六字心传奠定了基础。如果忽视了刘子翚、刘勉之以及胡宏对朱熹的启蒙功绩,相关学术轨迹便会模糊不清。

朱熹为单传。其三子塾、埜、在。塾早卒。埜字文之,淳祐间,以荫补迪功郎,监湖州德清县户部赡军酒库,后朱熹十一年卒。黄榦有《祭朱

---

① 刘子翚:《圣传论》,《全宋文》第193册,第158、159页。
② 见《诸儒鸣道集》卷七〇《圣传论》"孟子"一节,上海图书馆藏宋端平中黄壮猷修补本;另参《全宋文》第193册,第174、175页。
③ 程颐:《明道先生墓表》,《二程文集》卷一一,《丛书集成初编》第1833册,第168页。
④ 朱熹:《四书章句集注·中庸章句序》,《新编诸子集成》,中华书局1983年版,第14页。

文之文》曰:"在昔夫子,性严气刚,规矩准绳,动止有常,君承其颜,惟恐或伤。""为子而孝,为父而慈,君可无憾,人谁不思。"① 读此文,便知朱氏家教与埜之为人。朱在字敬之,一字叔敬,小字泰。初以补承务郎。嘉定十年(1217)"以大理正知南康军,改知衡州、湖州,俱不赴。奉祠既起,知信州。入对,以进学问、振纪纲、求放心为言。除提举浙西常平茶盐公事,加右曹郎,兼知嘉兴府。召为司农少卿,充枢密副都承旨,出为两浙转运副使。宝庆丙戌,除工部侍郎"。绍定三年(1229)"乞外,除朝议大夫、宝谟阁待制、知平江府。明年,改焕章阁待制、知袁州"。② 旋奉祠,嘉熙三年(1239)卒,享年七十一。朱在少习家学,后曾问学于黄榦及吕祖俭。但这位名家子弟,宦途所得远远超过了学术建树。

朱氏近亲中,朱熹女婿黄榦尚有成就。榦字直卿,又字季直,号勉斋,福州闽县人。其父瑀,高宗时为监察御史。榦二十五岁从朱熹受业,"尝诣东莱吕祖谦,以所闻于熹者相质正。及广汉张栻亡,熹与榦书曰:'吾道益孤矣,所望于贤者不轻。'后遂以其子妻榦"。熹卒,持心丧三年毕,调监嘉兴府石门酒库。吴猎帅湖北,雅敬榦名德,辟为荆湖北路安抚司激赏酒库兼准备差遣。嘉定初,知临川县。后历知新淦县,通判安丰军、建康府。嘉定七年(1214)知汉阳军。十年(1217)知安庆府。后"金人破黄州沙窝诸关,淮东、西皆震,独安庆按堵如故。继而霖潦余月,巨浸暴至,城屹然无虞。舒人德之"。江淮制置使李珏辟为参议官,以不能用其策,"遂力辞去,请祠不已。俄再命知安庆,不就,入庐山访其友李燔、陈宓,相与盘旋玉渊、三峡间,俛仰其师旧迹,讲《乾》《坤》二卦于白鹿书院,山南北之士皆来集。未几,召赴行在所奏事,除大理丞,不拜,为御史李楠所劾"。"榦遂归里,弟子日盛,巴蜀、江、湖之士皆来,编礼著书,日不暇给,夜与之讲论经理,亹亹不倦。借邻寺以处之,朝夕往来,质疑请教如熹时。俄命知潮州,辞不行,差主管亳州明道宫,

---

① 黄榦:《祭朱文之文》,《全宋文》第288册,第503、504页。
② 《闽中理学渊源考》卷一五《侍郎朱叔敬先生在》,《景印文渊阁库全书》第460册,第229页上。

逾月遂乞致仕，诏许之，特授承议郎。既没后数年，以门人请谥，又特赠朝奉郎。"①卒谥文肃。有《仪礼经传通解续》《勉斋先生黄文肃公文集》行世，所著《论语通解》及《孝经本旨》已佚。

周必大《史馆吏部赠通议大夫朱公（松）神道碑》载，朱熹有孙男五人：钜、钧、鉴、铎、铤。朱鉴字子明，清人据《朱子世系》确考朱鉴乃朱塾长子，朱熹之嫡长孙。理宗时，"以荫补迪功郎，累迁奉直大夫、湖广总领。宝庆间。随季父在迁居建安之紫霞州，建文公祠于所居。在子孙入建安，自鉴始"②。鉴有《朱文公易说》二十二卷，清人称"是书全采《语录》之文以补本义之阙，其中或门人记述未必尽合师说，或偶然问答未必勒为确论，安知无如《易传》之类为朱子所欲刊除者。然收拾放佚以备考证，亦可云能世其家学矣"③。另撰《诗传遗说》六卷，四库馆臣曰："是编乃于理宗端平乙未鉴以承议郎权知兴国军事时所成。盖因重椠朱子《集传》，而取《文集》、《语录》所载论《诗》之语，足与《集传》相发明者，汇而编之，故曰遗说。其书首纲领，次序辨，次六义，继之以《风》《雅》《颂》之论断，终之以逸诗诗谱叶韵之义。以朱子之说，明朱子未竟之义，犹所编《易传》例也。"④撇开学术水平不论，单从"能世其家学"的角度讲，朱鉴的努力亦属难能可贵。

从朱松、朱弁兄弟到朱熹，再到朱在、朱鉴叔侄，"婺源朱氏"成员前赴后继，博学通理者代不乏人。加之黄榦以女婿之亲致力朱氏学术，广聚生徒，编礼著书，其时代影响可想而知。与其他名族相比，朱氏一族文学与道学并重，其家学的传承扩播更具开放特点。

朱松及弟槔均以文学著称。松有《韦斋集》传世，傅自得为撰序云："故吏部员外郎韦斋先生朱公，建炎、绍兴间诗声满天下，一时名公巨卿交口称荐，词人墨客传写讽诵如不及。""爱其诗高远而幽洁，其文温婉而典

---

① 《宋史》卷四三〇《黄榦传》，第12777—12782页。
② 《闽中理学渊源考》卷一五《奉直朱子明先生鉴》，《景印文渊阁库全书》第460册，第229页下。
③ 《四库全书总目》卷三《朱文公易说》提要，第18页中。
④ 《四库全书总目》卷一五《诗传遗说》提要，第125页下。

裁，至表疏书奏又皆中于理而切事情。""公幼小喜读书缀文，冠而擢第，未尝一日舍笔砚。年二十七八，闻河南二程先生之遗论皆先贤未发之奥，始捐旧习，朝夕从事于其间。既久，而所得益深，故发于诗文，自然臻此，非有意于求其工也。使其得通显于朝廷，施诸润色而见于事业，必有大过绝人者。"① 所言大体近于实际。朱槔《玉兰集》亦有盛誉，尤袤《朱逢年诗集序》曰："先生少有轶材，自负其长，不肯随俗俯仰，厄穷任命，有人所难堪，而其节愈厉，其气愈高，其诗闲暇，略不见悲伤憔悴之态。其视富贵利达真糠秕土苴尔。《春风》一篇，雍容广大，有圣门舞雩气象。《感事》三篇，慨然见经世之志。自作《挽歌词》，齐得丧，一死生，直欲友渊明于千载。至所谓'自我识兴废，于天无怨尤'，非深于道者能如是乎？"② 松、槔二人并能以诗文获誉，似非专意理学之"二程"可比。朱熹虽以"穷理尽性"为务，其诗亦被推为"南宋一大家"③。方回《恢大山西山小稿序》曰："宋苏、梅、欧、苏、王介甫、黄、陈、晁、张、僧道潜、觉范以至南渡吕居仁、陈去非，而乾淳诸人，朱文公诗第一，尤萧、杨、陆、范，亦老杜之派也。是派至韩南涧父子、赵章泉而止。"④《瀛奎律髓》选录朱熹《登定王台》，注云："朱文公诗迫近后山，此诗尾句，虽后山亦只如此。乾道二年丁亥，文公访南轩于长沙所赋。用事命意，定格下字，悉如律令，杂老杜、后山集中可也。"⑤ 既然与杜甫、欧、苏诸公一脉相承，就不能只看到他言理说道的淳雅神态。或曰："止采朱子诗之有性理字面者，其余好诗俱删去"，并不可取，因为"流连景物止以一二语见性情，及寄托全在言外者其诗更妙"。⑥ 此说客观公允，可谓深知朱诗底蕴。

就理学而言，"婺源朱氏"几代学人，既能与刘勉之、胡宏、刘子翚

---

① 傅自得：《韦斋集原序》，《全宋文》第221册，第32、33页。
② 尤袤：《朱逢年诗集序》，《全宋文》第225册，第226、227页。
③ 李重华：《贞一斋诗说》，《续修四库全书》第1701册，第179页下。
④ 方回：《桐江续集》卷三三，《景印文渊阁四库全书》第1193册，第683页下。
⑤ 《瀛奎律髓汇评》卷一，上海古籍出版社2005年版，第19页。
⑥ 李光地：《榕村语录》卷三〇，中华书局1995年版，第541页。

等闽学传人相切磨,在兼收并蓄中再造奇功,又能通过杨时等人的传授讲习充分汲取程氏学说的思想精髓。朱熹深受"二程"唯我独尊的心态影响,又在"遍交当世有识之士"①的特殊经历中渐臻自负,因而展现出非同寻常的"圣贤"渴求。据真德秀《西山读书记》载,朱熹尝谓"圣贤道统之传,散在方册,圣经之旨不明,则道统之传始晦"。为了使久晦未彰的"道统"重新明确起来,他"竭其精力以研穷圣贤之经训,于《大学》、《中庸》则补其阙遗,别其次第,纲领条目,粲然复明;于《论语》、《孟子》则深原当时答问之意,使读而味之者如亲见圣贤而面命之;于《易》与《诗》则求其本义,攻其末失,深得古人遗意于数千载之上"。②经过不懈努力,他最终建立了一个与其学术渊源相一致的新道统,对此,其门人黄榦表述说:"自周以来,任传道之责,得统之正者,不过数人,而能使斯道章章较著者,一二人而止耳。由孔子而后,曾子、子思继其微,至孟子而始著。由孟子而后,周、程、张子继其绝,至先生而始著。"③可以肯定的是,这个新道统谱系绝非黄氏所杜撰,而是朱熹早已确定的。需要检讨的是,朱子再造的"道统",既没有尧、舜、禹、汤、周公、文、武,也不包括荀卿、扬雄、王通和韩愈,这一点与柳开、王禹偁、孙复、石介等人反复陈述的"道统"谱系完全不同。他于古代圣贤仅尊孔子、曾子、子思和孟子,而于当代学人只取周敦颐、"二程"与张载。这种将欧阳修、邵雍等众多前贤排斥于"道统"之外的"统系"理念,较之柳开等人更狭隘,也更具排他性。南宋道学家林栗在弹劾奏章中曾经指出:"熹本无学术,徒窃张载、程颐之余绪,以为浮诞宗主,谓之'道学',妄自推尊。"④虽攻讦之语,但"浮诞"、狂妄之责也并非全无道理。

---

① 《宋史》卷四二九《朱熹传》,第12769页。
② 《西山读书记》卷三一《朱子传授》,《景印文渊阁四库全书》第706册,第114页上。
③ 黄榦:《朱先生行状》,《全宋文》第288册,第453页。
④ 李心传:《建炎以来朝野杂记乙集》卷七《叶正则论林黄中袭为道学之目以废正人》,《景印文渊阁四库全书》第608册,第517页下。

四　金溪陆氏：悟得本心六经注我

宋代理学的发展至乾道、淳熙年间渐臻鼎盛，其时朱熹和陆九渊双峰并峙，前者集理学之大成，将"格物致知"的义理解析推至化境；后者虽学无师承，却能在读书和践履中洞悟孔孟之道的精髓，创立"心学"。有关朱、陆两派之分歧，"理""心"论辩之激烈，早已是两宋学术史研究的热点话题，而有关陆氏家学研究，迄今尚未得到应有重视。事实上，陆九渊兄弟强调"本心"，张扬"心即理"①的思辨智慧，凸显"人生天地之间，灵于万物，贵于万物，与天地并而为三极"②的主体自信，已经超越"濂洛"各家，在南宋学坛别具一格。

张端义《贵耳集》称"本朝大儒"中"惟横渠、象山士子也"③。的确，"金溪陆氏"以陆九渊兄弟创建"心学"而名闻于世，跻身望族，其先辈则为普通士人。包恢《旌表陆氏门记》云："今陆氏自德迁以来，以迄于今乃十世，二百年如一日，阖门三千余指如一人，共居共爨，始终纯懿，此非他门可及者一。"④是知陆氏家族的确是一个源远流长、人口众多的大家族。相对而言，陆九渊《全州教授陆先生行状》述其族世次昭穆更为详细，其文称陆氏乃唐相希声之后，希声"次子崇，生德迁、德晟，以五代末避地于抚之金溪，解囊中装，买田治生，赀高闾里。德晟之后散徙不复可知，德迁遂为金溪陆氏之祖，六子。高祖有程，为第四子，博学，于书无所不观，三子。曾祖演为第三子，能世其业，宽厚有容，四子。祖戬为第四子。再从兄弟盖四十人，先祖最幼，好释老言，不治生产，四子。先考居士君贺为次子，生有异禀，端重不伐，究心典籍，见于躬行。

---

① 《陆九渊集》卷二二《杂说》，第273页。
② 《陆九渊集》卷二《与王顺伯》，第17页。
③ 张端义：《贵耳集》卷上，《丛书集成初编》第2783册，第9页。
④ 包恢：《旌表陆氏门记》，《全宋文》第319册，第375—377页。

酌先儒冠、昏、丧、祭之礼，行之家，家道之整，著闻州里，六子"①。陆氏之兴自陆贺始，贺不仅"以学行为里人所宗，尝采司马氏冠昏丧祭仪行于家"②，且务农、经商，为家族兴盛打下了基础。陆九渊为兄九皋撰《墓表》称："先君子居约时，门户艰难之事，公所当，每以条理精密，济登平易。吾家素无田，蔬圃不盈十亩，而食指以千数，仰药寮以生。伯兄总家务，仲兄治药寮，公授徒家塾，以束脩之馈补其不足。先君晚岁，用是得与族党宾客，优游觞咏，从容琴奕，裕然无穷匮之忧。"③ 诸子用力，各尽所能，正是陆贺家法约束及督促教育的结果。

包恢《旌表陆氏门记》称，陆氏"治家之制"颇为"详密"，"其大纲则有正本制用，上下凡四条；其小纪则有家规，凡十八条，本末具举，大小无遗。虽下至鼓磬聚会之声，莫不各有品节，且为歌以寓警戒之机焉。至此则已若三代威仪尽在于此，如先儒之所叹者"。《宋史·陆九韶传》亦云："其家累世义居，一人最长者为家长，一家之事听命焉。岁迁子弟分任家事，凡田畴、租税、出内、庖爨、宾客之事，各有主者。九韶以训戒之辞为韵语，晨兴，家长率众子弟谒先祠毕，击鼓诵其辞，使列听之。子弟有过，家长会众子弟责而训之；不改，则挞之；终不改，度不可容，则言之官府，屏之远方焉。"同书《陆九龄传》则云："九龄尝继其父志，益修礼学，治家有法。阖门百口，男女以班各供其职，闺门之内严若朝廷。而忠敬乐易，乡人化之，皆逊弟焉。"④ 虽说该族"严若朝廷"的家法细则未能传世，但罗大经对此有过具体叙述，曰：

> 陆象山家于抚州金溪，累世义居。一人最长者为家长，一家之事听命焉。逐年选差子弟分任家事。或主田畴，或主租税，或主出纳，或主厨爨，或主宾客。公堂之田，仅足给一岁之食。家人计口

---

① 《陆九渊集》卷二七《全州教授陆先生行状》，第312页。
② 《宋史》卷四三四《陆九龄传》，第12877页。
③ 《陆九渊集》卷二八《陆修职墓表》，第332页。
④ 《宋史》卷四三四《陆九龄传》，第12878页。

打饭，自办蔬肉，不合食。私房婢仆，各自供给，许以米附炊。每清晓，附炊之米交至掌厨爨者，置历交收。饭熟，按历给散。宾至，则掌宾者先见之，然后白家长出见。款以五酌，但随堂饭食，夜则卮酒杯羹，虽久留不厌。每晨兴，家长率众子弟致恭于祖祢祠堂，聚揖于厅，妇女道万福于堂。暮，安置亦如之。子弟有过，家长会众子弟，责而训之。不改，则挞之。终不改，度不可容，则告于官，屏之远方。晨揖，击鼓三迭，子弟一人唱云："听听听听听听听，劳我以生天理定。若还懒惰必饥寒，莫到饥寒方怨命，虚空自有神明听。"又唱云："听听听听听听听，好将孝弟酬身命。更将勤俭答天心，莫把妄想损真性，定定定定定定定，早猛醒。"食后会茶，击磬三声，子弟一人唱云："凡闻声，须有省，照自心，察前镜，若方驰骛速回光，悟得昨非由一顷，昔人五观一时领。"乃梭山之辞也。近年朝廷始旌表其门闾。其词曰："张公忍字，睦九世于唐朝；陈氏义居，专一门于江左。若稽前美，允谓鲜能。抚州青田陆氏，代有名儒，德在谥典。聚其族逾三千指，而合爨将二百年。异时流别籍之私，存学者齐家之道。询于州里，既云十世可知；登之书简，奚止一乡称善。视昔为盛，于今为难。部使转以上闻，仪曹请为褒别。事关风教，须议指挥。"①

击鼓鸣磬的儒雅氛围，日复一日的志趣激发，子孙后代在潜移默化中养德立志，获得心灵感悟，正是这种非同寻常的家教氛围，孕育了陆氏兄弟"觉世唤醒"② 的主体自觉以及"笃学力行"③ 的实践智慧。有关家学与家教密切结合的内在逻辑，由此确能得到具体生动的了解和体认。

陆贺六子多勤勉好学。陆九韶"字子美，其学渊粹，隐居山中，昼之

---

① 罗大经：《鹤林玉露》丙编卷五，第323、324页。
② 朱国桢：《涌幢小品》卷一八，《续修四库全书》，上海古籍出版社2002年版，第1173册，第191页上。
③ 朱熹：《涑水先生》，《濂洛风雅》卷一，金履祥选编：《丛书集成初编》第1783册，第9页。

言,行夜必书之"。"所著有《梭山文集》《家制》《州郡图》。"① 陆九韶与九龄、九渊共同创建了心学,其《月石》诗以物喻"心",借有形有质、能引人遐思的自然景物,比喻并阐释抽象难解的心学要义,曰:"玉兔爱佳泉,饮泉化为石。规圆立山趾,万古终不息。应厌旧星躔,盈稀多缺夕。自从寄兹踪,表表无晦蚀。光彩虽暂埋,体素得不易。神物岂终潜,早晚照九域。"② 陆九韶最具影响力的哲学话题是"首言《太极图说》非正"③,且质疑张载《西铭》。其质疑文字虽散佚不传,但从朱熹与之论辩的书信中,仍不难窥知其基本观点。朱熹《答陆子美》曰:"前书示谕《太极》《西铭》之说,反复详尽。然此恐未必生于气习之偏,但是急迫看人文字,未及尽彼之情而欲遽申己意,是以轻于立论,徒为多说而未必果当于理尔。且如太极之说,熹谓周先生之意恐学者错认太极别为一物,故着'无极'二字以明之。此是推原前贤立言之本意,所以不厌重复,盖有深指。而来谕便谓熹以太极下同一物,是则非惟不尽周先生之妙旨,而于熹之浅陋妄说亦未察其情矣。又谓着'无极'字便有虚无好高之弊,则未知尊兄所谓太极是有形器之物耶?无形器之物耶?若果无形而但有理,则无极即是无形,太极即是有理明矣,又安得为虚无而好高乎?熹所论《西铭》之意,正谓长者以横渠之言不当谓乾坤实为父母,而以'胶固'斥之,故窃疑之,以为若如长者之意,则是谓人物实无所资于天地,恐有所未安尔,非熹本说固欲如此也。今详来诲,犹以横渠只是假借之言,而未察父母之与乾坤,虽其分之有殊,而初未尝有二体,但其分之殊则又不得而不辨也。熹之愚陋,窃愿尊兄更于二家之言少赐反复,宽心游意,必使于其所说如出于吾之所为者而无纤芥之疑,然后可以发言立论而断其可否,则其为辨也不烦而理之所在无不得矣。若一以急迫之意求之,则于察理已不能精,而于彼之情又不详尽,则徒为纷纷,而虽欲不差不可得矣。

---

① 《宋史》卷四三四《陆九韶传》,第12879页。
② 《全宋诗》第45册,第27848页。
③ 《陆九渊集》卷三六《年谱》,第480页。

然只此急迫即是来谕所谓气质之弊,盖所论之差处虽不在此,然其所以差者则原于此而不可诬矣。"① 由此可知,陆九韶以为《太极图说》于"太极"之外再加"无极",有"虚无好高之弊";谓张载《西铭》有关乾坤实为父母的说法颇为"胶固"。而在朱熹看来,这些说法"生于气习之偏",有"急迫看人文字""轻于立论"的不足,故而严辞驳论,不留情面。有关周敦颐《太极图说》的争论是宋代思想史上的一件大事,其争讼固难定谳;陆九韶从"心即理"的角度提出质疑,彰显着"心学"与"理学"的原则分歧,而其澄澈清明、挺然峻拔的学养品格亦令人钦佩。

陆九皋字子昭,学者称"庸斋先生"。陆九渊称其"少力于学,日课经子文集,必成诵,夜阅史册,不尽帙不止。尝夜过分,先君子见公犹观书,勉使寝息。公后不能自已,为之障灯屏息,惧先君之复知之也。及长,补郡学子弟员,一试即居上游。郡博士徐君,视公文行俱优,擢为斋长。公与二季,尝正衣冠讲诵不懈,徐君每所赞赏。月试必联名占前列。徐君尝语于众曰:'此其学皆有渊源,非私之也。'……公持论根据经理,耻穿凿之习,虽蹭蹬场屋,而人所推尊不在利达者后。受经之士,或以独步胶庠,或以擅场南省,而公之与否曾不以是,一视其言行如何耳"。② 磨砺精研,学有所得,自然能厚积薄发,超越凡俗,至于命途顺逆,则非学力所能济。

陆氏兄弟六人,九龄和九渊最负盛名,包恢所谓"文达九龄、文安九渊二大儒,以人品之高,道术之明,特起东南,上续道统,实以师表四海"者是也。陆九龄字子寿,号复斋。少补郡学弟子员,"时秦桧当国,无道程氏学者,九龄独尊其说。久之,闻新博士学黄、老,不事礼法,慨然叹曰:'此非吾所愿学也。'遂归家,从父兄讲学益力";"翻阅百家,昼夜不倦,悉通阴阳、星历、五行、卜筮之说"③。登乾道五年(1169)进士第,初授迪功

---

① 朱熹:《答陆子美》,《全宋文》第245册,第296页。
② 《陆九渊集》卷二八《陆修职墓表》,第331、332页。
③ 《宋史》卷四三四《陆九龄传》,第12878页。

郎、桂阳军军学教授。后调全州教授，未上，卒。赐谥文达。韩淲曰："陆子寿居家孝友，少理禅学，中年造孔孟之奥。伯恭以书荐之于先公，仅与一日相会。时望归之，作教授而终。"① 按：吕祖谦字伯恭。韩淲所谓"先公"即韩元吉，维之子，仕至吏部尚书、龙图阁学士，封颍川公。尝师尹焞，友朱子，为吕祖谦婿，为诸儒所重。徙居上饶，前有涧水，故号南涧。陆九龄主理家族事务，对幼儿教育颇有心得，尝与朱熹讨论此事。《朱子语类》载："陆子寿言：'古者教小子弟，自能言能食，即有教，以至洒扫应对之类，皆有所习，故长大则易语。今人自小即教做对，稍大即教作虚诞之文，皆坏其性质。某尝思欲做一小学规，使人自小教之便有法，如此亦须有益。'先生曰：'只做《禅苑清规》样做，亦自好。'"② 朱熹以为陆氏"心学"与"禅悟"无异，故有此答。

陆九渊字子静，陆贺幼子。尝结茅于贵溪之上，与士友讲学，山形如象，故自号象山翁，学者称象山先生。此公儿时即"谓人曰：'闻人诵伊川语，自觉若伤我者。'又曰：'伊川之言，奚为与孔子、孟子之言不类？近见其间多有不是处。'初读《论语》，即疑有子之言支离。他日读古书，至'宇宙'二字，解者曰'四方上下曰宇，往古来今曰宙'，忽大省：'宇宙内事乃己分内事，己分内事乃宇宙内事。'又尝曰：'东海有圣人出焉，此心同也，此理同也。至西海、南海、北海有圣人出，亦莫不然。千百世之上有圣人出焉，此心同也，此理同也。至于千百世之下有圣人出，此心此理，亦无不同也。'"及长，登乾道八年（1172）进士第。光宗即位，差知荆门军。卒谥文安。九渊之学强调"本心"，"尝谓学者曰：'汝耳自聪，目自明，事父自能孝，事兄自能弟，本无欠阙，不必它求，在乎自立而已。'又曰：'此道与溺于利欲之人言犹易，与溺于意见之人言却难。'或劝九渊著书，曰：'六经注我，我注六经。'又曰：'学苟知道，六经皆我注脚。'"③ 作为"心学"

---

① 《涧泉日记》卷中，第19页。
② 《朱子语类》卷七，第126页。
③ 《宋史》卷三四三《陆九渊传》，第12880页。

创始人，陆九渊与朱熹、吕祖谦并驾齐驱，其门人杨简、袁燮、舒璘、沈焕等俱能传其学，为南宋思想史增色不少。

讨论陆氏"心学"与程朱"理学"之异同，"鹅湖之会"最为关键。宋孝宗淳熙二年（1175）四月，吕祖谦在江西信州铅山的鹅湖寺，召集朱熹、二陆、刘子澄、朱彦道、朱济道以及临川太守赵景明及其兄赵景昭等讨论"学术异同"。此次论辩之后，南宋学坛"理学"与"心学"并驾齐驱的新格局即告形成。盛会期间，陆九龄以《鹅湖示同志》一诗表达其学术主张，曰：

孩提知爱长知钦，古圣相传只此心。大抵有基方筑室，未闻无址可成岑。留情传注翻榛塞，着意精微转陆沉。珍重友朋勤切琢，须知至乐在于今。

陆九渊亦有《和鹅湖教授韵》诗云：

墟墓兴哀宗庙钦，斯人千古不磨心。涓流积至沧溟水，拳石崇成太华岑。易简工夫终久大，支离事业竟浮沉。欲知自下升高处，真伪先须辨只今。

方回《瀛奎律髓》选录两诗，释云："陆氏兄弟之学，在求其本心而已。人之心本善，无不善。其所以不善者，非本心也。孟子之说亦如此。故子寿诗起句云：'孩提知爱长知钦，古圣相传只此心。'子静亦云：'墟墓兴哀宗庙钦，斯人千古不磨心。'此皆指其心之本然者以示人也。然圣贤所言正心、养心、存心、操心，于以维持防闲夫此心者，非一端也。是故《大学》以致知格物在诚意之先，而诚意又在乎正心之先。心之所以必得其正者，其道由此。而陆氏兄弟径去此一段，不复于此教人用力，特以为一悟本心而可以为圣贤。今日愚夫也，而一超直入悟此心之本善,则尧、舜在是矣。故吾朱文公非之,不以二陆为然。"① 按:方回字万里,号虚谷,歙县人,景定三年(1262)别省登第。据周密《癸辛杂识》载,此公人品卑污,实不足论。然其《桐江续集》所存文章,学问议论一尊程朱,崇正辟邪不遗余力,其论陆氏"心学"亦然。

同书同卷亦录朱熹《次韵》诗:"德义风流夙所钦,别离三载更关心。偶扶藜杖出寒谷,又枉篮舆度远岑。旧学商量加邃密,新知培养转深沉。却愁说到无言处,不信人间有古今。"评曰:"按淳熙乙未,朱文公年四十六岁,陆子寿四十二岁,子静三十七岁,东莱三十九岁,刘子澄候考。子静是时以年少英锐之气,肆其唐突。兄弟二诗,词意皆颇不逊,公然诋文公为'榛塞'、'陆沉',又曰'支离事业竟浮沉',而文公和之,词意浑厚,以'邃密'、'深沉'奖借之,冀其自悟。而二陆根本禅佛之学,不能从也。又子寿诗题云'鹅湖示同志',且文公年为二陆之长,仕宦辈行,盖亦在先,而云'示同志',亦可谓借而不谦矣。此事天下后世知二陆之非,而'江西'学者相与掩讳,是不可不拈出垂世,此乃吾道学问一大机括也。"② 方回所论固偏,然宋元学人尊"道"而抑"心",大抵如此。

陆氏家学的内涵特点与思想价值比较复杂,其可瞩目者约有以下几点。

首先,陆氏兄弟将"吾心"与"宇宙"消融合一,使心灵变得透彻充盈,气象万千。陆九渊曰:"四方上下曰宇,往古来今曰宙,便是吾心。吾心即是宇宙。""宇宙内事,是己分内事。己分内事,是宇宙内事。"③ 并立志"须大做一个人"④。他绍继孟子"学问之道无他,求其放心而已矣"⑤ 的思想,声称"人孰无心,道不外索","古人教人,不过存心、养心、求放心。此心之明,人所固有",只需善加"保养",避免"戕贼"即

---

① 《瀛奎律髓汇评》卷四二,第1532页。
② 《瀛奎律髓汇评》卷四二,第1533页。
③ 《陆九渊集》卷二二《杂说》,第273页。
④ 《陆九渊集》卷三五《语录下》,第439页。
⑤ 《孟子注疏·告子上》,《十三经注疏》(下),中华书局1980年版,第2752页下。

可①。此说与"濂洛"一派所谓"性即理"②者颇多差异。程、朱等人将"理"看作自然与社会的最高原则,强调通过"格物致知"以达到"明理""修身"的目的。他们强调"涵养须用敬,进学在致知"③的治学之道,以为若不"格物致知"以"尽穷天下之理"④,想要悟得"本心"而为"圣贤",几无可能。正因如此,鹅湖之会不久,朱熹给张栻的信中如是说:"子寿兄弟气象甚好,其病却是尽废讲学而专务践履,却于践履之中要人提撕省察,悟得本心,此为病之大者。要其操持谨质,表里不二,实有以过人者。惜乎其自信太过,规模窄狭,不复取人之善,将流于异学而不自知耳。"⑤ 所谓"废讲学",即是放弃"格物致知"的学养功夫。在朱熹看来,在践履中"悟得本心",是从根本上忽略了主观(心)与客观(理)的差别,陆氏兄弟越是自信,其学就越容易"流于异学"。

其次,陆氏兄弟认定"伊川之言与孔孟不类"⑥,且明确宣称"学苟知本,六经皆我注脚"⑦。他们直承孟子心说,强调"我善养吾浩然之气",以为"人生天地之间,灵于万物,贵于万物,与天地并而为三极",⑧"其为气也至大至刚,以直养而无害,则塞于天地之间"。⑨ 这种雄姿英发的主体精神是程、朱等人不曾有过的。陆氏之学的核心理念,在他们的后学那里表达得更为透彻,如杨简《送黄文叔侍郎赴三山》诗云:"某信人心即大道,先圣遗言兹可考。心之精神是谓圣,诏告昭昭复皓皓。如何后学尚滋疑,职由起意而支离。自此滥觞至滔襄,毋惑怀玉不自知。何思何虑心思灵,不识不知洞光明。意萌微动雪沾水,泯然无际澄且清。"⑩ 其《达庵

---

① 《陆九渊集》卷五《与舒西美》,第64页。
② 《二程集·遗书》卷二二上,第292页。
③ 《二程集·遗书》卷一八,第188页。
④ 《朱子语类》卷一八,第397页。
⑤ 朱熹:《答张敬夫》,《全宋文》第245册,第90页。
⑥ 吴杰:《象山集序》,《景印文渊阁四库全书》第1156册,第240页上。
⑦ 《陆九渊集》卷三四《语录上》,第395页。
⑧ 《陆九渊集》卷二《与王顺伯》,第17页。
⑨ 《孟子注疏·公孙丑章句上》,北京大学出版社2000年版,第90页。
⑩ 《全宋诗》第48册,第30082页。

记》复云:"斯心即天之所以清明也,即地之所以博厚也,即日月之所以明、四时之所以行、万物之所以生也。即古今圣贤之所以同也。"① 而《杨氏易传》卷五《履·初九》亦云:"孔子曰:'心之精神是谓圣。'深明此心之即道也。明此心者,自寂然,自变化,自无外慕,素有质义,有本义。"② 稍晚于杨简的袁燮更称"天下无心外之道"③,"此道此心,相与为一,如水之寒,如火之热,天性则然,非由外假,造次颠沛,未尝不静,此则吾之本心与天无间者乎"④。其《絜斋集》所存诗,时时透露着崇"道"明"心"的人格自觉。如《题习斋》云:"矧惟君子学,吾道深而宏。欲穷圣贤域,精微故难明";"一心湛不挠,四体明且清。平居寡悔尤,处困心亦亨。谁知人寰中,有此天爵荣"。又《赠史坑冶》云:"吾儒根本在修身,恬淡无为乐性真。此性本无尘可去,去尘犹是未离尘。"⑤ 所有这些,都很容易让人联想到陆九龄有关"古圣相传只此心","着意精微转陆沉"的高论。

再次,在看待"文"与"道"的关系方面,"陆氏"兄弟比"濂洛"诸家客观理性、开放豁达。《象山语录》载:"问作文法,先生曰:'读《汉》《史》、韩、柳、欧、苏、尹师鲁、李淇水文不误。后生惟读书一路,所谓读书,须当明物理,揣事情,论事势。且如读史,须看他所以成,所以败,所以是,所以非处。优游涵泳,久自得力。若如此读得三五卷,胜看三万卷。……《左传》深于韩、柳,未易入,且读苏文可也。'"⑥ 谓《左传》、《史记》和《汉书》等历史典籍,处处蕴涵着古今治乱成败之理,韩、柳、欧、苏、尹洙以及李清臣等人的文章也具有"明物理,揣事情,论事势"的精妙价值,这种看法在宋代理学家的言论中极为罕见。不

---

① 《全宋文》第275册,第405页。
② 杨简:《杨氏易传》卷五,《景印文渊阁四库全书》第14册,第54页上。
③ 袁燮:《韶州重修学记》,《全宋文》第281册,第222页。
④ 袁燮:《静斋记》,《全宋文》第281册,第232页。
⑤ 《全宋诗》第50册,第30996、31006页。
⑥ 《陆九渊集》卷三五《语录下》,第442页。

仅如此，在陆九渊看来，"后生好看《子虚》《上林》赋，皆以字数多，后来好工夫不及此"①；"李白、杜甫、陶渊明皆有志于吾道"②，"杜陵之出，爱君悼时，追蹑《骚》《雅》，而才力宏厚，伟然足以镇浮靡，诗家为之中兴。自此以来，作者相望，至豫章而益大肆其力。包含欲无外，搜抉欲无秘，体制通古今，致思极幽眇，贯穿驰骋，工力精到。一时如陈、徐、韩、吕、三洪、二谢之流，翕然宗之。由是江西遂以诗社名天下，虽未极古之源委，而其植立不凡，斯亦宇宙之奇诡也"。③ 或许只有坚信"人心即大道"者，才能对古今文学家表达如此敬意。

程、朱"理学"大别于陆氏"心学"，他们从根本上否定诗文的价值，以为"作文害道"。《二程遗书》载："问：'作文害道否？'曰：'害也。凡为文，不专意则不工，若专意则志局于此，又安能与天地同其大也？《书》云"玩物丧志"，为文亦玩物也。……古之学者，惟务养情性，其他则不学。今为文者，专务章句，悦人耳目。既务悦人，非俳优而何？'"④ 在程氏眼中，即便像李白、杜甫那样的诗坛圣手也"不得其要"，其作品亦属"无用之赘言"⑤。朱熹的看法虽较"二程"有所改变，但文道对立的观念依然如故。他说："这文皆是从道中流出，岂有文反能贯道之理？文是文，道是道，文只如吃饭时下饭耳。若以文贯道，却是把本为末。以末为本，可乎？其后作文者皆是如此。"⑥ 从这种偏激的文道观念出发，他批评韩愈"未免裂道与文以为两物，而于其轻重缓急、本末宾主之分又未免于倒悬而逆置之也"，称欧阳修"终身之言与其行事之实……亦未免于韩氏之病也"⑦。有学者以为，朱熹并不否定"文"，轻视"文"，相反，他认为文学自身具有很高的价值，文学创作是一项复

---

① 《陆九渊集》卷三五《语录下》，第 466 页。
② 《陆九渊集》卷三四《语录上》，第 410 页。
③ 《陆九渊集》卷七《与程帅》，第 103—104 页。
④ 《二程集·遗书》卷一八，第 239 页。
⑤ 程颐：《答朱长文书》，《二程集·文集》卷九，第 601 页。
⑥ 《朱子语类》卷一三九，第 3305 页。
⑦ 朱熹：《读唐志》，《全宋文》第 251 册，第 348、349 页。

杂、精妙的事情①。但事实上，朱熹所谓的"文"不过是指儒家"六经"或解经文字而已；他称韩愈"只是要做得言语似六经，便以为传道"②，称苏轼"语道学则迷大本，论事实则尚权谋，眩浮华，忘本实，贵通达，贱名检，此其害天理、乱人心、妨道术、败风教，亦岂尽出王氏之下也哉"③，便是如此。而对那种叙事说理、言情写景的艺术文章，朱熹始终秉持"作文害道"之说，价值取向不曾发生任何改变。朱熹自称"平生最不喜作文，不得已为人所托，乃为之。自有一等人，乐于作诗，不知移以讲学，多少有益"；复云"才要作文章，便是枝叶，害着学问，反两失也"④，亦可证。

或问朱子坚信诗文创作有害于"道"，而其诗乃"南宋一大家"⑤；陆氏兄弟虽崇仰古今作者，赞美楚《骚》汉赋，其诗文创作则乏善可陈，何也？答曰："朱氏"家学本就蕴涵着诗文创作传统，朱熹承其家学而有诗作，乃自然也。"陆氏"家学强调"存心、养心、求放心"，对诗文创作全不理会，其诗作亦不及朱熹。理论主张与艺术实践常相背反，朱熹与陆九渊实为典型例案。

陆氏子孙能承其家学者寥寥无几，究其原因，或与其"尽废讲学而专务践履，却于践履之中要人提撕省察，悟得本心"的方法路径有关。人之天赋禀性若不甚敏慧，其开悟省察之所得自然有限。此外，自朱熹完成"道统"重建之后，南宋学坛奉"濂洛"为尊，陆氏子孙为时势所困，不能用力于"心学"，亦属自然。

五 成都范、苏：经史相辅以古鉴今的家学典范

在"蜀学"形成与发展的早期阶段，"眉山苏氏"和"华阳范氏"贡

---

① 莫砺锋：《朱熹文学研究》，南京大学出版社2000年版，第116页。
② 《朱子语类》卷一三七，第3260页。
③ 《答汪尚书》，《全宋文》第245册，第43页。
④ 《朱子语类》卷一〇四，第2623页；同书卷一三九，第3319页。
⑤ 李重华：《贞一斋诗说》，《续修四库全书》第1701册，第179页下。

献至巨。从苏洵、范镇到苏符、苏籀、范冲、范仲黼，"苏范世好，兄弟雍睦"①，最终确立了"蜀学"与关、洛、新学并驾齐驱的地位。有关苏、范两族的兴盛历史前文已有简述。兹就其合力进行经史研究、共同致力儒学义理阐释等方面稍事补充。

苏轼尝谓眉州之俗有"三代、汉、唐之遗风，而他郡之所莫及也。始朝廷以声律取士，而天圣以前，学者犹袭五代之弊，独吾州之士，通经学古，以西汉文词为宗师。方是时，四方指以为迂阔。至于郡县胥史，皆挟经载笔，应对进退，有足观者。而大家显人，以门族相上，推次甲乙，皆有定品，谓之江乡。非此族也，虽贵且富，不通婚姻"②。和他同时的成都人吕陶亦称："眉阳士人之盛甲两蜀，盖耆儒宿学能以德行道义励风俗、训子孙，使人人有所宗仰，而趋于善，故其后裔晚生，循率风范，求为君子，以至承家从仕，誉望有立者众。"③ 而在众多"门族"当中，"苏氏"一族建树最多，声望也最高。

成都华阳向"多豪宗巨家"④，情形可与眉州相提并论。范氏一族自范镇至侄百禄、侄孙祖禹以来，四代著史，号为世家。后世子孙又能传"南轩之教"，使其"大行于蜀中"⑤，因此，该族在蜀中的学术地位极为显赫。

苏、范两族成员交谊深厚。苏洵和范镇"平生交契至深"⑥，由此开启了两家学术交流的漫长历程。苏轼尝谓范镇乃"吾先君子之益友也"，"轼得罪下御史台狱，索公与轼往来书疏文字甚急，公犹上书救轼不已"。复云："公既得谢，轼往贺之曰：'公虽退而名益重矣。'公愀然不乐，曰：'君子言听计从，消患于未萌，使天下阴受其赐，无智名，无勇功，吾独不得为此，命也夫！使天下受其害，而吾享其名，吾何心哉！'轼以是愧公。"⑦ 两族成

---

① 李石：《祭范和仲运使文》，《全宋文》第296册，第141页。
② 《苏轼文集》卷一一《眉州远景楼记》，第352页。
③ 吕陶：《朝请郎新知嘉州家府君墓志铭》，《全宋文》第74册，第88页。
④ 文同：《华阳县君杨氏墓志铭》，《全宋文》第51册，第208页。
⑤ 《宋元学案》卷七二《二江诸儒学案》范仲黼条，第2410页。
⑥ 《苏轼文集》卷三三《辞免撰赵瞻神道碑状》，第929页。
⑦ 《苏轼文集》卷一四《范景仁墓志铭》，第435、440、443页。

员"同声相应,同气相求",方能承担起构建蜀学的使命。苏、范两族既能保持各自家学的特色,又能秉持重文学、重人情、重术的共同理念,将"稽其成败之迹,折以义理"①的史学研究推进到一种全新境界,其基本情形可由以下几方面得到确认。

首先,苏、范两家皆长于史学,均着眼于古今成败之迹。苏辙云:"予少而力学。先君,予师也;亡兄子瞻,予师友也。父兄之学,皆以古今成败得失为议论之要。""予既壮而仕,仕宦之余,未尝废书,为《诗》、《春秋》集传,因古之遗文而得圣贤处身临事之微意,喟然太息,知先儒昔有所未悟也。其后复作《古史》,所论益广,以为略备矣。"②所谓"父兄之学",自然包含了史学成分。苏洵和苏轼虽无专门史学著作,但史论文章亦不少。苏洵《嘉祐集》有《史论》三篇,上篇开头即称:"史何为而作乎?其有忧也;何忧乎?忧小人也。"③将"君子小人之辨"等政治概念植入史学,无疑会对史家褒贬取舍的原则产生重要影响,其当下观照功能也就由此得以实现。至苏轼,更创为"八面受敌"之法,将"求古人兴亡治乱圣贤作用"④视为读史首务,其示范之作即《苏轼文集》卷六五《史评》八十八条。如《晋宋之君与臣下争善》条云:"人君不得与臣下争善。同列争善犹以为妒,可以君父而妒臣子乎?晋、宋间,人主至与臣下争作诗写字,故鲍昭多累句,王僧虔用拙笔以避祸。悲夫,一至于此哉!汉文帝言:'久不见贾生,自以为过之,今乃不及。'非独无损于文帝,乃所以为文帝之盛德也。而魏明乃不能堪,遂作汉文胜贾生之论。此非独求胜其臣,乃与异代之臣争善。岂惟无人君之度,正如妒妇不独禁忌其夫,乃妒人之妾也。"⑤这便是苏轼史论的风格,表面上是纵论古之君臣,实则暗含讽喻。难怪陈寅恪先生要说:"苏子瞻之史论,北宋之政

---

① 范祖禹:《进唐鉴表》,《全宋文》第98册,第44页。
② 《苏辙集·栾城后集》卷七《历代论一》,第958页。
③ 苏洵:《史论上》,《全宋文》第43册,第142页。
④ 《苏轼文集》卷六〇《与王庠五首》之五,第1822页。
⑤ 《苏轼文集》卷六五《晋宋之君与臣下争善》,第2028页。

论也。"① 也正因如此，王安石才想把重修《三国志》的重任托付于他。王铚《默记》载："东坡自海外归，至南康军语刘义仲壮舆曰：'轼元丰中过金陵，见介甫论《三国志》曰："裴松之之该洽，实出陈寿上，不能别成书而但注《三国志》，此所以□陈寿下也。盖好事多在注中。安石旧有意重修，今老矣，非子瞻，他人下手不得矣。"轼对以："轼于讨论非所工。"盖介父以此事付托轼，轼今以付壮舆也。'仆闻此于壮舆，尽直记其旧言。"② 世人徒知苏、王政见相悖，却不知其"求古人兴亡治乱"的史学观完全一致。

　　苏辙沿袭家学传统，于史亦多所发明。他为了纠正司马迁《史记》的种种不足，特撰《古史》，自谓"平生好读《诗》《春秋》，病先儒多失其旨，欲更为之传。老子书与佛法大类，而世不知，亦欲为之注。司马迁作《史记》，记五帝三代，不务推本《诗》《书》《春秋》，而以世俗杂说乱之，记战国事，多断缺不完，欲更为《古史》"③。胆识和气魄值得尊重。不过，黄震以为"大率《古史》之作，实祖《索隐》，《索隐》不敢轻议史迁，而特以异同者随事疏其下，俟来者择。使苏子亦如之，则尽善矣"④。稍后，林駉更强化此说，曰："裴骃之《集解》所以释迁史之疑，褚少孙之《续书》所以补迁史之阙，小司马之《索隐》又所以救迁史之讹。夫释其疑，补其阙，固有赖裴、褚之功；而正救舛讹，若非司马之《索隐》，则是非有谬于圣人也不少。呜呼，孰知小司马之后，颍滨先生出于千百载之后，作为《古史》，纠谬救失，隐然小司马之用心。昔人有言：杜征南、颜秘书乃丘明、孟坚之忠臣，特其所谓将顺者，而小司马、苏颍滨乃太史公正救之忠臣，其功尤多。噫，旨哉，是言乎！愚尝绅绎《古

---

① 陈寅恪：《冯友兰中国哲学史上册审查报告》，《金明馆丛稿二编》，上海古籍出版社 1980 年版，第 248 页。
② 王铚：《默记》，中华书局 1981 年版，第 29 页。
③ 《苏辙集·栾城后集》卷一二《颍滨遗老传上》，第 1017 页。
④ 黄震：《黄氏日抄》卷五一"苏子《古史》"条，《景印文渊阁四库全书》第 708 册，第 530 页上。

史》而知颖滨之有功于迁史也深矣。"① 林氏还列举了十二条具体例证,以分析"迁之所以有误"而"颖滨之所以详辨"的背景和原因,且进一步指出:"爱而知其恶,憎而知其善,此苏氏之家学也。故爱汉史者,刊汉史之误(原注:刘攽作《汉史刊误》);爱唐史者,纠唐史之谬(原注:吴缜作《唐史纠谬》);当以是而求颖滨之用心。"② 虽说《古史》在史实考订方面并非完美无缺,但通过史学著作来阐述儒家"义理"的苏氏家学传统,仍然广获好评,即便是像朱熹那样对苏氏家学深怀偏见者,亦谓"《古史》中多有好处"③。《朱子语类》云:"伯恭子约宗太史公之学,以为非汉儒所及,某尝痛与之辩。子由《古史》言马迁'浅陋而不学,疏略而轻信'。此二句最中马迁之失,伯恭极恶之。《古史序》云:'古之帝王,其必为善,如火之必热,水之必寒;其不为不善,如驺虞之不杀,窃脂之不谷。'此语最好。某尝问伯恭:'此岂马迁所能及?'"④ 由此可知,《古史》在义理阐述方面确有成就。

从苏洵、苏轼"史论"到苏辙《古史》,均体现着苏氏史学兼"史中经"与"北宋之政论"的突出特点⑤,而同样的史学追求,在"成都范氏"几代学人的撰述中也有所体现。

范镇"学本于六经,口不道佛、老、申、韩之说。其为文章温润简洁,如其为人。与修《唐书》《仁宗实录》《玉牒》《日历》《类篇》",所著"有《文集》一百卷,《谏垣集》十卷,《内制集》三十卷,《外制集》十卷,《正书》三卷,《乐书》三卷,《国朝韵对》三卷,《国朝事始》一卷,《东斋记事》十卷,《刀笔》八卷"⑥。不过,这些著作大多因范百禄及范祖禹两人名列"元祐党籍"而遭到禁毁。但从后人重辑的《东斋记

---

① 林駉:《古今源流至论·前集》卷二《古史》条,《景印文渊阁四库全书》第942册,第20页上、下。
② 《古今源流至论·前集》卷二,《景印文渊阁四库全书》第942册,第22页上。
③ 《朱子语类》卷一三九,第3312页。
④ 《朱子语类》卷一二二,第2951页。
⑤ 《古史》卷一〇"附录"引明陈仁锡语,《三苏全书》,语文出版社2001年版。
⑥ 韩维:《范公神道碑》,《全宋文》第49册,第253页。

事》中仍不难看出,范镇不仅在"濮议"及"王安石变法"等重大事件中和司马光、苏轼等人态度相同,其求古人兴亡治乱之迹以为当世之鉴的史学追求也与之相契合。如《郡斋读书志》于《国史对韵》后记云:"皇朝范镇撰。吴仲庶尝称景仁悯诸后学虽涉书传,而问之今代典故,则懵然不知。乃从太祖开基,迄于仁宗朝,摭取事实可为规矩鉴戒者,用韵编次之,即此书也。"①

继范镇之后,范祖禹成为家族成员中最有成就的史学家。他于治平中为编修官,佐司马光修《资治通鉴》,渐知其行文之法。《邵氏闻见后录》载:"司马文正公修《通鉴》时,谓其属范淳父曰:'诸史中有诗赋等,若止为文章,便可删去。'盖公之意,欲士立于天下后世者,不在空言耳。"② 经司马光提点教诲,范祖禹不仅出色完成了《资治通鉴》的编撰任务,且深得司马公文章作法之精髓。王铚曰:"《资治通鉴》成,温公托范淳父作进书表,今刊于《通鉴》后者是也。温公以简谢淳父云:'真得愚心所欲言而不能发者。'温公书帖,无一字不诚实也。"③ 与此同时,范祖禹还参加了《英宗实录》《神宗实录》(墨本)《神宗皇帝正史》等史籍的撰写,并独立完成《唐鉴》十二卷、《帝学》八卷、《仁宗政典》六卷等史学名著,其中《唐鉴》一书最负盛名。他在《进唐鉴表》中说:"臣窃以自昔,下之戒上,臣之戒君,必以古验今,以前示后","臣昔在先朝,承乏书局,典司载籍,实董有唐。尝于绅次之余,稽其成败之迹,折以义理,缉成一书。思与庶人传言,百工执艺,献之先帝,庶补万分"。④ 很显然,总结李唐三百年成败得失的教训,为赵宋王朝提供借鉴,才是《唐鉴》要旨所在。或许正因如此,该书自面世之日起,便得名公大家交口称赞。如《晁氏客语》载:"元祐中,客有见伊川先生者,几案间无他书,惟印行《唐鉴》一部。先生谓客曰:'近方见此书,自三代以后无此议论。'崇宁初,纯夫子冲见栾城先生于颍昌,栾

---

① 《郡斋读书志校证》卷一四,第 675 页。
② 邵博:《邵氏闻见后录》卷一〇,第 77 页。
③ 王铚:《四六话》卷下,《丛书集成初编》第 2615 册,第 17 页。
④ 范祖禹:《进唐鉴表》,《全宋文》第 98 册,第 44 页。

城曰：'老来不欲泛观书，近日且看《唐鉴》。'"①

相对于"苏氏"父子的"史论"文章，"范氏"族人作为专任史官的修史态度更加严谨，其著述成果也更为规范翔实。范镇从欧阳修编撰《新唐书》，居修史局达十七年之久，与同仁"分成卷草，用功最多"②。其后，司马光奉诏修《资治通鉴》，特为置局，"以其所素贤者刘攽、刘恕、范祖禹为属，凡十九年而成"③。据李焘说："司马光之作《资治通鉴》也，先使其僚采摭异闻，以年月日为《丛目》。《丛目》既成，乃修《长编》。唐三百年，范祖禹实掌之。光谓祖禹：'《长编》宁失于繁，无失于略。'当时祖禹所修《长编》盖六百余卷，光细删之，止八十卷，今《资治通鉴·唐纪》自一百八十五卷至二百六十五卷是也。"④如此一丝不苟的坚持，在苏轼、苏辙那里或许不可想象。

不过，苏、范两族的家学交流和互动并不限于史学。他们共同努力，积极探索儒学义理，为"蜀学"发展奠定了坚实基础。《宋元学案》之《三江诸儒学案》对此虽有叙述，其逻辑关系仍有可补足者。

欧阳修在《荐布衣苏洵状》中称赞苏洵"论议精于物理而善识变权，文章不为空言而期于有用其。所撰《权书》《衡论》《几策》二十篇，辞辩闳伟，博于古而宜于今，实有用之言，非特能文之士也"⑤。作为"苏氏"家学的奠基人，苏洵首先确立了重人情、尚权谋、主张三教合一的精神指向。他认为，用法者"为其小者以求合天下之足，故其繁简则殊，而求民之情以服其心则一也"；圣人制礼颇重人情，"夫人之情安于其所常为，无故而变其俗，则其势必不从"；《诗经》的教化作用本乎人情，"《诗》之教，不使人之情至于不胜也"⑥。更有甚者，他将"人情"视为

---

① 《晁氏客语》，《丛书集成初编》第369册，第31页。
② 《欧阳修全集》卷九一《辞转礼部侍郎札子》，第1341、1342页。
③ 《东都事略》卷八七下《司马光传》，《景印文渊阁四库全书》第382册，第566页下。
④ 《长编》卷首《进〈续资治通鉴长编〉表》，第3页。
⑤ 《欧阳修全集》卷一一二《荐布衣苏洵状》，第1698页。
⑥ 苏洵：《用法》，《全宋文》第43册，第94页；《礼论》，《全宋文》，第106页；《诗论》，《全宋文》，第110页。

辨别奸邪的唯一标准,称"凡事之不近人情者,鲜不为大奸慝,竖刁、易牙、开方是也"①。苏轼对人情的理解更加体贴入微,曰:"凡人之情,夫老而妻少,则妻倨而夫恭。妻倨而夫恭,则臣难进,而君下之之谓也。"②"人之情,无大患难,则日入于偷。"③他甚至将人之常情与事业成败联系起来,说:"凡人之情,一举而无功则疑,再则倦,三则去之矣。今世之士,所以相顾而莫肯为者,非其无有忠义慷慨之志也,又非其才术谋虑不若人也,患在苦其难成而不复立。不知其所以不成者,罪在于不立也。"④大抵从人情好恶出发,理解法制、礼乐、治乱诸事,很容易提纲挈领,而"眉山苏氏"与"河南程氏"以"人情"为焦点的对立纷争也由此发生。

苏氏父子的儒学探索直指儒道本质、六经要旨。苏洵撰《谥法》,苏轼撰《苏氏易传》《书传》,苏辙撰《诗集传》《春秋集解》《论语拾遗》《孟子解》及《道德经解》,皆能自畅其说,无所忌讳。苏轼自谓"但抚视《易》《书》《论语》三书,即觉此生不虚过",⑤而《东坡书传》十三卷"究心经世之学,明于事势,而又长于议论,故其诠解经义,于治乱兴亡之故,披抉明畅,较他经独为擅长"⑥。《苏氏易传》卷七《系辞传上》释文曰:"阴阳一交而生物,其始为水。水者,有无之际也,始离于无而入于有矣。老子识之,故其言曰:'上善若水。'又曰:'水几于道。'圣人之德,虽可以名言,而不囿于一物,若水之无常形。此善之上者,几于道矣,而非道也。若夫水之未生,阴阳之未交,廓然无一物,而不可谓之无有,此真道之似也。"⑦这段论述不仅阐述了"阴阳交,然后生物"的哲学

---

① 苏洵:《辨奸论》,《全宋文》第43册,第158页。
② 苏轼:《苏氏易传》卷三,《丛书集成初编》第392册,第67页。
③ 《苏氏易传》卷二"蛊"卦辞注,第392册,第44页。
④ 《苏轼文集》卷四《思治论》,第115页。
⑤ 《苏轼文集》卷五七《答苏伯固》,第1741页。另:同集卷四八《黄州上文潞公书》云:"到黄州,无所用心,辄复覃思于《易》、《论语》,端居深念,若有所得,遂因先子之学,作《易传》九卷。又自以意作《论语说》五卷。"第1380页;卷五一《与滕达道》称:"某闲废无所用心,专治经书。一二年间,欲了却《论语》、《书》、《易》,舍弟亦了却《春秋》、《诗》。"第1482页。
⑥ 《四库全书总目》卷一一《东坡书传》提要,第90页中。
⑦ 《苏氏易传》卷七,《丛书集成初编》第393册,第159页。

原理，且明确指出"阴阳"不可见，"凡可见者皆物也，非阴阳也"。在苏轼看来，所谓"一阴一阳之谓道"，是指"阴阳未交而物未生"时的状态；"阴阳一交而生物，其始为水"，则呈现着从"无"到"有"的转化过程。而"水"作为具象之物，其"无常形"的特点最近乎"道"。在此，苏轼引用了《老子》第八章"上善若水"和"水几于道"的表述，显示出以儒为本，兼通释老的姿态和主张。有关"水几于道"的古老命题很容易让人联想到自然物象中所蕴涵的"必然之理"，苏轼的《赤壁赋》及《续养生论》以水言"道"的文章，皆充分展示"独与天地精神往来而不敖倪于万物"，"上与造物者游，而下与外死生无终始者为友"的精神情怀，[①] 其廓然超绝的雄姿，绝非河南程氏等局促于"天理"者所能及。

此外，苏氏家学的另一个讨论焦点是"道"。苏轼对"道"的理解和苏辙《老子解》基本一致，他们都深信老子所谓"道之为物，惟恍惟惚；惚兮恍兮，其中有象；恍兮惚兮，其中有物；窈兮冥兮，其中有精"的说法，以为"道非有无，故以恍惚言之。然极其运而成象，著而成物，未有不出于恍惚者也"。具体说来，"方无有之未定，恍惚而不可见；及夫有无之交，则见其窈冥深眇，虽未成形，而精存乎其中矣"[②]。苏轼一方面坚称"道不可求"，另一方面则认为人与道可以自然地合为一体，故曰："君子之于道，至于一而不二，如手之自用，则亦莫知其所以然而然矣。"[③] 他曾以"眇者不识日"及"南方多没人"为喻，来说明"道可致而不可求"的哲学道理，曰："生而眇者不识日，问之有目者。或告之曰：'日之状如铜盘。'扣盘而得其声。他日闻钟，以为日也。或告之曰：'日之光如烛。'扪烛而得其形。他日揣钥，以为日也。日之与钟、钥亦远矣，而眇者不知其异，以其未尝见而求之人也。道之难见也甚于日，而人之未达也，无以异于眇。"复云："南方多没人，日与水居也，七岁而能涉，十岁而能浮，

---

① 《庄子集释》卷一〇下《杂篇·天下》，第1098、1099页。
② 苏辙：《老子解》卷二，《丛书集成初编》第537册，第20、21页。
③ 《苏氏易传》卷一《乾》象传注，《丛书集成初编》第392册，第4页。

十五而能没矣。夫没者,岂苟然哉,必将有得于水之道者。日与水居,则十五而得其道。生不识水,则虽壮,见舟而畏之。故北方之勇者,问于没人,而求其所以没,以其言试之河,未有不溺者也。故凡不学而务求道,皆北方之学没者也。"①《日喻》仅四百字,但举例说明世间之言道者,或"即其所见而名之",或"莫之见而意之",均属谬误,可谓透辟精当。

既然"道可致而不可求",那么人在"无心"的状态下,便最容易体会到事物变化的"必然之理",也最容易体会到与万物融为一体的自在境界。苏轼尝就陶渊明《无弦琴》"但识琴中趣,何劳弦上声"两句提出质疑,以为"渊明非达者也。五音六律,不害为达,苟为不然,无琴可也,何独弦乎?"②其实,此所谓"达"者,即是"无心"。为了更清晰地说明"无心"之境,他取譬于水和鉴,曰:"物之无心者必一,水与鉴是也;水、鉴惟无心,故应万物之变。"③这里的"一",就是指世间万物皆循其"道"、各呈其妙的充实和无限。换句话说,只有"无心"者,才能使自己融入天地万物,并充分体会自然变化的神妙和奇异。为了达到"无心而一"的境界,就必须强调"静"的重要。《静常斋记》云:"虚而一,直而正,万物之生芸芸,此独漠然而自定,吾其命之曰静。泛而出,渺而藏,万物之逝滔滔,此独且然而不忘,吾其命之曰常。无古无今,无生无死,无终无始,无后无先,无我无人,无能无否,无离无著,无证无修。即是以观,非愚则痴。舍是以求,非病则狂。昏昏默默,了不可得。混混沌沌,茫不可论。虽有至人,亦不可闻,闻为真闻,亦不可知,知为真知。是犹在闻知之域,而不足以仿佛。"④严格说来,这种在虚静中体会自我超脱的做法,与禅宗所谓"静而达之"以及道家强调的"虚明应物"并无二致。不过,在现实之中,那种飘飘欲仙的醉酒状态似乎更近"无心"之妙。如苏公尝为韩琦撰《醉白堂记》曰:"方其寓形于一醉也,齐得丧,

---

① 《苏轼文集》卷六四《日喻》,第 1980、1981 页。
② 《苏轼文集》卷六五《渊明非达》,第 2029 页。
③ 《苏轼文集》卷六《书义·终始惟一时乃日新》,第 168 页。
④ 《苏轼文集》卷一一,第 363、364 页。

忘祸福，混贵贱，等贤愚，同乎万物，而与造物者游，非独自比于乐天而已。"① 此等文字直可与庄子《齐物论》《逍遥游》比较对读，难怪朱熹要说苏氏兄弟"乃以仪、秦、老、佛合为一人，其为学者心术之祸最为酷烈，而世莫之知也"。②

苏轼所谓"天一为水，凡人之始造形，皆水也"，以及"无心而一"方能"应万物之变"的思想，很容易让人联想到南宋心学家的某些论述。如陆九渊从小立志"须大做一个人"③，声称"吾心即是宇宙"，"宇宙内事，是己分内事。己分内事，是宇宙内事"。④ 其后学杨简谓"斯心即天之所以清明也，即地之所以博厚也，即日月之所以明，四时之所以行，万物之所以生也，即古今圣贤之所以同也"；⑤ 袁燮则以"鉴"喻"心"，谓"此鉴此心，昭晰无疑。鉴揭于斯，中涵万象。物自不逃，初非鉴往。人心至神，无体无方。有如斯鉴，应而不藏"。⑥ 就本质而论，苏氏父子与陆门师徒都是在读书和践履中洞悟"本心"，进而将"吾心"和"宇宙"消融合一，使心灵变得透彻充盈。从这个角度看，陆氏"心学"与苏轼的"无心"之论遥相呼应，绝非偶然，所谓"敬义立而德不孤"⑦，非虚语也。

苏氏子孙仕宦多不显达，其建树主要在文学、史学及经学诸方面。《东都事略·苏轼传》云："子迈、迨、过，俱善为文。"⑧ 迈仕不显，迨靖康初为驾部员外郎。苏过字叔党，"轼知杭州，过年十九，以诗赋解两浙路，礼部试下。及轼为兵部尚书，任右承务郎。轼帅定武，谪知英州，贬惠州，迁儋耳，渐徙廉、水，独过侍之。凡生理昼夜寒暑所须者，一身百为，不知其难。初至海上，为文曰《志隐》，轼览之曰：'吾可以安于岛

---

① 《苏轼文集》卷一一，第345页。
② 《朱子全书》第22册，上海古籍出版社、安徽教育出版社2002年版，第2136页。
③ 《陆九渊集》卷三五《语录下》，第439页。
④ 《陆九渊集》卷二二《杂说》，第273页。
⑤ 杨简：《达庵记》，《全宋文》第275册，第405页。
⑥ 《全宋诗》第50册，第30985、31010页。
⑦ 《苏氏易传》卷一《坤》象传注，第11页。
⑧ 《东都事略》卷九三上《苏轼传》，《景印文渊阁四库全书》第382册，第606页下。

夷矣。'因命作《孔子弟子别传》。轼卒于常州,过葬轼汝州郏城小峨眉山,遂家颍昌,营湖阴水竹数亩,名曰小斜川,自号斜川居士"。"有《斜川集》二十卷。其《思子台赋》《飓风赋》早行于世。时称为'小坡',盖以轼为'大坡'也。其叔辙每称过孝,以训宗族。且言:'吾兄远居海上,惟成就此儿能文也。'"① 过之诗亦有父风,《苕溪渔隐丛话·前集》云:"苏叔党过《赋鼠须笔》云:'太仓失陈红,狡穴得余腐。既兴丞相叹,又发廷尉怒。磔肉喂饿猫,纷髯杂霜兔。插架刀槊健,落纸龙蛇骛。物理未易诘,时来即所遇。穿墉何卑微,托此得佳誉。'其步骤气格,殊有父风也。"② 苏过以仁义自重,至死犹能保持家族尊严与风范。《挥麈后录》云:"苏过,字叔党,东坡先生季子也。翰墨文章,能世其家,士大夫以'小坡'目之。靖康中,得倅真定。赴官次,河北道遇绿林,胁使相从,叔党曰:'若曹知世有苏内翰乎?吾即其子,肯随尔辈求活草间耶?'通夕痛饮。翌日视之,卒矣。惜乎世不知其此节也!"③ 苏过娶范镇孙女为妻,生七子。次曰苏籍,声名最著,与苏迈之子符并称"大小苏"。苏符门人李石撰《资州程使君墓志铭》云:"凡向之以文字往来者,如大苏尚书公符、小苏博士公籍、喻驾部汝砺、运副范公瓒、检讨邵公博,石与使君日处其间。其诸公之群从子弟,执门生弟子礼者多名人,日沓沓说文不离口,而所得于渊源有自者,未论其人,文可知也。"④

苏轼之孙符,绍兴中官礼部尚书,高宗尝谓宰执曰:"符颇明经旨。自世俗观之,此论似迂阔,而理有必然者。"⑤ 其曾孙苏岘,精于《礼》学,洪适尝曰:"尔四世祖精于《礼》学,作《太常因革书》百篇行于世,礼官有讨论,资以折衷而无聚讼之患。尔不坠家学,近臣称之。"⑥

---

① 《宋史》卷三三八《苏轼传》附苏过传,第10818页。
② 《苕溪渔隐丛话·前集》卷四一,第283页。
③ 《挥麈录·后录》卷八,第184、185页。
④ 李石:《资州程使君墓志铭》,《全宋文》第206册,第108、109页。
⑤ 李心传:《建炎以来系年要录》卷一三九,第857页。
⑥ 洪适:《苏岘太常寺主簿制》,《全宋文》第212册,第282页。

第四章 理学宗派与家传之学 161

苏轼的从孙苏元老，字在廷，"幼孤力学，长于《春秋》，善属文。轼谪居海上，数以书往来。轼喜其为学有功，辙亦爱奖之。黄庭坚见而奇之，曰：'此苏氏之秀也。'举进士，调广都簿，历汉州教授、西京国子博士、通判彭州"。后官成都路转运副使，至太常少卿。"元老外和内劲，不妄与人交。梁师成方用事，自言为轼外子，因缘欲见之，且求其文，拒不答。言者遂论元老苏轼从孙，且为元祐邪说，其学术议论，颇仿轼、辙，不宜在中朝罢。为提点明道宫。元老叹曰：'昔颜子附骥尾而名显，吾今以家世坐累，荣矣。'"① 黄庭坚尝曰："苏元老在庭，作诗书字，真东坡先生家子弟。人物亦高秀。闻其平居甚孝谨，不易得也。"② 是知苏元老乃能承其家学者。元老有《九峰集》，陈振孙题曰："太常少卿眉山苏元老在廷撰。东坡从孙也。坡在海上，尝有书往来。其罢奉常归颍昌，正坐元祐邪说。未几遂卒，年四十七。"③ 虽党祸累及，然苏轼一脉毕竟后继有人。

苏辙三子：迟、适、逊，能以文学世其家者，主要是苏迟一脉。迟字伯充，号涌泉先生。绍圣元年（1094）后曾随其父闲居颍昌，以元祐党人后，废弃多年。宋高宗建炎元年（1127）守右司员外郎。后累官至权工部侍郎。绍兴五年（1135）引年告老，充徽猷阁待制，提举江州太平观至卒。苏迟娶状元梁颢之孙女为妻，生籀、简、策三子。苏简，字伯业。以祖荫入官，累至直徽猷阁，后以直龙图阁、知洪州，落职放罢④。"次年辞召丐祠，转中散大夫，复龙图阁，致仕。乾道初，封中大夫，二年，卒，后赠少保。有《山堂文集》二十卷。"⑤ 苏简之子谔，字伯昌，以祖恩入仕。积官至朝议大夫。有《拙斋集》。

迟子籀，字仲滋，南渡后居婺州，官至监丞。籀年十余岁时侍辙于颍昌，首尾九年，未尝去侧，撰成《栾城遗言》，清人谓此书"中间辨论文

---

① 《宋史》卷三三九《苏元老传》，第10835页。
② 黄庭坚：《与杨素翁书》，《全宋文》第105册，第79页。
③ 《直斋书录解题》卷一七《九峰集》解题，第516页。
④ 《建炎以来系年要录》卷一七九，第535页上；卷一八三，第596页下。
⑤ 吴师道：《敬乡录》卷七《苏简传》《苏谔传》，《文渊阁四库全书》第451册，第316页上、下。

章流别、古今人是非得失，最为详晰，颇能见辙作文宗旨。其精言奥义，亦多足以启发来学。惟籀私于其祖，每阴寓抑轼尊辙之意，似非辙之本心"①。苏籀有《双溪集》传世，清人曰："考苏、黄二家，并隶名元祐党籍，南渡以后，黄氏虽承藉先泽，颇见甄录，而家学殆失其传，惟其孙畇依附朱子之门，得以挂名于《语录》。朱子于苏氏兄弟攻击如雠，而于庭坚无贬词，畇之故也。然畇之著作，惟《宋史·艺文志》载有《复斋漫稿》二卷，世无其本，《文献通考》已不著录，宋人亦无称述者。文章一道，殆非所长。惟籀以苏辙之孙、苏迟之子，尚有此一集传世，为能不堕其家风。"② 个中得失，不待智者而辨。

就在"眉山苏氏"家学蓬勃发展之际，"成都范氏"家学也向着探寻六经要旨的方向悄然转型，而张栻入蜀又为此提供了历史契机。张栻字敬夫，后避讳改钦夫，号南轩。早年从学于五峰先生胡宏，孝宗隆兴元年（1163）以荫补官，累官至知江陵府、荆湖北路安抚使。栻与朱熹、吕祖谦为讲学友。《宋元学案》云："宣公居长沙之二水，而蜀中反疏。然自宇文挺臣、范文叔、陈平甫传之入蜀，二江之讲舍不下长沙。黄兼山、杨浩斋、程沧洲砥柱岷、峨，蜀学之盛，终出于宣公之绪。"同书《知州范月舟先生仲黼》传曰："范仲黼，字文叔，成都人。正献公祖禹之后也。仕至通直郎，为国子博士，兼皇侄许国公府教授。初南轩虽蜀产，而居湖、湘，其学术未甚通于蜀。先生始从南轩学，杜门十年，不汲汲于进取。鹤山谓其'剖析精微，罗络隐遁，直接五峰之传。'晦翁、东莱皆推敬之。后以著作郎知彭州，学者称月舟先生。晚年讲学二江之上，南轩之教遂大行于蜀中。"③ 按：魏了翁字华父，号鹤山。所谓"二江"，在成都东门外，乃范氏诸公讲学之所，南宋蜀学之盛肇始于此。严格说来，黄宗羲的说法并无虚言夸饰之意。从胡宏到张栻再到成都"四

---

① 《四库全书总目》卷一二一《栾城遗言》提要，第1043页中。
② 《四库全书总目》卷一五七《双溪集》提要，第1357页下。
③ 《宋元学案》卷七二《二江诸儒学案》，第2407、2410页。

范"，传承轨迹非常清晰。

范仲黼字文叔，范溉子，范祖述（百禄子）孙也①。淳熙五年（1178）同进士出身，"仕至通直郎，为国子博士，兼皇侄许国公府教授"。"始从南轩学，杜门十年，不汲汲于进取。鹤山谓其'剖析精微，罗络隐遁，直接五峰之传'。晦翁、东莱皆推敬之。后以著作郎知彭州，学者称为月舟先生。晚年讲学二江之上，南轩之教遂大行于蜀中。"②按：张栻乃是韩侂胄所谓"伪学逆党"的重要成员，而当"庆元党禁"时栻已辞世，而范仲黼此时亦遁迹彭州，故幸免于难。

范子长，字少才，其弟子该，字少约，皆为范仲黼之从子。兄弟二人同游南轩之门。魏了翁尝称范子长"赋资刚介，秉行粹夷。蔚然蜀国之流芳，展也岷阳之间气。议论礌砢，居多前辈典刑之言；风节崔嵬，耻嗅权门爵禄之饵。宁问庞眉之郎省，不为识面之台官。闭干木之门，或谓迫斯可以见矣；知阳货之馈，乃复阚亡而往拜之。以一身自任之不轻，故十载外庸之不屑"。③嘉泰末（1204），与赵大全、魏了翁等上疏极陈韩侂胄之恶，以此罢归。后召为吏部郎中，知泸州。范少约生卒仕历无考，李心传《建炎杂记乙集》曰："程东老在蜀最无足云，而所荐陈蓬孺、李仲衍、薛章、范少约、张义立、杨叔禹皆知名。"④

范荪字季才，尝为宣教郎、邛州蒲江知县。开禧中为夔路转运判官。后擢太府寺主簿。楼钥尝云："蜀之范氏，如晋王谢，人物辈出，文献相望。尔在今日，又其翘楚也。以世科发身，以吏课交荐。其在朝列，退然若无所修综者，而人自称之。"⑤累官宗正寺丞、知邛州。《宋元学案·知州范华阳先生荪传》云："乾、淳以后，南轩之学始盛于蜀中，范文叔为

---

① 胡昭曦：《宋代"世显以儒"的成都范氏家族》，《宋代四川家族与学术论集》，第121页。
② 《宋元学案》卷八〇《二江诸儒学案》，第2410页。
③ 魏了翁：《贺范帅子长启》，《全宋文》第309册，第445页。
④ 《建炎以来朝野杂记乙集》卷一一《淳熙至嘉定蜀帅荐士总记》，第663页。
⑤ 楼钥：《干办审计司范荪太府寺主簿制》，《全宋文》第262册，第307页。

之魁，而范少才、少约与先生并称嫡传，时人谓之'四范'。仁寿虞提刑刚简，尝请先生讲学沧江书院。鹤山魏文靖公初为考索记问之学，先生以敛华就实语之。"① 魏了翁《谢邛守范季才宗丞荪启》云："如某者口黄幼生，汗青活计，抱影韩檠之二尺，刳心邺架之万籤。誓铁砚以进修，指污渠而警策。二十作《文赋》，未当陆士衡挺异之年；五千擢英才，已无舒元舆不养之气。偶陪鹄立，获侣鹗飞。牛膝龙肝，滥已甚矣。风声鹤唳，幸可再乎！""间者弦歌于一同，已沐驯雉之化；今焉师长于千里，载陪鸣鹿之歌。致使晚生，亦玷公选。"② 由于资料散佚，难睹成都"四范"的学术风采，但魏了翁的真诚赞美，足令人心驰神往。

"眉山苏氏"与"成都范氏"是两个"世好""雍睦"的大家族。两个家族均有着沉潜经史、雅善文学的家学传统：苏洵"通《六经》、百家之说，下笔顷刻数千言"；范镇"学本于《六经》，口不道佛老申韩之说。其为文章，温润简洁，如其为人"，这种不约而同的价值取向，或许源于蜀川学人亘古而然的自觉追求。苏、范两族家学明显不同于程、胡、朱、陆等理学望族，他们能将借古鉴今的价值情怀贯穿到史学研究之中，让经学探索和史学研究都拥有当下观照的意义和价值。最明显的一点就是"重人情"。苏、范两族成员都能从人情人性的基本点出发，理解并解读古圣前贤之道，这与"存天理、灭人欲"的时髦理念背道而驰。史载洛、蜀党争始于程颐与苏轼之间的嫌隙，焦点即在"人情"二字。苏轼希望以"每加玩侮"③ 的方式阻止程氏之学在朝野蔓延，以免谬种扩播，贻误国家社稷，只可惜终为"党议"所扰，未能成功。苏、范两族名家辈出，代有闻人，所谓"赋资刚介，秉行粹夷。蔚然蜀国之流芳，展也岷阳之间气"④，令人钦佩。

宋代文人对儒家经典的义理阐释，脱离了汉唐训释传统，获得了新的论说空间和话语自由。虽说"道学"传授主要在民间进行，但皇权政府也

---

① 《宋元学案》卷八〇《二江诸儒学案》，第2412页。
② 魏了翁：《谢邛守范季才宗丞荪启》，《全宋文》第309册，第420、421页。
③ 《宋史纪事本末》卷四五《洛蜀党议》，第439页。
④ 魏了翁：《贺范帅子长启》，《全宋文》第309册，第445页。

经常通过"经筵讲读"的方式加以鼓励。"心性理道"之说既能多家论辩于乡野书院，也能借御前侍讲之机呈现于庙堂之上。在此情形下，专心言"道"者遂联袂接踵，"河南程氏""武彝胡氏""婺源朱氏"以及"金溪陆氏"等名门望族乃其佼佼者。就家学而言，他们各有发明；就道学来看，却又殊途同归。从内涵各异的家学传承到尽心于格物致知、诚意正心的天下之学，恰如溪流汇注、百川归海，其曲折往复的过程值得叹赏。即便像陆九渊兄弟那样欲"尽废讲学而专务践履，却于践履之中要人提撕省察，悟得本心"的奇思妙想，也是宋代"人智"活动登峰造极的标志。当然，文学史家必会偏爱"眉山苏氏"和"成都范氏"那样的姿态和境界，这不仅因为文学的灵魂在于"人情"，而是苏、范两族成员将经学、史学与文学创作融会贯通的成功示范，更能拓展文学史考察的角度和视野。

我们也注意到，不是所有的道学名家都能建立"家学"。如张栻，朱熹撰《神道碑》，称栻"生有异质，颖悟夙成，忠献公爱之。自其幼学，而所以教者莫非忠孝仁义之实。既长，又命往从南岳胡公仁仲先生问河南程氏学"。"所造既深远矣，而犹未敢自以为足，则又取友四方，益务求其学之所未至。盖玩索讲评，践行体验，反复不置者十有余年，然后昔之所造深者益深，远者益远，而反以得乎简易平实之地。"① 此公尝师事胡宏，与朱熹、吕祖谦为讲学友，其女又嫁给胡宏之子胡季随。张栻入蜀，更将濂洛学术传入蜀中。只可惜其子张焯早逝，家无传人。再如刘安世，气节凛然，争光日月，《尽言集》《元城语录》皆得传世，"其学以明道通经为主，不专传注、世俗之文"。朱子作《名臣言行录》，对王安石、吕惠卿皆有所采录，独以安世尝劾程子之故，不载其一字。不过，朱熹的排抑，绝非刘氏"家学"遭遇冷落的原因，其所生四子"皆业进士，能文词"②，未有预道学者，方为症结所在。好在像张栻、刘安道这样的硕学鸿儒与名门望姓子弟交往密切，其学术造诣浸染于相关家学者，亦能得到充分尊重。

---

① 朱熹：《右文殿修撰张公神道碑》，《全宋文》第253册，第27页。
② 王庭珪：《故左朝奉郎刘公墓志铭》，《全宋文》第158册，第310、311页。

第五章　文学家族的家学与婚姻

两宋时期以诗赋文章显名于世的文学家族较李唐一代增加了许多，这些家族中受人称道的文学名家或一代数人，或数代多人，他们以各种不同的身份尽情挥洒翰墨，将诗歌、辞赋、"古文"及四六文的创作推进到一种全新的境界和水平。宋代望族不同于唐代士族，他们绝不将以诗赋登进士第者视为浮薄放荡之徒。顾炎武《日知录》云："文宗好学嗜古，郑覃以经术位宰相，深嫉进士浮薄，屡请罢之。武宗即位，宰相李德裕尤恶进士，谓朝廷选官，须公卿子弟为之。何者？少习其业，自熟朝廷事，台阁之仪不教而自成。寒士纵有出人之才，固不能闲习也。德裕之论偏异盖如此。然进士科，当唐之晚节，尤为浮薄，世所共患也。"① 陈寅恪先生也说："唐代士大夫中主张经学为正宗、薄进士为浮冶者，大抵出于北朝以来山东士族之旧家也。其由进士出身而以浮华放浪著称者，多为高宗、武后以来君主所提拔之新兴统治阶级也。"② 赵宋建国以后，随着朝廷文化策略的转变，类似的褊狭见解遂告消弭。

不过，从维护"阀阅"、增辉门楣的角度讲，以诗赋文章"世其家"者往往步履艰难，其如王迈所云："以仕宦世其家易，以文章世其家难。貂蝉七叶，盈床象笏，此世禄之尤盛者，而天下未尝无其人。

---

① 顾炎武：《日知录集释》卷一七《进士得人》条，黄汝成集释，上海古籍出版社1985年版，第1299页。

② 陈寅恪：《唐代政治史述论稿》，第72页。

至于诗书事业，克守其绪，使先人之遗风不坠于数十百年之后者，盖绝无而仅有也。"① 不过，越是充满艰辛与挑战，就越会有人取得成功，章定《名贤氏族言行类稿》云："在宋朝，以文章名世，父子兄弟齐名者甚众，若三苏、三刘、三沈、三孔，则其彰彰尤著者也。"② 其实，章氏所述之外，他如"东莱吕氏"之吕公著、吕好问、吕本中、吕祖谦，"澶州晁氏"之晁迥、晁宗悫、晁仲衍、晁说之、晁补之、晁冲之、晁公武，"新喻刘氏"之刘敞、刘攽、刘奉世，"南丰曾氏"之曾致尧、曾易占、曾巩、曾布、曾肇、曾协、曾季狸等，均以超逸卓绝的诗文创作，创造了文学家族的辉煌。这些望族子弟从小受到良好的家学熏陶，耳濡目染之间已别具才情，而在以婚姻为梯媒的亲情关系网中，"外舅"的欣赏和鼓励，"舅氏"的传授与引导，也有效缩短了他们走向成功的距离。为了充分展示文学望族成员的家学修养，进而揭示各族之间以婚姻为中介的家学交流与融合，兹以"盐泉苏氏""常州葛氏""鄱阳洪氏"及"绩溪胡氏"等学界讨论还不够充分的家族为例，详加分析，具体说明。

一　盐泉苏氏：孟母之教翰林才情

苏氏一族因参知政事苏易简和文学名家苏舜钦而闻名于世。其郡望为武功，释契嵩《清轩铭并序》所谓"武功苏子美"③，文彦博《题裴晋公画像赞并序》称"尚书郎武功苏才翁"④，皆是也。其籍贯则有两说，《东都事略》及《宋史》均谓"苏易简字太简，梓州铜山人"。⑤ 然《永乐大典》卷二四〇一《苏协》引《绵州志》，称易简祖父苏寓"至左绵，喜其地物爽润，遂迎父丧，葬盐泉之清溪，因家籍焉"；同书同卷《苏易简》

---

① 廖行之：《省斋集》后附王迈跋，《景印文渊阁四库全书》第1167册，第405页下。
② 章定：《名贤氏族言行类稿》卷三四，《景印文渊阁四库全书》第933册，第514页下。
③ 释契嵩：《清轩铭并序》，《全宋文》第36册，第371页。
④ 文彦博：《题裴晋公画像赞并序》，《全宋文》第31册，第64页。
⑤ 《宋史》卷二六六《苏易简传》，第9171页。

又引苏舜钦《父祖家传》云，苏寓"遍游名山，遇胜辄留。至棉左，尤喜其地物爽润，遂葬亲青溪，占数盐泉居焉"①。按祝穆《方舆胜览》卷五四，"左绵"乃绵州之别称，"以棉水经其左，故谓之左绵"②。据此，则苏氏籍贯应以"绵州盐泉"为是。

　　苏氏祖先苏传素，唐广明中避乱入蜀。苏舜钦《先公墓志铭并序》云："文宪公之曾孙传素，广明乱，以其孥逊蜀，生三子，捡、拯、振。孟还相唐。仲以策擢，官至容管经略使。唐命革，刘岩奄有南海，独完圉不与岩，容民于今祠之。季留为铜山令，即我先公之高祖也。"③蔡襄《苏才翁墓志铭》亦云："文宪之后曰传素，避广明乱，西入蜀。其子振仕蜀为梓州桐山令，生剑州司马寓。司马生赠刑部侍郎讳协，是为曾祖考。""刑部生祖考赠太师、尚书令兼中书令讳易简，终礼部侍郎"，"礼部生皇考赠工部侍郎讳耆，终尚书工部郎中、直史馆"。④苏传素三子中，捡、拯下落不明；振为桐山令，生寓，寓生协，协生易简。

　　关于苏氏先祖，苏舜钦《父祖家传》述云："司马讳寓，字适之，颐八代孙。善属辞赋，尤嗜《左氏春秋》、班固《汉书》，襟局宏放，不喜苛屑。父为桐山令，终于官。贫不能归葬长安，负骨旅殡成都，筮仕于蜀。时孟氏政狭小，公心陋之，乃三上书"，"召见给事札，坐之殿庭，出策使对，自朝及夕，问答五返。蜀主褒赏，翌日敕门下补谏官。执政忌其疏，诬奏，诏遂阁。御史阿旨，劾以非诋朝廷，授剑州司马。公杖策之官。剑州刺史贪黩，公数谏，刺史怒，公置手版于械而去。遍游名山，遇胜辄留。至棉左，尤喜其地物爽润，遂葬亲青溪，占数盐泉居焉。后公寝疾将终，谓协曰：'蜀历将谢，必归火运主，汝亦不大耀于此，吾乐此土，尤号青溪山林，况先茔在焉，我死当葬巨柏荫下。亦尝占，且王乃后。'遂以祔先兆。侍郎讳协，字表微。免乳失母，幼从司马公口授所诵书，数年

---

① 《永乐大典》卷二四〇一，中华书局1986年版，第1102页下、1104页上。
② 《方舆胜览》卷五四"成都府路·绵州"，《景印文渊阁四库全书》第471册，第966页下。
③ 苏舜钦：《先公墓志铭并序》，《全宋文》第41册，第109页。
④ 蔡襄：《苏才翁墓志铭》，《全宋文》第47册，第256页。

皆通熟。年十五丁父艰，既葬卒制，往成都，以文谒薛鐩侍御。薛器异之，授馆门下，曰：'吾馆士多矣，无若苏卿者。其操行明洁，所学博大，貌相丰下，固当有应。'它日以女归焉。薛公女，即河东太夫人也。广政十八年，公试春官，中首科，释褐掾彭州，迁合州幕职、陵州判官"。后"授怀州法曹。在任十年，又为理曹，改河南户曹。雍熙三年，中令召入翰林为学士，乞移中都以便养，诏授光禄寺丞、开封兵曹，召见，赐五品服。淳化元年卒，优诏赠秘书丞，非常制也。后以中令贵，赠刑部侍郎。二子：中令及易直"。① 据此，苏氏自入蜀以后，代有仕者。虽官职不大，乱世之中亦足珍惜。

"盐泉苏氏"自苏协长子苏易简始跻身为望族。苏易简"少聪悟好学，风度奇秀，才思敏赡。太平兴国五年，年逾弱冠，举进士。太宗方留心儒术，贡士皆临轩覆试。易简所试三千余言立就，奏上，览之称赏，擢冠甲科。解褐将作监丞、通判升州，迁左赞善大夫。八年，以右拾遗知制诰"②。苏易简二十二岁第进士，可谓少年得志，此后才六年便升任翰林学士，至淳化二年（991）迁中书舍人，充翰林学士承旨。宋人对其居翰林时的表现称赞有加。如《国老谈苑》载："苏易简在翰林，太宗一日召对，赐酒甚欢。上谓易简曰：'君臣千载遇。'易简应声答曰：'忠孝一生心。'上悦，以所御金器，尽席悉赐之。"③ 按：此事亦见《湘山野录》卷下之记载，但属对者非苏易简，而是"李侍读仲容"④；今从《国老谈苑》。此外，李焘《续资治通鉴长编》载，淳化二年十月辛巳，"翰林学士承旨苏易简续《翰林志》二卷以献，上嘉之，赐诗二章，纸尾批云：'诗意美卿居清华之地也。'易简愿以所赐诗刻石，昭示无穷。上复为真、草、行三体书其诗，命待诏吴文赏刻之，因遍赐近臣。又飞白书'玉堂之署'四大字，令中书召易简付之，榜于厅额，上曰：'此永为翰林中美事。'易简

---

① 苏舜钦：《父祖家传》，《全宋文》第41册，第104、105页。
② 《宋史》卷二六六《苏易简传》，第9171页。
③ 王君玉：《国老谈苑》卷二，《丛书集成初编》第2744册，第11页。
④ 文莹：《湘山野录》卷下，中华书局1984年版，第45页。

曰：'自有翰林，未有如今日之荣也。'"① 更值得注意的是，就在苏易简供职翰林的同一年，其父苏协也从地方官调入开封，诏授光禄寺丞、开封兵曹。江少虞《宋朝事实类苑》载，"每朝旦，父子冠带晨起，协诣府，易简入禁中"。苏协"性滑稽"，"好谈谐"，曰"父参其子，子朝其父，斯事亦倒置矣"②。不过，就在苏易简迁中书舍人的前一年，即淳化元年（990），苏协即病故于汴京。

苏易简于淳化四年（993）十月迁给事中、参知政事。他年轻气盛，"与赵昌言共事多不协，昌言出使剑南，中道而罢，受诏知凤翔。逾年，易简亦罢为礼部侍郎，出知邓州，移陈州"③。魏泰《东轩笔录》载："苏易简特受太宗顾遇，在翰林恩礼尤渥。其子作《续翰林志》叙之详矣。然性特躁进，罢参政，为礼部侍郎、知邓州，才逾壮岁，而其心郁悒，有不胜闲冷之叹。邓州有老僧，独处郊寺，苏赠诗曰：'憔悴二卿三十六，与师气味不争多。'又移书于旧友曰：'退位菩萨难做。'竟不登强仕而卒。"④《宋史》作者尤恶"躁进"，故曰："易简外虽坦率，中有城府。由知制诰入为学士，年未满三十。属文初不达体要，及掌诰命，颇自刻励。在翰林八年，眷遇复绝伦等。李沆后入，在易简下，先参知政事，故以易简为承旨，锡赉均焉。太宗遵旧制，且欲稔其名望而后正台辅，易简以亲老急于进用，因亟言时政阙失，遂参大政。"⑤ 所谓"不达体要"而能"掌诰命"，显然于理不通。不过，苏易简嗜酒如命，才三十八岁而殁，太宗叹曰："易简竟以酒败，深可惜也！"⑥ 博雅文臣英年早逝，不仅是赵宋皇权的损失，其对"盐泉苏氏"打击尤重。

苏易简的母亲薛氏，乃后蜀侍御薛鏻之女，苏氏一族从婚姻中获益，

---

① 《长编》卷三二，第724页。
② 《宋朝事实类苑》卷六三，第843页。
③ 《东都事略》卷三五，《景印文渊阁四库全书》第382册，第233页下。
④ 魏泰：《东轩笔录》卷二，中华书局1983年版，第19页。
⑤ 《宋史》卷二六六《苏易简传》，第9173页。
⑥ 《长编》卷四〇"至道二年十二月乙巳"条，第855页。

实自薛氏始。《宋史·苏易简传》载："及易简参知政事，召薛氏入禁中，赐冠帔，命坐，问曰：'何以教子成此令器？'对曰：'幼则束以礼让，长则教以诗书。'上顾左右曰：'真孟母也。'易简性嗜酒，初入翰林，谢曰饮已微醉，余日多沉湎。上尝戒约深切，且草书《劝酒》二章以赐，令对其母读之，自是每入直，不敢饮。"① 假使没有慈母"束以礼让""教以诗书"的启蒙训育，原本仅为小吏之家的"盐泉苏氏"想要造就风度奇秀的参知政事，恐非易事。

苏协任职开封府之前，苏氏一族由绵州盐泉迁至开封。苏舜钦《父祖家传》既载苏协有"乞移中都以便养"之语，其《答范资政书》复有"又以世居京师，坟墓亲戚所在"云云。欧阳修《湖州长史苏君墓志铭》亦称："君讳舜钦，字子美。其上世居蜀，后徙开封，为开封人。"② 虽然没有文献资料可以确考，但苏协与易简"父子冠带晨起"必在雍熙三年（986）之前。

苏易简四子，《宋史》传称"曰宿、曰寿、曰耆"，殊误。苏舜钦《江宁府溧阳令苏府君墓志铭》云："季父讳叟，字蟠叟，先大令之少子。免乳而大令薨，既冠犹褐衣。大中祥符初，授太庙斋郎，选岳州华容尉、阆州阆中主簿、陕府平陆令、杭州录事参军、江宁府溧阳令，所历未尝有过谪。"复云："本朝执政子未有在铨调者，又何独湮塞若是之久耶！世皆悲怜之。季父亦不甚痛，尝语人曰：'天地气数，差变不可一，其间才而厄于无津，则无可为。每出门，逢者十人，八九不吾过；一二愈者，乌足动哉？'故常放意杯酒，不喜间关于进取之地。娶周、吴、张三夫人，皆无子。"③ 其《先公墓志铭》亦称："以弟叟久没铨调，上书乞彻官与之。""兄寿，终水部郎中。二弟：宿，终大理评事；叟，终溧阳令。"④ 如此清晰的表述，撰史者岂能熟视无睹？此外，苏寿曾任地方官。罗愿《新安

---

① 《宋史》卷二六六《苏易简传》，第9173页。
② 《欧阳修全集》卷三〇《湖州长史苏君墓志铭》，第455页。
③ 苏舜钦：《江宁府溧阳令苏府君墓志铭》，《全宋文》第41册，第113、114页。
④ 苏舜钦：《先公墓志铭》，《全宋文》第41册，第109—112页。

志》卷一〇《诗话》引胡纳《见闻录》曰："苏寿,易简长子也。知泗州,公用不足,往来憾之。寿为诗曰:'戴笠披蓑军十万,饥嗔饱喜客三千。'后移越州,与通判贾赞善不叶,移歙州。有诗曰:'却因贾赞善,来作歙知州。'"① 概而言之,易简四子,唯苏耆稍显。

　　苏耆乃易简次子,字国老。苏舜钦撰《先公墓志铭》述其生平颇详。曰:"未冠,谒文正王公旦,公器之,以息女归。既冠,举进士,时试条至严,两中优等,廷校不得在高第,诎所素志,辞焉。后一年,以文奏御,诏试玉堂,赐及第。"后知湖州乌程县,以陈尧叟荐,充群牧判官。又知开封县、知明州,任京西、陕西转运使等职。官至工部郎中、直集贤院。据张镃《仕学规范》载:"苏耆为陕西转运,景祐中,洛阳大旱,谷贵,百姓饥殍甚众。京西转运司亦无可以为赈。洛阳守移书耆,求粟二十万斛,遂移文陕府,如数与之。仍奏于朝。时同职谓耆曰:'陕西沿边之地,屯军甚多,若有余,止可移之以实边鄙,奈何移之别路?'耆曰:'天灾流行,《春秋》有恤邻之义。生民皆系于君,无内外之别,奈何知其垂亡而不以奇赢?耶?苟有馈运,耆当自谋,必不以此相累。'朝廷甚嘉之。"② 仁者情怀由此可知。耆卒于景祐二年(1035),享年四十九岁。妻王氏,旦之次女,"雅尚惇素,不喜与游侈者相从",教子有方。苏耆殁时,"子舜元,大理寺丞,知开封府咸平县;舜钦,光禄主簿,知长垣县;舜宾,光禄主簿,知太康县;俱登进士第,得以艺升,不为家羞者"。"女三人:长适大理评事雍扶,次适太常寺太祝韩维,次幼。"③ 随着优秀子嗣和贤能佳婿的相互扶持和不断进取,"盐泉苏氏"一族还将迎来新的辉煌。

　　耆长子舜元,字才翁,旧字叔才。天圣八年(1030)赐进士及第④。蔡襄《苏才翁墓志铭》称:"七岁能为歌诗,文正公爱且奇之",后"上所著文章,召学士院试,赐进士出身"。尝知开封咸平县、眉州眉山县,历

---

① 罗愿:《新安志》卷一〇,《景印文渊阁四库全书》第 485 册,第 507 页上。
② 张镃:《仕学规范》卷一八,《景印文渊阁四库全书》第 875 册,第 98 页下。
③ 苏舜钦:《先公墓志铭》,《全宋文》第 41 册,第 109、110 页。
④ 《宋登科记考》卷四,第 154 页。

任福建、京西、河东、两浙等四路提点刑狱。充三司度支判官。"至和元年五月初二日，终于京师之祖第，年四十九。""平居谈辩唐数百年间，喜称魏郑公谏诤、裴晋公德业、李临淮将兵、卫公处边事、刘忠州通流财利、韩退之文章，类此数人而已。其议当世人物，亦以之为目标，于人少所称许。至有同班列，偕出入，漫不省记，以是与者益少。然莅官当事，定虑果决，所至制束强黠，敦尚风仪。其为文不迹故陈，自为高古，虽所不与者亦不能掩也。君善草隶，藏书数千卷，皆手自雠校。撰述《奏御集》十卷、《塞垣近事》二卷、奏议三卷、文集十卷。课子舍，治经史，率有准程，所以诸子皆积学有立。"① 苏轼称苏才翁"既显于世矣，而位不充其志。仕至尚书郎，赠光禄大夫"，"子男七人，皆以才显"②。晁公武尝称苏才翁"工草隶，诗章豪丽"③。及其殁也，梅尧臣以诗悼之曰："盛世虽多士，唯公与众殊。高才飞健鹘，逸句吐明珠。未入周官采，争持楚璞模。莫悲泉骨朽，青史见贤愚。"④ 可谓知言。

苏舜钦字子美，景祐元年（1034）进士⑤。欧阳修《湖州长史苏君墓志铭》曰："君少以父荫补太庙斋郎，调荥阳尉，非所好也，已而锁其厅去。举进士中第，改光禄寺主簿、知蒙城县。丁父忧，服除，知长垣县，迁大理评事，监在京楼店务。君状貌奇伟，慷慨有大志。少好古，工为文章。所至皆有善政。官于京师，位虽卑，数上疏论朝廷大事，敢道人之所难言。范文正公荐君，召试，得集贤校理。自元昊反，兵出无功，而天下殆于久安，尤困兵事。天子奋然用三四大臣，欲尽革众弊以纾民。于是时，范文正公与今富丞相多所设施，而小人不便。顾人主方信用，思有以撼动，未得其根。以君文正公之所荐而宰相杜公婿也，乃以事中君，坐监进奏院祠神奏用市故纸钱会客为自盗除名。君名重天下，所会客皆一时贤

---

① 蔡襄：《苏才翁墓志铭》，《全宋文》第47册，第256—258页。
② 《苏轼文集》卷八九《刘夫人墓志铭》，第471页。
③ 《郡斋读书志校证》卷一九《苏才翁集》提要，第1039页。
④ 梅尧臣：《度支苏才翁挽词三首》之二，《全宋诗》第5册，第3197页。
⑤ 《宋登科记考》卷四，第162页。

俊，悉坐贬逐。然后中君者喜曰：'吾一举网尽之矣。'其后三四大臣继罢去，天下事卒不复施为。君携妻子居苏州，买木石作沧浪亭。日益读书，大涵肆于六经。而时发其愤闷于歌诗，至其所激，往往惊绝。又喜行狎书，皆可爱。故其虽短章、醉墨，落笔争为人所传。天下之士闻其名而慕，见其所传而喜，往揖其貌而竦，听其论而惊以服，久与其居而不能舍以去也。"① 王称《东都事略》本传亦称其"为人倜傥不羁，尤长于古文、歌诗、行草，士大夫收之以为墨宝"。"初，杜衍爱舜钦之才，以女妻之。衍为宰相，以直道自任，言者因舜钦以及衍，故遂罢政事。"②《梁溪漫志》称，庆历四年十一月苏舜钦遭"奏邸之狱"，贻书欧阳修以自辩，词极愤激，其辞曰："舜钦年将四十矣，齿摇髪苍，才为大理评事，廪禄所入不足充衣食，性复不能与凶邪之人相就近。今得脱去仕籍，非不幸也，自以所学教后生作商贾于世，必未至饿死。故当缄口远遁，不复更云。但以遭此构陷，累及他人，故愤懑之气不能自平。"③ 苏舜钦卒于庆历八年（1048）十二月。其殁时，长子泌，为将作监主簿；次液、激，皆未仕。关于苏舜钦与欧阳修、梅尧臣、穆修等人共同倡导"古文"、开展"诗文革新"的成就及其蒙冤过程，史家叙述已详，无须赘言。

苏舜宾字圣辟，韩亿佳婿，尝官光禄主簿、知太康县，后任大理评事，早逝。米芾《画史》载："苏耆少子，风神如画，目如点漆，面如凝脂，天男相，画不及。有器度，好学。一旦相国寺遇其兄，问安否，曰：'已不幸。'吾曰：'岂神夺之乎？'君大惊曰：'一旦梦嫁其妻而议婚，心恶之。又一旦梦神迎婚礼，因得疾，医曰不可治，翌日卒。公非神人也，何从知之？'"④ 此说虽似传奇，但米芾确与苏氏兄弟交往密切。舜宾能得韩亿之女为妻，或与其"风神如画"的气度有关，而妻家诸兄弟的宦途显达，在正常状态下也应该对苏氏有所裨益。苏舜钦撰《太原郡太君王氏墓

---

① 《欧阳修全集》卷三〇《湖州长史苏君墓志铭》，第455、456页。
② 《东都事略》卷一一五《苏舜钦传》，《景印文渊阁四库全书》第382册，第755页下。
③ 费衮：《梁溪漫志》卷八，《景印文渊阁四库全书》第864册，第746页上、下。
④ 米芾：《画史》，《景印文渊阁四库全书》第813册，第21页下。

志》，称其"所生男子七人：曰综，太常博士、集贤校理；曰绛，太子中允；曰绎、曰维、曰缜，太常太祝；曰纬，大理评事；曰缅，太常寺太祝。四登进士科，皆有文闻于时。京师士人论世子姓之盛者，以韩氏为称首。非惟忠宪之训肃严，是亦夫人保育善诱之所致。女六人：长适端明殿学士、兼翰林院侍读学士、给事中李淑，次早卒，次适大理评事苏舜宾，次适太常寺太祝王整，二幼未嫁"。① 应该说，这个由望族子女钩织的婚姻网络，不仅蕴涵着权利富贵，更意味着家学传统的交流互补，只可惜还没有等到韩氏兄弟的真正显达，苏舜宾就撒手西归。寿数虽短，但苏舜宾亦能传家学。王应麟《玉海》载康定"元年九月四日（丙辰），学士晁宗悫等上大理评事苏舜宾所集《献纳大典》百卷，集历代谏争奏议，诏送史馆"。② 舜宾生卒年及子嗣传承皆无考。

"奏邸之狱"给"盐泉苏氏"的打击非常沉重。苏舜元、苏舜钦两人均葬于润州丹徒县（按：今江苏镇江）义里乡，其子孙后代从此湮没无闻。南宋魏了翁有《苏伯起振文墓志铭》，称"苏振文，字伯起，落落不偶，聚书数万卷，圣经贤传、山经地志、私乘野史，以至虞初稗官、旁行敷落之书，靡不搜罗"。自谓"吾于遂宁有宅一区，竹万个，大木十围者百章，溪流径其间，将为啸歌终老之计"。"别未数旬而卒，实绍定六年九月戊申也。系出梓州之铜山，淳化参知政事易简乃其九世祖。自铜山徙合之铜梁，今又徙叙州之遂宁。"③ 按：魏翁所述实无谱系支撑，且"自铜山徙合之铜梁，今又徙叙州之遂宁"的迁移路径，亦与苏易简父子聚族开封者不甚吻合。录此待察。

舜元七子，苏轼称"皆以才显"。在其妻刘夫人在世时，"涓、澥更守寿春。已而涓守襄阳，澥复按本道刑狱，夫人皆就养焉。及涓徙平阳，道京师，子泩为尚书郎，拜觐门外，士大夫荣之。涓侍夫人至管城，以疾不

---

① 苏舜钦：《太原郡太君王氏墓志》，《全宋文》第 41 册，第 128 页。
② 《玉海》卷六一，《景印文渊阁四库全书》第 944 册，第 617 页下、618 页上。
③ 魏了翁：《苏伯起振文墓志铭》，《全宋文》第 311 册，第 333、334 页。

起，注逆以归京师"。夫人悼涓不已，后涓四十五日而卒。截至元丰八年十月，舜元诸子的现状是："涓，朝奉大夫、知潞州。澥，朝请郎、京西提点刑狱。注，朝散郎、尚书司勋郎中。洞，右赞善大夫、将作监丞。洪、泊、汶皆举进士。"①

舜钦三子，长子泌，字进之，娶尚书祠部员外郎、秘阁校理张瑗之女②。瑗乃太宗朝尚书刑部侍郎、参知政事张洎之孙。曾任将作监主簿、湖北转运判官、利州转运判官、承议郎等。苏辙称"泌家世文雅，通于吏事"③。次子苏液，尝为秀州崇德县令、检详枢密院诸房文字、著作佐郎、直讲、都水监丞。娶陕西转运使张诜女。颇能迎合时尚。元丰二年（1079）建太学，时"苏颂子嘉在太学，颜复尝策问王莽后周变法事，嘉极论为非，在优等。苏液密写以示曾布曰：'此辈唱和，非毁时政。'布大怒，责张琥曰：'君为谏官判监，岂容学官与生徒非毁时政而不弹劾！'遂以告安石，安石大怒，遂逐诸学官"④。此事对苏泌声名稍有损伤。三子苏激尝官承务郎，其后仕历不详。严格说来，舜钦诸子的官阶多超越乃父，只因才名不显，故世人少有称道者。

"盐泉苏氏"源远流长，数代皆有闻人，究其原因，盖与家学滋养密切相关。苏氏家学的基本特点主要表现为以下数端。

首先，颇重举业。苏协"幼从司马公口授所诵书，数年皆通熟"，于后蜀"广政十八年，公试春官，中首科"，入宋后"召入翰林为学士"，这使其充分认识到举业对光大门楣的重要性。苏易简自幼好学，《方舆胜览》载其"十岁能诵五经，属辞赋，名传京师"⑤。虽然说薛氏在宋太祖面前陈述育儿经验时，仅有"幼则束以礼让，长则教以诗书"十二字，但苏易简刻苦勤奋，准备应举，乃是事实。史载其有《文选双字类要》三卷、《文

---

① 《苏轼文集》卷八九《刘夫人墓志铭》，第471页。
② 王安石：《尚书祠部员外郎秘阁校理张君墓志铭》，《全宋文》第65册，第134页。
③ 《苏辙集·栾城集》卷二七《庄公岳成都提刑苏泌利州运判》，第459页。
④ 陈均：《九朝编年备要》卷一九，《景印文渊阁四库全书》第328册，第494页下。
⑤ 祝穆：《方舆胜览》卷五四"绵州·人物"，《景印文渊阁四库全书》第471册，第968页下。

选抄》十二卷、《文选菁英》二十四卷、《唐史文类》三十卷、《圣贤事迹》三十卷、《五代文章》五卷、《古文苑》十卷等,此皆为摘抄古籍以成编者,而文字音韵、辞赋范文及事类典故等皆属举业无疑。苏易简对《文选》的重视,也符合宋初进士科的备考要求。《竹庄诗话》曰:"昔人有言:'《文选》烂,秀才半。'正为《文选》中事多可作本领尔。余谓欲知文章之要,当熟看《文选》,盖《选》中自三代涉战国秦汉晋魏六朝以来文字皆有。在古则浑厚,在近则华丽也。"① 王得臣也说:"予幼时,先君日课令诵《文选》,甚苦其词与字难通也。先君因曰:'我见小宋说,手抄《文选》三过,方见佳处。汝等安得不诵?'由是知前辈名公为学,大率如此。"② 看来,苏易简和"二宋"用手抄《文选》完成举业的经验积累完全一致。

苏耆亦进士及第。苏舜钦《先公墓志铭》云:"既冠,举进士,时试条至严,两中优等,廷校不得在高第,诎所素志,辞焉。后一年,以文奏御,诏试玉堂,赐及第。"如此看重进士"高第",显然与家学熏陶密切相关。而这种心理,在舜元、舜钦、舜宾那里也得以延续,他们"俱登进士第,得以艺升,不为家羞者"。苏舜元本来已蒙外祖王旦奏请,"授同学究出身",但他以为这不足以光耀门庭,故依然坚持参加科举考试。"时诏复唐十一科,而新令门选者不得与焉。君乞还所有官以应诏,不得报。乃上所著文章,召学士院试,赐进士出身。"③ 假如不是对进士身份心怀渴求,像这样辛苦曲折的努力便很难得到合理解释。

其次,重视文献资料的搜稽和编纂。从苏寓"善属辞赋,尤嗜《左氏春秋》、班固《汉书》"开始,爱好古学便成了苏氏家学的有机组成。苏协仕于后蜀、宋初,位卑事繁,故著述无多。至易简入翰林,为执政,便将辑录古书、稽考编纂提上了议事日程。除了参与编纂《文苑英华》等大型

---

① 何汶撰:《竹庄诗话》卷一,常振国、绛云点校,中华书局1984年版,第7页。
② 王得臣:《麈史》卷中《学术》条,上海古籍出版社1986年版,第37页。
③ 蔡襄:《苏才翁墓志铭》,《全宋文》第47册,第256页。

类书，苏易简还有《淳化编敕》三十卷、《咸平续修通典》二百卷及《目录》二卷、《表章》十卷、《禁林宴会集》一卷、《续翰林志》二卷及《文房四谱》四卷，凡此均为搜考所得，弥足珍贵。此后苏耆撰《次续翰林志》一卷、《计录》三篇以及《书画记》《续文房四谱》等，也是传承家学，有所作为。此外，苏耆还有《开谭录》"记五代以来杂事。下帙多载冯道行义"①，这也是文献搜考的成果。这一家学传统至舜元、舜钦兄弟依然如故，前者有《塞垣近事》二卷、《奏御集》十卷，后者撰有《闻见杂录》《家传》《老杜别集》等，就连早逝的苏舜宾也辑有《献纳大典》百卷。这些著述虽多告散佚，但它对考察苏氏家学的基本特点仍具重要价值。

再次，将"古文"、歌诗的创作与书法艺术相结合，充分彰显了豪逸爽迈的人格情怀，这是"盐泉苏氏"世代相传的"名世"法宝。如果说苏寓"遍游名山，遇胜辄留"，已是放旷洒脱，那么自苏易简以后，苏氏家族成员更将这种豪爽气概挥洒在诗文作品和书法艺术之中。譬如，淳化中，苏易简效宋玉以作《拟大言赋》，其辞曰："圣人兴兮告成功，登昆仑兮展升中。地为席兮飨祖宗，天起籁兮调笙镛。日乌月兔，耀文明也；参旗井钺，严武卫也。执北斗兮，奠玄酒也；削西华兮，为石磴也。飞云涌霞，腾燔燎也；刳鹏腊鲸，代鹅鲽也。飞雷三发，山神呼也；流电三激，爟火举也。礼再献兮淳风还，君百拜兮天神欢。四时一周兮万八千年。泰山融兮沧海干，圜盖穴兮方舆穿，君王寿兮无穷焉。"②此虽面君之作，但其中蕴涵的豪情逸致足可赏叹。

苏易简撰《文房四谱》，苏耆继有《续文房四谱》和《书画记》，这说明苏氏家学不仅着眼于诗赋文章，更注重书法及绘画艺术。这种家学的熏陶，到苏舜元、苏舜钦一代便结出了丰硕果实。黄庭坚尝云："景祐元

---

① 《郡斋读书志校证》卷一三著录《开谭录》二卷，曰："皇朝苏耆撰。舜钦之父也。"《容斋五笔》卷七亦作"苏耆《开谭录》"。《宋史》卷二〇六《艺文志五》"小说类"作《闲谈录》二卷，显误。

② 苏易简：《拟大言赋》，《全宋文》第 8 册，第 310 页。

年仲春，子美于蜀绫纸上楷写，字极端劲可爱。叔才盖才翁旧字。此篇不见于家集，略计雄文妙墨，流落人间者，必千数百纸。二苏文章，豪健痛快如此，潘、陆不足吞也。"① 其实，苏氏兄弟不仅文风豪健，诗歌爽迈，其书法作品亦备受称誉。有关"二苏"诗文创作的成就，文学史家叙述已多，兹就其诗画艺术获誉当世者略事补足。

苏舜元以书法获誉当时。如黄庭坚《跋范文正公帖》云："范文正公书，落笔痛快沉着，极近晋宋人书。往时苏才翁笔法妙天下，不肯一世人，惟称文正公书与《乐毅论》同法。余少时得此评，初不谓然，以谓才翁傲睨万物，众人皆侧目，无王法，必见杀也；而文正待之甚厚，爱其才而忘其短也，故才翁评书少曲董狐之笔耳。老年观此书，乃知用笔实处是其最工。"② 这是从书评的角度，肯定苏舜元书法功力之深，鉴赏之明。其《跋蔡君谟帖》复云："蔡君谟行书简札，甚秀丽可爱。至于作草，自云得苏才翁屋漏法，令人不解。近见陈懒散草书数纸，乃真得才翁笔意。"③ 就连风流倜傥的蔡君谟都说"得苏才翁屋漏法"，可知苏舜元书法影响之大。当然，也有不以为然者，如徐度称程嗣真"尝评近代能书者曰：'苏才翁书，笔势迟怯，吴越人无识，颇学之，自余为辨之后，此间人亦知非也。'"④ 吴越人既"颇学之"，知苏舜元草隶书法之妙，不可诬也。苏氏兄弟皆善书，舜元更负盛名，刘克庄云："二苏草圣，独步本朝。裕陵绝重才翁书，得子美书辄弃去。书家谓才翁笔简，惟简故妙。"⑤ 所谓"惟简故妙"，乃当行评价。

苏舜钦亦善书，声名在舜元下。史载其在苏州"善草书，每酣酒落笔，争为人所传"⑥。费衮《苏子美与欧阳公书》云："予近见子美墨迹一

---

① 黄庭坚：《跋二苏送梁子熙联句》，《全宋文》第106册，第242页。
② 黄庭坚：《跋范文正公帖》，《全宋文》第106册，第212页。
③ 黄庭坚：《跋蔡君谟帖》，《全宋文》第106册，第206页。
④ 徐度：《却扫编》卷中，《丛书集成初编》第2791册，第83、84页。
⑤ 刘克庄：《跋苏才翁二帖》，《全宋文》第329册，第260页。
⑥ 《宋史》卷四四二《苏舜钦传》，第13081页。

卷,皆自书其所诗,行草烂然,龙蛇飞动。其中有《独酌》一诗云:'一酌浇肠俗虑奔,鹖微鹏大岂堪论。楚灵当日能知此,肯入沧江作旅魂。'卷尾题云'庆历乙酉十月书于姑苏驿舍',考其时,盖是被罪之明年居沧浪时所书。其诗语闲放旷达如此,或谓流落幽忧以终,非也。"① 多年之后,黄山谷在秘阁的墙壁上看到了苏舜钦的题壁之作,遂有诗云:"仁祖康四海,本朝盛文章。苏郎如虎豹,孤啸翰墨场。风流映海岱,俊锋不可当。学书窥法窟,当代见崔张。银钩刻琬琰,虿尾回缣缃。擢登群玉府,台阁自生光。"② 与之同时,张耒《评书》亦称:"往时苏子美兄弟,皆以行草见称于时,至今残编断简,人间藏以为宝。"③ 苏舜钦书法不同于舜元,对此宋人颇言之。如董更云:"浮休云:苏舜钦书平日不逮舜元也,今此或乱之矣。舜元为书,笔简而意足。元丰中,苏澥拜两浙提仓,既对,神宗问曰:'颇收卿父书否?'对曰:'私家有之。'其实无有也。既恩恩走亲知家,掊索得数十百字上之,上一阅,掷之座后。久之,近侍辈取观,乃舜钦书也。庸知圣鉴如此之精。《东都事略》云:'舜钦尤长于古文、歌诗、行草,士大夫收之,以为墨宝。'"④ 明人赵琦美则曰:"蔡端明书如《周南》,后妃容德兼备。苏子美书如古之任侠,气直无前。"⑤ 苏舜钦书法之豪逸,不难想象。

　　从苏耆到苏舜元、苏舜钦,既能在诗文创作中独领风骚,更能将书法艺术推进到一种新境界。舜元、舜钦之子孙虽不能接踵先祖,但仍以丰富的书画收藏,向世人展示着名门望族的骄傲与辉煌。米芾《书史》称苏澥藏有"唐太师颜真卿《不审》《乞米》二帖","背缝有吏部尚书铨印"⑥。其《宝章待访录》复云:"唐太师颜真卿《乞米帖》,真迹楮纸,在朝请郎

---

① 费衮:《梁溪漫志》卷八,《景印文渊阁四库全书》第864册,第746页下。
② 黄庭坚:《观秘阁苏子美题壁及中人张侯家墨迹十九纸率同舍钱才翁学士赋之》,《黄庭坚诗集注·山谷别集诗注》卷下,第1455—1456页。
③ 《张耒集》卷五二《评书》,第805页。
④ 董更:《书录》卷中,《景印文渊阁四库全书》第814册,第295页下。
⑤ 赵琦美:《赵氏铁网珊瑚》卷五,《景印文渊阁四库全书》第815册,第412页上。
⑥ 米芾:《书史》,《景印文渊阁四库全书》第813册,第34页上。

苏澥处。度支郎中舜元子也。得于关中安氏。士人多有临榻本。此卷古玉轴，缝有舜元字印。范仲淹而下题跋。某尝十余阅。"① 同书复载："《唐僧怀素自序》，在朝奉郎苏液处。杭州沈氏尝刻板本。泌、激，皆舜钦子。苏氏自参知政事易简之子耆，耆子舜钦，钦之子激，四世好事有精鉴，亦张彦远之比。"② 如此珍贵的书品收藏，乃是几代人的精鉴心血。

书品之外，苏氏收藏也颇为丰富。如《画史》曰"苏泌家有巨然《山水》，平淡奇绝"，"苏泊字及之，家有徐熙《四花》，其家故物"，"苏汶字达复，有《江南暝禽图》、徐熙一《酸榴》，余家有丁晋公所收《甜榴》，滕中孚元直有徐熙《对花果子》四轴"。"苏澥浩然处见寿州人摹《明皇幸蜀道图》，人物甚小。云是李思训本，与宗室仲忽本不同。""苏子美黄筌《鹤鹆图》，只苏州有三十本，更无少异。"③ 复云："苏舜钦子美家有毕宏一幅山水，奇古，题数行云'笔势凶险'是也。"④ 米芾与苏氏兄弟同时稍后，其所见所闻极具说服力。

"盐泉苏氏"家学的优点与成就，固然是家族成员前赴后继不断努力的结果，但在该族兴盛发展的漫长过程中，婚姻关系的制约和影响也不可忽视。苏协娶薛鏐之女为妻，生苏易简，是苏氏兴盛的起点；苏耆娶王旦之女，其子舜钦娶宰相杜衍之女，舜宾娶韩亿之女，都是与名门大姓联姻，这在某种程度上也为苏门兴盛拓展了更为广阔的社会关系空间。薛氏被宋太宗赞为孟母，固为佳话，而王旦次女嫁给苏耆，生舜元等三子，皆有才名，遂使苏氏一族更上层楼。韩维《太原县君墓铭并序》曰："夫人才数岁，文正特喜其明悟，亲教诵《孝经》、白氏《讽谏》及杂诗赋数百篇。每家人会上，夫人饮独为多。稍长，谓人曰：'酌酒诵书，非女子所为。'遂覆杯，不视文字，终身焉。文正每有家事，必访之，既而笑曰：'若为男子，必大吾门。当择佳士归之。'初，集贤之考中令尝三荐文正于朝，后文正叹曰：'吾为苏

---

① 米芾：《宝章待访录》，《景印文渊阁四库全书》第813册，第54页上、下。
② 米芾：《宝章待访录》，《景印文渊阁四库全书》第813册，第59页下、60页上。
③ 米芾：《画史》，《景印文渊阁四库全书》第813册，第14页上、下。
④ 米芾：《画史》，《景印文渊阁四库全书》第813册，第15页下。

同年所知，不幸今逝矣，无以德之，闻其母河东薛夫人老而子又甚贤，当以吾爱女归而奉之，少见吾心焉。'遂以夫人归苏氏。"①事实证明，苏耆的这位妻子的确教子有方，为苏门兴盛贡献良多。

舜元妻刘氏"贤而有法"②，及其殁，苏轼代舜元妹夫韩维撰《刘夫人墓志铭》，称"苏氏既大家，而姑王夫人太尉文正公之息女也。严重有识，素贤其子，自为择妇，甚难之，久乃得夫人。夫人事其姑，能委曲顺其意"。"子美、圣辟皆早世，夫人待二姒，抚诸孤，恩礼甚厚。子美，正献杜公婿也，杜公闻而喜之，曰：'可以为女师。'"复云："夫人孝友慈俭，薄于奉身，而厚于施人，严于教子，而宽于御下。姻族中有悍妒者见之，辄惭而化。性不蓄财，浣衣菲食以终其身。涓自蜀还，以重锦二十两以献夫人，夫人喜曰：'可以适吾意之所欲与者。'命刀尺以亲疏散之，一日而尽。好诵佛书，受五戒，预为送终具甚备。至疾革，怡然不乱。"③舜元七子皆以才进，实有赖夫人之教。

望门之间的联姻能促使不同"家学"相互融通，"盐泉苏氏"与王、杜两家联姻即是如此。朱长文称杜衍"少工书，晚益喜之。于草笔尤善。虽年位皆重，尺牍必亲，人皆藏之"。韩琦《谢杜丞相草书》诗云："公之佳婿苏子美，得公一二名已沾。矜奇恃隽颇自放，质之公法惭豪粗。乘欢捧以示僚属，一坐耸骇叹且呼。"④是知苏、杜两族之家学交流，在杜衍和苏舜钦之间体现得极为充分。

不过，苏氏一族由盛转衰的祸患和隐忧，同样来自望门婚姻。苏耆联姻宰相，虽能间接提升苏氏门楣，但由于"避亲嫌"的制度约束⑤，又必须面对各种负面影响。苏耆知乌程县，"以文正公当国，凡五载，未

---

① 韩维：《太原县君墓铭并序》，《全宋文》第49册，第247、248页。
② 蔡襄：《苏才翁墓志铭》，《全宋文》第47册，第257页。
③ 《苏轼文集》卷一五《刘夫人墓志铭》，第470、471页。
④ 《墨池编》卷三，《景印文渊阁四库全书》第812册，第751页下；《墨池编》卷四，《景印文渊阁四库全书》第812册，第786页下、787页上。
⑤ 《长编》卷三五八，第8562页。

尝求代还"①，即为显例。如果说苏耆因岳父王旦"当国"而不得升迁，只是一时之困，那么"进奏院案"的发生则意味着这种婚姻隐患更深。"庆历新政"的规划与实施实由范仲淹、欧阳修及杜衍诸公所推动，苏舜钦不顾位卑言轻，亦频频上书论事，这在客观上已经形成了"君子之党"，使敌对势力深感"不便"，但"顾人主方信用，思有以撼动，未得其根"。而在高官显宦难以动摇的情况下，他们便想到了苏、杜联姻这个突破口，所谓"以君文正公之所荐而宰相杜公婿也，乃以事中君"，便为朋党斗争提供了口实。陈师道《后山谈丛》曰："杜正献公、丁文简公俱为河东宣抚，河阳节度判官任逊，恭惠公之子，上书言事，历诋执政，至恭惠，曰：'至今臣父，亦出遭逢。'谓其非德选也。进奏院报至，正献戏文简曰：'贤郎亦要牢笼。'文简深衔之。其后二公同在政府，人言苏子美进奏院祠神事，正献避嫌不与，文简论以深文，子美坐废为民，从坐者数千人，皆名士大夫也，正献亦罢去。一言之谑，贻祸一时，故不可不慎也。"②洪迈以为此说错谬不实，辩之曰："杜公以执政使河东时丁以学士为副，庆历四年十一月进奏狱起，杜在相位，五年正月罢，至五月，丁公方从翰林参知政事，安有深文论子美之说！且杜公重厚，当无以人父子为谑之理。丁公长者也，肯追仇一言？贤士大夫哉！"③其实，朋党斗争与个人恩怨完全是两回事，所谓"害苏子美者是一李定，害东坡者又别是一李定"那样的巧合④，只不过是历史巧合。事实上，在庆历党争中，苏舜钦仅仅是终被舍弃的小卒而已。"奏邸之狱"发生之后，竟无一人为苏子美论辩说情，连杜衍都三缄其口，人情世态于此可知。

就家风而论，"盐泉苏氏"最可为后世鉴戒者乃在"酒"字。苏氏一族之男性，凡行实可考者，寿命都不久长，苏易简三十八岁，苏耆四十八

---

① 苏舜钦：《先公墓志铭》，《全宋文》第41册，第110页。
② 《后山谈丛》卷四，第37页。
③ 《容斋随笔》卷八，第102页。
④ 《朱子语类》卷一三〇，第3119页。

岁，苏耆四十五岁，苏舜元四十八岁，苏舜钦四十岁，苏舜宾夭亡。短寿因素固然很多，但数代人均嗜酒如命，无疑值得警惕。苏易简嗜酒如命，就连宋太宗都深叹曰："易简竟以酒败，深可惜也！"① 假如不是嗜酒误身，像他这样已经得到"朕与正旧典，先合用卿，即正台宰"承诺的参知政事②，拜相仅仅是时间问题。易简子耆，因为久居下僚，故"常放意杯酒，不喜间关于进取之地"。"溧阳任终，贫不能族归，寓家京口；入选得疾，力判试，不如格，不得调。气益失卫，结涩乘于胸，胃不防饮，滥于肤络之下，血化而并"，③ 以此而终，享年仅四十五岁。

苏舜钦嗜酒，一度传为美谈。龚明之记云："子美豪放，饮酒无算，在妇翁杜正献家，每夕读书以一斗为率。正献深以为疑，使子弟密察之。闻读《汉书·张子房传》，至'良与客狙击秦皇帝，误中副车'，遽抚案曰：'惜乎！击之不中。'遂满引一大白。又读至'良曰：始臣起下邳，与上会于留，此天以臣授陛下'。又抚案曰：'君臣相遇，其难如此。'复举一大白。正献公知之，大笑曰：'有如此下物，一斗诚不为多也。'"④ 凡事一旦成瘾，便很容易被人利用，所谓"进奏院案"即为显例。朱熹言及此案细节，曰："会李定愿与，而苏不肯。于是尽招两军女妓作乐烂饮，作为傲歌。王胜之（名直柔）句云：'欹倒太极遣帝扶，周公、孔子驱为奴。'这一队专探伺他败阙，才闻此句，拱辰即以白上。仁宗大怒，即令中官捕捉，诸公皆已散走逃匿。而上怒甚，捕捉甚峻，城中喧然。于是韩魏公言于上曰：'陛下即位以来，未尝为此等事。一旦遽如此，惊骇物听。'仁宗怒少解，而馆阁之士罢逐一空，故时有'一网打尽'之语。杜公亦罢相，子美除名为民，永不叙复。"⑤ 假使没有"饮燕"过酣、酒后失言，则如此败局庶几可免。苏舜钦不悔嗜酒之过，携妻子退居苏州后仍酣

---

① 《长编》卷四〇"至道二年十二月乙巳"条，第855页。
② 《玉壶清话》卷八，第77页。
③ 苏舜钦：《江宁府溧阳令苏府君墓志铭并序》，《全宋文》第41册，第114页。
④ 龚明之：《中吴纪闻》卷二"苏子美饮酒"条，第39页。
⑤ 《朱子语类》卷一二九，第3088、3089页。

饮无度，以致年仅四十便撒手人寰。欧阳修尝曰："能棋好饮一道士，醉墨狂吟二谪仙。道士不闻乘白鹤，谪仙今已掩黄泉。"① 虽夸誉之辞，亦可为嗜饮之戒。

二 常州葛氏：进士之家抱道履德

相对于"昭德晁氏"、"三槐王氏"及"眉山苏氏"等文学望族，"常州葛氏"久被冷落，论者寥寥。如果说"盐泉苏氏"的家学精神在于锐意进取，那么"常州葛氏"则是以清节高尚为世所尊，其家学传统在两宋望族中别具风致。

葛氏世系见秦观《葛宣德墓铭》之叙述，曰："君讳书举，字规叔，姓葛氏。其先广陵人，唐天祐中，远祖涛始徙常州之江阴焉。曾祖讳祥，不仕。祖讳惟甫，赠吏部尚书。考讳密，承议郎，致仕。承议与其兄兵部侍郎宫相继策名，及其仲季，皆以德善寿考为搢绅所推。诸子若孙，行学闻于时者相属。阖门百口，有古雍睦之风。今东南大族称孝友者曰江阴葛氏。"② 严格说来，葛氏兴盛始于葛宫、葛密。葛立方云："余家自曾伯祖侍郎讳宫以甲科起家，至庆历中，曾大父通议杨寘榜相继及第，尔后世世有人。大父清孝公余中榜，先人文康公何昌言榜，某黄公度榜，至小子邲朱待问榜，连五世矣。"③

葛宫兄弟凡四人。《韵语阳秋》曰："予曾祖通议兄弟四人，取'良辰美景，赏心乐事'之义，作四并堂于东园，故通议诗云：'华圃控弦秋习射，寒窗留烛夜抄书。良辰美景饶心事，欢日相并乐起予。'"④ 和绝大多数通过进士及第"起家"的士大夫一样，葛氏兄弟也以登第为荣。葛宫于

---

① 《欧阳修全集》卷一四《扶沟知县周职方录示白鹤宫苏才翁子美赠黄道士诗并盛作三绝见索拙句辄为四韵奉酬》，第243页。
② 《淮海集笺注》卷三三《葛宣德墓铭》，上海古籍出版社1994年版，第1086页。
③ 《韵语阳秋》卷一八，何文焕辑：《历代诗话》（上），中华书局1981年版，第631、632页。
④ 《韵语阳秋》卷一〇，《历代诗话》（上），第564页。

大中祥符五年（1012）第进士①。《宋史》传云："葛宫字公雅，江阴人。举进士，授中正军掌书记。善属文，上《太平雅颂》十篇，真宗嘉之，召试学士院，进两阶。"后"积官秘书监、太子宾客。治平中，转工部侍郎。熙宁五年，卒，年八十一"。②按：《长编》谓"兵部侍郎致仕葛宫卒"③，葛胜仲亦称"世父兵部尚书以学行为世儒所宗"④，知葛宫尝自工部转兵部。宫弟密，字子发，自号草堂逸老。登庆历二年（1042）进士第⑤，初授光州推官，仕至太常博士。此公"天性恬靖，年五十，忽上章致仕，姻党交止之，笑曰：'俟罪疾、老死不已而休官者，安得有余裕哉！'即退居，号草堂逸老，年八十四乃终"。据载，葛宫"性敦厚，恤录宗党，抚孤嫠，赖以存者甚众"⑥，其弟亦善恤睦宗族。

葛宫后裔史无详载。周必大《葛先生溁墓志铭》云："先生讳溁，字德源，系出常州。祥符间，名宫者始登科，自是世策高第，或至侍从辅相。惟先生高祖咏徙家庐陵，曾祖日宣、祖敏求、考经，俱有文行。叔祖导岷先生敏修擢元祐三年甲科，受知苏文忠公、黄太史，先生坐上书入党籍，学者宗之。先生四岁而孤，又七年母亡，依仲父唐州录事参军，苦学忘寝食，手抄书巨万，无一字行草，贯通经子历代史书，端醇详雅，士大夫子弟争愿从之。胡忠简公及其群从号儒先甲族，竞以书币延致，亦尝不鄙过予家塾。晚即所居讲授，八邑暨傍郡秀民著录盈门。先生迪以行谊，非但章通句解而已。后多登第游宦，荐春官者不论也。""庆元六年四月甲午以疾不起，博士率诸生奠哭尽哀。乡人皆来告予曰：'乡先生亡矣。'享年七十有五，以十二月甲申葬郡西清塘之原。娶同郡曾氏。生三男：长琳，早世；次玢，季环，

---

① 《宋登科记考》卷三，第101页。
② 《宋史》卷三三三《葛宫传》，第10704页。
③ 《长编》卷二三五"熙宁五年七月丙午"条，第5720页。
④ 葛胜仲：《朝奉郎累赠少师特谥清孝葛公行状》，《全宋文》第143册，第49页。
⑤ 《宋登科记考》卷四，第199页。
⑥ 《宋史》卷三三三《葛宫传》附传，第10704页。

传父业。玠再预宾贡。"① 葛宫之子咏徙家庐陵，生日宣，日宣生敏求、敏修。敏求之子经，是生葛溧。

葛敏修字圣功，号导岷先生，元祐三年（1088）进士。《鹤林玉露》载："元祐中，东坡知贡举，李方叔就试。将锁院，坡缄封一简，令叔党持与方叔，值方叔出，其仆受简置几上。有顷，章子厚二子曰持、曰援者来，取简窃观，乃'扬雄优于刘向论'一篇。二章惊喜，携之以去。方叔归，求简不得，知为二章所窃，怅惋不敢言。已而果出此题，二章皆模仿坡作，方叔几于阁笔。及拆号，坡意魁必方叔也，乃章援。第十名文意与魁相似，乃章持。坡失色。二十名间，一卷颇奇，坡谓同列曰：'此必李方叔。'视之，乃葛敏修。"② 葛敏修受知苏轼、黄庭坚，其《送太和令黄鲁直序》，述从师鲁直之始末甚详。《能改斋漫录》亦载："山谷南还，至南华竹轩，令侍史诵诗板，亦戒勿言爵里姓名。久之，诵一绝云：'不用山僧供张迎，世间无此竹风清。独拳一手支颐卧，偷眼看云生未生。'称叹不已。徐视姓名，曰：'果吾学子葛敏修也'。"③ 周必大《葛敏修圣功文集后序》亦曰："欧阳文忠公知嘉祐贡举，所放进士，二三十年间多为名卿才大夫，用此以取之与！元祐三年，东坡先生嗣典斯事，即文观行，所得为多。是举也，奉议郎葛公奏名第七，学问文章抑可知已。后八十年，其从孙溧携家集相过，使予一言。昔我外祖给事中王公亦以古文论周秦强弱见知东坡，置在前列，已而廷试唱名第五。政和中入掌书命，专用西汉文体，为用事者敲撼，赖天子仁圣，力保全之。未几，竟坐元祐学术斥去。于公盖同年进士，以道义言之又同门也，则予与葛氏不为无契。然而公之行实樱宁李公志之，公之逸事杉溪刘公跋之，其文则有澹庵胡公之序在，振宣幽光，三绝备矣，复何言哉？""溧强学笃行，为文有家法，兴葛氏者其在斯人与！"④ 此

---

① 周必大：《葛先生溧墓志铭》，《全宋文》第233册，第78、79页。
② 《鹤林玉露》甲编卷五，第92页。
③ 吴曾：《能改斋漫录》卷一一，第307页。
④ 周必大：《葛敏修圣功文集后序》，《全宋文》第230册，第199页。

序述葛敏修仕历言简意赅，其中更涉及苏轼知贡举、元符党案等历史事件，颇耐寻味。葛敏修以入党籍，遭贬无所为。亦无子嗣。有《导岷集》三十卷。

葛密后人的谱系较为清晰。《韵语阳秋》载："先祖清孝公兄弟六人，取三荆同株之义，作倍荆亭于西园，当时篇咏无存者。清孝《安遇集》中有《倍荆亭记》，其略云：'西园旧无亭观，□□□□□欲纠合叔季，同耳目之适，于是基盈尺之高，宇一筵之广，列楹为亭，号曰倍荆。'"① 不过，六子之中可考者仅三人，曰书元、书学、书思。书元宦途不达，未能显名于世。葛胜仲《朝奉郎累赠少师特谥清孝葛公行状》既称"伯兄叔元长一岁，父事之，恩义始卒无间言。公官涟水时，兄为舒州望江县令，同隶淮南部使者。及六路发运诸公有舍兄而荐公者，辄移书逊避，乞改荐兄，不许，则封檄还之，人或笑其迂，而公力行之。其后公改秩，而兄举者不应格，公曰：'吾获寸进，心无愧矣。'"② 可知书元尝为舒州望江县令，以考课"不应格"，故无由升迁，只能蹉跎下僚。

葛书学字规叔，秦观《葛宣德墓铭》云："君弱不好弄，五岁遭夫人忧"，"及长，笃行力学，敏于文词。熙宁三年，中进士第，调杭州余杭县主簿"。以李常荐，"移卫州共城县令。丁承议忧。服除，授淮南节度推官，知蔡州真阳县事。改左宣德郎，知开封府长垣县事"。"元祐六年六月十六日卒于长垣之官舍，享年五十有四。""娶夏侯氏，故司门员外郎淇之女。子男三人：张仲、牧仲、子仲，皆举进士。女四人，在室。"③ 葛书学三子事迹无考。

葛书思字进叔，自号逃虚子。熙宁六年（1073）余中榜进士。慕容彦逢《葛公墓志铭》云："唐天祐中，公之六世祖涛，自广陵南徙，始有籍于江阴。涛再世生详，详生惟甫，累赠吏部尚书。尚书生密，中庆历进士

---

① 葛立方：《韵语阳秋》卷一〇，《历代诗话》（上），第564页。
② 葛胜仲：《朝奉郎累赠少师特谥清孝葛公行状》，《全宋文》第143册，第49页。
③ 秦观撰，徐培均笺注：《淮海集笺注》卷三三《葛宣德墓铭》，上海古籍出版社1994年版，第1087页。

第，有高行，卒官承议郎，累赠朝请大夫，为公之皇考。大夫娶胡氏，赠建德县太君，继室陈氏，怀仁县太君。公，胡出也，讳书思，字进叔，学识恩性，在孺有闻。既长，博考群经，旁搜百家之说。世父兵部尚书宫，语大夫曰：'是子名第不足言，后将以文义显。'嘉祐中，试开封府，王文公为考官，得公《事道论》，称之。再试，为陈公襄所知，擢第三，一时群进士歆慕，诵公之文，自以得所矜式。诸公要人，交口赞誉，声闻藉藉传四方。中熙宁六年进士，调睦州建德县主簿。时大夫既得谢里居，公不忍违去，投劾侍养，十有余年。"父子清节相映，人以为难。后复仕，尝知楚州连山县丞。徽宗即位，迁承议郎，赐五品服。旋致仕。"善教子，言谕而身率之。以故诸子秀拔有立，俱为清议所重。而次、胜仲遂为同年进士，乡闾归美。"① 从仕宦角度看，这样的阅历并不算特别精彩。

不过，葛书思颇能传承家学，寡欲恬澹，随遇而安。葛胜仲称其父"刻意学问，淹通六经，尤深于《易》《春秋》，他传、志无不周览强记"。"为人庄重寡欲，澹于荣利，游京师，足不迹贵人门，故仕卒无所遇合"，"所居以'安遇'名轩，自号'逃虚子'，言遇无定遇，而安有常安也"。"暇日多赋诗自适，喜为巨篇强韵，识者服其老而精强"；"生平著文离十卷，辞理精诣，夸诞浮躁之语一不关笔，号《安遇集》"②。虽孝子之语，亦客观信实。葛书思娶右正议大夫其泳之女，及殁时，有子四人："次仲，通仕郎、吉州州学教授；仪仲，早卒；和仲，将仕郎；胜仲，试太学正。长女适某，次适侍其锷，次适张漈。孙男九人：立隆、立方、立悌、立中、立大、立师、立器、立象、立受。"③ 毫无疑问，在"常州葛氏"的繁衍发展过程中，葛书思承担着承前启后的使命。

葛次仲与葛胜仲同登绍圣四年（1097）进士第。葛胜仲《太中大夫大司成葛公行状》云："公与季弟举进士联中，调泰州海陵县尉，移常州宜

---

① 慕容彦逢：《朝奉郎致仕武骑尉赐绯鱼袋葛公墓志铭》，《全宋文》第136册，第288页。《全宋文》编纂者于此文标点时有未确，如"次胜、仲遂为同年进士"，今改。
② 葛胜仲：《朝奉郎累赠少师特谥清孝葛公行状》，《全宋文》第143册，第51页。
③ 慕容彦逢：《朝奉郎致仕武骑尉赐绯鱼袋葛公墓志铭》，《全宋文》第136册，第289页。

兴县丞。未行，除吉州州学教授。遭父丧。服除，为国信条例所检阅官，进《北道刊误志》。后拜度支员外郎。逾年，迁户部。预修《续免役书》百余帙，除辟雍司业"，为诸王讲官，遂"除中书舍人，迁给事中，直讲如初"。后"转中奉大夫，同修国史，升翊善"。次仲一生最大的成就感来自为诸王讲官时，即"侍王府阅七年，说经无虑数十万言，凡典籍所载嘉言善行，日陈数千条，捃摭殆尽，至古人忠孝大节，辄反复言之，间诵说诗文政事以资闻见之益，诸王每质疑问事、撰述，辄就商榷。求跋法书、名画甚众，府第章表并时亟索，操笔立就，各极其工，宫中传诵之"。其"文章典雅清丽，成一家言，遗稿三十卷。少喜为诗，自晋、宋以来骚人所赋，靡不记诵。尝为《集句诗》三卷，盛行于时"[1]。有子男六人：立隆、立悌、立廉、立象、立会、立民。

葛和仲字尧卿，号虚室先生。初为将仕郎，终右中散大夫、提举江州太平观。葛胜仲《中散兄诗集序》云："先生结髪学问，与兄弟同受教于先人少师清孝公，非疾病未尝一日去书不观。历代史若百家杂说皆手抄而心记，名高众俊。既入官，文藻益宏肆。掾琅琊日，尝考究其州山川地理、古迹、姓氏应典籍者为书，上于九域图志局，精深详博，为天下第一，首膺进秩之宠。盖先生所长不特诗而已。""平时与伯氏太史金紫公若群从酬唱居多，以卷轴之富，故不仿李乂、窦群兄弟共为《联珠花萼集》以行于世。昔王筠论家集，谓崔氏、应氏累叶文才，然不过父子三两世尔，未有名德重光、爵位相继、人人有集如吾门者也。"[2]

葛胜仲字鲁卿，在书思诸子中最负盛名，绍圣四年（1097）登进士第，元符三年（1100）试博学宏词科，考入次等。周麟之《葛文康公神道碑》曰："文康葛公自元符末以文章名天下，登朝历学校礼乐之任，至国子长贰。尔后二十年数踬，终不苟合。"尝为礼部员外郎，迁吏部，擢国子司业。"国朝自欧阳文忠公以建隆讫嘉祐礼仪沿革纂成一书凡百篇，号

---

[1] 葛胜仲：《太中大夫大司成葛公行状》，《全宋文》第143册，第54、55页。
[2] 葛胜仲：《中散兄诗集序》，《全宋文》第142册，第344、345页。

《太常因革礼》,至是命公续之。公用前书条目增修为三百卷,于是治平以后五十年礼文之事粲然在目。诏藏于奉常。"① 后徙太府少卿。宣和中以显谟阁待制知湖州。建炎四年(1130)复集英殿修撰,再知湖州。绍兴改元(1131)乞祠归,复显谟阁待制、提举亳州明道宫。绍兴十四年(1144)卒,享年七十三岁,赐谥文康。以其子立方列于朝,累赠少傅。

葛胜仲虽未隶权要,然久居太学,声名颇重。他和葛次仲俱为骈辞圣手,章倧撰《行状》,称"公掌南宫笺奏,或日草数牍,曾无滞思,时人服其敏而工"。靖康中以表劝进,"呼左右索纸笔,立草数百言,俾守即遣官持诣元帅府,词旨恳切,读者流涕"。"于书无所不读,一过目则终身不忘。研穷经旨,虽通显犹不辍。祁寒隆暑,手不废卷,议论常出诸儒意表,学子得其说,争抄录藏去。其诲人则必先德行而后词章,故诸生皆知自重而耻丽于罚。""其为文汪洋雄健,而复精深醇密,众制各自有体,大抵悉极其妙,所谓不烦绳削而自合者也。于纪事尤不苟,凡子之葬其亲,非得公文识墓则必歉然。其为诗,清丽有句法。与宾客登临宴赏,即席援笔立成,文不加点,坐者莫不惊异嗟服。""有《文集》八十卷、《外集》二十卷,又取诸史考证异同,发摘秘隐,褒善贬恶,皆古今名贤所未到者,别成一书,号《考古通论》,合若干卷。"② 其学识渊博,文思敏速,确非常人所能及。孙觌撰《丹阳集序》,亦称公"政事文学,可谓兼得之,而卒不大用,可为天下惜者也"③。葛氏兄弟皆以骈辞获誉,足见其家学熏陶之神效。

清代学者对传世《丹阳集》的篇目得失及葛胜仲人品亦有评论,略谓"王信跋及章倧《行状》并称宣和北伐之时,胜仲贻书蔡京,力言其不可。然《宋史》本传不载此事,集中亦无此书。又称由兖州教授入为太学正,时上幸学,多献颂者,胜仲独献赋,上命中书第其优劣,胜仲为首,今集

---

① 周麟之:《葛文康公神道碑》,《全宋文》第217册,第260、262页。
② 章倧:《宋左宣奉大夫显谟阁待制致仕赠特进谥文康葛公行状》,《全宋文》第186册,第183—193页。
③ 孙觌:《丹阳集序》,《全宋文》第160册,第319、320页。

中亦无此赋。他如本传所载论郭天信不当提举议历所，论僖祖庙增置殿室不必毁，其奏议并佚不存。又所称《官谕》《德时为仁》《孝学》三论献太子者，今惟存《孝论》《学论》，而《仁论》竟无可考。则其散失者已多。然观其四分之一，亦足以见其大凡矣。胜仲为太府少卿时，能拒盛章之援引。知汝州时，能拒李彦之括敛。知湖州时，能拒朱勔之求白雀、鸂鶒，其气节甚伟。历典诸州，皆有干略。再知湖州，遭逢寇乱，复有全城之功。其宦绩亦足以自传，本不尽以文章重。即以文章论之，在南北宋间，亦衷然一作者也。欧阳修尝辑建隆至治平故事为《太常因革礼》一百篇。胜仲官太常卿时，复手续其书为三百卷，故于当代典制最娴。官谕德时，尝纂历代太子事迹为《承华诏微》。又考论诸史为评古篇，故于古今成败最悉。崇宁三年居父丧，尽阅释氏《大藏经》，故所著作，往往阐明佛理。惟《青词》《功德疏》《教坊致语》之类，沿宋人陋例，一概滥载于集中，殊乖文体。"① 此评知人论世，颇具老成姿态，能启发后学。葛胜仲另有《丹阳词》一卷传世，其中多与叶梦得酬唱之作，而品格亦复相埒。毛晋尝跋《丹阳词》云："鲁卿、常之虽不逮李氏、晏氏父子，每填一词辄流传丝竹，然绍兴、绍圣间俱负海内重望。其词亦能入雅字。常之《归愚集》，余梓行既久，复订《丹阳词》一卷，以公同好。如鲁卿出处，大略已详鸿庆序中矣。"②

葛胜仲由常州江阴县徙家润州丹阳县，其后遂为丹阳人。胜仲子六人，及其殁时，唯有立方、立中在世，余皆早卒。女三人：长适许旸，次适刘封、三适章倧。

葛立方字常之，胜仲长子，自号懒真子，归愚居士。绍兴八年（1138）黄公度榜进士及第。隆兴二年（1164）病卒于家，谥文定。《直斋书录解题》载《归愚集》二十卷，题云："吏部侍郎葛立方常之撰。胜仲之子，丞相邲之父也。以郎官摄西掖，忤秦相得罪。更化召用，言者又以为附会沈该，罢

---

① 《四库全书总目》卷一五六《丹阳集》提要，第1346页上、中。
② 毛晋：《丹阳词原跋》，《景印文渊阁四库全书》第1487册，第477页下。

去，遂不复起。"① 葛立方诸书无传。清人缪荃孙曾撰《葛立方传》，附于《归愚集》卷末，今不得见。据李心传《建炎以来系年要录》所载，此公于绍兴中官左奉议郎、诸王宫大小学教授，由太常博士迁秘书省正字，既而提举秘书省。迁尚书考功员外郎，兼权中书舍人。后由左朝散郎为尚书吏部员外郎。绍兴二十六年（1156）闰十月以尚书左司郎中为贺金生辰使。② 次年，自尚书左司员外郎为权吏部侍郎，旋罢为左朝散大夫、知袁州。绍兴二十九年（1159）闰六月，以侍御史朱倬、殿中侍御史任古言"立方污贱躁进，先因赂该之婿，自曹郎而旋至侍从，今又赂该之子，自起废而遽守萍乡。在秦桧时，曾乞以桧不合者立为党碑，桧虽不从，人皆愤怒，望赐罢黜"③，复罢知袁州。另据陈骙《南宋馆阁录》卷八载，绍兴十七年六月除秘书省正字，十九年（1149）六月为校书郎。葛立方仕历行迹大体可见。其弟立中，官右迪功郎、提举河北盐香司干办公事，事迹无考。

葛立方有《西畴笔耕》五十卷、《外判》五卷、《方舆别志》二十卷，皆散佚。《宋史艺文志》亦载其《归愚集》二十卷。王士禛《居易录》云："宋葛立方常之《归愚集》十卷（诗四卷，乐府一卷，骚赋杂文一卷，外制二卷，表启二卷）。谥文康胜仲之子，谥文定邲之父也。《国史经籍志》作二十卷。文定公，南渡贤相，有文集二百卷，词业五十卷，不知传于世否。"④ 今传《归愚集》十三卷，有《续修四库全书》影印本。所著《韵语阳秋》颇为学人所知。徐林序称该书写成于隆兴元年（1163），时葛立方由天官侍郎罢归已有七年，书成次年即病卒。沈洵乾道八年（1172）所撰序称："吏部侍郎葛公博极群书，以文章名一世，暇日尝著《韵语阳秋》廿卷，自汉魏以来，诗人篇咏，咸参稽抉摘，以品藻其是非，不以取名人，亦不以人废言，质事揆理，而惟当之为贵。至于有益名教，若悖理

---

① 《直斋书录解题》卷一八，第545页。
② 李心传：《建炎以来系年要录》卷一七五，《景印文渊阁四库全书》第327册，第467页下。
③ 《建炎以来系年要录》卷一八二，《景印文渊阁四库全书》第327册，第582页下、第583页上。
④ 王士禛：《居易录》卷一六，《景印文渊阁四库全书》第869册，第506页上。

伤道者，则反复评论，折衷取予，以示劝戒。振六义于古诗既亡之后，发奥赜于灵均未睹之先，又岂若世之评诗者，徒揣其句语之工拙，格律之高下，而屑屑于月露风云、花木虫鱼形状之间而已哉。公既殁，或请其书镂板以传世，辄掇其大旨，书于篇末，使览者得详焉。"① 清人颇重此书，谓其"杂评诸家之诗，不甚论句格工拙，而多论意旨之是非"，"其中如偏重释氏，谓欧阳修梦见十王，得知罪福，后亦信佛之类，则未免虚诬；议屈原自沉为不知命之类，则未免偏驳；论李、杜、苏、黄皆相轻相诋之类，则未免附会"；"然大旨持论严正，其精确之处，亦未可尽没也"。② 葛立方另有《归愚词》一卷，后人以为"宋人之中，父子以填词名家者惟晏殊、晏几道，后则立方与其父胜仲为最著。其词多平实铺叙，少清新宛转之思，然大致不失宋人规格"。③ 南宋绍兴至乾道间，和战之论纷起，相党之争接踵，生其时而任其事者进退维谷，动辄得咎，葛立方所得是非褒贬，当如是观。如陈振孙《直斋书录解题》所云，大抵平实可信。

章倧所撰《葛公行状》称葛胜仲有孙男五人：郛、郯、邰、邻、邠。孙女婿有沈洞、章湜、张本。其中哪几位出自葛立方，似很难确定。试述如次。

葛郛，号澹斋居士。立方长子。曾以右从政郎为临安府新城县丞，以右迪功郎为临安府于潜县主簿。乾道八年至淳熙元年，以右奉议郎知江宁县④。淳熙间知兴化军事，七年，以朝奉郎通判润州⑤。此后事迹无考。《宋史艺文志》载葛郛《载德集》四卷，今佚。《石渠宝笈》卷四四存其《跋宋李公麟潇湘卧游图》，《韵语阳秋》卷三存《留友人》诗。

葛郯，字谦问，号信斋居士。立方子。绍兴二十四年（1154）进士。初以右承奉郎知建康府溧水县丞，后以左宣教郎为江东路转运司干办公

---

① 沈洞：《韵语阳秋序》，《韵语阳秋》卷首，《历代诗话》（上），第481页。
② 《四库全书总目》卷一九五《韵语阳秋》提要，第1785页上。
③ 《四库全书总目》卷一九八《归愚词》提要，第1816页中。
④ 周应合：《景定建康志》卷二七，《景印文渊阁四库全书》第489册，第283页上。
⑤ 董斯张：《吴兴备志》卷一二，《景印文渊阁四库全书》第494册，第403页下。

事。乾道中官常州通判，淳熙六年（1170）知抚州，八年卒。娶魏宪之孙女①。《韵语阳秋》载："郊始留意星历学，绍兴癸酉取解漕台问《斗为帝车赋》，省试复以'日星为纪三台色齐'为诗赋题，其所为贯穿甘石之学甚详。小孙女夜梦郊登楼至十六级而止，筮之，为省闱第十六人之祥，已而果然。予作诗赠之曰：'张铃走帜到金溪，喜子文闱预品题。名字巍峨先蕊榜，词章斐亹动文奎。阶梯已合婴儿梦，星斗先分天老题。后日胪传当第一，天伦科甲尚为低。'时郊弟邲，王佐榜甲科第七人。"②郊有《信斋词》一卷。尝跋《宋李公麟潇湘卧游图》。

葛邲字周先，胜仲孙。绍兴十八年（1148）王佐榜第七名进士及第，授右承务郎③。曾以左宣教郎为太平州州学教授。

葛邻，胜仲孙。尝以右承奉郎为湖州归安县丞④。其后仕历事迹无考。

葛郯字楚辅，立方子。隆兴元年（1163）进士及第。《韵语阳秋》称"至小子郯，朱待问榜"及第，"予尝赠郯诗云：'吾家五世十三人，竞撷丹枝撼月轮。庆历贤科开后裔，隆兴儒业继前尘。泥金帖报家庭喜，烧尾筵中帝里春。从此传芳应未艾，桂香应已袭天伦'"。《宋史·葛邲传》称："其先居丹阳，后徙吴兴。世以儒学名家，高祖密至邲五世登科第，大父胜仲至邲三世掌词命。邲少警敏，叶梦得、陈与义一见称为国器。以荫授建康府上元丞。"后登进士第，除国子博士。继"除著作郎兼学士院权直。历正言、侍御史、中书舍人，除刑部尚书"。"邲为东宫僚属八年，孝宗书'安遇'字以赐，又出《梅花诗》命邲属和，眷遇甚渥。光宗受禅，除参知政事。邲劝上专法孝宗，正风俗，节财用，振士气，执中道，恤民力，选将帅，收人才，择监司，明法令，手疏历言之，上嘉纳。除知枢密院事。绍熙四年，拜左丞相，专守祖宗法度，荐进人物，博采公论，惟恐其不闻之。未期年，除观文殿大学士、知建康府。改隆兴，请祠。宁宗即

---

① 葛胜仲：《故显谟阁直学士魏公墓志铭》，《全宋文》第143册，第57页。
② 《韵语阳秋》卷一八，《历代诗话》（上），第632页。
③ 《绍兴十八年同年小录》，《景印文渊阁四库全书》第448册，第349页上。
④ 周麟之：《葛文康公神道碑》，《全宋文》第217册，第266页。

位，邠上疏言：'今日之事，莫先于修身齐家，结人心，定规模。'判绍兴府。""改判福州，道行感疾，除少保，致仕。薨，年六十六，赠少师，谥文定，配飨光宗庙庭。有文集二百卷、词业五十卷。"① 葛邠为参知政事、知枢密院事、拜左丞相，标志着葛氏一族的富贵显盛已达顶点。

"常州葛氏"五代人的奋斗历程，无论从葛宫进士及第的大中祥符五年算起，还是从葛密及第的庆历二年算起，都超过了一个半世纪时间。该族可考察的重要人物大抵均为葛密子孙，其婚姻关系虽不像"盐泉苏氏"那样复杂和重要，但对其中关涉葛氏家学特殊内涵的部分仍需深加瞩目。

葛书学长子张仲，乃秦观女婿。秦观为葛书学撰墓铭曰："余举进士时，常与君同学。在汝南，复与君同官。君之登科，与侬仲父同年。而张仲，又余之婿也。"② 是知两人一向为至交，而秦公以女妻葛张仲，亦有永结同好之意。

葛书思娶侍其泳之女，而其长女又嫁给了侍其锷，锷乃泳之孙，玮之子。"侍其氏"乃苏州长洲之望族。南唐时有名侍其祯者知吉州，归宋后官监门尉大将军。祯生宪，官右侍禁，始自建邺徙家苏之长洲。宪生泳，赠右正议大夫。侍其氏"家世以武显，族大且贵，闻天下"，然自侍其玮"独自刻习儒学词章，从进士，皇祐二年中第"，子孙遂改弦易张，以好文善书显名于时。玮"性靖退知足，奉公孤立特介，以质谨自将，不肯桡节媚权近，仕进淹晚，一不缀怀。夙嗜学问，喜聚书，自少讫老未尝一日去篇籍不观。工草隶，善属文，赋诗尤多。时称佳笔。制《续千文》行于世"③。所有这些品性习好，均与葛密、葛书思父子颇相近似。不难设想，葛书思以姑父身份，对侍其玮潜移默化，遂使其产生了弃武从文、刻习举业的想法。而玮子锷娶书思长女为妻，虽然于辈分有差，但葛、侍其两族以婚姻为纽带的家学交流却得以延续。

---

① 《宋史》卷三八五《葛邠传》，第 11827—11829 页。
② 《淮海集笺注》卷三三《葛宣德墓铭》，第 1087、1088 页。
③ 葛胜仲：《朝散大夫致仕柱国赐紫金鱼袋侍其公墓志铭》，《全宋文》第 143 册，第 75 页。

大抵自葛氏徙居润州丹阳县以后，迎娶显宦之女以光大门族的思路便逐渐成熟起来。如葛胜仲之妻张氏为"金紫光禄大夫盘之女，而礼部侍郎溁之妹"①，其女则嫁于章惇后人章俦；葛郯娶显谟阁直学士魏宪之孙女②，即其例。不过，葛氏子孙的婚姻关系大多局限于本地友朋或邻近州县，如葛密妻胡氏、陈氏，葛次仲妻富春孙氏、范阳卢氏等。凡此，均与家学融通关涉无多。

"常州葛氏"自宫、密以来闻人辈出，显宦接踵，渐至盛族。其世系源流既已清晰，而家学内涵与特点尚待梳理讨论。其实，有关家学与婚姻相交织的美好记忆，在葛氏子孙的记忆里早已根深蒂固。如葛胜仲《朝议大夫施公墓志铭》云："公讳大任，字和叟，姓施氏"，"先人清孝公与公并时擢第，伯兄大司成为公友婿，而公季朝议大夫知海州大伦，予妹夫也。幸缘奕世之好，从公周旋有年，实熟公行治。"③《韵语阳秋》亦曰："蔡君谟娶余祖姑清源君，而赴漳南幕。余曾祖通议尝赠之诗曰：'藻思旧传青管梦，哲科新试碧鸡才。乍依守宝莲花幕，更下温郎玉镜台。'可谓佳句矣。"④ 也许正是这种诗意的记忆，才赋予了葛氏家学饱满丰富的浪漫情味。

首先，葛氏家学以举业为主，所谓"吾家五世十三人，竞撷丹枝撼月轮"的精彩与自豪皆由此而来。《韵语阳秋》曰："余家自曾伯祖侍郎讳宫以甲科起家，至庆历中，曾大父通议杨寘榜相继及第，尔后世世有人。大父清孝公余中榜，先人文康公何昌言榜，某黄公度榜，至小子郯朱待问榜，连五世矣。当时尊长皆有诗以纪庆。……通议之子若孙若曾孙在桂籍者，于今已十有三人，故言之于前。长子郭亦不废学业，故期之于后。其他宗从登科者

---

① 章俦：《宋左宣奉大夫显谟阁待制致仕赠特进谥文康葛公行状》，《全宋文》第186 册，第 192 页。
② 葛胜仲：《故显谟阁直学士魏公墓志铭》，《全宋文》第143 册，第 60 页。
③ 葛胜仲：《朝议大夫施公墓志铭》，《全宋文》第143 册，第 69、72 页。
④ 《韵语阳秋》卷一，《历代诗话》（上），第 491 页。

甚多，各有诗纪庆，不暇录。"① 类似的话语在葛氏子孙的诗文作品中还有很多，不烦赘引。在此方面，有一些细节很值得玩味，如《研北杂志》载："吏部侍郎葛立方，因陛对，高宗从容语及前代书法，曰：'唐人书虽工，至天然处终不及魏、晋，如铺算之状，皆非善书。'立方对曰：'古人论书，先论笔法，若不能求用笔意于点画之外，便有铺算之状矣。'上曰'然'。"复云："丹阳葛鲁卿论书云：'晋、宋人书法妙绝，未必尽晓字学。'"② 的确，所谓"举业"乃是一个内涵丰富、能够呈现综合素质的复杂工程。对应试举子来说，努力提高诗文创作水平固然重要，但点画功夫也不可忽视，雅致规范的遒劲好字，远比那些卖弄"笔法"、状如铺算的个性化书写更易得到肯定。近年来有所谓"科举学"者，其研究未能及此，故特为提示。

其次，自葛宫、葛密盛年求退，以清节获誉天下以来，其子孙后代多有退而求道、闲以养德者。葛密"既得谢里居"，其子书思便"不忍违去，投劾侍养十余年。晨暮在侧，意有所乡，辄逆得之。夜暴雷雨，亟起问安，退不敢寐。凡食饮药剂，乃至服用纤悉，必躬省之"。再居官，则"无秋毫墨染。其所用举者，常沛然溢格。性谦畏，惟恐忤物"③。书思子胜仲，"晚与仲兄工部居故里，公筑堂山水佳处，名以'二老'，且日致珍异甘腝为奉，探其志而先之。其友悌盖出于天性，乡间慕而化之"。自绍兴改元乞祠归，复"筑室宝溪之上，山水环凑，名人魁士杖策造门，公为之赋诗饮酒，乐而不厌。去则观书著文，课子孙习儒艺，商论不暂辍。闺门之内，弦诵相闻，若庠序然"④。刘一止尝有诗述其清节，曰："先皇隆教育，师席重朝绅。模楷归元礼，纷纶仰大椿。壮猷初未究，归计久逾真。邱壑平生事，何人得此身。"⑤《韵语阳秋》亦载："至先人文康公罢官南阳，适当兵扰，复还复栖，奉伯父工部居焉。别建二老堂于宅南，眷

---

① 《韵语阳秋》卷一八，《历代诗话》（上），第631、632页。
② 陆友仁：《研北杂志》卷上，《景印文渊阁四库全书》第866册，第570页下。
③ 慕容彦逢：《朝奉郎致仕武骑尉赐绯鱼袋葛公墓志铭》，《全宋文》第136册，第288页。
④ 周麟之：《葛文康公神道碑》，《全宋文》第217册，第260—266页。
⑤ 刘一止：《葛鲁卿待制挽诗》，《全宋诗》第25册，第16721页。

望田里，诸山皆在目，植花竹于四隅，命某日治馔，往往乐饮竟日。"① 能够在退归寻真的隐逸状态下获得心灵满足，享受闲逸乐趣，非精神强大者无能为也。这种超然物外、抱道自乐的人格追求，甚至会演变为一种颇具个性特点的审美取向，葛胜仲谓陈与义诗"天分既高，用心亦苦，务一洗旧常畦径，意不拔俗，语不惊人，不轻出也"；"虽流离困厄，而能以山川秀杰之气益昌其诗，故晚年赋咏尤工"②，其着眼点即在于能否于孤独、寂寞与艰难困苦中保持美感。其为虚室先生葛和仲诗集撰序云："盖先生所长不特诗而已。昔司马迁历游郡邑，故文增秀杰之气；张燕公得江山之助，故诗极凄惋之美。先生以使事行天下几半，名山峻壑瑰伟卓绝之观，无所不历。今其诗粹清而气壮，平淡而趣深，亦岂胜游之助耶？"③ 所有这些都是退归高致中不可或缺的深邃内涵。

　　抱道之乐绝不能与投闲置散等量齐观。葛氏贤达之所以能够在闲散之中体会到人生"余裕"，这与其博极群书的学识修为以及自觉内敛的审美心态密切相关。他们还饱受佛学浸染和书画艺术熏陶，阅历既丰，品鉴遂广，以淡泊之心悠游自得于山水盛景、宾朋宴饮之间，便可超然物外，空灵自乐。葛胜仲书《陶渊明集》后的几段文字，或可为此明证，其文曰："《南史》称渊明自以曾祖晋世宰辅，耻屈后代。自宋武王业渐隆，不复肯仕，信然。予观其《读史赞》，首述夷齐云：'二子避国，相将海隅。天人革命，绝景穷居。'次述箕子云：'去乡之感，犹有迟迟。矧伊代谢，触物皆非。'盖自况也。"复云："渊明垂死之文，读之令人恍然自失，与今世悟道坐脱立亡者何以异？其曰：'惟此百年，夫人爱之。惧彼无成，愒日惜时。'乃知其退归不仕，平生功用在此也。"④ 虽然都是潜心陶诗，但葛氏的关注重点却不同他人。他凭借严谨求实的考证功夫，明确指出萧统、汤休及苏子瞻等前代大家都不能正确解读陶渊明及其诗作的困惑根由及失

---

① 《韵语阳秋》卷一〇，《历代诗话》(上)，第564页。
② 葛胜仲：《陈去非诗集序》，《全宋文》第142册，第343、344页。
③ 葛胜仲：《中散兄诗集序》，《全宋文》第142册，第344、345页。
④ 葛胜仲：《书渊明集后》，《全宋文》第142册，第346—349页。

误所在,这对进一步深化对陶诗意趣的理解大有裨益。

诗文名作之外,书画珍品也能成为葛氏子孙挥洒才学的对象;葛郛、葛郯兄弟为《宋李公麟潇湘卧游图》所撰跋文,即透露着这种信息。《石渠宝笈》载录此图,记云:"葛郛跋云:昔东坡题宋复古《潇湘晚景图》,有'照眼云山出,浮天野水长'等句。余观此笔,虽不置身岩谷中,而心固与景俱会矣。圆照老人早悟灵机,洞见佛祖根源,视六尘境界如梦幻泡影,而寒烟澹墨,犹复袭藏,所谓寓意于物而不留意于物也,乾道庚寅十月晦日,澹斋居士葛郛跋。"① 复云:"葛郯跋云:桂琛禅师与一僧入洲,观《牡丹图》障,僧云:'好一朵牡丹花。'师云:'可惜许一朵花!'后有人献画轴与法眼禅师,曰:'汝是手巧?心巧?'曰:'心巧。'曰:'那个是汝心?'这二老汉自谓演说真源,为佛祖出气,然一人惯行草路,未免□棘参天。一人顺水操舟,不觉浪来头上,争似圆照老人并无许多指注,有画一轴,任一切人批判。信斋到这里不免饶舌一巡,正似罗公咏梳头样。圆照老人饱参丛林,具正知见,纵饶铁作面皮,亦须为余一笑也。乾道庚寅十一月旦,信斋居士葛郯跋。"② 乾道年间葛立方已辞世,葛郯也于隆兴初年乞祠而归。当此艰难困苦动辄得咎之际,郛、郯二人先后借题画文字表达"寓意于物而不留意于物"的淡泊情怀,个中深意不待智者详察。

再次,潜心佛学,宛如俗世禅师,这是葛氏家学不同于其他名门望族的突出特点。葛书思"笃信释氏,奉其戒律,晨兴香火持诵不辍。自壮讫老,言行忠信,不欺于心"③。其子胜仲"尤喜释氏书,谓其邃处多与吾儒合。有时禅寂宴坐,凝然终日,或夜分不寐,如是者十有四年"④。崇宁三年居父丧,阅《大藏经》终卷,故所著作,往往能阐明佛理。在他的引导和熏陶下,葛立方也醉心佛学,他不仅能亲诵《宝积经》《华严经》《四大

---

① 《石渠宝笈》卷四四,《景印文渊阁四库全书》第 825 册,第 650 页上、下。
② 《石渠宝笈》卷四四,《景印文渊阁四库全书》第 825 册,第 649 页下。
③ 葛胜仲:《朝奉郎累赠少师特谥清孝葛公行状》,《全宋文》第 143 册,第 51 页。
④ 周麟之:《葛文康公神道碑》,《全宋文》第 217 册,第 260—266 页。

部经》《涅槃经》《维摩经》《楞伽经》《金光明经》《圆觉经》《法华经》等佛学经卷①，且能以佛理观照诗文作品，钩稽深意。如《韵语阳秋》曰："不立文字，见性成佛之宗，达磨西来方有之，陶渊明时未有也。观其自祭文，则曰：'陶子将辞逆旅之馆，永归于本宅。'其拟挽词，则曰：'有生必有死，早终非命促。'其作饮酒诗，则曰：'采菊东篱下，悠然见南山。此中有真意，欲辩已忘言。'其《形影神》三篇，皆寓意高远，盖第一达磨也。"复云："世称白乐天学佛，得佛光如满旨趣，观其'吾学空门不学仙，归则须归兜率天'之句，则岂解脱语耶！"②将陶渊明称作"第一达磨"，也只有在葛立方的著述中方能如此。

立方子郯，不仅能传其家学，其佛学造诣甚至得到了大德高僧的认同和赞誉。释普济《五灯会元·葛郯传》云：

> 知府葛郯居士，字谦问，号信斋。少擢上第，玩意禅悦。首谒无庵全禅师，求指南。庵令究即心即佛，久无所契。请曰："师有何方便，使某得入？"庵曰："居士太无厌生！"已而佛海来居剑池，公因从游，乃举无庵所示之语，请为众普说。海发挥之曰："即心即佛眉拖地，非心非佛双眼横。蝴蝶梦中家万里，子规枝上月三更。"留旬日而后返。一日，举"不是心，不是佛，不是物"，豁然顿明，颂曰："非心非佛亦非物，五凤楼前山突兀。艳阳影里倒翻身，野狐跳入金毛窟。"无庵肯之，即遣书颂呈佛海。海报曰："此事非纸笔可既，居士能过我，当有所闻矣。"遂复至虎丘。海迎之曰："居士见处，止可入佛境界，入魔境界，犹未得在。"公加礼不已。海正容曰："何不道金毛跳入野狐窟？"公乃痛领。尝问诸禅曰："夫妇二人相打，通儿子作证。且道证父即是，证母即是？"或庵体禅师著语曰："小出大遇。"淳熙六年，守临川。八年感疾，一夕忽索笔书偈曰："大洋海里打鼓，

---

① 参见葛立方《荐考君忏宝积经疏》等文，《全宋文》第201册，第95—99页。
② 《韵语阳秋》卷一二，《历代诗话》（上），第575页。

须弥山上闻钟。业镜忽然扑破，翻身透出虚空。"召僚属示之曰："生之与死，如昼与夜，无足怪者。若以道论，安得生死？若作生死会，则去道远矣。"语毕，端坐而化。①

宋代文人多能留心佛法，询访胜德，若谓能达到俗世禅师境界如葛郯者，并不多见。郛、郯兄弟仕宦虽不甚显达，却能对禅学一往情深，用心既久，体会遂深。

最后，葛氏家族成员凡以诗赋文章获誉当时者，不为"西崑"余绪，即属骈辞高手，这既是其重视举业的家学教育使然，同时也与五世十三人折桂、三代累居词掖的辉煌历史密切相关。葛宫"善属文，上《太平雅颂》十篇，真宗嘉之，召试学士院，进两阶。又献《宝符阁颂》，为杨亿所称"。其弟密"平生为诗慕李商隐，有西崑高致"②。宋初时代"杨刘风采，耸动天下"，彼时文臣如夏竦、晏殊、宋庠、宋祁及王珪等，不仅创作了大量的歌赋颂辞，还将赋颂的精神广泛运用到制、诏、册命及碑铭等更加广泛的领域。葛氏兄弟亦厕身杨、刘、晏、宋之间，将"激扬颂声"、"宣导王泽"、推尊《雅》《颂》的诗文创作视为文臣本分③，积极参与酬和唱答，在潜移默化中构筑家学基础。所谓"西崑高致"，也可以被看成葛氏家学的原始底色。

葛氏后人承其遗风，建树颇多，葛胜仲的骈辞创作尤值称道。洪迈称葛鲁卿、汪彦章、孙仲益为"一时名流"④，充分说明三人在诗文风格上臻于一致。葛胜仲的制诏表启虽不及汪藻、孙觌，但也是一时圣手。孙觌《丹阳集序》云：丹阳葛公"年十六，随计诣京师，连三荐至礼部，遂收其科。文节林公子中爱其文，荐试学官，公以《诗》《书》《礼》三经应诏，又试宏词，皆中第一。于是名声隐然动京师。始去州县，更内外学官

---

① 释普济：《五灯会元》卷二〇《葛郯传》，中华书局1984年版，第1368、1369页。
② 《宋史》卷三三三《葛宫传》，第10704、10705页。
③ 杨亿：《温州聂从事云堂集序》，《全宋文》第14册，第376页。
④ 洪迈：《容斋随笔·三笔》卷二，第448页。

之选，校中秘书，入尚书为郎。当是时，天子辑瑞应，搜讲弥文，报礼上下，四方以符瑞来告者不可胜数，大臣表贺皆出公手，瓌奇英丽，独步一时。公卿大夫交口誉叹，谓公即日典司制命，施之朝廷，荐之郊庙，以追汤盘、周诰、商诗、鲁颂之作"。此公"尤喜为诗，喜怒穷泰，悲忧愉佚，陵高眺迥，饮酒歌呼，杂然有触于中，则大篇长句，援笔立成，不改定一字，非如前世之士以一能一技列于儒林者比也"。① 此序将葛胜仲置于颜、闵、游、夏、求、由等众贤之上，谓其能兼得文学与政事，亦非儒学之士可比，虽词科出身者一偏之见，亦说明葛胜仲在骈文创作方面确有成就。

如果说葛胜仲擅为制诰表启与词科出身息息相关，那么葛立方与葛邲父子超乎寻常的"四六"写作水平，则完全是在仕宦生涯中磨炼出来的。葛立方以郎官摄西掖，所撰制词典重温厚，颇为得体；贺表、谢启间以长句为对，整体上仍能恪守"四六"格令。葛邲"四六"散佚殆尽，就《全宋文》辑得者而言，大体亦沿袭家传文法，叙事清晰准确，不为夸诞之辞，能严守体制规范，醇厚雅正。一家三代相继居词掖，为侍臣，堪称士林盛事。

葛氏家族子弟于诗文创作均极努力，只因资料所限，难以作全面叙述。譬如，有一位叫葛延之的青年就曾不远千里，远赴儋耳，向贬谪中的苏东坡诚恳请教。《容斋四笔》载："江阴葛延之，元符间，自乡县不远万里省苏公于儋耳，公留之一月。葛请作文之法，诲之曰：'儋州虽数百家之聚，而州人之所须，取之市而足，然不可徒得也，必有一物以摄之，然后为己用，所谓一物者，钱是也。作文亦然。天下之事，散在经、子、史中，不可徒使，必得一物以摄之，然后为己用，所谓一物者，意是也。不得钱不可以取物，不得意不可以用事，此作文之要也。'葛拜其言，而书诸绅。尝以亲制龟冠为献，公受之，而赠以诗曰：'南海神龟三千岁，兆叶朋从生庆喜。智能周物不周身，未死人钻七十二。谁能用尔作小冠，岣嵝耳孙创其制。今君此去宁复来，欲慰相思时整视。'今集中无此诗。葛

---

① 孙觌：《丹阳集序》，《全宋文》第160册，第319、320页。

常之,延之三从弟也,尝见其亲笔。"①《竹庄诗话》所载与此稍异,其文曰:"《苍梧杂志》云:'葛鲁卿有侄名延之,尝自言在儋耳从东坡游,甚熟。坡尝教之作诗文云:"譬是市上店肆诸物,无种不有,却有一物可以摄得,钱而已。莫易得者是物,莫难得者是钱。今文章词藻事,实乃市肆诸物也。意者,钱也。为文若能立意,则古今并有,翕然起为吾用。若晓得此,便会做文字也。"'"②两种记载文字不同,但以"钱"喻"意"的为文理道并无不同。葛延之既为葛立方从兄,其勤学刻励之精神亦属家传。

"常州葛氏"是一个值得关注的文学望族。从葛宫、葛密直到葛邲,世代传承,前赴后继,在诗词文赋、尤其是"四六"创作方面别有建树。四库馆臣谓《丹阳词》和《归愚词》是继"大小晏"之后最值得瞩目的词坛盛景,似无可争辩。至于《韵语阳秋》因将"点铁成金""夺胎换骨"等诗法提升为普遍原则而受到质疑,则从侧面彰显出葛氏子弟在文学思想方面的非凡修养。葛氏一族的家学内涵丰富多彩,它能将退归出世、潜心佛学的"消极因素"与潜心举业、世代为词臣的进取意志完美结合起来,在放旷闲逸安享"余裕"的同时,又不避宦途艰辛,栉风沐雨,积极有为,此种境界令人神往。最后还须指出,葛氏子弟潜心佛法、善于填词、谙熟"四六文法"的情形,均在道学家所谓的"害道"范畴之内,其家族、家学研究的种种困惑与不便,包括文献资料的大量散佚等,或与此息息相关。

三 鄱阳洪氏:馆阁父子词科兄弟

以洪适、洪遵及洪迈兄弟而显名于世的"鄱阳洪氏",其兴盛历史及家学内涵与"常州葛氏"颇为相似。洪氏兄弟虽然以荫入官,但他们仍把应科试、登高第看作兴家旺族的最佳途径,积极进取,勤学不辍。洪氏家学几乎没有道学色彩,文献考索之外,就是潜心钻研"四六文"的写作技巧,其族

---

① 《容斋随笔·四笔》卷一一,第765页。
② 何汶:《竹庄诗话》卷一,第8页。

内成员均无排佛之论，事君以忠，达观超逸，所未足者，不善诗词而已。

"鄱阳洪氏"起自寒微，其先祖虽以业农为生，但积善厚德，严训子孙，颇具振兴门楣之志。洪适《叔父常平墓志铭》云：洪氏"在吴有庐江太守矩，在唐有集贤学士孝昌。五季乱，始自歙徙名数于饶之乐平。又七世，始家鄱阳"①。《盘洲老人小传》复云："洪族本居徽州，唐末避乱，徙乐平之东七十里，曰'岩前'，曰'洪源'，凡百余家，世世业耕桑。高祖志操不群，力教二孙，欲振起门户。自岩前常以干至郡，去郡四十里曰瀹港，舟过之，爱其水朝山远，可卜宅兆，于是每归必以鱼盐遗主人雷氏，岁久浸熟。秋成，则买谷百许斛，分寄诸家。尝置酒聚其族曰：'诚惭岁以穀相溷，欲谋数丈地，自作仓以贮，可乎？'皆曰：'诺。'独一叟持不可。或言叟性木强不可回，惟妇言是畏，因饵妪双缣。妪谯其夫曰：'洪八翁往来吾里，如骨肉，求一片地，奈何不与？'翁即呼人书券相授。高祖疾革，命家人曰：'葬我必于瀹港仓下，后世青紫当不绝。'后十六年，当元丰乙丑，伯祖给事中始以进士起家。"②劳格《读书杂识》卷九《宋人世系考上》载："鄱阳洪氏，其先徽州人。五季避乱，徙饶州之乐平之洪岩，又七世徙鄱阳。士良生炳，炳生彦升、彦先。"③按：洪适所谓"伯祖给事中"者，即洪彦升。彦升字仲达，元丰八年（1085）登进士第，授常熟县尉。尝辟广西经略府，或称其材，擢提举常平。为监察御史，迁殿中侍御史。论"蔡京再居元宰，假绍述之名，一切更张，败坏先朝法度，朋奸误国，公私困弊。既已上印，而偃蹇都城，上凭眷顾之恩，中怀跋扈之志。愿早赐英断，遣之出京"。后迁给事中。出知滁州、吉州。卒年六十三，赠大中大夫④。作为洪氏"起家"之祖，洪彦升宦途显达。只可惜，洪彦升的子嗣传承史无详载，无法考述。

---

① 洪适：《叔父常平墓志铭》，《全宋文》第214册，第23页。
② 洪适：《盘洲老人小传》，《全宋文》第214册，第1、2页。
③ 劳格：《读书杂识》卷九，《丛书集成续编》，台北新文丰出版公司1989年版，第19册，第115页下。
④ 《宋史》卷三四八《洪彦升传》，第11035、11036页。

继彦升之后，洪氏家族中以进士及第且显名天下者，乃是洪彦元之子皓。《盘洲老人小传》谓彦升之后"又三十年，政和乙未，忠宣公继之"者，即此公也。洪皓字光弼，"登政和五年进士第，主台州宁海簿"，尝截留浙东纲米以济灾民，人称"洪佛子"。后"擢徽猷阁待制，迁五官，假礼部尚书，为奉使大金军前使"①。此次使金，自建炎三年（1129）五月至绍兴癸亥（1143）六月，首尾达十五年。羁留云中、冷山等酷寒之地，虽备受艰辛，但忠心不改。宋高宗称赞他："忠贯日月，志不忘君，虽苏武不能过。"②

洪皓留金期间撰有《松漠纪闻》，洪适题云："先君衔使十五年，深陷穷漠，耳目所接，随笔纂录。闻孟公庚发箧，汴都危变，归计创艾而火其书。握节来归，因语言得罪柄臣。诸子佩三缄之戒，循陔侍膝，不敢以北方事置齿牙间。及南从炎荒，视膳余日，稍亦谈及远事。凡不关今日强弱利害者，因操觚记其一二。未几复有私史之禁，先君亦枕末疾，遂废不录。及柄臣盖棺，弛语言之律，而先君已赍恨泉下。鸠拾残编，仅得数十事，反袂拭面，不复汇次，或可广史氏之异闻云尔。"③归途之中还与张邵、朱弁唱和。洪适题《辀轩唱和集》云："绍兴癸亥六月庚戌，先君及张公邵、朱公弁自燕还，途中相唱酬者。中兴以来，出疆者几三十辈，或留或亡，得生渡卢沟而南者三人而已。初，朔庭因赦宥许使者归其乡，诸公惩久縶，幸稍南，率占籍淮北，惟先君及二公以实告。既约和，于是淮以南者乃得归。八月戊戌先君至，辛丑张公至，乙巳朱公至。九月乙卯，先君以徽猷阁直学士入翰林。是月甲子，出为乡州。后四年南迁。八年薨。又三年，赐谥忠宣。"④洪皓卒于绍兴二十五年（1155）十月乙未，距绍兴癸亥南归仅十二年。

洪皓著述颇丰。洪适跋《鄱阳集》曰："先君以建炎己酉出疆，时年四十有二矣。平生著书多，悉留檇李。庚戌之春厄于兵，烬无一余者。绍

---

① 洪适：《先君述》，《全宋文》第214册，第7、8页。
② 《宋史》卷三七三《洪皓传》，第11560页。
③ 洪适：《题松漠纪闻》，《全宋文》第213册，第309页。
④ 洪适：《题辀轩唱和集》，《全宋文》第213册，第310页。

兴癸亥还朝，入直玉堂，不旬日领乡郡去，明年而遭祖母之丧。服除未几，有岭表之谪，杜门避谤，不敢复为文章。谪九年而即世，故手泽之藏于家者，惟北方所作诗文数百篇乃独存。谨泣而叙之，以为十卷，刻诸新安郡。未汇次者，犹有《春秋纪咏》千篇云。"① 洪皓诗文散佚之多，由此不难确认。《直斋书录解题》著录《鄱阳集》十卷，题云："徽猷阁直学士鄱阳洪皓光弼撰。皓奉使金国，守节不屈。既归，为秦所忌，谪英州。死之日与秦适相先后。"② 大约即洪适手辑之本。除上述三种外，洪皓的著述还有不少。洪适《先君述》曰："先君天性强记，书无所不读，虽食不释卷，稗官、小说亦暗诵连数千言。宣、政间，《春秋》之学绝，先君独穷遗经，贯穿三传。在冷山，摘褒贬微旨，作诗千篇，北人抄传诵习，欲刻板于燕，先君弗之许。"复云："有书万余卷，名画数百卷，皆厄兵烬。居穷绝域，复访求稛载以归。《四夷附录》所载西瓜，先君持以献，故禁囿及乡圃种之，皆硕大，西瓜始入中国。有《文集》十卷、《春秋纪咏》三十卷、《輶轩唱和集》三卷、《帝王通要》五卷、《姓氏指南》十卷、《松漠纪闻》二卷、《金国文具录》一卷。"③ 宋室南渡以后，权臣多以偏安为务，党禁频仍，贬谪旋踵，此时即便功高如洪皓者亦难幸免。其诗既得"北人抄传诵习"，却不能付梓海内，是知党祸戕害，或有甚于兵火者。

洪皓八子：适、遵、迈、逊、逊、邈、邃、迅。洪适绍兴二十五年（1155）十月撰《慈茔石表》，叙皓诸子及女婿官衔为："适，今为左朝请大夫、户部郎中、总领淮东军马钱粮。遵，左中大夫、同知枢密院。迈，左朝奉大夫，前起居舍人。逊，右承议郎、铸钱司主管文字。逊，右宣议郎、浙西安抚司准备差使。邃、迅，皆右承奉郎。女三蚤卒，次嫁右从事郎董公衡，公衡卒，更嫁左朝奉郎、楚州通判余执度；次嫁右承直郎王駓，次嫁将仕郎臧栋，次许嫁同进士出身朱晞颜。"④ 严格说来，洪皓后人

---

① 洪适：《跋先忠宣公鄱阳集》，《全宋文》第 213 册，第 321 页。
② 陈振孙：《直斋书录解题》卷一八，第 532 页。
③ 洪适：《先君述》，《全宋文》第 214 册，第 38 页。
④ 洪适：《慈茔石表》，《全宋文》第 214 册，第 14、15 页。

宦途显达者不过适、遵、迈三人。

　　洪适字景伯，号盘洲，皓长子也。"皓使朔方，适年甫十三，能任家事。以皓出使恩，补修职郎。绍兴十二年，与弟遵同中博学宏词科。高宗曰：'父在远方，子能自立，此忠义报也，宜升擢。'遂除敕令所删定官。后三年，弟迈亦中是选，由是三洪文名满天下。改秘书省正字。甫数月，皓归，忤秦桧，出知饶州，适亦出为台州通判。垂满，皓谪英州，适复论罢，往来岭南省侍者九载。桧死皓还，道卒，服阕，起知荆门军。"后升尚书户部郎中，总领淮东军马钱粮。孝宗即位，迁司农少卿。隆兴二年（1164）二月召贰太常兼权直学士院，旋除中书舍人。"时金人再犯淮，羽檄沓至，书诏填委，咨访酬答，率称上旨。"乾道元年（1165）五月，迁翰林学士，仍兼中书舍人。六月，除端明殿学士、签书枢密院事。八月，拜参知政事。十二月，拜尚书右仆射、同中书门下平章事兼枢密使。次年三月，除观文殿学士、提举江州太平兴国宫。寻起知绍兴府、浙东安抚使。再奉祠。淳熙十一年（1184）薨，年六十八，谥文惠。"适以文学闻望，遭时遇主，自两制一月入政府，又四阅月居相位，又三月罢政，然无大建明以究其学。家居十有六年，兄弟鼎立，子孙森然，以著述吟咏自乐，近世备福鲜有及之。"① 洪适娶舅氏沈松年女，母夫人侄也。子九人：槻、秘、榴、楠、槇、桴、楹、楝、栢②。

　　史家颇言洪适能得乃父福泽者。如《挥麈三录》云："洪景伯兄弟应博学宏词，以《克敌弓铭》为题，洪惘然不知所出。有巡铺老卒，睹于案间，以问洪云：'官人欲知之否？'洪笑曰：'非而所知。'卒曰：'不然。我本韩世忠太尉之部曲，从军日，目见有人以神臂弓旧样献于太尉，太尉令如其制度制以进御，赐名克敌。'并以岁月告之。洪尽用其语，首云'绍兴戊午五月大将'云云。主文大以惊喜，是岁遂中科目，若有神助焉。此盖熙宁中西

---

①　《宋史》卷三七三《洪适传》，第11562—11565页。
②　周必大：《丞相洪文惠公适神道碑》，《全宋文》第233册，第17页。

人李宏中创造，因内侍张若水献于裕陵者也。李平叔云。"① 李幼武《宋名臣言行录续集》亦称："宰执贺皇太后有来归期。上曰：'洪皓身陷北方乃心王室，忠孝之节久而不渝，诚可嘉尚。二子皆中词科，亦其忠孝之报也。先圣福善祸淫之理，于此可见。'"② 此虽小说家言，亦足见人情所向。

周必大撰适《神道碑》，称"公器业早成，与人交诚实无浮礼，文华天赋，济以力学，步骤经史，新奇富赡。兄弟鼎立，自成一家。罢政后，论著益多，四方传诵。有《盘洲集》一百卷。耽嗜隶古，为《纂释》二十七卷、《隶续》二十一卷，屡加删润，合为一书，将踵欧阳文忠公《集古录》，赵明诚而下弗论也"③。《郡斋读书志》载洪适《隶韵》七卷、《盘洲集》八十卷，与周公所述颇差卷数。《四库全书》所收《隶释》二十七卷、《隶续》二十一卷，与《神道碑》合。

洪遵字景严，皓仲子也。少时"父留沙漠，母亡，遵孺慕攀号。既葬，兄弟即僧舍肄词业，夜枕不解衣。以父荫补承务郎，与兄适同试博学宏词科，中魁选，赐进士出身。高宗以皓远使，擢为秘书省正字。中兴以来，词科中选即入馆，自遵始"。皓南还后被贬黜，"遵遂乞外，通判常、婺、越三州。绍兴二十五年，汤思退荐之，复入为正字。八月，兼权直学士院"。二十八年（1158）免丧，召对，拜起居舍人。"奏乞以经筵官除罢及封章进对、宴会锡予、讲读问答等事，萃为一书，名之曰《迩英记注》。其后乾道间又有《祥曦殿记注》，实自遵始。"又因"面对论铸钱利害，帝嘉纳之，迁起居郎兼权枢密院都承旨"。二十九年（1159）拜中书舍人，三十年正月试吏部侍郎，旋迁翰林学士兼吏部尚书。孝宗即位，拜翰林学士承旨兼侍读。知隆兴元年（1163）贡举，拜同知枢密院事，旋以端明殿学士提举太平兴国宫。乾道六年（1170）起知信州、太平州，以绩遂拜资政殿学士。淳熙元年（1174）提举洞霄宫。十一月薨，年

---

① 王明清：《挥麈录·三录》卷三，第257页。
② 李幼武：《宋名臣言行录续集》卷五，《景印文渊阁四库全书》第449册，第333页上。
③ 周必大：《丞相洪文惠公适神道碑》，《全宋文》第233册，第18页。

五十五，谥文安。①

《直斋书录解题》所载洪遵著述颇丰，有《中兴玉堂制草》六十四卷、《翰苑群书》三卷、《翰林遗事》一卷、《东阳志》十卷、《泉志》十五卷、《谱双》十卷及《小隐集》七十卷。另有《洪氏集验方》五卷，尚不在陈氏记载中②。遵久居词掖，颇有撰述，其《翰苑群书题记》云："翰苑秩清地禁，沿唐迄今，为荐绅荣。遵世蒙国恩，父子兄弟接武而进，实为千载幸遇。曩尝粹《遗事》一编，暨来建邺，以家旧藏李肇、元稹、韦处厚、韦执谊、杨巨、丁居晦洎我宋数公，凡有纪于此者，并刊之木，仍以《国朝年表》《中兴题名》附。"③《泉志》与《谱双》颇为奇特，前者研究历代货币，绍兴十九年（1149）自序云："泉之兴，盖自燧人氏以轻重为天下。太古杳邈，其详叵得而记。至黄帝、成周，其法寝具。秦汉而降，制作相踵。岁益久，类多湮没无传。梁顾烜始为之书，凡历代造立之原，大小轻重之度，皆有伦序，使后乎此者可以概见。""余尝得古泉百有余品，则又旁考传记，下逮稗官所记，捃摭大备，分汇推移，釐为十五卷，号曰《泉志》。"④后者则是记录游戏玩法，陈振孙谓"此戏今人不复为"⑤。大抵江南士女心细、好纪录，类似的游戏之书，前有南唐李后主大周后《系蒙小叶子格》、徐铉《金谷园九局谱》等，宋人所撰颇为稀见。自著述及人，即可知洪遵之富赡淹博。

周必大《同知枢密院事赠太师洪文安公遵神道碑》云："洪忠宣公见危授命，半世异域，白首来归，力陈忠言至计。高宗方引以自近，权佞恶其害己，不使浃日安于朝廷之上，至以漠北仅存之身，投诸南荒必死之地。身且不阅，遑恤其家！然而长子丞相文惠公、次子枢密文安公，被遇两朝，先后得政，又次子翰林公迈未及大用，而入从出藩，翱翔最久。盖

---

① 《宋史》卷三七三《洪遵传》，第 11565—11569 页。
② 洪遵：《洪氏集验方跋》，《全宋文》第 219 册，第 163 页。
③ 洪遵：《翰苑群书题记》，《全宋文》第 219 册，第 162 页。
④ 洪遵：《泉志序》，《泉志》卷首，《丛书集成初编》第 767 册，第 1 页。
⑤ 《直斋书录解题》卷一四《谱双》解题，第 421 页。

立朝莫清于登瀛，莫荣于代言，莫重于掌文柄，莫尊于间两社。公既与昆季迭居，并以文章称天下，公又先进，或一再至焉。其后孙曾印绶相望，方兴而未艾，衣冠盛事，世推洪氏。"子男三人：樆、椐、樸①。女婿木待问于隆兴元年状元及第，陈由义则官至给事中。

洪迈字景卢，号容斋，皓季子也。"博极载籍，虽稗官虞初，释老傍行，靡不涉猎。从二兄试博学宏词科，迈独被黜。绍兴十五年始中第。"曾官吏部郎兼礼部、左司员外郎，进起居舍人。孝宗朝，知泉州、吉州。乾道三年（1167）"迁起居郎，拜中书舍人兼侍读、直学士院，仍参史事。父忠宣、兄适、遵皆历此三职，迈又踵之"。后出知赣州、婺州，以政绩特迁敷文阁待制。旋"以提举佑神观兼侍讲、同修国史。迈初入史馆，预修《四朝帝纪》，进敷文阁直学士、直学士院。讲读官宿直，上时召入，谈论至夜分。十三年九月，拜翰林学士，遂上《四朝史》，一祖八宗百七十八年为一书。绍熙改元，进焕章阁学士、知绍兴府"。次年"再上章告老，进龙图阁学士。寻以端明殿学士致仕，是岁卒，年八十。赠光禄大夫，谥文敏"。② 迈别号野处，盖以孝宗书赐"野处"二字，故尔③。

洪迈子嗣史无详载。江西尝出土《宋景定五年瑞州知郡料院洪侗墓志铭》，铭文为南宋程元凤所撰，曰："公讳侗，字子成。曾祖皓，徽猷阁直学士、赠太师、魏国公，谥忠宣。曾祖妣沈氏，魏国夫人。祖迈，端明殿学士、光禄大夫、蜀国公，赠少保，谥文敏。祖妣陈氏，和国夫人；张氏，吉国夫人。考椿，□□郎，华亭明府，赠通奉大夫。妣赵氏，赠太硕人。公以祖遗表恩，奏补通仕郎，初筮天台监税，继调临川秋官。任满，注南康星子令。以□□□恩，循资改隆兴府靖安令。……编纂《盘洲小隐》《野处文集》，名十体文类，士大夫争传观之。"扬州大学图书馆姚海

---

① 周必大：《同知枢密院事赠太师洪文安公遵神道碑》，《全宋文》第233册，第28、31、32页。
② 《宋史》卷三七三《洪迈传》，第11570—11574页。
③ 《玉海》卷三四《淳熙书苏轼苏辙诗》条后小注，《景印文渊阁四库全书》第943册，第798页上。

英博士据此考定，洪迈曾被封为"蜀国公"，《宋史·洪迈传》未能及此。姚文另考"张氏"为洪迈原配夫人，"陈氏"为续弦，亦与《墓志铭》不合。其实，按照程元凤所述，洪迈先娶陈氏，及陈氏殁，续娶张氏，这种理解或许更为客观合理。至于说张氏乃张渊道之长女，论据翔实确凿，实无可疑者。姚文考洪迈子嗣：长子曰榛，绍熙间通判福州、信州；次曰橚，曾任陕州签判；次曰椿，幼子曰櫄。其孙可考知者有洪偓、洪伛、洪偒①。所有这些，都为洪迈研究提供了可靠信息，值得尊重。

洪迈著述极为丰富，仅陈振孙《直斋书录解题》所载者就有《钦宗实录》四十卷、《会稽和买事宜录》七卷。《容斋随笔》《续笔》《三笔》《四笔》各十六卷，《五笔》十卷。《夷坚志》甲至癸二百卷，支甲至支癸一百卷，三甲至三癸一百卷，四甲四乙二十卷，大凡四百二十卷。《唐人绝句诗集》一百卷、《琼野录》一卷、《野处类稿》一卷。而《宋史艺文志》所录，更可补陈书之未足，有《宋四朝国史》三百五十卷、《太祖太宗本纪》三十五卷，又《四朝史纪》三十卷，又《列传》一百三十五卷、《记绍兴以来所见》二卷。又《汉苑群书》三卷、《皇族登科题名》一卷、《野处猥稿》一百四卷，而《琼野录》作三卷。此外还有许多自抄备考资料，后文再述。

"三洪"的业绩令"鄱阳洪氏"风光无限，其如魏了翁所云："北门掌书内命，最号清切，自入国朝，选授尤靳"；通观其人，"俱未有一翁三季如番阳洪氏之盛者也。中兴以来，学士之再入者十有六人，而洪氏之兄弟与焉。自绍圣立宏博科，迄于淳熙之季，所得不下七十人，而至宰执、至翰苑者仅三十人，洪氏之兄弟又与焉。呜呼，何其盛与！"② 在偏安富庶的南宋时期，洪氏父子不仅以文学才华引领风骚，更让世人记住了他们的骨气与担当。

---

① 姚海英：《关于洪迈的封号、妻氏及子嗣——江西出土碑志〈宋景定五年瑞州知郡料院洪偒墓志铭〉新考》，《山西档案》2014年第6期。
② 魏了翁：《三洪制稿序》，《全宋文》第310册，第8页。

不过，鼎盛的日子毕竟有限。洪氏后人不管如何努力，最终都会被"三洪"的盛名所掩，无人喝彩。例如洪适次子秘。魏了翁《洪公秘墓志铭》曰："君资禀英晤，加以生长见闻，不绳而直。方忠宣南迁，文惠继免，君力学任家，娱适亲意而忘其谪。平生侍文惠，荐进无虚日，而中外无一人知者。文惠尝语魏国：'是儿志趣过人，克家子也。'""差之南剑州，不赴，自请奉祠，以主管武夷山冲佑观里居，凡三历任，盖自是不复有当世意矣。以宰相子，材足以自致显闻于时，居家以孝友著，所居官卓荦有风绩可纪录，论事上前，疏畅磊落，人主为动，名卿才大夫鲜不知者。顾偕京秩余四十年，年七十有一，而仕不过二千石以殁，此岂其所凭弗厚，抑亦介特不肯与时俛仰者，固其世然耶！"① 事实上，"三洪"子孙类似洪秘者不止一人。洪适之孙伋、偲、侃，洪迈之孙偒，经历虽有不同，结果均归于寂寞。

洪氏一族的婚姻选择，对造就其家学特点最为关键，最值得关注的首先是沈氏姑姪。洪适《慈闱石表》曰："太夫人沈氏，常州无锡人。祖讳宗道，赠朝请郎。考讳复，仕至朝奉大夫，赠左中奉大夫。妣令人陈氏。政和五年，先君及进士第，太夫人之兄太学博士松年在京师，闻先君名，定婚焉。"② 史载洪皓登进士第时，"王黼、朱勔皆欲婚之"③，力辞方得脱。正是这样一次谢绝豪门权贵的婚姻选择，成就了洪氏一门"父子相承，四上鉴坡之直；弟兄在望，三陪凤阁之游"的绚烂与辉煌④。洪适《盘洲老人小传》复云："绍兴壬戌，某同元弟遵中博学宏词科。后三年乙丑，仲弟迈继之。""初，忠宣连仕浙部，因寓秀州。及持节使虏，某时年十三，奉秦国归乡，以俸入在秀州，侍魏国以往凡九年。魏国弃诸孤，仲舅博士公使奉丧来无锡，依外氏以葬。时河南复为王土，尝拟宰臣贺表，以'齐人归郓讙之田'对'宣王复文武之土'。舅氏爱其语，谓某曰：'甥

---

① 魏了翁：《知南剑州洪公秘墓志铭》，《全宋文》第311册，第110—113页。
② 洪适：《慈闱石表》，《全宋文》第214册，第37页。
③ 《宋史》卷三七三《洪皓传》，第11560页。
④ 《容斋随笔》卷一六，第207页。

若加鞭不休，词科不难取。'乃同二弟闭门习为之，夜不安枕者余岁。既试，偶中选。"① 按《无锡县志》载："宋沈松年，字性仁，无锡人。大观三年举进士，为润之金坛县，以文学擢太博。会靖康之难，丐归田里，以图史自娱。有妹适洪忠宣公，忠宣使金且久，妹携诸甥归无锡，松年力勉以学，后皆中博学宏词科。适拜相，遵至枢府，迈再入翰苑，名闻中外。时语：非松，不能有甥若是。"② 所言不虚。

洪迈与岳父张渊道趣味相投。洪氏兄弟嗜书如命，张渊道亦然。《容斋随笔》载："建炎三年，外舅张渊道为太常博士，时礼寺典籍散佚亡几，而京师未陷，公为宰相言：'宜遣官往访故府，取见存图籍，悉辇而来，以备掌故。此若缓而甚急者也。'宰相不能用，其后逆豫窃据，鞠为煨烬。吁，可惜哉！"③ 张渊道，《宋史》无传，绍兴五年（1135）尝以右司郎官为桂林守。洪迈记："绍兴中，赵忠简公亦谪朱崖，士大夫畏秦氏如虎，无一人敢辄寄声。张渊道为广西帅，屡遣兵校持书及药石、酒面为馈。公尝答书云：'鼎之为己为人，一至于此。'其述酸寒苦厄之状，略与卫公同。"④ 按：卫公即唐相李德裕，被贬朱崖而卒。复云："绍兴七年，淮西大帅刘少师罢，湖北岳少保以母忧去。累辞起复之命。朝廷以兵部尚书吕安老、侍郎张渊道分使两部，已而正除宣抚，遂掌其军。岳在九江，忧兵柄一失，不容再得，亟兼程至鄂，有旨复故任，而召渊道为枢密都承旨。安老在庐遭变，言者论罢张魏公，渊道亦继坐斥。隆兴中，北虏再动兵，张公为督帅，遣李显忠、邵宏渊攻符离，失利而退，一府皆贬秩。"⑤ 绍兴九年（1139）张渊道家居无锡县南禅寺，次年则"自祠官起提举秦司茶马"⑥。此后又为福州守。曾几有《福帅张渊道送荔子》诗云："岂无重碧实瓶罍，难得轻红荐一杯。

---

① 洪适：《盘洲老人小传》，《全宋文》第214册，第2页。
② 《无锡县志》卷三上，《景印文渊阁四库全书》第492册，第700页下。
③ 《容斋随笔》卷一三，第176页。
④ 《容斋续笔》卷一，第229页。
⑤ 《容斋四笔》卷四"两道出师"条，第676页。按：明人张志淳《南园漫录》卷一辨洪迈此记有误，可参；《景印文渊阁四库全书》第867册，第261页下、262页上。
⑥ 洪迈：《夷坚志》，中华书局1981年版，第291、292页。

千里人从闽岭出,三年公送荔枝来。玉为肌骨凉无汗,云作衣裳皱不开。莫讶关情向尤物,厌看绿李与杨梅。"① 张渊道卒于绍兴二十九年。周必大有《张渊道侍郎挽词二首》,其二云:"南国频移镇,西清屡进班。衮衣元缱绻,贝锦谩斓斑。斜日逢单阏(原注:公薨以己卯夏),流金讖大还。惟余千字诔,传诵满人间。"② 此公于建炎、绍兴间辗转广西、淮西及福州等地,故曰"南国频移镇"。张渊道著述不传,其事迹则多见《容斋随笔》《夷坚志》之记载,翁婿情感之协洽、心胸气识之近似,由此可知。

洪氏后代姻缘中虽不乏才子贤达,但学识气度远非沈、张可比。如洪迈女婿永嘉木待问,字蕴之,为隆兴元年进士第一,仕至焕章阁待制、礼部尚书。宦途显达,才学却不能望洪迈之项背。如周密《癸辛杂识后集》载:"木待问轮对,误读'蕞尔之国',作'撮'音,寿皇厉声曰:'合作在最反读为是。'"③ 彭大翼《山堂肆考》亦载:"宋孝宗时,木应之为待问,帝问之曰:'木姓起于何时?'罔知所对,上曰:'端木本子贡之姓,其后有木玄虚者,岂去复姓之苗裔乎?'他日,上谓洪迈曰:'木待问乃卿婿乎?以明经擢高第,而不知祖姓之所出,卿宜劝之读书。'迈拜谢而出。叹曰:'圣上万几,广览如此,为士者可不研博古今耶!'"④ 南宋后期,道学独盛,博雅富赡之士日渐稀少,若非道学之家,所谓望族之间以婚姻为纽带的家学交流与互动渐告衰歇,"鄱阳洪氏"诸婿实为显例。

就洪氏家学关涉诗文创作的内在特质而言,其可瞩目者主要有两点:词科作风,博闻广记。

洪皓以进士出身,能诗善文,其所创家学基础固以"举业"为重。但洪氏兄弟以父荫入官,若想通过科举途径光耀门楣,唯一机会便是参加朝廷为求"文学博异之士"⑤ 而设的博学宏词科考试,而此科所重唯在"四六"而

---

① 曾几:《福帅张渊道送荔子》,《瀛奎律髓汇评》卷二七,第1202页。
② 周必大:《张渊道侍郎挽词二首》,《全宋诗》第43册,第26699页。
③ 周密:《癸辛杂识后集》"蕞蕞"条,第103页。
④ 彭大翼:《山堂肆考》卷一二五,《景印文渊阁四库全书》第976册,第456页上。
⑤ 《宋史》卷一五六《选举志二》,第3649页。

已。《容斋三笔》载："熙宁罢诗赋，元祐复之，至绍圣又罢，于是学者不复习为应用之文。绍圣二年，始立宏词科，除诏、诰、制、敕不试外，其章表、露布、檄书、颂、箴、铭、序、记、诫谕凡九种，以四题作两场引试，唯进士得预，而专用国朝及时事为题，每取不得过五人。大观四年，改立词学兼茂科，增试制、诰，内二篇以历代史故事，每岁一试，所取不得过三人。绍兴三年，工部侍郎李擢又乞取两科裁订，别立一科，遂增为十二体：曰制、曰诰、曰诏、曰表、曰露布、曰檄、曰箴、曰铭、曰记、曰赞、曰颂、曰序。凡三场，试六篇，每场一古一今，而许卿大夫之任子亦就试，为博学宏词科，所取不得过五人。任子中选者，赐进士第。"① 是知词科考试科目几经变化，哲宗绍圣间初设此科，所试凡九种，并不包括诏、诰、制、敕。至徽宗大观改立词学兼茂科，则以制、诰取代檄、诫谕，所试科目仍为九种。绍兴三年（1133）所立博学宏词科，考试科目最终调整为十二种，此后沿为定格。宏词科、词学兼茂科及博学宏词科虽然在应试资格限制、应试程序以及登科后的待遇等方面有所差异②，但为朝廷选拔"四六"写作人才的目标始终明确。此外，与前两者相比，博学宏词科还增加了"纳卷"环节，即"愿试人先投所业三卷，朝廷降付学士院，考其能者召试"③。如此则与北宋"制科"颇相类似。嘉泰四年（1204）右正言林行可云："词科之设，先考所业，有同制举，其选至重。"④ 事实上，在制科名存实亡之后，博学宏词科已经基本取代它的位置，成了事实上的准制科。

自从有了词科选才的特殊机制，努力提高"四六"应用文章的写作水平便成为应试者取胜的关键。在道学兴盛的时代，这种专注于骈俪文辞的选拔考试难免要受到指责，如朱熹曰："国朝官材取士之法，进士而已。虽间设科目，如所谓贤良方正、博学宏词者，特以疑文隐义困于所不知，如此则贤且良矣。至以博学宏词自命而试于礼部者，则又可笑。盖迟明裹

---

① 《容斋随笔·三笔》卷一〇，第539页。
② 祝尚书：《宋代词科制度考论》，《文史》2002年第1期。
③ 《宋会要辑稿》，第4453页上。
④ 《宋会要辑稿》，第4326页下。

饭揭箧而坐于省门以竢漏，启钥而入，视所命题，退发箧搜之，则其中古今事目次辑鳞比而亦有成章矣。其平居讲学专乎此，甚者至于不复读书也。进士之得人，已疏阔矣，而所设二科者又如此，然则士有怀负道艺以陆沉乎下者，其势必耻乎此而亦庸有不能者，国家安得而用之耶？"① 叶适亦云："自词科之兴，其最贵者四六之文，然其文最为陋而无用。士大夫以对偶亲切用事精的相夸，至有以一联之工而遂擅终身之官爵者。此风炽而不可遏，七八十年矣；前后居卿相显人，祖父子孙相望于要地者，率词科之人也。其人未尝知义也，其学未尝知方也，其才未尝中器也，操纸援笔以为比偶之词，又未尝取成于心而本其源流于古人也，是何所取，而以卿相显人待之，相承而不能革哉？"② 话虽如此，但博学宏词科"每举合格不得过五人，若人材有余，临时取旨。绍兴后，所取未尝过三人。淳熙八年以后，又止取一人。庆元五年，应宏词者三十有一人，无合格者也"③，所得人才确属凤毛麟角。所谓"南宋一代，通儒硕学多由是出，最号得人"④，绝非虚语。而像"三洪"那样以任子登词科，兄弟相继居翰苑达二十二年者，更被誉为"本朝儒林荣观之盛"⑤。明确了博学宏词科应试入选的难度，则沈松年督促外甥"加鞭不休"以成就梦想的良苦用心，便容易理解了。

虽然洪氏兄弟备考的细节史无明载，但他们缀缉记诵的功夫却有迹可循。《宋史艺文志》所载"三洪"抄录之书有《节资治通鉴》一百五十卷、《次李翰蒙求》二卷、《集斋彭氏小学进业广记》一部、《赘稿》二十八卷、《词科进卷》六卷、《苏黄押韵》三十二卷、《经子法语》二十四卷、《春秋左氏传法语》六卷、《史记法语》八卷、《前汉法语》二十卷、《后汉精语》十六卷、《三国志精语》六卷、《晋书精语》五卷、《南史精

---

① 朱熹：《策问》，《全宋文》第251册，第338页。
② 叶适：《词科》，《全宋文》第285册，第255页。
③ 李心传：《建炎以来朝野杂记》甲集卷一三，中华书局2000年版，第260页。
④ 《四库全书总目》卷一三五《玉海》提要，第1151页中。
⑤ 张世南：《游宦纪闻》卷二，中华书局1981年版，第17页。

语》六卷、《唐书精语》一卷等。陈振孙曰:"自《博闻》《诲蒙》《汉隽》《摘奇》《提要》及此《法语》诸书,皆所以备遗忘。而洪氏多取句法,《汉隽》类例有伦,余皆随笔信意钞录者也。"① 撇开"试六论""对廷策"的现场写作技巧不说,仅凭这"贯穿古今,汪洋浩渺"的学识积累,便可知洪氏家学的确非比寻常。程颐尝曰:"古之学者一,今之学者三,异端不与焉。一曰文章之学,二曰训诂之学,三曰儒者之学。欲趋道,舍儒者之学不可。"② 参照这个分类,洪氏家学属于"文章之学";但以制诰表启为主的骈体文,毕竟有别于其他诗文,除了"体制"上的差异,对偶亲切,用事精的,更需要丰厚渊博的学识支撑。《宋史》称洪迈"幼读书日数千言,一过目辄不忘,博极载籍,虽稗官虞初,释老傍行,靡不涉猎",复云"迈尤以博洽受知孝宗,谓其文备众体。迈考阅典故,渔猎经史,极鬼神事物之变,手书《资治通鉴》凡三"③,其内在隐情即在于此。

如果说洪皓的学识和诗文创作尚属传统,那么"三洪"在知识结构、文章规范乃至审美取向等方面均有了显著改变。洪适以其雅致精切的制诰表启,与汪藻、孙觌、周必大合称南宋骈文四大家。洪遵、洪迈的"四六"文创作亦颇有可观。《容斋随笔》曾汇总"吾家四六"之名联精对,夸示于人,这里面其实就蕴涵着"鄱阳洪氏"家学的核心与精华。洪迈还特别强调说:"但以传示子孙甥侄而已,不足为外人道也。"④ 观其所嘱,颇有几分家传秘诀的意味。不过,词科之学的潜移默化,必然会深刻制约相关作者的艺术取向和审美判断。如罗大经尝引杨长孺语曰:"渡江以来,汪、孙、洪、周,四六皆工,然皆不能作诗。其碑铭等文,亦只是词科程文手段,终乏古意。近时真景元亦然,但长于作奏疏。"⑤ 方回亦云:"周益公尝问陆放翁以作诗之法,放翁对以宜读苏子由诗。盖诗家之病忌乎对

---

① 陈振孙:《直斋书录解题》卷一四,第 431 页。
② 《二程集·遗书》卷一八,第 187 页。
③ 《宋史》卷三七三《洪迈传》,第 11570 页。
④ 《容斋随笔·三笔》卷八,第 520—525 页。
⑤ 《鹤林玉露》丙编卷二,第 265 页。

偶太过，如此则有形而无味。'三洪'工于四六而短于诗，殆胸中有先入者，故难化也。放翁其以此箴益公欤？"① 所以如此，盖与词科之学的经年熏陶密切有关，所谓"词科之文，自有一种体致，既用功之深，则他日虽欲变化气质，而自不觉其暗合"②，诚为的论。

"四六"创作的水平取决于博闻广记的基础功夫，洪氏家学的另一重点正在于此。洪皓"博学强记"，著《帝王通要》《姓氏指南》《松漠纪闻》《金国文具录》等书，实开洪氏博考古今、搜辑逸闻之先河。及"三洪"中词科，为闻人，著述益丰。洪适撰《隶释》《隶续》，陈振孙曰："凡汉刻之存于世者，以今文写之，而为之释。又为之世代谱及物象图碑，形式悉具之。魏初近古者亦附焉。年来北方旧刻不可复得，览此犹可慨想。"③ 清人亦曰："是书为考隶而作，故每篇皆依其文字写之。其以某字为某字，则具疏其下，兼核其关切史事者，为之论证。自有碑刻以来，推是书为最精博。"④ 洪遵所撰《泉志》，"汇辑历代钱图，分为九品，自皇王偏霸以及荒外之国，凡有文字可纪、形象可绘者，莫不毕载，颇为详博"。⑤ 学者或据此书所载，以正前史之误。如清人曰："《文献通考》称辽道宗改元寿昌，洪遵《泉志》引李季兴《东北诸蕃枢要》云：'契丹主天祚，年号寿昌。'又引《北辽通书》云：'天祚即位，寿昌七年改为乾统。'"⑥ 洪遵征引诸书多未能传世，其书保存历史文献的独特价值又当别论。

洪迈所撰《容斋随笔》和《夷坚志》，最能代表洪氏一族博闻广记的家学特点。何异《容斋随笔总序》曰："知赣州寺簿洪公伋以书来曰：'从祖文敏公由右史出守是邦，今四十余年矣。伋何幸，远继其后，官闲无

---

① 李庆甲：《瀛奎律髓汇评》卷二四苏辙《送龚鼎臣谏议移守青州》后，第1083页。
② 刘壎：《隐居通议》卷一八，《丛书集成初编》第214册，第193页。
③ 《直斋书录解题》卷八，第236页。
④ 《四库全书总目》卷八六《隶释》提要，第735页上。
⑤ 《四库全书总目》卷一一六《泉志》提要，第998页上。
⑥ 《四库全书总目》卷四六《辽史》提要，第413页下。

事,取文敏随笔纪录,自一至四各十六卷,五则绝笔之书,仅有十卷,悉锓木于郡斋,用以示邦人焉。想象抵掌风流,宛然如在。公其为我识之。'仆顷备数宪幕,留赣二年,至之日,文敏去才旬月,不及识也。而经行之地,笔墨飞动,人诵其书,家有其像,平易近民之政悉能言之。有诉不平者,如诉之于其父,而谒其所欲者,如谒之于其母。后十五年,文敏为翰苑,出镇浙东,仆适后至,滥吹朝列,相隔又旬月,竟不及识。而与其子太社榛、其孙参军偃相从甚久,得其文愈多,而所谓《随笔》者仅见一二。今所有大半出于浙东归休之后,宜其不尽见也。可以稽典故,可以广见闻,可以证讹谬,可以膏笔端,实为儒生进学之地,何止慰赣人去后之思!仆又尝于陈日华晔尽得《夷坚十志》与《支志》《三志》及《四志》之二,共三百二十卷,就摘其间诗词、杂著、药饵、符咒之属,以类相从,编刻于湖阴之计台,疏为十卷,览者便之。仆因此搜索《志》中,欲取其不涉神怪,近于人事,资鉴戒而佐辩博,非《夷坚》所宜收者,别为一书,亦可得十卷。俟其成也,规以附刻于章贡,可乎?寺簿方以课最就持宪节,威行溪洞,折其萌芽,民实阴受其赐。愿少留于此,他日有余力,则经纪文敏之家。子孙未振,家集大全恐驯致散失,再为收拾实难。今《盘洲》《小隐》二集士夫珍藏墨本已久,独《野处》未焉。寺簿推广《随笔》之用心,愿有以亟图之可也。"[1] 观此,则《容斋随笔》及《夷坚志》之编辑过程自可了然。清人以为该书"自经史、诸子百家以及医卜、星算之属,凡意有所得,即随手札记,辨证考据,颇为精确。如论《易·说卦》'寡发之为宣发',论《豳风》'七月在野,八月在宇'之文为农民出入之时,非指蟋蟀,皆于经义有裨。尤熟于宋代掌故,如以宋自翰林学士入相者,非止向敏中一人,驳沈括《笔谈》之误。又引《国史·梁灏传》证陈正敏《遯斋闲览》所记八十二岁及第之说为不实,皆极审核"[2]。

---

[1] 何异:《容斋随笔总序》,《全宋文》第241册,第293、294页。
[2] 《四库全书总目》卷一一八《容斋随笔》提要,第1020页上。

陈振孙《直斋书录解题》录"《夷坚志》甲至癸二百卷、支甲至支癸一百卷、三甲至三癸一百卷、四甲四乙二十卷，大凡四百二十卷"，题云："翰林学士鄱阳洪迈景卢撰。稗官小说，昔人固有为之者矣。游戏笔端，资助谈柄，犹贤乎已可也，未有卷帙如此其多者，不亦谬用其心也哉！且天壤间反常反物之事，惟其罕也，是以谓之怪。苟其多至于不胜载，则不得为异矣。世传徐铉喜言怪，宾客之不能自通与失意而见斥绝者，皆诡言以求合。今迈亦然。晚岁急于成书，妄人多取《广记》中旧事，改窜首尾，别为名字以投之，至有数卷者，亦不复删润，径以入录。虽叙事猥酿，属辞鄙俚，不恤也"。① 其实，宋人著述中搜奇记异以广视听者绝非少数，如张君房《乘异记》、乐史《广卓异记》、周文规《开颜集》及王明清《投辖录》等，是知陈氏独责于《夷坚志》者，非公论也。

"鄱阳洪氏"崛起于艰危困顿之时，皓使敌国，九死而存，妻子困厄，寄人而居，面对此情此景，似很难设想异日之鼎盛。"三洪"福泽既缘自父荫，更得益于舅氏沈公之教。两宋士大夫姻缘选择关涉家族兴衰、家学品质者，此乃楷模。洪氏兄弟以"四六"名家，其所以能掌书内命、居翰苑、为宰执者，盖由于此。随着世事变迁、人心转易，原本以"吾家四六"相夸的洪氏兄弟，最终却以《泉志》《容斋随笔》和《夷坚志》等广记博闻的"小说类"著述而被人铭记；所谓偶然之中实有必然，洪氏家学品质的优劣与得失，正可作如是观。

四　富阳谢氏：丹桂青松锦绣相送

富阳谢氏家族自谢涛起家，后经谢绛、谢景初、谢景温、谢景平等几代人的不懈努力，最终跻身于文学望族之列。涛以文学中进士上第，而长子绛、长孙景初亦践其科。父子相继直馆殿达二十余年，实为衣冠之盛事。涛婿梅尧臣为宋诗发展创拓新路，深得欧阳修、尹洙等名公巨匠重

---

① 《直斋书录解题》卷一一，第336页。

视,刘克庄甚至说:"本朝诗,惟宛陵为开山祖师。宛陵出,然后桑濮之淫哇稍息,风雅之气脉复续,其功不在欧、尹下。"① 梅尧臣之后,王安礼、王存、李处厚先后娶谢绛之女为妻,黄庭坚捷足再登,成为谢景初女婿,直可谓丹桂配青松,锦绣相迭,令人艳羡。从婚姻关涉家学发展的角度讲,谢氏一族与梅、李、王、黄各家互鉴交流,为北宋文学史增添了靓丽色彩。

谢氏乃吴越望姓。谢涛"七世祖汾,居河南之缑氏。五世祖希图,卒于衢州刺史。时唐季丧乱,乃葬于江东嘉兴郡,子孙三世,禄于吴越。曾祖讳廷徽,处州丽水县主簿。祖讳懿文,杭州盐官县令,葬于富阳,遂为富阳人。父讳崇礼,从钱氏归朝,为泰宁军节度掌书记、检校左散骑常侍,累赠尚书户部侍郎"。及钱俶率众纳土,原吴越官吏亦转而为宋臣,谢崇礼亦与其列。虽然都是南国旧人,但吴越文臣受到的礼遇远比南唐降臣要高。《中吴纪闻》载:"钱武肃王镠之子,广陵王元璙;广陵王之子,威显王文奉;皆为中吴军节度使,开府于苏。时有丁、陈、范、谢四人者同在宾幕:丁讳守节,陈讳赞明,范讳梦龄,谢讳崇礼,职中吴军节度推官,俱以长者称。守节者,丞相谓之祖;赞明者,屯田之奇字虞卿之曾祖;梦龄者,参政仲淹之曾祖;崇礼者,太子宾客涛之父。其子孙又皆登高科,跻肤仕,足见庆源深厚矣。"② 龚氏所记,乃吴中士人引为骄傲者。

谢涛兄弟各呈所长,为谢氏家族的兴盛奠定了基础;同时,在这一代人身上,谢氏家学的基本传统也渐告形成。

谢涛"字济之,幼而奇敏,十四岁讲《左氏春秋》,先生咸器之。及冠,居姑苏郡。时翰林王公禹偁、拾遗罗君处约并宰苏之属邑,二人相谓曰:'与济之扬榷天人,盖吾曹敌也。'自兹名重于时。淳化三年春,擢进士第,除梓州榷盐院判官"③。李顺反成都,涛谋划守御,以功迁观察推

---

① 刘克庄:《后村诗话》,第22页。
② 龚明之:《中吴纪闻》卷一,第2、3页。
③ 《范仲淹全集》卷一二《宋故太子宾客……谢公神道碑铭》,第263页。

官，权知华阳县。官至太子宾客，卒。范仲淹谓涛"清净而文，出入朝廷三十年，语默仁义，进止于青云之衢，徐如也"①。王辟之称："太子宾客谢涛，生平清慎，恬于荣利。晚节乞知西台，寻分务洛中，不接宾客，屏去外事，日览旧史一编，以待宾话。将终前一日，梦中得诗一章，觉，呼其孙景初录之，曰：'百年奇特几张纸，千古英雄一窖尘。惟有炳然周、孔教，至今仁义浸生民。'足以见笃于仁义，著乎神明，故至死而不乱也。"②所谓笃于仁义，著乎神明，固为夸誉之词，然"三代仕宦，方会穿衣吃饭"③，信然也。

谢涛兄弟五人，"皆以五行定名。公次弟炎，有文称，终公安令；锴，今为天台令；杲，从方外教，号安隐师；坦，左侍禁"。④兄弟五人除谢涛外，谢炎亦为浙右名士。《宋史》本传云："谢炎字化南，苏州嘉兴人。父崇礼，泰宁军掌书记。炎慕韩、柳为文，与卢稹齐名，时谓之'卢、谢'。稹选懦，炎劲急，反相厚善。端拱初，举进士，调补昭应主簿，徙伊阙，连知华容、公安二县。卒年三十四。有集二十卷。"⑤按：谢炎乃端拱二年（989）进士⑥，及第时间还在涛前。兄弟五人中有两人登高第、为闻人，这在太宗时代尚不多见。

谢氏下一代史载欠详，所知者仅谢涛一支而已。范仲淹《谢公神道碑》云："公娶夫人许氏，先公而终。生男三人：长曰绛，至兵部员外郎、知制诰，后公几年而亡；次曰约，将作监主簿，以敏才称；次曰绮，太庙斋郎，俱早世。女四人：长适前进士周盘；次适殿中丞梅尧臣；次适太常博士傅莹；次适大理寺丞杨士彦。"⑦三子中，约与绮皆以荫入官，事迹、

---

① 《范仲淹全集》卷八《太子宾客谢公梦诗读史诗序》，第155页。
② 王辟之：《渑水燕谈录》卷二，第14页。
③ 杨慎：《丹铅总录》卷一八《诗话类·洵美且都》条，《景印文渊阁四库全书》第855册，第544页下。
④ 尹洙：《故中大夫守太子宾客……谢公行状》，《全宋文》第28册，第45页。
⑤ 《宋史》卷四四一《谢炎传》，第13043页。
⑥ 《宋登科记考》卷二，第41页。
⑦ 《范仲淹全集》卷一二《宋故太子宾客分司西京谢公神道碑铭》，第266页。

子嗣皆无考，其显名者仅谢绛而已。诸婿中，周盘事迹不详。傅莹乃越州山阴县人，登天禧三年（1019）进士第。尝任延陵尉，累官至太常博士①。杨士彦尝任吴县尉，嘉祐八年（1063）以都官郎中知江阴军，疏浚横河②。累官大理寺丞。其最具盛名者当属梅尧臣。

　　梅尧臣字圣俞，世称宛陵先生，宣城人，给事中梅询从子。初以荫补官。皇祐三年（1051）始得宋仁宗召试，赐同进士出身，为太常博士。后以欧阳修荐，为国子监直讲。累迁至尚书都官员外郎，故世称"梅直讲""梅都官"。嘉祐五年（1060）卒，享年五十九岁。梅公长于诗，与苏舜钦齐名，时号"苏梅"。晁公武谓其"幼习为诗，出语已惊人。既长，学《六经》仁义之说。其为文章简古纯粹，然最乐为诗。欧阳永叔与之友善，其意如韩愈之待郊、岛云"③。梅尧臣参与编撰《新唐书》。其所注《孙子兵法》三卷，深得欧阳修赞许，曰："世所传孙武十三篇，多用曹公、杜牧、陈皞注，号'三家孙子'。余顷与撰四库书目，所见孙子注者尤多。武之书本于兵，兵之术非一，而以不穷为奇，宜其说者之多也。凡人之用智有短长，其施设各异，故或胶其说于偏见，然无出所谓三家者。""独吾友圣俞不然，尝评武之书曰：'此战国相倾之说也。三代王者之师，司马九伐之法，武不及也。'然亦爱其文略而意深，其行师用兵、料敌制胜亦皆有法，其言甚有次序。而注者汩之，或失其意。乃自为注，凡胶于偏见者皆抉去，傅以己意而发之，然后武之说不汩而明。吾知此书当与三家并传，而后世取其说者，往往于吾圣俞多焉。圣俞为人谨质温恭，仁厚而明，衣冠进趋，眇然儒者也。后世之视其书者，与太史公疑张子房为壮夫何异。"④《孙子注》外，梅圣俞尚有《毛诗小传》。世人皆知梅圣俞为宋诗鼻祖，而忽其学术，故特加强调而具述焉。梅公诗文则有《宛陵集》，历代学人凡论宋诗者莫不及此。要之，谢涛能得梅尧臣为婿，对丰富和拓

---

① 《宋登科记考》卷三，第118页；另参尹洙《谢公行状》。
② 《江南通志》卷六四，《景印文渊阁四库全书》第508册，第806页下。
③ 《郡斋读书志校证》卷一九《宛陵集》提要，第987页。
④ 《欧阳修全集》卷四二《孙子后序》，第606页。

展谢氏家学极有助益。谢绛、谢景初父子既与梅圣俞唱和有年，其诗文法度得之于圣俞者实多。

欧阳修撰《南阳县君谢氏墓志铭》，引梅尧臣自述之辞曰："吾妻故太子宾客讳涛之女、希深之妹也。希深父子为时闻人，而世显荣。谢氏生于盛族，年二十以归吾，凡十七年而卒。卒之夕，敛以嫁时之衣，甚矣，吾贫可知也！然谢氏怡然处之，治其家，有常法。其饮食器皿虽不及丰侈，而必精以旨；其衣无故新，而澣濯缝纫必洁以完；所至官舍虽庳陋，而庭宇洒扫必肃以严；其平居语言容止，必怡以和。吾穷于世久矣，其出而幸与贤士大夫游而乐，入则见吾妻之怡怡而忘其忧，使吾不以富贵贫贱累其心者，抑吾妻之助也。""呜呼！其生也迫吾之贫，而没也又无以厚焉，谓惟文字可以著其不朽。且其平生尤知文章为可贵，殁而得此，庶几以慰其魂，且塞予悲。"① 此虽梅公自述，但谢氏之贤淑智慧亦不难想象。所谓盛族闺秀，自有一种端庄秀雅的品格。当然，梅尧臣与妻兄谢绛之间始终以诗文相砥砺，往来酬答之间，或许更能体现家学互动的点滴乐趣。

从谢绛开始，"富阳谢氏"华丽转身，从普通仕宦家族厕身于文学望族之列。

绛字希深，涛长子。"年十五起家，试秘书省校书郎，复举进士中甲科，以奉礼郎知颍州汝阴县，迁光禄寺丞。上书论四民失业。杨文公荐其材，召试，充秘阁校理，再迁太常丞、通判常州。丁母晋陵郡君许氏忧，服除，迁太常博士"，天圣中，"与修真宗国史，迁祠部员外郎，直集贤院，通判河南府"。景祐元年（1034）"丁父忧，服除，召试知制诰，判流内铨"。欧阳修称："公为人肃然自修，平居温温，不妄喜怒。及其临事敢言，何其壮也！虽或听或否，或论高而不能行，或后果如其言，皆傅经据古，切中时病。三代已来，文章盛者称西汉，公于制诰尤得其体，世所谓常、杨、元、白，不足多也。""平生喜宾客谈宴，怡怡

---

① 《欧阳修全集》卷三六《南阳县君谢氏墓志铭》，第529—530页。

如也。自少而仕，凡三十年间，自守不回，而外亦不为甚异，此其始终大节也。"①《宋史》本传称："绛以文学知名一时，为人修洁酝藉，所至大兴学舍，尝请诸郡立学。在河南修国子学，教诸生，自远而至者数百人。好施宗族，喜宾客，以故，卒之日，家无余赀。有文集五十卷。"② 按：绛以大中祥符八年（1015）登进士甲科，知汝阴县。以文章为杨亿所荐，擢秘阁校理、同判太常礼院。曾慥《类说》载："谢绛字希深。章献临朝日久，颇信方术之士，出入禁中。绛上言：'此皆左道乱政之本。自古衰乱之世，女谒用事，方有此等事。'又引褒姒灭周以谏废郭后，皆合经旨。擢知制诰。文章有元白风。为郡，务在教化，时以比杜诗。"③谢绛之清修雅洁，能文善诗，不难设想。绛与欧阳修、尹洙等属于同一文学集团。《东轩笔录》曰："钱文僖公惟演生贵家，而文雅乐善出天性。晚年以使相留守西京，时通判谢绛、掌书记尹洙、留府推官欧阳修，皆一时文士，游宴吟咏，未尝不同。"④欧阳公和尹洙之所以对谢氏父子称誉有加，其缘由在此。事实上，在百废待兴的宋初文坛，谢绛能积极参与欧阳修等倡导的诗文革新，的确难能可贵。

　　谢绛夫人高氏，父讳惠连，真宗大中祥符七年（1014）官广南西路转运使，后转东路⑤。官至兵部郎中。欧阳修称高氏"有子曰景初、景温、景平、景回。女一早卒，次适上虞县令王存，次适大理寺丞李处厚，次若干人未嫁"⑥。而未嫁之女中，便有适王安石弟王安礼为妻者。

　　到了谢景初这一辈，谢氏一族渐臻辉煌。谢绛四子各为贤俊，不仅在仕途上超越前辈，更以诗文创作的非凡业绩赢得了世人赞誉，获得了不朽声名。

---

① 《欧阳修全集》卷二六《尚书兵部员外知制诰谢公墓志铭》，第406—409页。
② 《宋史》卷二九五《谢绛传》，第9847页。
③ 曾慥：《类说》卷二，《景印文渊阁四库全书》第873册，第32页上。
④ 魏泰：《东轩笔录》卷三，第29页。
⑤ 李焘：《长编》卷八三，第1895、1903页。
⑥ 《欧阳修全集》卷三六《渤海县太君高氏墓碣》，第536、537页。

谢景初字师厚，号今是翁。初以荫为太庙斋郎，再除试将作监主簿。"中进士甲科，迁大理评事、知越州余姚县，九迁至司封郎中，历通判秀州、汾州、唐州、海州、湖北转运判官、成都府路提点刑狱，为怨者所诬，坐免司封都官郎中，又坐举官，免屯田郎中。复除职方员外郎，以病求分司西京，权通判许州，不赴；改权通判襄州，复屯田郎中。会改官制，迁朝散大夫以卒。"客观说来，这样的仕途不算辉煌。谢景初所以能名闻天下，很大程度上是因文学才华。他"少奇俊，七岁能属文，十三从师受《礼》，通其义，讲解无滞。陈留公语夏阳公曰：'此儿必大吾门。'时夏阳公通判河南，欧阳文忠公、梅圣俞见公所为文，相顾而惊，持以示留守钱文僖公，文僖公叹曰：'真奇童也！'十六游京师，赫然有声，群公共称之。翰林学士胥公偓一见公，异之，许妻以女"。"朝廷始建北京，公作《魏诰》以献，士大夫争传写。李邯郸公以文名天下，深称重之。公登科时，宋元献公较殿试，尚以不得置公第一为恨。"他"性刚直，不与俯仰。遇事明锐，勇于敢为。奖善嫉恶，出于天资。于书无所不该，详练本朝典故。宋次道最为博洽，每叹以为弗如。为文简重雄深，出言落笔，皆有章采，若不经思，而人莫可及。尤喜为诗，梅圣俞与公少长相陪，而为酬唱之友"。晏殊、杜衍、范仲淹"皆器待之，与之议论，不敢以年少之。公与人交，始终不渝，穷悴者顾之益勤，虽贵显，至于是非，不少借也。与欧阳文忠公、刘原甫尤相善。参知政事胡武平最重之，屡荐于朝。士人多从学，公教人以明义理为本，而重尚气节，不妄许与，故特立寡合"①。谢景初为庆历六年（1046）进士②，梅尧臣有《喜谢师厚及第》（题注：时第一甲二十八人，君名在二十三）诗云："宿雨洗新绿，朝日初闻莺。风从天门来，吹下玉简名。列星二十八，经纬何纵横。南方朱鸟目，光焰令人惊。其余撒沙众，龟鳖爪瓠明。吾欣安石后，世世有令声。"③情感之

---

① 范纯仁：《朝散大夫谢公墓志铭》，《全宋文》第 71 册，第 340—343 页。
② 《宋登科记考》卷四，第 217 页。
③ 梅尧臣：《喜谢师厚及第》，《全宋诗》第 5 册，第 2888 页。

深由此可见。

　　谢景温字师直,绛次子。皇祐元年(1049)登进士第。神宗初,"徙真州、提点江西刑狱。历京西、淮南转运使"。"王安石与之善,又景温妹嫁其弟安礼,乃骤擢为侍御史知杂事。"后"知邓、襄、澶三州,加直龙图阁,判将作监。转右谏议大夫、知潭州。章惇开五溪,景温协力拓筑,论功进官,召拜礼部侍郎"。以刘挚、王觌弹劾,罢知蔡州。后"置权六曹尚书,以为刑部。刘安世复论之,改知郓州,再历永兴军。时章惇为相,景温言元祐大臣改先帝之政,并西夏人偃蹇终未顺命,宜罢分画,以马迹所至为境。惇用其说,徙知河阳。卒,年七十七"①。景温仕至权刑部尚书,职至宝文阁直学士,官阶超越了家兄景初。但在新旧党争的特殊时刻,他站在了苏轼、苏颂、刘挚、刘安世等"元祐党人"的对立面,先后受到王安石和章惇赏识,是故后世学人多称誉师厚而鲜及师直。

　　令人困惑的是,谢景温与程颢、程颐的关系还较为默契。《二程遗书》载:"谢师直为长安漕,明道为鄠县簿,论《易》及《春秋》。明道云:'运使,《春秋》犹有所长,《易》则全理会不得。'师直一日说与先生,先生答曰:'据某所见,二公皆深知《易》者。'师直曰:'何故?'先生曰:'以运使能屈节问一主簿,以一主簿敢言运使不知《易》,非深知《易》道者不能。'"② 是知,假如没有朋党纠葛,士人之间的许多嫌隙原本不难避免。

　　谢景平字师宰,绛第三子,尹洙女婿。"初以祖父荫,试秘书省校书郎,守将作监主簿。既而中进士第,签书崇信军节度判官厅公事,监楚州西河转般仓。累官至秘书丞。年三十三,以治平元年十二月庚申卒。妻尹氏,生男女四人,皆前死。"王安石曰:"君于忿不忮,于欲不求,虽学之力,亦其天性。故其孝弟忠信,宽柔逊让,庄静谨洁,称于儿童,以至壮长。而成不充其志,施不尽其材,此学士大夫所以哀其死而多为之出涕

---

① 《宋史》卷二九五《谢景温传》,第9847、9848页。
② 《二程集·遗书》,第249页。

也。然君文学、政事、言语已能自达于一时，其于道德之意，性命之理，则求之而不至，闻矣而不疑。"① 谢景平登第时间不详。欧阳修皇祐五年（1053）与梅圣俞书曰："谢景平文字，下笔便佳，他日当有立于世，何止取一科第而已，吾徒可为希深喜也。"② 据此，谢景平及第时间当在至和至嘉祐的十年间。

王安石所谓"妻尹氏"，实为尹洙第三女。韩琦《故崇信军节度副使检校尚书工部员外郎尹公墓表》云："公讳洙，字师鲁，其先太原人……子男四人：长曰朴，奇隽博学，有父风，其二未名，俱早世。其幼曰构，今方十岁。女五人：长适虞部员外郎张景宪，次继适张氏，次适太常寺太祝谢景平，次二人未嫁。"③ 景平年少而夭，时人惜之，欧阳修《谢景平挽词》曰："忆见奇童髫两髦，遽惊名誉众推高。东山子弟家风在，西汉文章笔力豪。方看凌云驰骁骥，已嗟埋玉向蓬蒿。追思阳夏曾游处，抚事伤心涕满袍。"④ 谢、尹两家联姻，显然与谢绛、欧阳修、尹师鲁等交好有关。

谢景回字师复，绛之少子。"幼好学，有大志，聪明卓然，不类童子。年十九，所为文辞已可传载。于是得疾不可治，以嘉祐四年十二月丙子弃世于汉东，人莫不为谢氏哀之。"⑤

谢绛诸子已如上述，其女婿王存、李处厚以及王安礼的情况还需补充说明。

王存字正仲，润州丹阳县人。曾肇《王学士存墓志铭》曰："初娶谢氏，知制诰绛之女，赠永嘉郡夫人。"⑥《宋史》本传称：存"幼善读书，年十二，辞亲从师于江西，五年始归。时学者方尚雕篆，独为古文数十

---

① 王安石：《秘书丞谢师宰墓志铭》，《全宋文》第65册，第190页。
② 《欧阳修全集》卷一四九《与梅圣俞书》，第2457页。
③ 韩琦：《尹公墓表》，《全宋文》第40册，第81页。
④ 《欧阳修全集》卷一四《谢景平挽词》，第251页。
⑤ 王安石：《谢景回墓志铭》，《全宋文》第65册，第216页。
⑥ 曾肇：《王学士存墓志铭》，《全宋文》第110册，第130页。

篇,乡老先生见之,自以为不及。庆历六年,登进士第,调嘉兴主簿,擢上虞令"。欧阳修撰《渤海县太君高氏墓碣》,称一女"适上虞县令王存",知存娶谢氏为妻,是在登进士第后不久。王存后除密州推官,"修洁自重,为欧阳修、吕公著、赵概所知。治平中,入为国子监直讲,迁秘书省著作佐郎,历馆阁校勘、集贤校理、史馆检讨、知太常礼院。存故与王安石厚,安石执政,数引与论事,不合,即谢不往"。元丰元年,为国史编修官、修起居注,"明年,以右正言、知制诰、同修国史兼判太常寺",元祐二年,"拜中大夫、尚书右丞。三年,迁左丞"。寻加资政殿学士、知扬州。旋召为吏部尚书。绍圣初,迁右正议大夫致仕。建中靖国元年,卒,年七十九。赠左银青光禄大夫,谥庄定。"存性宽厚,平居恂恂,不为诡激之行,至其所守,确不可夺。司马光尝曰:'并驰万马中能驻足者其王存乎?'"① 存有《元丰九域志》十卷、《枢密院诸房例册》一百四十二卷、《文集》五十卷。

李处厚字载之,福建连江县人。父余庆,字昌宗,官至国子博士、知常州以卒②。庆历二年(1042)与黄庭坚父黄庶同年登进士第。王安石《太常博士李处厚可屯田员外郎制》云:"尔政事之材,艺文之学,洁身慎行,皆以有称。"③ 曾官大理寺丞。终朝奉郎、提举淮南等六路茶税④。梅尧臣有《送李载之殿丞赴海州榷务》诗云:"瓜蔓水生风雨多,吴船发棹唱吴歌。槎从秋汉下应快,人忆故园归奈何。世事静思同转彀,物华催老剧飞梭。茶官到有清闲味,海月团团入酒赢。"⑤ 梅乃李妻之姑父,其送别之诗颇有几分洒脱亲情。

王安礼字和甫,抚州临川县人,安石之弟。登嘉祐六年(1061)进士第。熙宁中为崇文院校书。久之,直集贤院。出知润州,移湖州。召为开

---

① 《宋史》卷三四一《王存传》,第 10871—10874 页。
② 王安石:《朝奉郎守国子博士知常州李公墓志铭》,《全宋文》第 65 册,第 163 页。
③ 王安石:《太常博士李处厚可屯田员外郎制》,《全宋文》第 63 册,第 87 页。
④ 梁克家:《淳熙三山志》卷二六,《景印文渊阁四库全书》484 册,第 356 页下。
⑤ 梅尧臣:《送李载之殿丞赴海州榷务》,《全宋诗》第 5 册,第 3193 页。

封府判官，同修起居注，直舍人院，进知制诰。以翰林学士知开封府事。苏轼下御史狱，试救之，不果。"元丰四年，拜尚书右丞，迁左丞。御史言安礼在湖、润与倡女共饮，遂罢。以端明殿学士知江宁府。迁资政殿学士、知青州，徙扬、蔡二州。言者论其贪，落职，知舒州。复资政殿学士，再知扬州。改永兴军太原府。卒年六十二。赠右银青光禄大夫。"① 李焘《长编》载，殿中侍御史岑象求曰："臣闻得王存是安礼妻之姊妹夫，见移知青州。"②《宋史》卷二九五《谢景温传》亦云："王安石与之善，又景温妹嫁其弟安礼，乃骤擢为侍御史知杂事。"王安石所以为谢氏诸子撰写墓志者，当与此直接有关。

谢景初一代的辉煌，在后辈身上似乎难以持续。景初卒于元丰七年（1084）四月，享年六十五岁。"子四人：忱，知海州怀仁县；愭，鄂州长寿主簿；悰，蔡州汝阳主簿；悱，假承务郎。女四人，长早夭，次适湖州乌程主簿胥茂谌，次适宣德郎黄庭坚。皆先公而亡。幼未嫁。"③

谢愭一辈，既要接受父辈们在宦途生涯中结下的无端恩怨，更要面对新旧党争的无情摧折。不过，正如夕阳落照，在颓势中苦苦挣扎的谢氏子孙，仍能显示胸中落落、才气过人的儒雅神韵。景初兄弟四人，景平和景回过早离世，景温子嗣史无详载。所知者，唯有景初之子忱、愭、悰、悱而已。

谢忱曾知海州怀仁县，谢悱尝假承务郎，皆寻常小吏。谢愭字公静，仕途颇为坎坷。黄庭坚《论谢愭》曰："谢愭字公静，才气过人远甚。初举贤良，而值罢贤良。平生治《春秋》，胸中甚落落，而值罢《春秋》。晚作邓州职事官，值看详诉理所言。愭元祐中诉父无罪被黜，褫其官弃之。士生而三不遇，白发苍颜，亦可以安林泉，而不得罪于'不仕无义'之论矣。"④ 由此可知，谢愭屡经挫折，自元祐被黜之后便隐居以终。《长编》

---

① 《东都事略》卷七九《王安礼传》，《景印文渊阁四库全书》第382册，第515页上、下。
② 《长编》卷四四九，第10796页。
③ 范纯仁：《朝散大夫谢公墓志铭》，《全宋文》第71册，第343页。
④ 黄庭坚：《论谢愭》，《全宋文》第107册，第91页。

载:"看详诉理文字所言:朝散大夫谢景初,昨任成都府路提刑,与倡女逾违,特追两官勒停。元祐初,孙永、李常、韩忠彦、王存奏'景初只因提举司论议不合,加诬坐罪',又云'朝廷专置官局,办理枉横。景初不幸身没,不能自直'。窃谓永等遭遇先朝,致身禁从,宠眷隆厚,方裕陵之土未干,奸臣诬诋典刑,以有为无,语言不逊,无所忌惮。元祐诉理所称'事出暧昧,显涉冤抑,特与奏雪'。遂除落景初前断过名,委属不当。又景初男愭元祐二年状称:'非今日朝廷清明,可以雪幽冤于泉下?'诏谢愭特勒停,韩忠彦、王存各赎金三十斤。"① 据此,则谢愭自邓州被黜,实由朋党积怨所致。

虽说处境艰难,但愭仍然与父辈挚友保持着自然而亲切的联系。如《二程遗书》卷二一上载:"谢愭见程子,子留语,因请曰:'今日将沐。'子曰:'岂无他日?'曰:'今日吉也。'子曰:'岂为士而惑此也邪?'曰:'愭固无疑矣。在己庸何恤?第云不利父母。'子曰:'有人呼于市者曰:毁瓦画墁则利父母也,否则不利于父母。子亦将毁瓦画墁乎?'曰:'此狂人之言也,何可信。''然则子所信者,亦狂言尔。'"② 记载虽略,但两人对话优雅从容,饱含故家亲情。

谢悰的情形与其兄相似。《长编》元祐三年九月载:"丁卯,上御集英殿试贤良方正能直言极谏科谢悰。己巳,赐悰进士出身,除初等职官。右正言刘安世言:'臣伏见朝廷近复制科,秘阁所试之人皆不应格,陛下方务进人材,不欲并行黜落,曲收谢悰,以为天下学士之劝。而悰廷试之策,往往不能奉承清问,率意妄言,固多疏略。有司考覆,既不入等,陛下特赐进士出身,擢为辅郡幕职,圣恩优异,极逾涯分。臣亦上体朝廷之意,不敢别有论列,而近见悰申尚书省辞免新命状,乃云有敕告未敢祗受,以'祗'为'抵',以'受'为'授',虚薄寡闻,一至于此。昔唐之省中有'伏猎侍郎',为严挺之所讥而罢。今陛下方当右文之代,初复制举,岂容有'抵授

---

① 《长编》卷五〇四元符元年十二月二十一日,第12019页。
② 《二程集·遗书》卷二一上,第269页。

贤良'乎。"① 徐度《却扫编》亦载此事，曰："惊字公定，希深之孙，亦有文采，'祇授'盖笔误也。"② 当元祐党争正酣之时，任何一种细小的文字失误都会被无限放大，成为攻讦口实，使人一蹶不振。刘安世字器之，大名人。少师事司马光。哲宗初，以光荐，除秘书省正字。又以吕公著荐，除右正言。迁左谏议大夫。绍圣初，落职，知南安军，此后徙转以终。安世号为诤臣，至有"殿上虎"之称，然其处事进言，亦未必处处客观公正。如哲宗元祐三年五月，欧阳修之子欧阳棐自考功员外郎迁著作郎、实录院检讨，右正言刘安世即云："臣近闻大臣尝荐棐，谓有史才，朝廷过听，遂用为著作郎，中外喧传，皆谓大臣不当轻进奸憸，误陛下知人之明，累公朝责实之政。臣忝在言路，义当论列，不避委曲，上烦圣听。按：棐凭藉阀阅，素无声闻，才既闇陋，性复回邪，造请权门，不惮寒暑。与程颐、毕仲游、孙朴、杨国宝辈交结执政子弟，参预密论，号为死党，缙绅之所共疾，清论之所不齿，岂可更叨误恩，列职太史？"复云："欧阳棐自来与程颐、毕仲游、杨国宝、孙朴交结执政吕公著、范纯仁子弟，缙绅之间号为五鬼。"此外，他还鄙视黄庭坚，称其"在德州外邑，恣行淫秽，无所顾惮"，"闾巷之人有所不忍，而庭坚为之自若，亏损名教，绝灭人理，岂可尚居华胄，汙辱缙绅"③。类似的弹劾看似铁面，实则不谙政事人情，徒以一己好恶强加于人。究其根本，盖与石介等不通朝政、罔知修省者同一轨辙，即徒以"述三皇太古之道"自异自高，"务高言而鲜事实"④。最可瞩目者，元祐四年四月，朝散郎、知汉阳军吴处厚罗织罪名，弹劾蔡确，时刘安世不愿详察处厚之非，反而迎合其说，章凡十二上，务欲置确于死地⑤，其意气用事，禀赋偏激，实不难体认。明确了刘安世之为人，再来看谢惊被劾一事，其情理判断自会客观公允许多。惊为《辞免新命状》，

---

① 《长编》卷四一四，第 10064、10065 页。
② 《却扫编》卷中，《丛书集成初编》第 2791 册，第 136 页。
③ 《长编》卷四一〇，第 9987 页；卷四一一，第 9997、9998、10000 页。
④ 《欧阳修全集》卷六七《与张秀才棐第二书》，第 978 页。
⑤ 《长编》卷四二五，第 10823 页。

偶成笔误，遂成他人攻击"近复制科"之口实。刘安世意气奋发，小题大作，虽可逞口舌之快，但对"富阳谢氏"却造成了无法弥补的毁伤。

《会稽志》卷三载："本朝谢景初字师厚，阳夏人。其知余姚县也，宛陵先生梅圣俞以诗送之，略曰：'我从淮上归，君向海澨去。安知无几舍，邂逅不相遇。颇如飞空云，到月不得附。月行既不留，云亦值风故。'师厚，故知制诰希深绛之子。弟师直景温、师同景年、师复景回皆知名士。诸子惊、恫，亦皆有名。师厚诗极高，豫章黄鲁直娶其女，自以为从师厚得句法。而师厚之姑实归圣俞，观送行诗，其渊源所从来远矣。今后进乃有诋訾圣俞者，至以为不可不观者陈无己诗，不可观者圣俞诗，岂不陋矣哉！故略为辨之。"① 毫无疑问，在谢氏诸婿中，梅尧臣与黄庭坚最值得称道，他们既为宋诗艺术发展做出了卓越贡献，同时也间接提高了谢氏成员在诗坛上的地位。梅、黄之外，"富阳谢氏"与其他文学家族的联姻亦值得瞩目，如谢绛诸女择王存、李处厚、王安礼为婿，谢景平娶尹洙之女为妻，谢恫得为孙永女婿，均属望门联姻；所有这些，或多或少均能为各种家学之间的互补与交流提供机会。

"富阳谢氏"在涛、炎两代虽以博学善文著称，但主要成就仍体现为制诰表启等应用文章；偶尔会有《游嵩山寄梅殿丞》那样脍炙人口的散体名作，却鲜有诗名。从谢景初一代开始，由于受到梅尧臣、黄庭坚等诗坛巨匠的引导和启发，谢氏子弟耳濡目染，积极进取，渐有能诗名。

谢涛"十四岁诣州学，学《左氏春秋》，略授其说，即为诸生委曲讲论，如其师。稍长，居苏州。时天子平刘继元，露布至，守臣当上贺，命吴中文士作表章，更数人，皆不可意。公私作于家，客有持去者，吴士见之，大惊，遂有名于南方"②。其弟谢炎"慕韩、柳为文，与卢稹齐名，时称'卢谢'"③，有文集二十卷。涛、炎的努力，初步奠定了"富阳谢氏"

---

① 施宿等：《会稽志》卷三，《景印文渊阁四库全书》第 486 册，第 67 页下。
② 《欧阳修全集》卷六三《太子宾客分司西京谢公墓志铭》，第 913 页。
③ 《宋史》卷四四一《谢炎传》，第 13043 页。

以文章立足的家学基础。

　　谢绛承其父业，以文章立朝，议论多有补于事。范成大撰《吴郡志》，称绛中"祥符八年进士。召试馆阁校勘。上疏言国家当以土德王天下。又言真宗当配上帝，议不合。河决滑州，又言灾异众多，宜深自引咎损膳，于朝罢不急之役，省无名之敛，以休息天下。又请罢内降诏令，皆由中书枢密院而后施行。因进《圣治五箴》，迁知制诰"①。范公所举奏议皆见李焘《长编》，文辞典雅流丽，斐然可观。欧阳公尝谓绛文"皆傅经据古，切中时病。三代已来，文章盛者称西汉，公于制诰尤得其体，世所谓常、杨、元、白，不足多也"，②绝非虚誉。

　　朱弁尝曰："'曳铃其空，上念无君子者；解组不顾，公其谓苍生何。'此谢绛希深上杨大年秘书监启事。大年题于所携扇，曰：'此文中虎也。'予尝得其全篇观之，他不称是。然学博而辞多，用事至千余言不困，亦今人少见者。大率此体，前辈多有之。欧公谢解时，亦尚如此未变也。此风虽未变，近世文士，亦不能为之。"③绛所著有《韩非子注》二十卷，《公孙龙子注》三卷，文集五十卷④。其文章议论为儒林所称者不独以藻丽胜，所谓"学博而辞多"，方能出类拔萃。绛读书多，至如《公孙龙子》，亦详加注释，其《序》曰："公孙龙子姓公孙，名龙，字子秉，赵人也，以坚白之辩鸣于时。初为平原君门客，平原君信其说而厚待之。后齐使邹衍过赵，平原君以问邹子，邹子曰：'不可，彼天下之辩有五胜三至，而辞至为下。辩者，别殊类使不相害，序异端使不相乱，抒意通指，明其所谓，使人与知焉，不务相迷也。故胜者不失其所守，不胜者得其所求。若是，故辩可为也。及至烦文以相假，饰辞以相悖，巧譬以相移，引人声使不得及其意，如此，害大道。'平原君悟而绌之。又与魏国公子牟相善，乐正

---

① 范成大：《吴郡志》卷二五，《景印文渊阁四库全书》第 485 册，第 184 页上。
② 《欧阳修全集》卷二六《尚书兵部员外知制诰谢公墓志铭》，第 406—409 页。
③ 朱弁：《曲洧旧闻》卷三，第 121 页。
④ 王称《东都事略》卷六四《谢绛传》云："有文集五十卷。"《景印文渊阁四库全书》第 382 册，第 407 页下。

子舆笑曰:'公孙龙之为人也,行无师,学无友,佞给而不中,漫衍而无家,好怪而妄言,欲惑人之心,屈人之口,与韩檀等肆之。'而公子牟不以为尤也,其说乃大行也。今阅所著书六篇,多虚诞不可解,谬以肤识注释。私心尚在疑信间,未能顿怡然无异也。昔庄子云:公孙龙能胜人之口,不能服人之心,辩者之囿也。厥有旨哉!"① 谢绛对待《公孙龙子》的态度,明显不同于儒学名家。所谓"坚白之辩"的逻辑理念,虽有"害大道"之嫌,但对文章作者却多有启发。

谢绛敏于文而拙于诗,其《答梅圣俞书》称:"忽得五百言诗,自始及末,诵次游观之美,如指诸掌,而又语重韵险,亡有一字近浮靡而涉缪异,则知足下于雅颂为深。刘宾客有言:'人之神妙,其在于诗。'以明诗之难能于文笔百倍矣。今足下以文示人为略,以诗晓人为精,吾徒将不足游其藩,况敢与奥阼也!叹感叹感!"② 即便如此,欧、梅诸公依然礼敬有加。欧阳公称涛"始昌其家,而子绛又以文行继之。初,公之葬其先君也,为兵部员外郎;今公之葬,绛亦世其官度支判官、河南府通判,并践世职判太府寺,实父子相代。书府之任,昭文、史馆、集贤院、秘阁,父子同时为之,见于《衣冠盛事录》"③。称羡之情溢于言表。

绛子景初等不仅延续了博学善文的家学传统,更在诗歌创作方面取得了举世瞩目的新成就。陆友仁《研北杂志》云:"谢景初师厚,知制诰希深之子。诗极高。豫章黄鲁直娶其女,自以为从师厚得句法。而师厚之姑寔归梅圣俞,其渊源所从来远矣。"④ 毫无疑问,在梅尧臣和黄庭坚两位宋诗大家之间,谢景初的确承担着艺术传承的独特责任。

谢景初在诗学上倾慕姑父梅尧臣,故特意辑录梅公诗集。欧阳修《梅圣俞诗集序》谓"圣俞诗既多,不自收拾。其妻之兄子谢景初惧其多而易失也,取其自洛阳至于吴兴已来所作,次为十卷。予尝嗜圣俞诗,而患不

---

① 谢绛:《公孙龙子序》,《全宋文》第 20 册,第 58 页。
② 谢绛:《又答梅圣俞书》,《全宋文》第 20 册,第 57 页。
③ 《欧阳修全集》卷六三《太子宾客分司西京谢公墓志铭》,第 915 页。
④ 陆友仁:《研北杂志》卷上,《景印文渊阁四库全书》第 866 册,第 577 页上。

能尽得之，遽喜谢氏之能类次也，辄序而藏之。其后十五年，圣俞以疾卒于京师。余既哭而铭之，因索于其家，得其遗稿千余篇，并旧所藏，掇其尤者六百七十七篇，为一十五卷"①。虽说"十卷"之数远非完秩，但拾掇编辑本身已足见崇慕之诚。《直斋书录解题》载录《宛陵集》六十卷，题曰："凡五十九卷为诗，他文赋才一卷而已。谢景初所集，欧公为之序。"②是未详考欧阳公《序》，偶为误记耳。

诗艺传承的内在轨迹殊难考求，梅、谢之诗亦然。不过，两人在诗法上皆仿效杜甫，或许可以成为一条可信的考察线索。《许彦周诗话》尝云："梅圣俞诗，句句精炼，如'焚香露莲泣，闻磬清鸥迈'之类，宜乎为欧阳文忠公所称。其他古体，若朱弦疏越，一唱三叹，读者当以意求之。"③其实，所谓"句句精炼"的艺术效果，盖与取法杜诗密切相关，其如明人梁佐所云："梅圣俞诗'南陇鸟过北陇叫，高田水入低田流'，山谷诗'野水自添田水满，晴鸠却唤雨鸠来'，李若水诗'近村得雨远村同，上圳波流下圳通'，其句法皆自杜子美诗'桃花细逐杨花落，黄鸟时兼白鸟飞'之句来。"④梅圣俞自杜诗得句法，谢景初更是杜诗的崇拜者。《后山诗话》云："唐人不学杜诗，惟唐彦谦与今黄庶、谢景初学之。"复云："谢师厚废居于邓，王左丞存，其妹婿也，奉使荆湖，枉道过之，夜至其家。师厚有诗云：'倒着衣裳迎户外，尽呼儿女拜灯前。'"⑤《王直方诗话》亦称："山谷云：谢师厚诗绝似老杜，如'倒着衣裳迎户外，尽呼儿女拜灯前'，编之老杜诗集无愧。"⑥毫无疑问，杜诗乃是梅、谢共同景仰的艺术楷模，两人之间的诗艺切磨亦由此展开。

类似的情形在谢景温身上亦有所体现。刘攽《中山诗话》云："梅圣

---

① 《欧阳修全集》卷四三《梅圣俞诗集序》，第612—613页。
② 《直斋书录解题》卷一七《宛陵集》解题，第494页。
③ 许顗：《许彦周诗话》，《丛书集成初编》第2550册，第6页。
④ 杨慎：《丹铅总录》卷一九，《景印文渊阁四库全书》第855册，第566页下。
⑤ 陈师道：《后山诗话》，《景印文渊阁四库全书》第1478册，第283页下。
⑥ 《王直方诗话》，见曾慥《类说》卷五七，《景印文渊阁四库全书》第873册，第994页上。

俞幼戏谢师直诗曰：'古锦裁诗句，斑衣戏坐隅。木奴今正熟，肯效陆郎无？'师直小名锦衣奴，至十岁读此，方悟之。"① 按：陆郎者，谓三国东吴之陆绩也，少有宏阔之志，典出《三国志·吴志·陆绩传》。《宛陵集》中与谢师直赠寄唱答之作颇多，是知两人在诗艺探索方面趣味相投。只可惜谢景温诗作遗失殆尽，无从比较。景温如此，谢氏后人如谢忱、谢愔等亦莫能外。不过，自景初以降，谢氏子孙颇能以诗名世，与涛、绛等前辈相比，这显然是一种开拓和进步。王铚《默记》载："嘉祐中，士大夫之语曰：'王介父家，小底不如大底；南阳谢师宰家，大底不如小底。'谓王安石、安礼、安国、安上，谢景初、景温、景平、景回也。"② 就官职爵位来看，此说不无道理。但就道德文章及家学贡献而言，谢景初兄弟的正确排序或许应该是"小底不如大底"。

五 新喻刘氏与绩溪胡氏：文学世家的盛衰得失

两宋时期的文学望族，或子孙数代皆"能以文学世其家"③，或盛誉维持仅两三代；盛衰缘由各不相同，贡献大小亦判然有别。大抵凡久盛不衰者，不仅才俊辈出，且能不断琢磨积累诗词文赋之创作技法，在玩味品鉴和潜移默化中渐造峥嵘；其"舅氏"、女婿、外甥等亲密成员也能积极参与其中，切磨交流，教学相长。而家学源流短浅、旋盛旋衰者，既无群星之璀璨，亦乏甥舅之助援，虽能奋发一时，终究势孤力单，很难与久盛之家颉颃媲美。以"新喻刘氏"和"绩溪胡氏"为例，两家皆以文学名世，但盛衰情状却颇为悬殊。

需要说明的是，此前学界有关宋代家族文学的讨论，其对象选择多为历时长久、名家辈出的高门大姓，而像以刘赟、刘弇伯侄为荣耀的"安福

---

① 刘攽：《中山诗话》，《景印文渊阁四库全书》第 1478 册，第 274 页下。
② 王铚：《默记》卷中，第 26 页。
③ 王称：《东都事略》卷七二《欧阳修传》附欧阳棐传，《景印文渊阁四库全书》第 382 册，第 468 页下。

刘氏"和因胡舜陟、胡仔父子而显名的"绩溪胡氏"等微小家族,始终鲜有问津者。愚以为,若能选取盛衰各异的两类家族加以比较分析,所得启发必在料想之外;或许在那些久被遗忘的历史细节中,更隐含着宋代家族文学兴衰发展的深层规律。本节所以选择"新喻刘氏"和"绩溪胡氏"两个家族略事比较,出发点即在于此。为叙述方便,相关讨论拟着眼于以下层面。

首先,"新喻刘氏"与"绩溪胡氏"在兴盛时间、家学传承方式及整体成就等各方面均有显著差异。"刘氏"一族虽因刘敞、刘攽兄弟而驰名天下,但该族六代成员中以文学名世者即多达八人;"胡氏"一族因胡舜申、胡舜陟、胡舜举、胡仰、胡仔等两代人的努力而跻身名族,其文脉接续实不过两代而已。

先说刘氏。

刘氏起家之主为宋太宗端拱年间主持三司都磨勘司的左赞善大夫刘式。其孙刘敞撰《先祖磨勘府君家传》,称刘氏祖先始迁新喻者曰逊,逊生超,超生迻,迻生玭,玭赠大理评事,"评事生礼部尚书,讳式,字叔度,少有志操,好学问,不事生产。年十八九,辞家居庐山,假书以读,治《左氏》《公羊》《穀梁春秋》,旁出入他经。积五六年不归,其业益精。是时天下大乱,江南虽偏霸,然文献独存,得唐遗风。礼部取士难其人甚,叔度以明经举第一,同时无预选者。由是江南文儒大臣,自张洎、徐铉,皆称誉之"。刘式在南唐任庐陵尉。入宋,拜商水尉,迁绛州推官,积官至刑部员外郎。真宗咸平元年(998)卒,享年四十九岁。此公"尚名检,好宾客,所交游皆一时名人。徐铉、张佖、陈省华、杨亿之徒,虽年辈先后,待之各尽其意。亿与石中立为独拜床下,其见推如此。初,太宗好书,集秘府古书,模其笔迹,自仓颉史籀,下至隋唐君臣以书名世者,为《古今法帖》。朝廷宿儒巨贤,辄以赐之,非其人,虽宰相终不得,而赐叔度独六十轴,当世以为荣"①。刘氏家学以经学为主,而"有志操,

---

① 刘敞:《先祖磨勘府君家传》,《全宋文》第59册,第379—380页。

好学问","尚名检,好宾客"等优秀品德,也体现着"凡有所学皆成性格"的内在必然性。

刘式五子,四人荣登进士第,相继为显宦。他们清廉自守,不畏强权,为民兴利除恶,颇以治行闻。

刘立本,咸平三年(1000)以父遗泽,特旨赐学究出身①。尝官下蔡令。

刘立之,字斯立,立本弟,大中祥符元年(1008)进士。欧阳修云:"君少孤,能自立,举进士,为福州连江尉、睦州青溪主簿、宣州南陵令,改大理寺丞、知婺州金华县,太子中舍、知梓州中江县,通判泸州";"君仕宦四十年,不营产业,自复为司勋员外郎,遂不复求磨勘,凡三迁,皆为知者所荐。为人沉敏少言笑,与人寡合,而喜荐士,士由君荐者多为闻人,天章阁待制杜杞、田瑜是也"。"庆历八年五月,迁主客郎中、益州路转运使。其年十一月七日卒于官,享年六十有四。夫人临沂县君王氏,赠尚书右仆射砺之女。""五子:元卿、真卿,亦早亡。敞,今为大理评事;攽,凤翔府推官,皆贤而有文章。放,太庙斋郎。"②刘敞《先考益州府君行状》述其父事迹尤详。

刘立言,天禧三年(1019)进士③。沈遘《刘公墓志铭》曰:"公讳某,字禹昌,袁州临江人也。少孤,知自立学问。举进士,天禧三年及第,为福州怀安尉、杭州仁和主簿。徐奭、胡则等数人荐其材,擢为大理寺丞、知越州萧山县。迁殿中丞、知苏州长洲县;太常博士、尚书屯田员外郎;黄、汴、河催促纲运,赐五品服;都官员外郎、通判杭州;职方员外郎、知兴元军;屯田郎中、知温州;都官职方郎中、知广德军;凡九居官;皆以治行闻。公知于吏事,盖天资也。凡遇事,无险易烦简,必穷其根柢,尽其是非,然后传之法令。关键牢密,吏不能窥而为奸,故所居无不治。其守官,虽权贵有气力不能夺。长洲多过客,或求发民以挽船,一

---

① 《宋登科记考》卷三,第66页。
② 《欧阳修全集》卷二九《尚书主客郎中刘君墓志铭》,第36、38页。
③ 《江西通志》卷四九《选举》,《景印文渊阁四库全书》第514册,第579页上。

人不与，郡至为移书，亦不听。杭州守多达官，自任，不循以度，公一皆执正。守初不能平，后事有失而被按举，乃始愧谢。所至必为民兴利除恶。""二子：敦，前秀州军事推官；孜，前处州丽水县令。四女：长适尚书屯田郎中徐执中；次适卫尉寺丞陈维孙；次适雄州军事推官王谌，早卒；次尚幼。"①

刘立德，天禧三年（1019）与兄立言同榜第进士。曾官屯田郎中②，为福建转运使，知婺州③。

刘立礼，天圣二年（1024）进士④。据《长编》载，真宗乾兴元年（1022）三月，"冯拯女夫江阴军判官刘立礼授京官、馆阁校勘"。仁宗天圣五年（1027）四月，"丙申，殿中丞、集贤校理刘立礼落职，同判崇州。立礼，冯拯女婿也，尝令其妻入禁中，求知开封县，故黜之"。景祐四年（1037）七月"甲子，许新荆湖南路转运使、兵部员外郎、集贤校理刘立礼归馆供职，以母老自请也"⑤。

刘立本兄弟五人，从应举及第到宦途转徙，皆能自奋以光门楣。他们个性不同，建树各异，但都为"新喻刘氏"的兴旺发达做出了积极努力。

"刘氏"一族真正跻身文学望族是从刘敞、刘攽兄弟开始的。当"庆历"变革之际，他们把"刘氏"家学的固有传统与庆历学术发展潮流结合起来，主张"弃传从经"，为儒学探索贡献良多。同时，他们还积极参与欧阳修倡导的诗文革新，与范仲淹、梅尧臣、尹洙、苏舜钦等人一起，成就了北宋文学发展的第一个高峰。

刘敞字原父，号公是。庆历六年（1046）进士第二人及第。欧阳修《刘公墓志铭》曰："公讳敞字仲原"，"举庆历六年进士，中甲科，以大理评事通判蔡州"。后"权判三司开拆司，又权度支判官，同修起居注。至

---

① 沈遘：《尚书职方郎中致仕刘公墓志铭》，《全宋文》第74册，第343、344页。
② 胡宿：《刘立德可屯田郎中郭辅治可兵部员外郎制》，《全宋文》第21册，第223页。
③ 《长编》卷一八七，第4510页。
④ 《宋登科记考》卷四，第125页。
⑤ 《长编》卷九八，第2278页；同书卷一〇五，第2440页；卷一二〇，第2835页。

和元年九月，召试，迁右正言、知制诰"。"公于学博，自六经、百氏、古今传记，下至天文、地理、卜医、数术、浮屠、老庄之说，无所不通。其为文章，尤敏赡。尝直紫微阁，一日追封皇子、公主九人，公方将下直，为之立马却坐，一挥九制数千言，文辞典雅，各得其体。公知制诰七年，当以次迁翰林学士者数矣，久而不迁。及居永兴岁余，遂以疾闻，八年八月召还，判三班院、太常寺。公在朝廷，遇事多所建明，如古渭州可弃，孟阳河不可开，枢密使狄青宜罢以保全之类，皆其语在士大夫间者。若其规切人主，直言逆耳，至于从容进见，开导聪明，贤否人物，其事不闻于外廷者，其补益尤多。故虽不合于世，而特被人主之知。""公再娶伦氏，皆侍御史程之女，前夫人先公早卒，后夫人以公贵，累封河南郡君。子男四人：长定国，郊社掌座，早卒；次奉世，大理寺丞；次当时，大理评事；次安上，太常寺太祝。女三人：长适大理评事韩宗直，二尚幼。""与其弟敞友爱尤笃。有文集六十卷。其为《春秋》之说，曰《传》、曰《权衡》、曰《说例》、曰《文权》、曰《意林》，合四十一卷。又有《七经小传》五卷，《弟子记》五卷，而《七经小传》今盛行于学者。"① 敞之生平另参刘敞《故朝散大夫给事中集贤院学士权判南京留司御史台刘公行状》、《宋会要辑稿·选举》二之八《亲试》及《宋史》本传。按：陈振孙曰："敞兄弟俊敏博洽，同登庆历六年进士第。敞本首冠，以内兄王尧臣为编排官引嫌，遂得第二人。"②

刘攽字贡父，一作贛父，号公非。敞弟。庆历六年进士。《东都事略》卷七六传称："攽字贛父。少疏俊，与兄敞同学，自刻厉，博读群书，遂偕中进士，调江阴簿。为国子监直讲。赵概荐攽可备文馆，召试优等，当除直史馆，攽与言者有憾，而执政乃拟校勘。熙宁初，知太常礼院。"后为国史院编修官、开封府判官。元丰初，出为京东转运使，坐不按斥部吏，罢知兖州，徙亳州。元祐初，召为秘书少监，以疾求补外，除直龙图

---

① 《欧阳修全集》卷三五《集贤院学士刘公墓志铭》，第524—527页。
② 《直斋书录解题》卷一七《彭城集》解题，第501页。

阁、知蔡州。召拜中书舍人,卒,年六十七。攽为人博学守道,以故流离困踬,然不修威仪,喜谐谑,杂以嘲诮,每自比刘向①。据《宋史艺文志》载,攽所著有本集六十卷、《内传国语》十卷、《春秋人谱》一卷、《汉书刊误》四卷、《五代春秋》一部、《芍药谱》一卷、《岑象三异记》一卷、《经史新义》一部、《诗话》一卷。攽之事迹另参《宋史》本传及魏泰《东轩笔录》等。贡父《墓志》未见传世,史传亦不载其子嗣。张耒《代祭刘贡父文》称:"呜呼!子之强学博敏,超绝一世。肇自载籍,孔、墨、百代,太史所录,俚间野记,延及荒外,阴阳鬼神,细大万殊,一载以身。下至律令,老吏所疑,故事旧章,在廷不知,有问于子,归如得师。""惟我与君,同年进士。申以婚媾,兼恩与义。平生谈笑,樽席燕喜。"②是知二人为姻亲,惜无从详考。

"刘氏"第四代成员以敞子奉世、犹子延世最为知名。刘奉世字仲冯,与刘敞、刘攽合称"三刘",合著《三刘汉书标注》六卷③。嘉祐六年(1061)进士④。《东都事略》传称:"奉世字仲冯,元丰闲为直史馆。元祐初,为吏部员外郎,擢起居郎。诏册乾顺为夏国主,以奉世使西夏,迁天章阁待制、枢密都承旨。除吏部侍郎、权户部尚书。七年,遂以枢密直学士佥书枢密院事。罢为端明殿学士、知成德军。徙定州成都府。坐元祐党,责光禄少卿,彬州居住。御史中丞邢恕劾奉世合刘挚倾害顾命大臣,附吕大防、苏辙,遂登政府,再贬隰州团练副使,彬州安置。后移居道州,徙光州。复端明殿学士、知定州。又知郑州,以言者落职,知徐州。提举崇福宫,以旧职致仕,政和三年卒。"⑤孔武仲《刘公诗并序》云:"吾乡刘原甫,雄文博学,为天下师表,四方士大夫登其门执弟子礼者足相踵也,而余不及识。今识其子仲冯。仲冯居省中,治事精密,

---

① 《东都事略》卷七六《刘攽传》,《景印文渊阁四库全书》第382册,第489页下—490页上。
② 《代祭刘贡父文》,《全宋文》第128册,第156、157页。
③ 《直斋书录解题》卷四《三刘汉书标注》解题,第106页。
④ 《宋登科记考》卷四,第282页。
⑤ 《东都事略》卷七六《刘奉世传》,《景印文渊阁四库全书》第382册,第490页下。

吏不能欺。应接不倦，甚得士大夫心，天下称为贤吏部。其文学议论，能世其家。"①刘奉世事迹另见《宋史》卷三一九《刘敞传》附。

刘延世字玉孟。善画墨竹，以撰《孙公谈圃》而知名。邓椿《画继》载："刘延世，公是先生之犹子也。少有盛名。元祐初游太学，不得志，筑堂讲业，名曰'抱瓮'。尝作墨竹，题诗云：'酷爱此君心，尝将墨点真。毫端虽在手，难写淡精神。'又云：'静室焚香盘膝坐，长廊看画散衣行。'趣尚之高，有如此者。"②绍圣初，侍亲知汀州，从孙升游，撰《孙公谈圃》三卷，序曰："绍圣之改元也，凡仕于元祐而贵显者，例皆窜贬湖南岭表，相望而错趾。惟闽郡独孙公一人，迁于临汀。四年夏五月，单车而至，屏处林谷，幅巾杖履，往来乎精蓝幽坞之间。其后避谤，杜门不出。余时侍亲守官长汀县，窃从公游，闻公言皆可以为后世法，亦足以见公平生所存之大节，于是退而笔之，集为三卷，命曰《孙公谈圃》。公状貌奇特，眉目孤耸，望之凛然可畏。元祐时历三院，迁左史，入中书为舍人，危言谠论，内外惮之。已而忤时宰意，以集贤殿修撰留守南都，后迁天章阁待制。其谪官也，自南都为归州，遂以散秩谪临汀。公在汀二年，竟以疾终。明年岁在庚辰，天子嗣位，尽还公官职，士大夫伤公之不及见也。余辱公之知且久，而公之语亦尝属余记焉。公之子幼而孤，则其事久或不传，于是详而述之，庶几不为负公者，非特为谈圃道也。公讳升，字君孚，高邮人。"③刘延世文章业绩固难与刘奉世相提并论，但从丰富和拓展刘氏家学内涵的角度讲，将"耕道""熟仁"的高洁志趣寄托于精绘墨竹之中，与屏处林谷之博雅君子游处，详记其"可以为后世法"的高谈雅论，亦属难得。

奉世之子刘旦，有能诗名，他填补了刘氏家族第五代子孙在文学创作方面的空白。吴曾《能改斋漫录》卷一一"刘旦诗多称传"条载："刘仲

① 《清江三孔集》卷四，《景印文渊阁四库全书》第1345册，第214页上。
② 《画继》卷四，《景印文渊阁四库全书》813册，第520页下。
③ 刘延世：《孙公谈圃序》，《全宋文》第133册，第61页。

冯枢密之子旦,能诗,保康伯尝荐之。旦后过公墓,赋诗:'膺门昔忝登龙客,董墓今悲下马人。'时多称传。"① 旦有《游金庭诗》曰:"衡岳真人称福地,南齐高士寄山河。赤城仙去骑丹凤,墨沼人传咏白鹅。一世风流俱寂寞,千年气象故嵯峨。登临不尽怀人恨,唯有苍苍石可磨。"② 旦之事迹不详,《全宋诗》第 21 册第 391 页存诗三首。

"刘氏"第六代成员中刘靖之、刘清之、刘龟年、刘从年等颇能光大门庭。他们生活在南宋高宗与孝宗时期,与周必大、朱熹、吕祖谦等当代名流交往颇深,在儒学探索及诗文创作方面颇有建树。傅增湘《藏园群书经眼录》卷一于刘敞《春秋权衡》后注云:"旧写本,十二行二十字。前有自序,又淳熙十三年曾侄孙龟从刊书跋十行:'曾伯祖公是先生所作春秋传、说例、权衡、意林四书元祐间被旨刊行,今吴蜀江东西皆有本。龟从修县学既成,锓板于中,以广其传。淳熙十三年十二月初吉曾侄孙通直郎知温州瑞安县主管劝农公事兼主管双穗盐场龟从谨题。'"③

刘靖之与刘清之合称"二刘"。靖之尝官太常博士,撰郑侠《谥议》④。张栻《教授刘君墓志铭》曰:"君之教人,首务正其趋向,月校其士以行义为先,视其文论治道而尊管商,谈学问而涉佛老,言时事而忘仇敌者,必痛抑力排之。终日坐直舍,虽休沐亦或不出。讲质问辩者相踵,与之反复无少倦。有一善辄屡奖而申劝之,有不善,为之愀然,曰:'吾教之不至也。'以故多所感动。凡学之事,小大悉有条理。致其乡之老成者使分教席下,向有滥居其职者辄渐自引去。士争趋于学。益市书它州使之读,而丐增其廪以食之。自太守、部刺史以下见其恳恻,无敢有紊其学政者,故君得以行其志。赣之士知有为己之为重,耻言利而趋于义,君之教为多。"至其行实,则曰:"君字子和,本临江人。五世祖太子太保式自临江归京师。曾祖敉,故朝议大夫、赠大中大夫;祖武贤,故承议郎;考

---

① 吴曾:《能改斋漫录》卷一一,第 329 页。
② 刘旦:《游金庭诗》,高似孙《剡录》卷八,《景印文渊阁四库全书》第 485 册,第 593 页下。
③ 傅增湘:《藏园群书经眼录》卷一,中华书局 1983 年版,第 77 页。
④ 周应合:《景定建康志》卷三一,《景印文渊阁四库全书》第 489 册,第 367 页上。

滁，故通直郎致仕。母赵氏。君资禀冲淡而温厚，中绍兴甲戌进士第。初任吉州司户参军，兼掌狱事，即不为诡随。更尉邵武，上官文符之下，有病民者不轻以行。及得赣学教授，待次凡五年，益用力于经史，讲论先觉师友渊源。及其居官，则推己之所从事者而与其士共之。秩满改官。遭继母裴氏忧，未及禫而君死矣。病且革，戒其家曰：'丧事勿用异说。'享年五十有一。娶赵氏，有子曰仁季，女一人。"①

刘清之字子澄，号静春，绍兴二十七年（1157）进士及第。《宋史》本传称其"受业于兄靖之，甘贫力学，博极书传。登绍兴二十七年进士第，调袁州宜春县主簿，未上，丁父忧，服除，改建德县主簿"。后调万安县丞，知宜黄县。丞相周必大荐于孝宗，召对称旨，改太常寺主簿。"光宗即位，起知袁州，而清之疾作，犹贻书执政论国事，诸生往候疾，不废讲论。语及天下，孜孜叹息，若任其责者。病且革，为书以别向浯、彭龟年，赋二诗以别朱熹、杨万里。取高氏《送终礼》以授二子，曰'自敛至葬，视此从事。'""初，清之既举进士，欲应博学宏词科。及见朱熹，尽取所习焚之，慨然志于义理之学。吕伯恭、张栻皆神交心契，汪应辰、李焘亦敬慕之。""所著有《曾子内外杂篇》《训蒙新书外书》《戒子通录》《墨庄总录》《祭仪》《时令书》《续说苑》、文集、《农书》。"②《宋史艺文志》所载刘清之著述还有《衡州图经》三卷、《文策》二十三卷。按：淳熙二年（1175）五月，刘清之参与朱熹、吕祖谦、陆九龄、陆九渊等人的"鹅湖之会"，足见其学术地位之高。在文学方面，刘清之对北宋"古文"给予了很高评价，其跋穆修集曰："至我朝，乃或推孙、丁、杨、刘为文词之雄，是时穆参军伯长独不以为然，实始为古文，在尹师鲁、苏子美、欧阳之先。自尔以来，学者益以光大，非止求夫文之近于古而已。盖异端既辟，则必以圣人为师；不专注疏，则必以经旨为归。学均为己，一变至道，溯其承传，爰有端绪云。银关辟书，售与有力焉。愚尝评穆参军之复古，以为不

---

① 张栻：《教授刘君墓志铭》，《全宋文》第255册，第474—475页。
② 《宋史》卷四三七《刘清之传》，第12953—12957页。

在董生、昌黎公之下。"作为刘氏后人,能够超越对欧阳修、尹洙、苏舜钦及曾祖"二刘"的崇敬,将"古文"革新的首功归诸穆修,其开阔胸襟与独到眼光确非普通理学家可比。

刘龟年字且老。朱熹《朝奉刘公墓表》云:"公讳龟年,字且老,其先从李氏朝京师,始自袁州临江徙其籍开封府祥符县魏陵乡吴儿村,遂为闻家。公之曾祖公非先生讳攽,以文学致大名,元祐中为中书舍人卒。祖方,雄州防御推官,赠右通奉大夫。父襄,右朝请大夫,赠朝议大夫。公以从祖奏为将仕郎,又以大夫公奏为从事郎,调峡州司户参军。遭丧不赴,改临安府钱塘县主簿。历道州军事判官,改宣教郎,知常德府武陵县事,通判沅州事,主管台州崇道观。累阶朝奉郎,赐服五品而卒。"公"少时锐意决科,稍不遇,即舍去。居常晦默,不自矜伐,谨严拘畏,无一毫自放绳墨之外。所居一日必葺,服器一物必整,盛夏衣冠袜履不暂释。居闲亦必鸡鸣而起,处暗室如对大宾,待童仆小人亦尽诚悫。所居之室,必书'谨独'、'正心'字揭之座右。钱塘今为赤县,公为主簿时,秦桧方用事,乡党姻旧或以文字见知登显仕者,谓公曰:'盍亦求之?'公不应,退治簿书益谨。至他职事亦多与贵要人接,公益自闭匿,以故得竟秦氏败无所污,人以为难"。①《江西通志》亦载:"刘龟年字且老,新喻人。攽曾孙,荫从仕郎、峡州司户参军。改钱塘簿。累迁道州军事判官。守李南寿言于后守曰:'判官贤,不求人知,恐君或失之也。'改宣教郎、通判沅州,蛮人侵掠无宁岁,龟年按法立约,恩信不爽,遂帖服。后乞祠阶以归。"②刘龟年没有学术著作及诗文作品传世,但他对"刘氏"家学的传承以及对儒学精神的积极实践均值得肯定。

再看胡氏。

绩溪胡氏自胡策"始起家为铅山尉,诲其子必千里求师",逐渐发展为新安名族。汪藻《朝散郎致仕胡君墓志铭》曰:"绩溪为氏以族名者无

---

① 《朝奉刘公墓表》,《全宋文》第253册,第56、57页。
② 《江西通志》卷七三,《景印文渊阁四库全书》第515册,第525页下。

虑百余，而学传子孙，胡氏为最。胡氏有隐君子曰诚甫，其书满家，仰承俯授，皆有师法，又其族之尤者也。君讳咸，字诚甫。曾祖峤、祖筠，皆乐里居，不求仕。至父策，始起家为铅山尉，诲其子必千里求师。长子宏，登进士科，仕至处州司法参军。君其次也。君少刻意于学，自六经、司马迁、班固、范氏、陈寿史书，皆手抄成诵。会熙宁、元丰间，朝廷以经术新天下人才，学者宗王氏。君于诸经自得其指归，而尤邃于《易》，游太学十余年，率杖策往还，其精如此。方是时，士集京师，岁以千计，君颖然出其间，为之领袖。一旦如有不乐者，谢病归，召诸子出其书授之。不数年，其子舜陟、舜举踵相蹑取高第，而舜陟遂登法从、典大州，隐然为天子名臣。君飨其禄几二十年，自承事郎累官至朝散郎。舜陟又以所当得服授君，赐绯衣银鱼。绩溪固多士，如君父子得名称章绂而归者无几。""建炎四年八月辛亥，以疾终于家，春秋八十有一。娶闵氏，封安人，前君卒。四男子：曰舜陟，朝请大夫、充徽猷阁待制；曰舜俞、曰舜申，皆巍然有立；曰舜举，迪功郎。二女子，适士人叶文仲、郑邦彦。五孙，曰俫、仔、传、俊，其一尚幼，而仔亦迪功郎。"[1]

此外，明人戴廷明、程尚宽《新安名族志》也曾追述过"绩溪胡氏"世系，谓该族"出青州琰之后，曰宓，唐太和间以散骑常侍掌节新安，因家乌聊山下，卒家绩溪西门外石碑头。二世曰沼，为南唐客都之官，迁居绩溪市东，以守父业。三世曰峤，四世曰埠，俱隐德。五世曰策，庆历间捐粟赈灾，时契丹聚兵西北，又以财十万助给军赏，诏补社斋郎，官铅山县尉。六世曰宏，皇祐五年进士，历官处州司马参军；曰咸，游太学，以子贵，累赠金紫光禄大夫"[2]。由此可证胡舜申《乾道重修家谱序》中所称"吾家在唐朝已雄于财，逮国初亦蔚为富室"[3] 的说法并非虚言。按《新安名族志》所谓"四世曰埠"者与胡咸墓志所称"祖筠"不合，当以

---

[1] 《朝散郎致仕胡君墓志铭》，《全宋文》第157册，第394、395页。
[2] 戴廷明、程尚宽：《新安名族志》，何庆善等点校，黄山书社2007年版，第318页。
[3] 胡舜申：《乾道重修家谱序》，《全宋文》第182册，第292页。

汪氏所撰墓志为确。

严格说来，胡策以捐助得官；胡宏登皇祐五年（1053）进士第，仕至余姚县主簿①，胡咸隐居而终，都不曾为其家族带来显赫声名。"绩溪胡氏"真正跻身名族，一定要等到胡咸诸子舜陟、舜申、舜举成名，尤其是胡舜陟官徽猷阁待制、广西经略使之后。

胡舜陟字汝明，号三山老人。登大观三年（1109）进士第。北宋末任侍御史。南渡之初知庐州，颇有御寇功，擢徽猷阁待制，充淮西制置使。此后转徙数镇，颇有"惠政"，或谓"其得人心，虽古循吏无以过"②。有关胡舜陟的生平事迹，罗愿《新安志》"胡待制传"、王明清《玉照新志》、《宋史·胡舜陟传》以及天一阁藏明弘治刻本《弘治徽州府志》卷七本传皆有详述，文繁不赘。需要说明的是，宋人笔下的胡待制毁誉参半。如罗大经《鹤林玉露》载："桧父尝为静江府古县令，守帅胡舜陟欲为桧父立祠于县，以为逢迎计。县令高登，刚正士也，坚不奉命。舜陟大怒，文致其罪，送狱锻炼，备极惨毒，登几不能堪。未数日，舜陟忽殂，登乃获免。"③如果仅仅是谄媚时相，尚未可深责，然惨毒忠良，罗织罪名，就很难得到君子的宽宥。朱熹撰《乞褒录高登状》为高登申冤，斥言胡氏构祸情状。就在胡舜陟欲媚事秦桧的同时，秦桧却已经派人以"受金盗马，非讪朝政"的罪名推劾于他，终致其于绍兴十三年（1143）暴死狱中。罗大经以为此事系"天佑忠贤"，称胡舜陟死有余辜。但实际上，胡舜陟素为秦桧所恶，加之受到广西转运副使吕源的诬陷，才最终招致杀身之祸，罗氏之说不免偏颇。胡舜陟死后，其妻汪氏向朝廷诉冤，方得平反昭雪。

胡舜陟娶汪藻女为妻，对胡、汪两族的家学交流颇多助益。胡舜申《乾道重修家谱序》云："至吾高祖以来，东西街居崇仁坊，而敦礼坊汪氏

---

① 《新安志》卷八《叙进士题名》；《宋登科记考》卷四，第246页。
② 《宋史》卷三七八《胡舜陟传》，第11669页。
③ 《鹤林玉露》乙编卷二"天佑忠贤"条，第152页。

亦盛，两家东西角立，世为婚姻，所居之地各占半县。绩溪言望族者，惟胡氏、汪氏。"① 汪藻《朝散郎致仕胡君墓志铭》则谓"某与君世姻"。《胡少师年谱》于大观四年载："六月初二日，次子仔生，公娶同邑敦礼坊汪藻公女。"② 胡舜陟之子仔、仰均能传承家学，维护门楣，或与母亲汪氏的教诲密切相关。

胡舜申字汝嘉，官至舒州通判。范成大《吴郡志》尝述其事迹，谓"《开胥蛇门议》，胡舜申所作，其说甚详，今具载之。舜申通风土阴阳之术，世所传《江西地理新法》出于其手。绍兴间，自绩溪徙居吴，暇日以其术行四郭而相之，以为蛇门不当塞，作《吴门忠告》一篇"云云③。《直斋书录解题》载胡舜申《阴阳备用》十二卷，题曰："通判舒州新安胡舜申汝嘉撰。此书本为地理形法，而诸家选时日法要皆在焉，故附于此。"④ 此外，宣和七年（1125），胡舜申在泗州，亲见朱勔父子往来及徽宗幸泗州事，撰《乙巳泗州录》一卷；建炎三年（1129），金兵攻平江，宣抚周望出走。舜申之兄舜陟时为参谋，举家避难，舜申次为《己酉避乱录》，其言颇诋韩世忠。两书全文见《玉照新志》卷三，王明清称"胡伟元迈，新安人也，携其父舜申所述《乙巳泗州录》《己酉避乱录》二书相示，叙倣扰时事。文虽不工，颇得其实"云云⑤。

胡舜举字汝士，登建炎二年（1128）进士第⑥。《江西通志》称其"绍兴中知建昌军，政行俗变，百废俱兴，作《旴江志》。为治本于忠恕，教化兴行，彬彬乎有古循吏风"⑦。罗愿《新安志》卷八《叙进士题名》载，舜举尝以"朝请大夫知南剑州"⑧。舜举晚其兄舜陟十九年登第，虽宦

---

① 胡舜申：《乾道重修家谱序》，《全宋文》第182册，第292页。
② 《胡少师年谱》，见《宋人年谱丛刊》第6册，四川大学出版社2003年版，第4042页。
③ 《吴郡志》卷三，《景印文渊阁四库全书》第485册，第16页上。
④ 《直斋书录解题》卷一二"阴阳家类"，第371页。
⑤ 《玉照新志》卷三，《丛书集成初编》第2769册，第42页。
⑥ 《宋登科记考》卷九，第702页。
⑦ 《江西通志》卷六二，《景印文渊阁四库全书》第486册，第462页下。
⑧ 《新安志》卷八，《景印文渊阁四库全书》第485册，第469页上。

途不达，然所到之处增葺学社，加强教化，颇获赞誉。赵鼎臣《乡人胡舜举见和再次韵》诗云："咳唾珠玑出绪余，旧传词赋压三都。先生年辈如今少，乡里人情似旧无。睡思不禁诗作恼，衰颜正赖酒涂糊。（自注：读荼糊）他年鸡黍陪乡社，愧我空空一鄙夫。"① 此公著述，《宋史艺文志》著录《剑津集》十卷，未见传世。《直斋书录解题》著录《盱江志》十卷，题曰："郡守胡舜举绍兴戊寅俾郡人童宗说、黄敷忠为之。"又《延平志》十卷，曰："郡守新安胡舜举汝士与郡人廖拱、廖挺裒集，时绍兴庚辰也。序言与《盱江志》并行，盖其为建昌守亦尝修图志云。"② 组织修撰地方史志，也是振起一方文化之有效手段。

胡舜陟子侄的情况较为复杂。据殷海卫《苕溪渔隐丛话研究》考订，胡偁、胡仔、胡仰、胡傅为胡舜陟子；胡伟、胡似、胡仅为胡舜申子；胡俊为胡舜举子③。程紫丹《胡仔家世与交游补考》又据胡舜陟裔孙胡培翚、胡培系所撰《胡少师年谱》进行补考，以为胡舜陟长子为胡亿，而非胡偁；其兄弟排行应为亿、仔、傅、仰。④ 两人考订均有依据，值得尊重。现就胡仔一辈中声名稍著者略加考述，以明绩溪胡氏兴衰演变之轨迹。

胡仔字元任。罗愿《新安志》卷一〇"诗话"后注曰："渔隐者，绩溪胡待制长子，名仔，寓居吴兴，自号苕溪渔隐。"⑤ 按：胡仔乃待制次子，罗氏偶误。《新安志》撰成于淳熙二年（1175）三月癸未，此后，陈振孙等人咸承其说。至清道光间纂《徽州府志》，其卷一一"人物志·文苑"又载："胡仔字元任，绩溪人，舜陟次子。以父荫补将仕郎，授迪功郎，监潭州南岳庙，陞从事郎。绍兴六年侍亲赴官岭右，为广西经略安抚司书写机宜文字，转文林郎、承直郎，就差广西提刑司干办公事，居岭外七年。丁忧，投闲二十载，卜居苕溪，日以渔钓自适，因自称苕溪渔隐。

---

① 赵鼎臣：《乡人胡舜举见和再次韵》，《全宋诗》第 22 册，第 14903 页。
② 《直斋书录解题》卷八，第 250、258 页。
③ 殷海卫：《苕溪渔隐丛话研究》，中国社会科学出版社 2011 年版。
④ 程紫丹：《胡仔家世与交游补考》，《湖州师范学院学报》2014 年第 1 期。
⑤ 《新安志》卷一〇，《景印文渊阁四库全书》第 485 册，第 508 页下。

后起复,转差福建转运司干办公事。绍兴三十二年,赴官闽中,三载任满,自闽中归苕溪。转奉议郎,知常州晋陵县,未赴。乾道六年卒。仔少无宦情,留心吟咏,以诗名。丁年罹于忧患,杜门却扫于苕溪之上。谓阮阅《诗总》成于宣和癸卯,遗落元祐诸公,因网罗元祐以来群贤诗话及史传注说所载事实,可以发明诗句及增益见闻者,纂为《丛话》前集六十卷。复攟摭群书,以所继得者附益之,为后集四十卷。自国风汉魏六朝以至南渡之初,最大家数特出其名,余入杂纪,以年代为后先。又尝奉父命,采摭经传为《孔子编年》,起鲁襄公二十二年,讫哀公十六年,自孔子始生至卒凡七十三年,五卷。晚家益贫,编次终日,明窗净几,目披手抄,心诚好之。尝曰:'裴说诗"读书贫里乐,搜句静中忙",此二句乃余日用者。甘贫守静,自少至老,饱谙此味云。'"① 该传资料多得之于《新安文献志》及《苕溪渔隐丛话》,较为可信。其未足之处,叶当前、杨丽《胡仔生平考述》一文补订颇详②,可参。

　　胡仰生平仕历欠详。据张淏《会稽续志》载,此公于淳熙初曾以朝散大夫、直秘阁任浙西提点刑狱置使③。大抵和父亲一样,胡仰宦途也体现出随波逐流的特点,甚至还有贪赃枉法之嫌。朱熹曾记载说,有转运判官名黄洧者曾使荆湖南路,"会有诉来阳令程资忠营道薄邑,贪残不法,事败而逸者,又有诉胥吏挟私枉法,黥配士人者。公以属吏,则其事乃连提举常平官胡仰货赂关通。证验明白,公不得已,具以上闻。仰党援众,反得美迁而去。公力不胜,狱因久不决,寻以被旨按行诸郡。……久之,台臣乃有论胡仰奸状者,于是仰抵罪,而公言始信"。④ 胡仰究竟有何"奸状"不得而知,但此公得不到时人尊重却是不争的事实;胡仰爵位虽高,而事迹鲜得传世,其部分原因或在于此。

　　从胡舜陟进士及第的大观三年(1109)到胡仔辞世的乾道六年(1170),

---

① 马步蟾:《道光徽州府志》,清道光七年本。
② 叶当前、杨丽:《胡仔生平考述》,《湖州师范学院学报》2006年第6期。
③ 《会稽续志》卷二,《景印文渊阁四库全书》第486册,第462页上。
④ 朱熹:《转运判官黄公墓碣铭》,《全宋文》第253册,第153页。

"绩溪胡氏"的兴盛才持续了六十年,这个时间很难与绵延近三百年的"新喻刘氏"相提并论。就文学而言,"胡氏"一族中以诗文见称者不过胡舜陟、胡仔父子而已,这更不能和六代成员中有八位文学名家的"刘氏"同日而语。虽说这两个家族都有"其书满家,仰承俯授,皆有师法"的诗书训育氛围,但它们在家学传承方式和路径上有明显差异;而在不同家学基因潜移默化的影响下,两个家族的代表成员在价值追求上也呈现出或稳定、或颠簸的不同状态。所有这些都是深刻制约胡、刘两族兴衰成败的重要因素,有必要深加检讨。

其次,胡、刘两家之学在价值取向上存在差异。刘氏家学以"耕道""熟仁"为本,它虽涵盖登高第、为显宦等"功名"理想,但更深层的精神追求远远超越宦途得失,充分体现着"三不朽"的崇高理想;自刘敞、刘攽、刘奉世以至刘清之等莫不如此。相比之下,胡氏家学立足"举业",受"词科"风气的影响较深,其学颇显"驳杂"。

刘氏建立"墨庄",遂有家学传统。刘清之《戒子通录》卷八"陈夫人"条载:"陈氏,新淦人,淳化中判三司磨勘赠太保新喻刘公讳式之夫人。下蔡令立本、职方郎中立言、主客郎中赠太傅立志、秘书监赠少师立德、兵部员外郎集贤校理赠金紫立礼之母也。太保公没,夫人戒五子曰:'先夫秉清洁之行,惟有书数千卷,命之曰墨庄。今贻汝辈为学殖之具。能遵是训,则吾子也。'"[①]朱熹有《刘氏墨庄记》云:"乾道四年秋,熹之友刘清之子澄罢官吴越,相过于潭溪之上,留语数日相乐也。一旦,子澄拱而起立,且言曰:'清之之五世祖磨勘工部府君仕太宗朝,佐邦计者十余年。既殁而家无余赀,独有图书数千卷。夫人陈氏指以语诸子曰:此乃父所谓墨庄也。海陵胡公先生闻而贤之,为记其事。其后诸子及孙比三世,果皆以文章器业为时闻人。中更变乱,书散不守。清之之先君子独深念焉,节食缩衣,悉力营聚,至绍兴壬申岁,而所谓数千卷者始复其旧。故尚书郎徐公兢、吴公说皆为大书"墨庄"二字,以题其藏室之扁,不幸

---

① 刘清之:《戒子通录》卷八,《景印文渊阁四库全书》第703册,第102页上。

先人弃诸孤,清之兄弟保藏增益,仅不失坠,以至于今。然清之窃惟府君、夫人与先君子之本意,岂不曰耕道而得道,仁在夫熟之而已乎?而不知者意其所谓或出于青紫车马之间,清之不肖,诚窃病焉。愿得一言,以发明先世之本意,于以垂示子孙,丕扬之义之训,甚大惠也。'熹闻其说,则窃自计曰,子澄之意诚美矣,然刘氏自国初为名家,所与通书记事者尽儒先长者。矧今子澄所称,又其开业传家之所自,于体为尤重。顾熹何人,乃敢以其无能之辞度越众贤,上纪兹事?于是辞谢不敢当。"[1] 毫无疑问,在后人看来,"墨庄"乃刘氏家学象征,数千卷藏书与青紫车马并无关涉,其中所蕴涵的家教理念乃是"耕道而得道,仁在夫熟之而已";所谓"秉清洁之行",既是家学理念的外化要求,更是世代相守以学养自奋的必然结果。假使没有"墨庄"的约束激励,刘氏后人的精神自觉或将难以追寻。

"墨庄"的期待,在刘氏子孙身上得到了可喜的收获;其"相勉以道义"的精神内涵和行为规范,更成为后世有识之士钦慕效法的楷模。譬如,张栻雅善刘靖之、刘清之兄弟,称:"惟刘氏自国朝开基以至于极盛之际,世有显人,名在国史,忠厚雍睦之风相传,以至于今,世系益远,而家法不衰。君之兄弟又能克笃其敬,相勉以道义,蔼如也。大家子孙,能世守如此者,其亦鲜矣。"[2] 元人吴澄《墨庄后记》亦云:"宋初三司磨勘刘公夫妇目其家所藏书为墨庄,而助其子以学殖。逮一传、再传,果以笃志勤学成名,登进士科累累,特余事。磨勘之孙集贤学士公是先生敞、中书舍人公非先生攽,学贯古今,名塞宇宙,而芳百世,遂称江西儒宗。所以用其墨庄者,固已占上等之次、次等之上。而二先生之族曾孙清之与新安朱子契,犹恐人疑其治庄之志出于下等也,乃请朱子发挥其先代之所望于子孙者,盖在上而不在下。卓哉,斯志乎!"[3] 的确,以"耕道""熟

---

[1] 朱子:《刘氏墨庄记》,《全宋文》第252册,第41—42页。
[2] 《教授刘君墓志铭》,《全宋文》第255册,第475页。
[3] 《墨庄后记》,李修生主编:《全元文》第15册,第252页。

仁"为本，以"道义"为先，通过"议论宏博、词章烂然"的文章来体现"不朽"价值①，正是"新喻刘氏"久盛不衰的原因所在。

　　比较而言，"绩溪胡氏"家学更有"举业"特点。胡咸"少刻意于学，自六经、司马迁、班固、范氏、陈寿史书，皆手钞成诵"②，这一做法很容易让人联想到"词科"出身的"三洪"。对胡氏家学产生直接影响的，还有胡舜陟的岳父汪藻。藻字浮溪，号为"南渡后词臣之冠"。③ 他"通显三十年，无屋庐以居。博极群书，老不释卷。尤喜读《春秋左氏传》及《西汉书》。工俪语，多著述，所为制词人多传诵"④。当宋室南渡之际，汪藻为皇家代言，其制诏表启别具史学价值。孙觌谓汪公"以儒先宿学当大典册，秉太史笔，为天子视草，始大发于文。深醇雅健，追配前作，学士大夫传诵，自海隅万里之远，莫不家有其书，所谓常、杨、燕、许诸人皆莫及也"⑤。清人亦谓汪藻所作"大抵以俪语为最工。其代言之文，如《隆祐太后手书》、《建炎德音》诸篇皆明白洞达，曲当情事。诏令所被，无不凄愤激发，天下传诵，以比陆贽。说者谓其著作得体，足以感动人心，实为词令之极则"⑥。凡此种种，绝非溢美。有了这样一位"四六"文大家的耳提面命，胡舜陟便自然融化在时代潮流之中，博览群书，杂识广记。

　　胡舜陟的"杂学"特点显而易见。如史载："靖康元年，监察御史胡舜陟奏：'通直郎秦元所著兵书、阵图、师律三策、大八阵图一、小图二，皆酌古之法，参今之宜，博而知要，实为可用。'诏令赐对。当时君臣虽无雄谋远略，然犹切切焉以经武为心。"⑦ 至其迁侍御史，又奏："涪陵谯定受《易》于郭雍，究极象数，逆知人事，洞晓诸葛亮八阵法，宜厚礼招之。"身为御史，本当以纠察言事为己任，所谓兵法、阵图似非其所长；

---

① 《欧阳修全集》卷八八《赐起居舍人知制诰刘敞等奖谕诏》，第1290页。
② 汪藻：《朝散郎致仕胡君墓志铭》，《全宋文》第157册，第394页。
③ 永瑢等：《四库全书简明目录》卷一六，古典文学出版社1957年版，第645页。
④ 《宋史》卷四四五《汪藻传》，第13132页。
⑤ 孙觌：《浮溪集序》，《全宋文》第160册，第308、309页。
⑥ 《四库全书总目》卷一五六《浮溪集》提要，第1347页上、中。
⑦ 《宋史》卷一九五，第4868页。

然杂学之士读书颇泛，所学不求深透，偶以言事，不过应景而已。

道学盛行之际，刘氏族人却并不究心。如胡舜陟对《孟子》的重视就远在《大学》《中庸》之上，尝奏曰："向者晁说之乞皇太子讲《孝经》，读《论语》，间日读《尔雅》而废《孟子》。夫孔子之后深知圣人之道者孟子而已，愿诏东宫官遵旧制，先读《论语》，次读《孟子》。"① 即便如此强调《孟子》对理解"圣人之道"的重要性，胡舜陟也没有肯定其在"心""性"探索方面的核心价值。《野客丛书》载："《三山老人语录》云：性命生死之说，自秦后，贾谊独窥其奥，其为长沙傅，赋鹏自广，言'千变万化，未始有极。忽然为人，何足控抟；化为异物，又何足患！小智自私，贱彼贵我；达人大观，物无不可。真人恬漠，独与道息。释智遗形，超然自丧。乘流则逝，得坎则止。其生兮若浮，其死兮若休。泛乎若不系之舟。'此语自汉以来，皆不能出其右。汉文帝朝，惟贾谊颖然独出，论性命，尽天地，后世无以加也。"② 对贾谊做出如此评价，显然有悖主流学者的观点。朱熹尝曰："贾谊之学杂。他本是战国纵横之学，只是较近道理，不至如仪、秦、蔡、范之甚尔。他于这边道理见得分数稍多，所以说得较好。然终是有纵横之习，缘他根脚只是从战国中来故也。"③ 不合主流，正是"词科"人才在学术上多尚驳杂的基本表现。

不过，胡舜陟在"四六"骈语方面的锻炼，似乎颇得外舅汪氏真传。《能改斋漫录》载：

> 靖康元年四月，颜岐赐出身，除中书舍人、殿中侍御史。胡舜陟指岐之非云："其草晁说之中书舍人辞云：'知世掌美，又润色于丝纶。'用杜甫诗'欲知世掌丝纶美'之句。今日'知世掌美'，成何等语耶？除孙傅侍读云：'朕念元子，出就外傅，从学之始，左右前后，

---

① 《宋史》卷三七八《胡舜陟传》，第11669页。
② 王楙：《野客丛书》卷二九，上海古籍出版社1991年版，第421页。
③ 《朱子语类》卷一三七，第3257页。

羽翼既多。宜得知孔氏正道者，以表率之。'此东宫辞也。传已罢东宫官矣，劝读而为此语，岂非昏缪之甚？郡守承流宣化也。怀安霍安国再任，乃云：'宣流河内，张良运筹帷幄之中，决胜千里之外。'除钱伯言知真定，乃云：'增筹幄之胜。'至若除程瑀正言曰：'送丽使金，士望甚休。'许景衡兼太子谕德曰：'日静身安。'李旦除屯田员外郎曰：'稍迁应宿之郎，增耀起工之部。'王云出守曰：'昔自琐闼之拜，肃持金国之书。'其辞不典如此。"奉圣旨，岐罢中书舍人。①

"四六"应用文字，用典不切事情者绝非稀见；颜岐初历中书舍人，草辞偶欠工稳，亦属人之常情。胡舜陟以宦途长者非难后学晚辈，稍欠风度，且有悖中庸之道。所谓"君子求诸己，小人求诸人"，"君子责己，小人责人"②，似胡舜陟之傲慢，很容易让人看到他轻率矜伐、自放绳墨之外的狭隘与偏激。

胡氏其他族人如胡舜申、胡舜举以及胡仔、胡仰等人，学识泛涉阴阳之术、地理形法、地方史志及史料考辑编排之类，"驳杂"的特点更为明显。所有这些，在价值考量上均与"道""义"格格不入。

再次，"义理之学"与"考证之学"各持一端，旨趣殊异；前者为探求圣贤经旨而潜心用力，后者则以引经据古、攟摭编排为务。胡、刘两族家学内涵的差异，也可以从这个角度加以体会理解。

刘氏一族专注于经学，从刘式开始便体现出义理探索的纯粹性。他十八九岁"辞家居庐山，假书以读，治《左氏》《公羊》《穀梁春秋》，旁出入他经。积五六年不归，其业益精"③，为家学发展奠定了基础。此后，刘氏子孙虽经风云变化，持正守道的家学传统却始终未变。直到南宋时期，刘清之兄靖之以儒学教人，"首务正其趋向，月校其士以行义为先，视其

---

① 吴曾：《能改斋漫录》卷一四，第408页。
② 《论语注疏》卷一五，第214页。
③ 刘敞：《先祖磨勘府君家传》，《全宋文》第59册，第379—380页。

文论治道而尊管商，谈学问而涉佛老，言时事而忘仇敌者，必痛抑力排之。终日坐直舍，虽休沐亦或不出。讲质问辩者相踵，与之反复无少倦"①，依然保持着学术与人格的纯粹与高雅。

当然，学术的纯粹性仅仅是与"杂学"相对而言，探索与创新永远是刘氏经学的重要课题。刘敞用心于《春秋》，其"始为《权衡》以平三家之得失，然后集众说，断以己意，而为之《传》。《传》所不尽者，见之《意林》"②，次第创新，循序以进。其《春秋权衡序》曰："《春秋》一也，而传之者三家，其善恶相反，其褒贬相戾，则是何也？非以其无准失轻重耶？且昔董仲舒、江公、刘歆之徒，盖常相与争此三家矣，上道尧舜，下据周孔，是非之议不可胜陈，至于今未决，则是何也？非以其低昂不平耶？故利臆说者害公议，便私学者妨大道，此儒者之大禁也。诚准之以其权，则童子不欺；平之以其衡，则市人不惑。今此新书之谓也。"③ 其学术自信溢于言表。清人尝谓刘敞《春秋》之学颇有根柢，且自命甚高，其后"叶梦得作《春秋传》，于诸家义疏多所排斥。尤诋孙复《尊王发微》，谓其不深于礼学，故其言多自抵牾，有甚害于经者。虽概以《礼》论当时之过，而不能尽《礼》之制，尤为肤浅。惟于敞则推其渊源之正。盖敞邃于《礼》，故是书进退诸说往往依经立义，不似复之意为断制。此亦说贵征实之一验也"。复云："盖北宋以来，出新意解《春秋》者自孙复与敞始。复沿啖赵之余波，几于尽废三《传》。敞则不尽从传，亦不尽废传，故所训释为远胜于复焉。"④ 此实经学家之公论，不可或疑者也。

刘敞的《七经小传》更具学术价值。欧阳修《刘公墓志铭》谓"《七经小传》今盛行于学者"⑤，晁公武复云："其所谓《七经》者，《毛诗》《尚书》《公羊》《周礼》《仪礼》《礼记》《论语》也。元祐史官谓：'庆

---

① 张栻：《教授刘君墓志铭》，《全宋文》第 255 册，第 474 页。
② 《直斋书录解题》卷三，第 59 页。
③ 刘敞：《春秋权衡序》，《全宋文》第 59 册，第 204 页。
④ 《四库全书总目》卷二六《春秋权衡》、《春秋传》提要，第 215 页中、下。
⑤ 《欧阳修全集》卷三五《集贤院学士刘公墓志铭》，第 527 页。

历前学者尚文辞，多守章句注疏之学，至敞始异诸儒之说，后王安石修《经义》，盖本于敞。'公武观原父'伊尹相汤伐桀，升自陑'之类，《经义》多剿取之，史官之言，良不诬也。"① 就连朱熹都说："刘氏《七经小传》，有《仪礼》等说，不可不看。"②

这种以重新求证为创新手段的义理之学，得到了刘氏后人的完美传承，刘清之"受业于兄靖之，甘贫力学，博极书传"，著有《曾子内外杂篇》《训蒙新书外书》《戒子通录》《墨庄总录》《祭仪》《时令书》《续说苑》《农书》等。③ 朱熹《书刘子澄所编曾子后》曰："右曾子书七篇，其内篇一，外篇、杂篇各三，吾友清江刘清之子澄所集录也。昔孔子殁，门人唯曾氏为得其传。其后孔子之孙子思、乐正子春、公明仪之徒皆从之学，而子思又得其传，以授孟轲。故其言行杂见于《论语》、孟氏书及他传记者为多，然皆散出，不成一家之言。而世传曾子书者，乃独取《大戴礼》之十篇以充之，其言语气象视《论》《孟》《檀弓》等篇所载相去远甚。子澄盖病其然，因辑此书以传学者，而于其精粗纯驳之际尤致意焉。于戏！若子澄者，其可谓嗜学也！"复云："然则是七篇者，等而别之，虽有内、外、杂篇之殊，而其大致皆为有益于学者，非他书所及也。读者诚能志其大而必谨其小，历其浅而徐望其深，则庶乎其无躐等之病而有日新之功矣。"④ 推称之高，实属罕见。对普通读者而言，刘清之所撰《戒子通录》更负盛名。清人云："其书博采经史群籍，凡有关庭训者皆节录其大要，至于母训阃教亦备述焉。史称其甘贫力学，博极群书，故是编采摭繁富，或不免于冗杂，然其随事示教，不惮于委曲详明，虽琐语碎事，莫非劝戒之资，固不以过多为患也。"⑤ 其实，作为学术文化望族，家学教育自应不避琐屑；在洒扫应对中效法古圣前贤，培养优雅气质，至关重要。

---

① 《郡斋读书志校证》卷四《七经小传》解题，第143页。
② 朱熹：《答潘恭叔》，《全宋文》第247册，第224页。
③ 《宋史》卷四三七《刘清之传》，第12953、12957页。
④ 朱熹：《书刘子澄所编曾子后》，《全宋文》第251册，第8—9页。
⑤ 《四库全书总目》卷九二《戒子通录》提要，第782页中。

同样是采撷经史资料以备撰述，"胡氏"成员的思路做法大别于"刘氏"诸公，其以史料的爬梳、考订和编排为主，很少涉及"经旨"辨析，更不牵涉"随事示教"的问题。胡舜陟与胡仔合撰之《孔子编年》以及胡仔独自完成的《苕溪鱼隐丛话》即为显例。

　　"编年"之作肇始于宋代，胡氏父子深受此学术新风之感染，遂取法多门，以成其功。胡舜陟《孔子编年序》云："圣人达而在上者，制治之法成于周公；圣人穷而在下者，制行之法成于孔子。周公之制度，其详见于《周官》之书，与五经并行于世，可得而考。若夫孔子动而世为天下道、行而世为天下法者，杂出于《春秋》三传、《礼记》《家语》与夫司马迁《世家》，而又多伪妄。惟《论语》为可信，足以证诸家之是非。余令小子仔采撷其可信者而为《编年》。凡五卷，起襄公二十二年，讫哀公十六年。自孔子始生而至于终，言动出处，亦略具矣。"① 据吴洪泽先生统计，宋人撰孔子编年者多达十家，而传世者仅胡氏《编年》与程时登《宣圣世系年表辨证》两种②。胡氏《编年》成书于绍兴八年（1138）三月，清人谓"是书辑录孔子言行，以《论语》《春秋》三传、《礼记》《家语》《史记》诸家所载，按岁编排，体例亦如年谱。其不曰年谱而曰编年，尊圣人也。自周秦之间，谶纬杂出，一切诡异神怪之说，率托诸孔子，大抵诞谩不足信。仔独依据经传，考寻事实，大旨以《论语》为主，而附以他书。其采掇颇为审慎"，其"所论次，犹为近古"③。若以《七经小传》与《孔子编年》相比较，前者不尊注疏，杂论经义，与前人迥异；后者犹袭汉唐章句之学，对史料本身的重视远过于经义新解。

　　胡仔历二十余年编成的《苕溪渔隐丛话》最能代表胡氏家学的特点与成就。其自《序》云："绍兴丙辰，余侍亲赴官岭右，道过湘中，闻舒城阮阅昔为郴江守，尝编《诗总》，颇为详备。行役匆匆，不暇从知识间借

---

① 《孔子编年序》，《全宋文》第 173 册，第 135 页。
② 《宋人年谱丛刊·序论》，《宋代文化研究》第十一辑，线装书局出版社 2002 年版。
③ 《四库全书总目》卷五七《孔子编年》提要，第 513 页中、下。

观。后十三年，余居苕水，友生洪庆远，从宗子彦章，获传此集。余取读之，盖阮因古今诗话，附以诸家小说，分门增广，独元祐以来诸公诗话不载焉。考编此《诗总》，乃宣和癸卯，是时元祐文章，禁而弗用，故阮因以略之。余今遂取元祐以来诸公诗话，及史传小说所载事实，可以发明诗句，及增益见闻者，纂为一集。凡《诗总》所有，此不复纂集，庶免重复；一诗而二三其说者，则类次为一，间为折衷之；又因以余旧所闻见，为说以附益之。"①据殷海卫《胡仔〈苕溪渔隐丛话〉成书考论》之考订，该书《前集》并非成书于撰序之年，即戊辰（1148）春三月，而是久经修改，于乾道元年（1165）方才面世，所谓"丁年罹于忧患，投闲二十载，杜门却扫于苕溪之上，心无所事，因网罗元祐以来群贤诗话，纂为六十卷，自谓已略尽矣"②。此后复以"官闽中，及归苕溪"的机会，"又获数书，其间多评诗句，不忍弃之，遂再采撷。因而攟收群书，旧有遗者，及就余闻见有继得者，各附益之，离为四十卷"，"前后集共一百卷，亦可谓富矣"③。《后集》撰成于丁亥中秋，即乾道三年（1167）。毫无疑问，胡仔编撰《苕溪渔隐丛话》的过程和方法，与胡舜申《乙巳泗州录》《己酉避乱录》、胡舜举《盱江志》《延平志》以及前述《孔子编年》等，均有内在一致性。

对"新喻刘氏"和"绩溪胡氏"两个文学望族的比较和探索，其角度还可以更多，学理分析也可以更加丰富和深入。本节讨论仅局限于家学梯队、家学内涵、治学方法等三个层面，是因为研究基础还较为薄弱；若不着眼于这些基本信息，便很容易陷入虚妄空谈。好在这样的分析颇为质实，资料丰富可靠，思路上明白清晰，容易把握。胡、刘两族的兴衰轨迹各不相同，其族内成员在价值取向和人格特点上也存在差异，但都为两宋学术和文学的发展做出了卓越贡献。从某种角度看，以"耕道""熟仁"

---

① 胡仔：《苕溪渔隐丛话前集》卷首。
② 殷海卫：《胡仔〈苕溪渔隐丛话〉成书考论》，《济南大学学报》2009 年第 1 期。
③ 胡仔：《序渔隐诗评丛话后集》，《苕溪渔隐丛话后集》卷首。

为核心的"刘氏"家学,和以"举业"为基础发展起来的"胡氏"家学,代表着宋代士大夫家学的两个基本类型。它们内涵不同,方法各异,却并无高下雅俗之分。《七经小传》与《戒子通录》的影响固然深远,但《苕溪渔隐丛话》同样值得敬重。

本章有关"盐泉苏氏""常州葛氏""鄱阳洪氏""富阳谢氏"等四大文学望族的讨论,重点在于展示和描绘相关家族引领风骚的独特风采,同时讨论各家族婚姻网络在家学互动与交流中发挥的作用。此后选取"新喻刘氏"和"绩溪胡氏"作比较研究,则是对不同类型文学望族的一种特殊观照。在笔者看来,揭示特定家族的盛衰路径、审美取向以及诗文创作的特点与成就固然重要,但文学望族之间的对比研究,更能呈现宋代士人以家学为核心的价值坚守,以及由此而形成的多彩人格追求,乃至文学创作和批评的多元指向。毕竟两宋文学众体大备、风流劲爽的繁盛格局,是由众多内涵丰富、特色鲜明的文学家族合力构建而成。

第六章 苏州范氏家学及周边诸问题

赵宋之世，望族子弟作为新型"士"阶层之精英群体，一直引领并制约着主流文化发展的方向和节奏；他们在各色家学、家风熏陶下获得的"正气"[①] 涵养，广泛影响着政治建设、学术研究和诗文创作的方方面面。客观说来，两宋士人多元化的价值理念与审美追求，多数与特色鲜明的家学背景息息相关；而不同家学之间的传承与互动，又为主流文化或文学思潮的形成创造了条件。因此，有关宋代学术及文学的研究就必须充分考虑家学因素，这里面既有家族内部的接续传承，同时更涉及师友关系、婚姻纽带以及党派分野等更为复杂的问题。在众多名族之中，以范仲淹为核心的"苏州范氏"颇为典型；其优美家风造就了"衣冠之盛"，而纯粹家学又熏陶出"文章之美"。

一 范氏家学的核心要义

"苏州范氏"虽祖述唐相范履冰，但明确可考的起家之祖乃是吴越中吴军节度推官范梦龄。梦龄之子赞时，官吴越秘书监[②]。范仲淹撰《续家

[①] 所谓"正气"，盖与"客气"相对而言，黄宗羲《明儒学案》卷三谓"与人论事，辞气欠平，乃客气也。所论之事虽当于理，即此客气之动，便已流于恶矣"。《四库全书总目》卷七《易学》提要称宋人"每以正气流为客气，又每以其客气流为健讼"者是也。

[②] 王鏊：《姑苏志》卷四二《宦迹六》；吴任臣《十国春秋》卷八八《范赞时传》，中华书局1983年版，第1269页。

谱序》而未及梦龄与赞时者，以其仕钱氏而讳之。《东都事略·范仲淹传》云："唐相履冰之后。其先邠州人也，后徙苏州。祖赞时，仕钱氏为秘书监。父墉，从钱俶归京师，后为武宁军掌书记以卒。"① 按：范赞时以博洽著称，尝佐中吴军节度使钱文奉幕，"集《春秋》洎历朝史为《资谈录》六十卷"②。范氏家学当源于此。不过，身处乱离之际，范赞时和他的子侄们都很难有所成就。北宋太平兴国三年（978），"苏州范氏"成员中有"坚、坰、墉、垍、堉、昌言六人从钱氏归朝，仕宦四方"③，然皆不达。直到范墉之子仲淹仕至参知政事，复以道德文章为天下楷模，该族方能跻身望门之列，其家学传统亦得确立。魏文帝诏曰："三世长者知被服，五世长者知饮食。"④ "范氏"之兴，亦其验也。

范氏家学的核心要义是由范仲淹确立起来的，四库馆臣称范公"贯通经术，明达政体"，"行求无愧于圣贤，学求有济于天下，古之所谓大儒者，有体有用，不过如此"⑤，实为的评。就学源而论，范仲淹一方面承袭了范赞时以来的博洽传统，另一方面又从睢阳戚氏那里汲取了丰富而重要的儒学营养。可惜的是，由于《资谈录》一书散佚不传，有关范氏家学固有特色的讨论遂无从展开，后世学者大多将注意力集中在范仲淹就学睢阳一事上，黄宗羲《宋元学案》卷三《高平学案》虽以"高平范魏公"为案主，然又不能不溯源至戚同文，即其显例。

在北宋儒学阵营中，戚同文辈分最高，其创立私学也最早；然后世称"睢阳戚氏"者，多指戚同文之孙舜宾。如全祖望《鲒埼亭集外编》卷一六《庆历五先生书院记》云："有宋真、仁二宗之际，儒林之草昧也。当时濂、洛之徒方萌芽而未出，而睢阳戚氏在宋，泰山孙氏在齐，安定胡氏在吴，相与讲明正学，自拔于尘俗之中。亦会值贤者在朝，安阳韩忠献

---

① 《东都事略》卷五九上，《景印文渊阁四库全书》第382册，第367页上。
② 富弼：《范文正公仲淹墓志铭》，《范仲淹全集》（下），凤凰出版社2004年版，第942页。
③ 《范仲淹全集·补编》卷一《续家谱序》，第666页。
④ 王应麟：《困学纪闻》卷一三，《景印文渊阁四库全书》第854册，第399页上。
⑤ 《四库全书总目》卷一五二《文正集》提要，第1311页下。

公、高平范文正公、乐安欧阳文忠公,皆卓然有见于道之大概,左提右挈。于是学校遍于四方,师儒之道以立。而李挺之、邵古叟辈,共以经术和之,说者以为濂、洛之前茅也。"① 此《记》将"睢阳戚氏"与其他几家并称为"庆历五先生",其时主持睢阳书院者正是戚舜宾。李焘《长编》卷七一载,真宗大中祥符二年二月庚戌,"应天府民曹诚,以赀募工就戚同文所居造舍百五十间,聚书千余卷,博延生徒,讲习甚盛。府奏其事,上嘉之,诏赐额曰'应天府书院',命奉礼郎戚舜宾主之";"舜宾,同文孙,纶子也"②。范仲淹于真宗大中祥符四年(1011)始入应天府学,而《宋史》本传径称其"依戚同文学",显属失察!

不过,范仲淹学术远绍戚同文却不容置疑。当晋末丧乱之际,戚同文"绝意禄仕,且思见混一,遂以'同文'为名字","纯质尚信义,人有丧者力拯济之,宗族闾里贫乏者周给之"③,其心系天下的儒学人格对范仲淹影响至巨。仲淹少有大志,在应天府学时"昼夜不息,冬月惫甚,以水沃面;食不给,至以糜粥继之"。后居官,"每感激论天下事,奋不顾身,一时士大夫矫厉尚风节,自仲淹倡之";"妻子衣食,仅能自充。而好施予,置义庄里中,以赡族人。泛爱乐善,士多出其门下,虽里巷之人,皆能道其名字"④。前人谓其"于富贵贫贱、毁誉欢戚一不动其心,而慨然有志于天下。尝自诵曰:'士当先天下之忧而忧,后天下之乐而乐',此其志也"⑤。戚同文乃乡野隐逸之士,范仲淹则为庙堂显达之臣,但两人之间儒道人格的传承竟是如此默契。

明确了范氏家学承袭演进的渊源,进而考察其核心要义就会更加清晰准确,其最可瞩目者约有以下数端。

---

① 全祖望:《庆历五先生书院记》,《陈垣全集·鲒埼亭集批注·外编》卷一六,安徽大学出版社2009年版,第20册,第735页。
② 《长编》卷七一,第1597页。
③ 《宋史》卷四五七《戚同文传》,第13418页。
④ 《宋史》卷三一四《范仲淹传》,第10267页。
⑤ 《东都事略》卷五九上《范仲淹传》,《景印文渊阁四库全书》第382册,第367页上。

其一，和唐代"士族"相比，宋代士人既无"谱牒"可依，亦无世袭特权。在此条件下，那些起家寒微而渐趋富贵的名门望族，遂自撰《家谱》以彰显家世，订立"家法"以约束族人。范仲淹明确强调"敬宗收族"的必要性，将家族兴衰看作影响天下治乱的基本条件，故能开风气之先。

范仲淹颇以家世自矜。其皇祐中撰《续家谱序》云："吾祖唐相履冰之后，旧有家谱。咸通十一年庚寅，一枝渡江，为处州丽水县丞，讳隋。中原乱离，不克归，子孙为中吴人。皇宋太平兴国三年，曾孙坚、垧、墉、埙、埴、昌言六人从钱氏归朝，仕宦四方，终于他邦，子孙流离，遗失前谱。至仲淹蒙窃国恩，皇祐中来守钱塘，遂过姑苏，与亲族会。追思祖宗既失前谱未获，复惧后来昭穆不明，乃于族中索所藏诰书、家集考之，自丽水府君而下四代祖考及今子孙，支派尽在。乃创义田，计族人口数而月给之。又葺理祖第，使复其居，以求依庇。故作《续家谱》而次序之。"① 今按：宋人《家谱》之传世者以"庐陵欧阳氏"及"眉州苏氏"两家为早，然其编撰之年皆晚于范氏私谱。嘉祐四年（1059）四月欧阳修撰《欧阳氏谱图序》②，其后苏洵父子以文章擅名天下，遂自制族谱。《嘉祐集》卷一四《谱例》云："昔者洵尝自先子之言而咨考焉，由今而上得五世，由五世而上得一世，一世之上失其世次，而其本出于赵郡苏氏，以为《苏氏族谱》。它日欧阳公见而叹曰：'吾尝为之矣。'"按《苏氏族谱》撰成于至和二年（1055）③，晚范氏家谱十余年。欧、苏二公均未提及范公《续家谱》，殊不可解。

如果说续撰《家谱》是"敬宗收族"的有效方式，那么购置"义田"则更是涵养宗族的重要举措。赵善璙《自警编》卷三载："范文正公仲淹尝语诸子弟曰：'吾吴中宗族甚众，于吾固有亲疏，然以吾祖宗视之，则

---

① 《范仲淹全集·范文正公集补编》卷一《续家谱序》，第666页。
② 《欧阳修全集》卷七四《欧阳氏谱图序》，第1068页。
③ 苏洵：《族谱后录下篇》，《全宋文》第43册，第184页。

均是子孙，固无亲疏也，吾安得不恤其饥寒哉！且自祖宗积德百余年而始发于吾，得至大官，若独飨富贵而不恤宗族，异日何以见祖宗于地下，今亦何颜以入家庙乎？'"① 在这一理念的促动下，皇祐二年（1050）十月，范仲淹于"苏州吴、长两县置田十余顷。其所得租米，自远祖而下诸房宗族计其口数，供给衣食及婚嫁丧葬之用，谓之'义庄'。见于诸房选择子弟一名管勾，亦逐旋立定规矩，令诸房遵守"。② 这个"义庄规矩"亦称"范氏家法"，它对两宋望族同样产生过重要的示范意义。

孟子曰："老吾老以及人之老，幼吾幼以及人之幼，天下可运于掌。"③ 范氏《家谱》及"义庄规矩"所体现的儒道大"义"，正是如此。范公尝云："礼则著而家道正，孝悌形而家道成。成必正也，正必成也。圣人将成其国，必正其家。一人之家正，然后天下之家正。天下之家正，然后孝悌大兴焉，何不定之有？"④ 由家族而天下，积极倡导"圣人将成其国，必正其家"的家国理念，无疑是范氏家学广获盛誉的基础，胡寅所谓"本朝文正范公置义庄于姑苏，最为缙绅所矜式。自家而国，则文正公先天下之忧而忧，后天下之乐而乐可知已"。⑤ 两宋士人对范氏家学的认同与赞美，大抵如此。

其二，将仁义礼乐、忠信孝悌等伦理观念与时代现实紧密结合起来，使儒道实践精神得到充分张扬；苏轼称范公"于仁义礼乐，忠信孝悌，盖如饥渴之于饮食，欲须臾忘而不可得。如火之热，如水之湿，盖其天性有不得不然者。虽弄翰戏语，率然而作，必归于此。故天下信其诚，争师尊之"。⑥ 如此崇高的精神境界，才令范氏之学广受景仰。

范仲淹对圣贤之道的理解总是与社会现实密切结合。其《四德说》

---

① 《自警编》卷三，《景印文渊阁四库全书》第 875 册，第 263 页上。
② 《范仲淹全集·义庄规矩》，第 917 页。
③ 《孟子注疏·梁惠王章句上》，《十三经注疏》（下），第 2670 页下。
④ 《范仲淹全集》卷七《易议·家人》，第 122 页。
⑤ 胡寅：《成都施氏义田记》，《全宋文》第 190 册，第 84 页。
⑥ 《苏轼文集》卷一〇《范文正公文集叙》，第 312 页。

云:"夫利者何也? 道之用者也。于天为膏雨;于地为百川;于人为兼济;于国为惠民,为日中市;于家为丰财,为富其邻;于物为驺虞,为得食鸡。其迹异,其道同。统而言之,义之和也。"① 所谓"四德",乃是指《周易·乾卦》卦辞"元亨利贞"。朱熹嫡长孙朱鉴在《文公易说》中称:"文王本意,说'乾,元亨利贞',只是说乾道大通而至正,故筮得者其占当得大通,而利于正固。至孔子方作《四德言》,后人不知,将谓文王作《易》,便作《四德说》,即非也。"② 是知"四德"之说源自孔子,是对《周易》进行"义理"解说的产物。范仲淹借"四德"之名以倡言己道,与汉、唐训释之学背道而驰;其"远取诸天,近取诸物,复广其说"③的种种议论,不过是入世理念的另一种表达。

相对而言,在诗文作品中抒写仁者情怀,表达治世理想,似乎更加直接和方便。如《四民诗·士》,即对意识形态领域"禅灶(喻指佛老)方激扬,孔子甘寂默。六经无光辉,反如日月蚀"的混乱状态深感不满,以为佛老猖獗,必将导致"学者忽其本,仕者浮于职。节义为空言,功名思苟得"的浮躁世风;他为此大声疾呼:"大道岂复兴,此弊何时抑。"④ 这既是热血文人对社会现状的理性思考,同时也表达了作者忧及天下的浩荡情怀。朱熹云:"且如一个范文正公,自做秀才时便以天下为己任,无一事不理会过。一旦仁宗大用之,便做出许多事业。"⑤ 前人述及范公高迈,每引《岳阳楼记》以为证,其实所谓"先忧后乐"的情感表达,在他的作品中随视可见。如《依韵答贾黯监丞贺雪》云:"今之刺史古诸侯,孰敢不分天子忧";《依韵答提刑张太博尝新酝》称"但愿天下乐,一若樽前身。长戴尧舜主,尽作羲黄民"⑥;《河朔吟》云:"敢话诗书为上将,犹怜仁义对诸侯"⑦;凡此

---

① 《范仲淹全集》卷八《四德说》,第161页。
② 朱鉴:《文公易说》卷七,《景印文渊阁四库全书》第18册,第561—562页。
③ 《范仲淹全集》卷八《四德说》,第161页。
④ 《范仲淹全集》卷二,第26页。
⑤ 《朱子语类》卷一二九,第3087页。
⑥ 《范仲淹全集》卷三,第55页。
⑦ 《范仲淹全集》卷四,第64页。

等等，都是"胸襟豁达，毅然以天下国家为己任"①的具体写照。"庆历新政"以后，范仲淹"居庙堂之高则忧其民，处江湖之远则忧其君"的儒道人格更加深入人心。其后范氏子孙无论穷达，多能心系家国天下；范纯仁所谓"贤者虑时心欲破，仁人致主策须长"②，乃是范氏家学后继有人的真实写照。

其三，"不以物喜，不以己悲"，刻意名节、从容进退，这是范氏家学的另一层精神内涵。

范氏之学首先强调的是"圣人感人心，而天下和平"③，"天地、君臣、男女各得其正，常莫大焉"④的和谐理念，但面对纷繁世界的种种困扰，尤其是朋党政治时，其应变逻辑非常清晰。一方面视"君子威而小人黜"⑤为社会常理，另一方面也为应对"君子道消"的被动局面做好了准备。在范仲淹看来，一旦出现"柔佞入而刚正出"的情形，便是"君子遁去之时"，原因是"夫柔胜于刚，则小人制君子矣，辱可逃乎？柔未胜刚，则君子辱可远也，未见制于小人焉"⑥。既然困厄不可避免，"君子"就应积极面对，而不是怨天尤人。借着对《周易·困卦》的解释，他阐发了这样的观点："道不加于物，君子困穷之时也"，"川泽竭而伏其流，君子困而隐其道。困于险而不改其说，其惟君子乎？能固穷而乐道哉！苟不安其困，欲尚口而去之，穷斯甚矣。知此时者，卷而怀之，极然后反，其困必亨，故曰'困亨'。夫子之于陈蔡也，岂其忧乎"⑦。简言之，只要"困于险而不改其说"，"能固穷而乐道"，就能够达到"不以物喜，不以己悲"的超然境界。

事实上，"庆历新政"失败以后，被排斥出京的范仲淹不仅用鞠躬尽瘁的仕宦态度向人们展示着"穷而乐道"的精神风采，其《明月谣》《岁

---

① 《朱子语类》卷一二九，第3087页。
② 范纯仁：《送贯之兄被召为御史三首》之一，《全宋诗》第11册，第7420页。
③ 《范仲淹全集》卷七《易义·咸》，第120页。
④ 《范仲淹全集》卷七《易义·咸》，《易义·恒》，第120页。
⑤ 《范仲淹全集》卷七《易义·咸》，《易义·大壮》，第121页。
⑥ 《范仲淹全集》卷七《易义·咸》，《易义·遯》，第120—121页。
⑦ 《范仲淹全集》卷七《易义·咸》，《易义·困》，第125页。

寒堂三题》等作还从另一角度描绘了劲松寒梅般的人格自觉。《岁寒堂三题·君子树》云：

> 二松何年植，清风未尝息。夭矫向庭户，双龙思霹雳。岂无桃李姿，贱彼非正色。
> 岂无兰菊芳，贵此有清德。万木怨摇落，独如春山碧。乃知天地威，亦向岁寒惜。有声若江湖，有心若金璧。雅为君子材，对之每前席。或当应自然，化为补天石。①

在孤独、寂寞中保持"清德"，始终深怀"雅为君子材"的自信与自豪，这便是范仲淹，百折而不挠！由一人到一家，能够做到"富贵而不淫"也许并不难，但如果是某一家族的所有成员，在蒙受持续不断的政治打击时都能继续保持劲松元色，绝非易事。北宋中后期，"苏州范氏"子孙名列"党籍"，轻者遭贬，甚者有性命之忧；即便如此，他们始终坚持仁德信念，在艰难困苦中保持美感。究其根本，盖与其从小接受"不以物喜，不以己悲"的家学熏陶密不可分。

苏州范氏家学的深博要义绝不止这些，本节的梳理也仅仅涉及一些显而易见的问题。有一点毋庸置疑，这些由范仲淹精心创造并身体力行的家学理念，不仅深刻制约着范氏后人的价值判断与人格追求，且通过师友、婚姻等社会关系，广泛影响到其他的名门望族。原本深邃博雅的一家之学，却受到两宋士人的普遍推崇，甚至演化为时代主流文化的核心内涵；其中隐含的非凡动因及复杂轨迹，的确有待深入考察，细致体会。

二 敦伦睦族与忧及天下

苏州范氏家学的门内传承是在潜移默化的状态下进行的。宋人云

---

① 《范仲淹全集》卷二，第35页。

"文正尝谓仁得其忠，礼得其静，粹得其略"①，故为三子取名纯仁、纯礼、纯粹。由此即不难看出，范仲淹在家学教育上的良苦用心。事实上，从文正四子直到五世孙范之柔，范氏后人前赴后继，皆能秉承其家学要旨，"奉亲事君一以文正为法"②，其忠厚磊落的人格风采赢得了世人的普遍赞誉。

以"敦伦睦族"为务，保持"恩例俸赐，常均族人"③的节俭生活，乃是衡量范氏子孙能否继承文正遗志、传其家学的标志。朱弁称："范氏自文正公贵，以清苦俭约著于世，子孙皆守其家法。忠宣正拜后，尝留晁美叔同匕箸。美叔退谓人曰：'丞相变家风矣。'问之，对曰：'盐豉棋子，而上有肉两簇，岂非变家风乎？'人莫不大笑。"④笑归笑，范纯仁身上体现的乃父风采毋庸置疑。

在宋人看来，能够保持"义田"规模，不断完善管理"规矩"，最能体现范氏家学的传统要义。范氏"义田"维持既久，"诸房子弟有不遵规矩之人，州县既无敕条，本家难为伸理，五七年间，渐至废坏，遂使饥寒无依"。于是，治平元年（1064）四月，知开封府襄邑县的范纯仁便奏请"朝廷特降指挥下苏州，应系诸房子弟有违犯规矩之人，许令官司受理"。此次奏请，朝廷给予的答复是："宜令苏州依所奏施行。"⑤到南宋嘉定三年（1210）十一月，范仲淹五世孙、纯佑曾孙、公武之子、时官左司谏兼侍讲的范之柔，再一次对义田《规矩》进行了修改和补充⑥。由于管理措施能够顺应家族发展的需要，故直到清代，范氏"家法"仍然在发挥积极作用。方苞曾说："余尝至吴郡，闻范氏之家法，宗子正位于庙，则祖父行俛首而听命。过愆辩讼，皆于家庙治之，故范氏之子孙，越数百年

---

① 《直斋书录解题》卷二二《范德孺奏议》解题，第636页。
② 王鏊：《姑苏志》卷四八《人物·范之柔传》，《景印文渊阁四库全书》第493册，第893页上。
③ 赵善璙：《自警编》卷三，《景印文渊阁四库全书》第875册，第263页。
④ 朱弁：《曲洧旧闻》卷三，第121页。
⑤ 《范仲淹全集》附录《建立义庄规矩》，第917页。
⑥ 《范仲淹全集》附录《清宪公续定规矩》，第924页。

无受罚于公庭者。盖以文正置义田，贫者皆赖以养，故教法可得而行也。"①"义田"的存在对保障家族成员的生计固然重要，但苏州范氏"教法可得而行"的关键，还在于范氏子孙在家学熏陶下不断强化的家族和社会责任。

相对于这些"敦伦睦族"的务实举措，范氏子孙对家学要义的默默坚守更多体现在人格与精神方面。光宗朝名相赵汝愚之父赵善应曾经说过："欲学圣贤，当消客气，洒扫应对，是其入处也。"②苏州范氏子孙虽非"圣贤"，但他们通过"洒扫应对"来培养"圣贤"气质的努力却是一贯的。这一点，在朝廷下诏称仲淹五世孙范之柔"刚毅而裕和，清明而简重"，③并希望他"勉追乃祖之风，用副隆知"时，④就已经得到确认。兹以文正四子为例深加分析，以期对此有更加丰富生动的了解。

仲淹四子，曰纯佑、纯仁、纯礼、纯粹。纯佑"少有节气，以疾废于家"⑤。纯仁"五岁知读书，八岁能为其徒诵说书义"，"既长，力问学，长于论议"。曾肇尝志其墓云："公与叔、季克世其家，而公忧国爱君，不以利害得丧二其心，刻意名节，难进易退，虽屡黜废，志气弥厉，人以为有文正公之风焉。其在朝廷，务奖进人才，故天下善类视公用舍以为消长。有文章论议三十卷，而论议之文实传天下。主于平恕，不为己甚，世谓使其言行于熙宁、元丰时，后必不至纷更；尽申于元祐中，必无绍圣大臣仇复之祸。"⑥撇开范、曾两人同为世家之后、又以同党人物意气相投的因素，有关家风传承的议论无疑是客观而公允的。楼钥尝序范纯仁集曰："公天资诚确，笃志学问，承文正公之亲传，博之以泰山孙明复、徂徕石

---

① 方苞：《方望溪先生文集》卷一四《仁和汤氏义田记》，四部丛刊初编本。
② 朱熹：《笃行赵君彦远墓碣铭》，《全宋文》第253册，第131页。
③ 刘爚：《云庄集》卷九《赐朝议大夫……供职恩命不允诏》，《景印文渊阁四库全书》第1157册，第440页。
④ 刘爚：《云庄集》卷九《赐朝奉大夫恩命不允诏》，《景印文渊阁四库全书》第1157册，第455页。
⑤ 富弼：《范文正公仲淹墓志铭》，《范仲淹全集·范文正公褒贤集》，第949页。
⑥ 曾肇：《范忠宣公墓志铭》，《全宋文》第110册，第113页。

守道、盱江李泰伯三先生师友之益，发为词章，根柢六经，切于论事，无有长语，而一出于正。"复云："公本于忠、恕，得二者之功用，深入吾夫子阃域，非浅丈夫所能窥者。"① 此说虽稍嫌过誉，但依据充分。譬如，在以解经之名行谏诤之实的做法上，范纯仁确能承其父学。其《进尚书解》云："仍于每章之后辄有解释。或用孔氏注意，或与孔说不同，但取理当义通，以伸裨补之诚。幸陛下赦其愚而少垂采择，亦圣人不以人废言之义也。"《大禹谟》后亦释云："孔子曰'为君难，为臣不易'。如知为君之难也，不几乎一言而兴邦乎？又君牙曰'思其艰以图其易，民乃宁，故虽舜禹在上而不敢忽，天下之务复相戒以艰难'。信乎！君臣之不易也。善言不隐，则贤者皆进；用众舍己，则君上无过。"② 熙宁、元丰之际党争正酣，如此切直的"解经"语言不仅实有所指，且有感而发。类似的情形在《皋陶谟》《五子之歌》《说命》等文中反复呈现，无疑体现着范氏家学的传统与特点。

和范仲淹一样，范纯仁也有许多忧乐系于天下的慷慨之作，且较之乃父，纯仁诗作以阀阅自勉，直抒胸臆，渴望忠信报国的心情更为急切。如《寄友人》曰："时君养多士，本欲康生民。服章与俸禄，岂但荣其身。士昔志于学，宁曰利欲亲。得位以行道，修己将安人。"《和吕献可江口见赠》云："世阀俱承父祖风，又叨宦契十年中。棠阴代领诸侯印，棣萼更联御史骢（自注：先兄贯之，已尝与公同为御史）。白首相期唯通道，清朝连贬为输忠。驽骀讵合参骐骥，应合心能报主同。"③ 这些诗句，深切表达着行道、修己、服膺忠义的拳拳之心，令人景仰。虽说由于久罹党祸，范纯仁身心俱疲，但他始终保持着"不以物喜，不以己悲"的君子情怀。元祐以后，范氏兄弟均遭贬谪，聚散无常。纯仁尝有诗云："一门遭遇世应稀，诏许寻兄荷主慈。屈指共惊游宦久，差肩却想

---

① 楼钥：《范忠宣公文集序》，《全宋文》第 264 册，第 96 页。
② 范纯仁：《范忠宣集》卷九，《景印文渊阁四库全书》第 1104 册，第 629 页。
③ 《全宋诗》第 11 册，第 7401、7424 页。

事亲时。惭卿才识加昏耗,嗟季情怀畏别离。报国尔曹心尚壮,无能唯我复先衰。"① 所有艰难困苦,转瞬之间似乎都被忘却了,剩下的只有手足亲情和报国之志。不仅如此,从《范忠宣集》中,我们还看到了北宋文臣少有的自责和反思,如其《自砭》诗云:"人有好胜心,当以善胜恶。岂宜执人我,与彼较强弱。所得无毫厘,所失已山岳。事过徒自悔,驷马追不却。况临衰暮年,事尤资审度。如人行远道,日暮将憩泊。遵途益须慎,勿使趣向错。逆境是吾师,苦口多良药。岂止人难欺,将为鬼所喙。有病在速治,姑以自砭灼。"② 这类诗作所表达的"忠恕"情怀,较之乃父所谓"进亦忧,退亦忧",现实针对性明显增强,其思考过程似乎更能彰显"圣贤"情怀。

范纯礼字彝叟,皇祐初以父荫为秘书省正字。徽宗朝,曾以龙图阁直学士知开封府,旋拜礼部尚书,擢尚书右丞。崇宁中启党禁,遭贬,后复左朝议大夫,提举鸿庆宫,卒。史称"纯礼沈毅刚正,曾布惮之"③。刘攽尝谓其"生于名族,幼有令闻,忠信可以学礼,文雅用之饬吏,屡从器使,皆得士誉"④;曾肇称其"夷易有守,笃实无华。恂恂自持,言行相顾"⑤。虽说制诏文字稍有夸饰,但基本评价仍不失客观公允。

范纯粹字德孺,有《范德孺奏议》二十五卷传世。苏轼《送范纯粹守庆州》诗云:"才大古难用,论高常近迂。君看赵魏老,乃为滕大夫。浮云无根蒂,黄潦能须臾。知经几成败,得见真贤愚。羽旄照城阙,谈笑安边隅。当年老使君,赤手降於菟。诸郎更何事,折棰鞭其雏。吾知邓平叔,不斗月支胡。"施元之注云:"元丰初,检正中书五房公事,与同列不合,谪知徐州滕县。东坡时守徐,为作《公堂记》。""哲宗即位,以直龙图阁京东转运副使,代其兄忠宣公守庆,请弃所侵西夏地,曰:'争地未

---

① 《三弟得告来见省》,《全宋诗》第 11 册,第 7454 页。
② 《自砭》,《全宋诗》第 11 册,第 7405 页。
③ 《宋史》卷三一四《范纯礼传》,第 10279 页。
④ 《朝散大夫左司郎中范纯礼可太常少卿制》,《全宋文》第 69 册,第 13 页。
⑤ 《范纯礼复天章阁待制枢密都承旨制》,《全宋文》第 109 册,第 366 页。

弃，则边隙无时可除。'于是还四砦，而夏人服。绍圣后，以弃地故，又坐党锢，屡起屡仆，终龙图阁直学士。此诗言文正公在仁宗时，李元昊叛命，讫以计降之，德孺守庆州，竟如先生所期云。"① 东坡特将范氏父子与后汉邓禹父子相提并论，殷切希望继纯仁之后再守庆州的范纯粹，也能像范文正公及邓禹、邓训那样，以恩信善待胡人，卒保边城无虞。很显然，在苏轼眼里，范氏"老使君"与"诸郎"德信堪比前贤，且在保卫江山社稷方面功绩卓著。

纯仁、纯礼、纯粹均被列入"元祐党籍"，这个世代以天下为己任的家族竟要背负"奸党"罪名。不过，任凭风狂雨骤，饱受家学熏陶的范氏子孙都能处之泰然。朱弁《风月堂诗话》载："范德孺崇宁之贬，与山谷唱和甚多。德孺有一联云：'惯处贱贫知世态，饱谙迁谪见家风。'议者谓此语可以识范氏之名节矣。当国者能无愧乎？"② 其实，对范氏子孙而言，刻意名节，不以进退为意，既是世代相传的人格品质，更是指向"圣贤"的群体追求。如范纯仁之子正舆，在浙西安抚大使刘光世军中效命累年，绍兴元年三月又代刘宁止为浙西安抚大使司参议官，御笔命为直徽猷阁，赐三品服。范纯礼之子正己，在官奉法，守节不挠，每抗章论事，知无不言。范之柔官拜监察御史，历官至礼部尚书，勤于职守，敦睦宗族。凡此，皆为范氏家学传承不衰之明证。

需要说明的是，在望族迭起的北宋时代，"家国一体，痛痒相关"的思想理念深入人心③。张载尝曰："管摄天下人心，收宗族，厚风俗，使人不忘本，须是明谱系世族与立宗子法"；"宗子之法不立，则朝廷无世臣。且如公卿一日崛起于贫贱之中，以至公相，宗法不立，既死，遂族散，其家不传。宗法若立，则人人各知来处，朝廷大有所益"。④ 这种说法既反映着名门大姓与皇权政府之间休戚相关的利益联系，同时也昭示出望族家教

---

① 《苏轼诗集》卷二六，第1396页。
② 朱弁：《风月堂诗话》卷下，《景印文渊阁四库全书》第1479册，第22页上。
③ 黄震：《招籴免和籴榜》，《全宋文》第348册，第69页。
④ 《张子全书》卷四《宗法》，《景印文渊阁四库全书》第697册，第154页上。

所蕴涵的社会责任感。由此可知，范氏家学的继承与发扬绝非偶然。

三　师友传承及联姻互动

如果说范氏子孙的家学传承还仅仅属于"门内"之事，那么该族与其他望族之间的家学交流与互动，还需要在更加广阔的时空范围内进行。从史料记载来看，苏州范氏成员与当日众多名公之间的学术交流及诗文唱和是经常性的，而其家学要义得以扩播的主要途径乃是"师友传承"及"联姻互动"。

先说师友传承。

家学之传向来有"门内"与"门人"之别。按照《宋元学案》的梳理，苏州范氏子孙能被列入"高平家学"者，除文正四子纯佑、纯仁、纯礼、纯粹外，尚有纯仁之子范正平和范正思。据《范忠宣集·补编》所存本传载，正平"字子夷，忠宣公次子也。学行甚高，虽庸言，必援《孝经》、《论语》。以父荫，补太庙斋郎。绍圣中，为开封尉"。以忤蔡京故，长期被羁管象州，"家属死者十数人，会赦，归颍昌"，遂绝意仕宦。"退闲久，益工诗，尤长于五言。著《荀里退居编》，并《理窟集》三卷"，后终于家，享年五十七岁。绍兴中赠朝奉大夫。"弟正思，字子默，学行亦为士林所推。居父忠宣忧，哀毁过甚，因感疾，释服不调者十年"，"以荫起官，至朝奉郎，加武骑尉，年五十有八致仕，卒。有《惜羞集》一卷，纂《忠宣言行录》二十卷"[1]。今按：范纯仁位至宰相，对家学要义多有发挥，尝曰："人虽至愚，责人则明；虽有聪明，恕己则昏尔。但常以责人之心责己，恕己之心恕人，不患不到圣贤地位也。"[2] 此种议论，既反映着苏州范氏家学的一贯传统，同时更融入了范纯仁久历政治磨难之后的人生

---

[1] 《宋忠武军判官赠朝奉大夫子夷公传》，《景印文渊阁四库全书》第1104册，第833页下—835页上。

[2] 刘清之：《戒子通录》卷六，《景印文渊阁四库全书》第703册，第72页上。

体悟。平心而论，在两宋望族家学中，范氏之学较为平和，更符合"中庸之道"。或许正因如此，朱熹才要表示反对，称："你也不仁不义，无礼无智；我也不仁不义，无礼无智；大家做个鹘突没理会底人，范忠宣所说'以恕己之心恕人'。且如自家不孝，也教天下人不消得事其亲；自家不忠，也教天下人不消事其君；自家不弟，也教天下人不消事其兄；自家不信，也教天下人不消信其友；怎地得不得？还有这道理否？"① 其实，宋人家学的内涵各有不同，异论所存，正是价值所在。

范氏"门人"中最负盛名者有富弼、张方平、孙复、张载和李之仪等。

富弼、张方平。《东轩笔录》载："晏元献判西京，范希文以大理寺丞丁忧，权掌西监。一日，晏谓范曰：'吾一女及笄，仗君为我择婿。'范曰：'监中有二举子，富皋、张为善，皆有文行，他日皆至卿辅，并可婿也。'晏曰：'然则孰优？'范曰：'富修谨，张疏俊。'晏曰：'唯。'即取富皋为婿，皋后改名，即丞相郑国富公弼。"② 另据《史传三编》卷三一传载：富弼少笃学，有大度，"穆修谓之曰：'进士不足以尽子之才，当以大科名世。'范仲淹见而奇之，曰：'王佐才也。'以文示晏殊，殊妻以女。试礼部不中，将归，仲淹使人追之，曰：'有旨以大科取士。'弼遂以贤良方正登第"。③ 今按：《东轩笔录》所载张为善后改名方平。楼钥《跋张乐全上范文正公书》云："范文正公讲道睢阳，乐全以文受知。晏元献公欲择二婿，其一则富文忠公，次则乐全。乐全虽不成婚，然皆文正所荐。文正通守河中，乐全以布衣寄此书，自叙南都知奖甚深。"④ 张方平字安道，自号乐全居士，且以名集⑤。

孙复。《东轩笔录》云："范文正公在睢阳掌学，有孙秀才者索游上谒，文正赠钱一千。明年，孙生复道睢阳谒文正，又赠一千，因问：'何

---

① 《朱子语类》卷五六，第1327页。
② 魏泰：《东轩笔录》卷一四，第160页。
③ 《史传三编》卷三一《富弼传》，《景印文渊阁四库全书》第459册，第513页上。
④ 楼钥：《跋张乐全上范文正公书》，《全宋文》第264册，第328—329页。
⑤ 《直斋书录解题》卷一七《乐全先生集》解题，第497页。

为汲汲于道路？'孙秀才戚然动色曰：'老母无以养，若日得百钱，则甘旨足矣。'文正曰：'吾观子辞气，非乞客也，二年仆仆，所得几何，而废学多矣。吾今补子为学职，月可得三千以供养，子能安于为学乎？'孙生再拜大喜。于是授以《春秋》，而孙生笃学不舍昼夜，行复修谨，文正甚爱之。明年，文正去睢阳，孙亦辞归。后十年，闻泰山下有孙明复先生以《春秋》教授学者，道德高迈，朝廷召至太学，乃昔日索游孙秀才也。"① 按：欧阳修称孙复《春秋尊王发微》"不惑传注，不为曲说以乱经。其言简易，明于诸侯大夫功罪，以考时之盛衰，而推见王道之治乱，得于经之本义为多"②。《宋元学案》卷三将孙氏列为"高平讲友"，似有未妥，孙复既出文正之门，复蒙其拔擢，辈分明确，实不宜以"讲友"论。

张载。吕大临《横渠先生行状》云："先生讳载，字子厚"；"少孤自立，无所不学。与邻人焦寅游，寅喜谈兵，先生说其言。当康定用兵时，年十八，慨然以功名自许，上书谒范文正公。公一见知其远器，欲成就之，乃责之曰：'儒者自有名教，何事于兵！'因劝读《中庸》。"③ 按：张载乃"关学"祖师，所著有《横渠易说》三卷、《张子全书》十四卷，皆传世。

李之仪。邵伯温《邵氏闻见录》卷一四载：范纯仁"疾革，精识不乱，诸子侍旁，口占遗表，凡八事，命门生李之仪次第之"。④ 李之仪代范忠宣所撰《遗表》，全文见存王明清《挥麈后录》卷六。李之仪以此表被黜，长期编管太平州以卒，其情堪哀。王明清复云："李端叔之仪，赵郡人，以才学闻于世。弟之纯，亦以政事显名，为中司八座，终以'老龙'帅成都。兄弟颉颃于元祐间。端叔于尺牍尤工，东坡先生称之，以为得发遣三昧。"⑤ 是知李之仪亦为名家子。

如果说纯仁兄弟及正平、正思等人前赴后继，发明家学要义，乃是由

---

① 《东轩笔录》卷一四，第159页。
② 《欧阳修全集》卷三〇《孙明复先生墓志铭》，第458页。
③ 《横渠易说》卷末附，《全宋文》第110册，第182页。
④ 邵伯温：《邵氏闻见录》卷一四，第156页。
⑤ 《挥麈录·后录》卷六，第124—125页。

族内亲缘关系使然，那么富弼、张方平、孙复、张载等人师承于范仲淹，李之仪为范纯仁门生，则意味着范氏家学已经扩展为一种内涵清晰的学术宗派，其影响所及远远超越了"苏州范氏"的固有范畴。

再谈联姻互动。

郑樵尝云"自五季以来，取士不问家世，婚姻不问阀阅"①，后人咸遵其说，以为至论。然而，若将"阀阅"与"谱牒"简单捆绑到一起，便很容易造成宋无"阀阅"的学术困惑，而事实绝非如此。其他方面姑且不论，单就望族家学的传承互动而言，问"阀阅"而论"婚姻"，无疑是最直接有效的途径。王明清《挥麈前录》云："晏元献夫人王氏，国初勋臣超之女，枢密使德用之妹也。元献婿富郑公也，郑公婿冯文简，文简孙婿蔡彦清、朱圣予，圣予女适滕子济，俱为执政。元献有古砚一，奇甚，王氏旧物也，诸女相授，号'传婿砚'，今藏滕氏。朱之孙女适洪景严，近又登二府，亦盛事也。又有古犀带一，亦元献旧物，今亦藏滕氏，明清尝于子济子珙处见之。"② 所谓"传婿砚"，承载的不仅是荣华富贵，更有以婚姻为纽带的家风传承与家学互动。

苏州范氏自范仲淹起家后，便与王旦之侄、天章阁待制王质"相友善，约以儿女为婚姻"③，王质长女妻范纯仁，次女则适范纯礼。欧阳修谓王质"视荣利淡若无意。平居苦疾病，退然如不自胜，及临事，介然有仁者之勇，君子之刚，乐人之善如自己出。初，范仲淹以言事贬饶州，方治党人甚急，公独扶病率子弟饯于东门，留连数日。大臣有以让公曰：'长者亦为此乎！何苦自陷朋党？'公徐对曰：'范公天下贤者，顾某何敢望之！然若得为党人，公之赐某厚矣。'闻者为公缩颈"④。由此可知，王、范联姻，除政见相同外，还有家风相近、相互吸引的成分。王旦、王质都是"三槐王氏"的重要成员。早在宋太祖时期，知制诰王祜就深信"吾子

---

① 《通志》卷二五《氏族略第一·氏族序》，第439页上。
② 《挥麈录·前录》卷二，第14页。
③ 毕仲游：《魏国王夫人墓志铭》，《全宋文》第111册，第166页。
④ 《欧阳修全集》卷二一《王公神道碑铭》，第337页。

孙必有为三公者"①，其次子王旦果相真宗。三子王素在仁宗朝为谏官，与范仲淹、欧阳修等人一起主张"庆历新政"，后累官至端明殿学士，迁尚书左丞，以端明殿学士、工部尚书致仕。北宋"带职致仕，自素始"②。王旦弟、王旭之子质，亦拜天章阁待制。直到南宋时期，王伦犹奉命出使金国，往返数四，赢得了朝野尊重。"苏州范氏"与"三槐王氏"联姻，对两族家学交流及家风互补，必会产生直接作用。纯仁之妻"生长于王氏贵盛之时，天章公爱之，居处服用几于侈。而范氏自文正公起家，即每岁减损以为法，虽贵，不肯改居处，服用甚约。及夫人归范氏，人忧以为不能安，而夫人至，则如未尝生长富贵之家者，人始贤之。其后高平公仕于朝，益自菲薄以收宗族，将济人之缓急；而夫人行之于内，亦均节有无于上下，虽族属数百指，无异言者。高平公既贵，有禄赐，夫人更推财以赒内外，凡男女之孤无所归，赞高平公为之婚姻"③。范、王两家以婚姻为纽带的家风互补，在王氏身上得到了充分体现。

范纯仁之女嫁司马光之侄司马宏，亦属望族联姻。"夏县司马氏"在司马炫和司马池两代，声望就相当隆重。苏轼《司马温公行状》云：司马炫"始举进士，没于县令，皆以气节闻于乡里"；司马池少好学，推家财数十万与其诸父，"以文学行义事真宗、仁宗为转运使、御史知杂事、三司副使，历知凤翔、河中、同、杭、虢、晋六州，以清直仁厚闻于天下，号称一时名臣"④。池子旦、光。司马旦与文彦博同庚，官至朝议大夫。旦子宏，性刚正，绍圣党事起，上书论辩得罪，谪永州，终陈留令。宏子朴，少丧母，育于外祖范纯仁，传见《东都事略》卷一〇九。"范氏"与"司马氏"两族成员，不仅党派分野相同，家学家风亦极相似；纯仁之女妻司马宏，司马朴则自幼受教于范门，如此深交，既能产生"同声相应"的政治效力，更会形成"同气相求"的家学互补。

---

① 《邵氏闻见录》卷六，第54页。
② 《东都事略》卷四〇《王旦传》附王素传，《景印文渊阁四库全书》第382册，第261页。
③ 毕仲游：《魏国王夫人墓志铭》，《全宋文》第111册，第166页。
④ 《苏轼文集》卷一六，第475页。

在借婚姻关系扩展家学影响方面,"苏州范氏"的做法一直相当成功。如范纯粹娶晁仲参女为妻①,范之柔嫁"女兄"于忠简公赵鼎之孙、知兴国军赵监等等②,不烦赘述。值得一提的是,范氏外亲中还不乏学术名家。如陈振孙《直斋书录解题》著录《传家易说》十一卷,题云:"冲晦处士河南郭雍颐正撰。自言其父忠孝,受学于程伊川。伊川示以《易》之《艮》,曰:'艮,止也。学道之要无出于此。'自是方觉读《易》有味。榜其室曰'兼山'。立身行道,皆自'止'始。兵兴之初,先人旧学扫地,念欲补续其说,中心所知者'艮,止也'。潜稽《易》学,以述旧闻,用传于家。忠孝字立之,名将枢密逵之子。自言得先天卦变于河阳陈安民子惠,其书出李挺之,由是颇通象数。仕为永兴军路提刑,死于狱难,其书散逸。雍隐居陕州长阳山中。帅守屡荐,召之不至,由处士封颐正先生。其末,提举赵善誉言于朝,遣官受所欲言,得其《传家易学》六卷以进,时淳熙丙午也。明年卒,年八十有四。又有《兼山遗学》六卷,见儒家类,余书皆未之见也。雍实范忠宣丞相外孙,又号白云先生。"③ 从范仲淹著《易义》,到纯仁外孙郭雍撰《传家易说》,其学术传承路径显而易见。是知,欲讨论两宋望族家学的多元互动,"苏州范氏"无疑具有重要的典型示范价值。

当然,任何问题都需要从正反两方面加以理解。"师友传承"与"联姻互动",一方面使范氏家学的影响得以扩大,但另一方面,在党祸频仍的两宋时代,以师友相善或以姻亲相结的望族成员往往被指为朋党,党人之间的攻伐陷害严重影响到名门望族的盛衰成败,"苏州范氏"更是如此。

早在仁宗时代,围绕着由范仲淹领导的"庆历新政",已成"谤毁浸盛,而朋党之论,滋不可解"的党争态势④,但那时党人之间的争执还仅局限于"国是",尚未影响到家学传承等细节问题。到了"熙丰党争""元

---

① 晁补之:《寿安县太君公孙氏行状》,《全宋文》第127册,第69页。
② 王鏊:《姑苏志》卷五一,《景印文渊阁四库全书》第493册,第964页下。
③ 《直斋书录解题》卷一《传家易说》解题,第20页。
④ 《长编》卷一五〇,第3637页。

祐更化"和"绍圣绍述",党争逐步恶化,党派分野逐步牵涉到师友、婚姻等社会关系。在此情形下,望族成员一旦遭遇朋党之祸,其家族衰落与家学式微便很难避免。"苏州范氏"成员被列入"元祐党籍"者有范纯仁、范纯礼、范纯粹兄弟三人。纯仁于神宗时擢天章阁待制,充侍讲,除给事中。哲宗元祐初进吏部尚书,拜同知枢密院事;三年,拜右仆射兼中书侍郎。绍圣中被贬武安军节度副使、永州安置;建中靖国元年正月卒。纯礼,元祐中以光禄卿召,迁刑部侍郎,进给事中;徽宗朝以龙图阁直学士知开封府,旋拜礼部尚书,擢尚书右丞,"崇宁中启党禁,贬试少府监,分司南京。又贬静江军节度副使,徐州安置,徙单州。五年,复左朝议大夫,提举鸿庆宫,卒"①。纯粹"元祐中除宝文阁待制,再任,召为户部侍郎,又出知延州";绍圣初"降公直龙图阁,明年,复以宝文阁待制知熙州","旋以元祐党人夺职,知均州"②。自此而后,"苏州范氏"不仅在政治上渐告衰落,其家学传承也受到严重影响。

　　北宋后期,朋党政治已经常态化,"党人子弟"尽遭磨难。纯仁五子中,正民官至单州推官③。正平字子夷,学行甚高,绍圣中忤蔡京,崇宁中构祸,羁管象州,"家属死者十数人";后遇赦得归颍昌,便不复仕④。范正国字子仪,以父荫补承奉郎,迁知开封府延津县。靖康之乱,奉生母赵太宜人避兵蔡州。累至朝请大夫、荆湖漕运使。正思、正路仕历不详。纯佑子正臣,曾为太常寺太祝,不达。纯礼子正己,建炎中为京西转运判官、直徽猷阁,知汉州;后以参议官主管机宜文字,迁右朝奉大夫、直秘阁,出知衢州⑤。纯粹五子:正夫字子立,"长于水墨杂画,标格清秀"⑥,"惜乎以名家高才而知凤翔,还乡,适遭兵变,死之"⑦。正图尝为主客员

---

① 曾肇:《范忠宣公墓志铭》,《全宋文》第 110 册,第 112—118 页。
② 《德孺公传》,《范忠宣集·补编》,《景印文渊阁四库全书》第 1104 册,第 832 页下。
③ 《子政公传》,《范忠宣集·补编》,《景印文渊阁四库全书》第 1104 册,第 833 页上。
④ 《宋史》卷三一四《范正平传》,第 10294 页。
⑤ 参《建炎以来系年要录》卷二三至卷一〇五。
⑥ 王毓贤:《绘事备考》卷五下,《景印文渊阁四库全书》第 826 册,第 232 页上。
⑦ 邓椿:《画继》卷三,《景印文渊阁四库全书》第 813 册,第 515 页下。

外郎[①]，正舆尝为承议郎、直秘阁，迁直徽猷阁、权主管浙西安抚大使司公事[②]。正需、正蕃生平不详。自正国以下，均生活于南宋时期，变乱之后能以俸禄养家已属不易，至于维持家学不坠，实难奢望。

两宋学术空前繁荣的前提和基础，首先在于内涵各异、色彩纷呈的望族家学；从一家之学到"宗族之学"，继而发展为学术"宗派"，既是众多望族家学多元互动、同气相求的必然结果，同时更体现着望门子弟"自身而家，自家而国，自国而天下，推之者近，施之者广，必与人同其欲而不拂乎人之性"[③] 的文化自觉。虽说宋人关乎"人智之活动与文化之多方面"[④] 的非凡建树诚难把握，但有关"苏州范氏"家学形成、发展乃至衰微过程的考察，毕竟能够为我们分析两宋学术盛衰演变的内在轨迹，提供许多重要启示。

[①] 徐梦莘：《三朝北盟会编》卷一六六，《景印文渊阁四库全书》第351册，第471页上。
[②] 参《建炎以来系年要录》卷三五、四三、五五。
[③] 朱熹：《答周舜弼》，《全宋文》第247册，第250页。
[④] 《严复集》第3册，《与熊纯如书》，中华书局1986年版，第668页。

第七章　分宁黄氏的婚姻与家学

有宋一代，以诗词文章引领风骚者多为名门子弟，"欧曾"古文踵武"韩柳"，"苏黄"诗格堪比"李杜"，即其显例。而在宋诗的创变历程中，以黄庶、黄大临、黄庭坚及黄叔达等人为代表的"分宁黄氏"，几乎成了两宋时代诗艺流变的缩影。尤其是该族成员的婚姻关系，涉及李常、谢绛、孙觉、梅尧臣、李处厚、谢景初以及徐师川以及江西"四洪"等诗坛名将，他们或为"江西"诗风的形成贡献智慧，或为"山谷诗法"的传承竭尽所能。"分宁黄氏"与相关名公以婚姻为媒介的家学交流和艺术互动，无疑构成了宋诗发展史程中最值得欣赏的美丽画卷。不过，相对于"昭德晁氏""南丰曾氏"及"眉山苏氏"等显姓望族，学界对"分宁黄氏"的研究明显不足。事实上，黄庭坚之所以能以生新矫拔的奇绝诗风获誉诗坛，成为"江西诗派"首宗，与自幼饱受家学熏陶密切相关；父亲黄庶的耳提面命和严格训练，为他后来的艺术腾飞奠定了坚实基础；成人之后，黄庭坚因为两次婚姻所创造的机缘，先后受教于谢绛和孙觉两位诗坛名家，在"诗法"方面获益良多。正如欧阳修"古文"创作深受穆修、尹洙等人的引导和启发，东坡"四六"得益于文彦博、张方平诸公的倡导和称誉，"山谷诗法"的蕴育成熟亦非文星偶降，雅韵天成，而是师法多门，渊源有自。为了清晰展示"黄氏"诸公在转益多师、熔铸锻炼中渐造辉煌的内在过程，以审慎的态度准确把握多种家学关连契合的必然动因，具体考察婚姻关系中那些感人至深的细节，至关重要。说到底，家学、婚姻关涉诗文创作的内在逻辑绝不是简单的因与果，在很多情形下，它更像花草树木受到阳光雨露的滋润，自然而珍贵。

一 分宁黄氏的文学世系

和许多士大夫家族一样，"分宁黄氏"的兴盛也经历过一个漫长准备期。黄庭坚《叔父给事行状》云："公高祖讳赡，当李氏时，来游江南，以策干中主，不能用，授著作佐郎，知分宁县。解官去，游湘中。久之，念藏器以待时，无兵革之忧，莫如分宁，遂以安舆奉二亲来居分宁，因葬焉。公曾大父及光禄府君，皆深沉有策谋，而隐约田间，不求闻达。光禄聚书万卷，山中开两书堂，以教子孙，养四方游学者常数十百。已而仕于中朝，多巨公显人，故大夫公十伯仲，而登科者六人。凡分宁仕家学问之原，盖皆出于黄氏。"① 宁宗朝礼部侍郎袁燮尝撰《秘阁修撰黄公行状》，追溯黄氏列祖云："其先婺州金华人，有仕江南者，以著作郎宰分宁，乐其土俗，因徙居焉。分宁之四世孙朝散大夫讳湜，以儒学奋，一门兄弟，共学于修水上芝台书院，道义相磨，才华竞爽，时人谓之十龙，后登第者强半。"② 由此可以看出，黄氏一族能够崛起于洪州分宁，盖与其先祖聚书万卷、开书堂以教子孙、养四方游学之士以开阔眼界的积极努力密切相关。正因为有长期的学识积淀，自黄赡以后多达三代的隐逸境况，到黄湜一代终被打破；此后，黄氏子孙进士及第者接踵，渐成文学望族。为叙述方便计，今按辈分梳理如下。

黄湜一辈颇多英才，黄庭坚称"十龙"之中进士及第者多达六人，袁燮亦云"登第者强半"。若将黄庭坚叔祖黄注计算在内，此辈人中就有七位进士。他们的成功不仅使"芝台书院"声名远播，更为黄氏家学的兴盛奠定了基础。

---

① 黄庭坚：《叔父给事行状》，《全宋文》第108册，第25—34页。
② 袁燮：《秘阁修撰黄公行状》，《全宋文》第281册，第318页。

黄茂宗字昌裔，大中祥符八年（1015）进士甲科。初授崇信军节度判官，寻卒①。《江西通志》卷六六载："黄茂宗字昌裔，分宁人。父中理，筑馆于樱桃洞芝台间，两馆游士常数百人，故诸子多以文学知名。茂宗高才笃行，为两馆师。大中祥符间，国学试进士以《木铎赋》，主司拔王文第一，而黜茂宗。归次尉氏，遇翰林学士胥偃，呈所对赋，偃大惊，拉与俱还，以赋示主司曰：'使举子能办此，何以处之？'皆曰：'王文不得为第一矣。'偃以实告，皆相顾叹惋，因抱赋上殿，有诏特收试礼部，擢高第，授崇信军节度判官。已而流落不偶，卒于杭。"②黄茂宗学术，详参王梓材等《宋元学案补遗》卷一九《黄先生茂宗》，为李公南布、李公择常、李野夫莘之学侣③。茂宗子育。

黄湜，初名茂询，字正论。茂宗弟，仕至朝散大夫。④《宋元学案补遗》卷一九《朝散黄先生湜》云："官至朝散大夫。以儒学奋。一门兄弟共学于修水上芝台书院。道义相磨，才华竞爽，时人谓之十龙，后登第者强半。长子康州太守庶，实生太史庭坚。"⑤

黄渭字子元，茂宗弟。景祐元年（1034）登进士甲科，仕至朝奉郎、太子中允。⑥黄淳字元之，初名茂伦，茂宗弟。宝元元年（1038）登进士甲科，仕至太常卿。⑦黄浚，初名茂实，字公亚。茂宗族弟。皇祐五年（1053）登进士甲科，授司理参军。⑧黄灏，字实之，茂宗弟，嘉祐二年（1057）登进士第。⑨由于史料匮乏，渭、淳、浚、灏等人的行迹仕历难以详察。

---

① 《宋登科记考》卷三，第109页。
② 《江西通志》卷六六，《景印文渊阁四库全书》第515册，第304页上。
③ 王梓材、冯云濠编：《宋元学案补遗》卷一九，中华书局2012年版，第1431页。
④ 《宋登科记考》卷四，第264页。
⑤ 《宋元学案补遗》卷一九，第1431—1432页。
⑥ 《宋登科记考》卷四，第168页。
⑦ 《宋登科记考》卷四，第182页。
⑧ 《宋登科记考》卷四，第248页。
⑨ 《宋登科记考》卷四，第264页。

黄注字梦升,中雅子,天圣八年与欧阳修同榜第进士。初授永兴县主簿,终南阳县主簿①。欧阳修《黄梦升墓志铭》云:"其曾祖讳元吉,祖讳某,父讳中雅,皆不仕。黄氏世为江南大族,自其祖父以来,乐以家赀赈乡里,多聚书以招四方之士。梦升兄弟皆好学,尤以文章意气自豪。予少家随,梦升从其兄茂宗官于随,予为童子,立诸兄侧,见梦升年十七八,眉目明秀,善饮酒谈笑,予虽幼,心已独奇梦升。后七年,予与梦升皆举进士于京师。梦升得丙科,初任兴国军永兴主簿,怏怏不得志,以疾去。"其文"博辨雄伟,其意气奔放,犹不可御,予又益悲梦升志虽困,而独其文章未衰也"。"梦升讳注,以宝元二年四月二十五日卒,享年四十有二。其平生所为文曰《破碎集》《公安集》《南阳集》,凡三十卷。"② 黄庭坚跋此铭曰:"叔祖梦升,学问文章,五兵纵横,制作之意,似徐陵、庾信,使同时遇合,未知孰先孰后也,然不幸得人间四十年尔。使之白发角逐于英俊之场,又未知与欧阳文忠公孰先孰后也。梦升既乖牾不逢,尝以文哭世父长善云:'高明之家,尚为鬼瞰,子之文章,岂无物憾?'盖自道也。"③山谷尝为黄注夫人温氏撰墓志铭,称"梦升豪气藐四海,下笔成文章,贯穿百家事,辞妙见万物情状。在南阳时,自以身与鍚荦俯仰,心炎琰如含饭欲哕。平生与欧阳文忠公友善,而文忠公遣逐,奔走夷陵、乾德间,不能有益,梦升徒呴沫相哀。会阳夏谢希深来守邓,叹赏其才异甚,纳以礼意,梦升亦自以得知己,晚方尽书平生所为文归之。不幸希深下世,梦升怀稿书火于枢前,哭不任其声。数日梦升亦捐馆舍,享年才四十二"④。多位文坛巨子对黄梦升评价如此之高,惜其文未能传世。

黄氏家族成员中,有两代人而同榜进士及第者,如景祐元年(1053)黄渭与侄庠同年第进士,皇祐五年(1034)黄浚与侄序同登进士甲科。

经历"十龙"腾飞的预演,黄氏一族逐渐迎来了真正的辉煌。尤其是

---

① 《宋登科记考》卷四,第152页。
② 《欧阳修全集》卷二七《黄梦升墓志铭》,第419页。
③ 黄庭坚:《跋欧阳文忠公撰七叔祖主簿墓志铭后》,《全宋文》第106册,第348页。
④ 黄庭坚:《宋故南阳黄府君夫人温氏墓志铭》,《全宋文》第108册,第138—139页。

黄湜之子庶、廉，凭借卓越的诗文创作成就，开启了"分宁黄氏"作为文学望族的新征程。二人在仕途上建树不一，穷达有别，但都能心系生民，有所作为。

黄庶字亚夫，号青社先生。湜子，李常妹夫，庭坚父。登庆历二年（1042）进士第①。其《上宋侍读书》谓"某之身生三十年，读书者二十年，庆历初举进士，中乙第"②，盖约略言之。庶终官大理寺丞、摄知康州。嘉祐三年（1058）卒于任，年仅四十岁。《容斋四笔》卷七"考课之法废"条引黄庶庆历、皇祐中所撰黄司理、舞阳尉、法曹刘昭远等人考词，以证宋代考课之法尚存，其勤勉可知。庶子大临、庭坚、叔献、叔达、仲熊③。

黄庶有《伐檀集》传世，清人曰："江西诗派奉庭坚为初祖，而庭坚之学韩愈，实自庶倡之。其《和柳子玉十咏》中《怪石》一首最为世所传诵。然集中古体诸诗并戛戛自造，不蹈陈因，虽魄力不及庭坚之雄阔，运用古事、镕铸剪裁亦不及庭坚之工巧，而生新矫拔则取径略同，先河后海，其渊源要有自也。""庶当西崑体盛行之时，颇有意矫其流弊，故《谢崔相之示诗稿》一首有'淡泊路久芜，共约锄榛菅'之句，《拟欧阳舍人古篆》一首有'苏梅鸾凤相上下，鄙语燕雀何能群'之句。而其古文一卷，亦古质简劲，颇具韩愈规格，不屑为骈偶纤浓之词，其不甚加意于近体，盖由于此，非其才有不逮也。"④可谓不易之论。

黄廉，字夷仲，湜子，庶弟，庭坚八叔，刘涣婿。嘉祐六年（1061）进士及第⑤。据《宋史》卷三四七传载，廉于元祐元年（1086）召为户部郎中，明年进为左司郎中，迁起居郎、集贤殿修撰、枢密都承旨，改陕西都转运使，拜给事中。卒年五十九。其宦途经历显然要比黄庶显达得多。

---

① 《宋登科记考》卷四，第 198 页。
② 黄庶：《上宋侍读书》，《全宋文》第 51 册，第 229 页。
③ 陈师道：《李夫人墓铭》，《全宋文》第 124 册，第 17 页。
④ 《四库全书总目》卷一五二《伐檀集》提要，第 1315 页上、中。
⑤ 《宋登科记考》卷四，第 285 页。

黄庭坚《叔父给事行状》云："公少举进士，有声场屋间，登嘉祐六年进士第，授宣州司理参军。"复云："娶刘氏，尚书屯田员外郎致仕浼之女，封彭城县君，先公殁十年。子男四人：曰叔豹，遂州司理参军；曰叔向，太庙斋郎；曰叔夏，举进士；曰叔敖，封丘县主簿。女三人：长适承务郎李逸，余在室。有文集十卷、奏议二十卷。公读书常自得意，以为学问之本，在力行所闻而已。不惮改过自新，善用规谏之言，一言而善，终身纪之。其于不义，小心畏避，人笑其怯；见义而行，胆气烈烈，无不叹息。平生忠信孝友，自以无负于上下神祇。"① 《宋史艺文志》载黄廉《大礼式》二十卷。

庶、廉一辈中，得进士及第者，尚有黄庠、黄序、黄廱。

黄庠，滋子，廱兄，景祐元年（1034）年省元，未赴殿试而卒。② 颇有能文名。据《宋史》传载："黄庠字长善，洪州分宁人。博学强记，超敏过人。初至京师，就举国子监、开封府、礼部，皆为第一。比引试崇政殿，以疾不时入，天子遣内侍即邸舍抚问，赐以药剂。是时庠名声动京师，所作程文，传诵天下，闻于外夷，近世布衣罕比也。归江南五年，以病卒。"③ 欧阳修《黄梦升墓志铭》曰："予尝读梦升之文，至于哭其兄子庠之词曰：'子之文章，电激雷震。雨雹忽止，阒然灭泯。'未尝不讽诵叹息而不已。"《宋元学案补遗》卷一九列为李公南学侣。

黄序字祖善，滋子，庠弟。皇祐五年（1053）登进士甲科。历道州通判，以大理寺丞致仕④。黄庭坚曾为黄序妻章氏撰墓志铭，称"年二十四，归我伯父祖善。祖善黄氏，以文学知者。皇祐某年进士，仕奇不逢，以大理寺丞致仕。今以奉议郎家居"。⑤ 黄序有《放隐斋落成寄鲁直九侄并序》云："老伯行年七十有六，同时兄弟名满四海，墓木已拱，合令老夫老更

---

① 黄庭坚：《叔父给事行状》，《全宋文》第108册，第25—34页。
② 《宋登科记考》卷四，第168页。
③ 《宋史》卷四四三《黄庠传》，第13099页。
④ 《宋登科记考》卷四，第248页。
⑤ 黄庭坚：《章夫人墓志铭》，《全宋文》第108册，第118页。

狂耳。近筑亭马鞍山，松声泉溜，足以忘年。鲁直九侄为我乞诗朝中诸公，要惊山祇突兀出听。"①黄䇿《山谷年谱》卷二五系《伯父祖善耆老好学于所居紫阳溪后小马鞍山为放隐斋远寄诗句意欲庭坚和之幸师友同赋率尔上呈》一诗于"元祐三年戊辰"，云："是时先生所求朝士和篇甚多，今张文潜集中有和篇末句云：'平生未识面，试作阿咸看。'即和此诗韵耳。"黄序诗文散佚殆尽。

黄廱，亦作雍，字富善，皇祐元年（1049）进士②。王象之《舆地纪胜》载："黄雍，赡之曾孙，注之侄也。举进士第，为京兆府法曹，将谒，府吏告雍曰：'法曹庭参，拜庭下，例也。'既进谒，宾吏传声，雍不肯俯，解冠裳于庭而归，终身不仕。"③廱归隐芝台书院，教授以卒。王梓材等《宋元学案补遗》卷一九《法曹黄先生雍》，列其为李公南学侣。

庶之族兄弟中另有黄育、黄襄，屡见黄庭坚集中，唱和颇勤。

黄育字和叔，茂宗子，庭坚叔。黄庭坚《叔父和叔墓碣》述其世系，称著作郎瞻（一作赡）生元吉，元吉生中理（即始筑书馆于樱桃洞芝台者），中理生茂宗，茂宗"生育，是为和叔。和叔为儿童时，伯氏长善将诸儿出邀，天骤雨，长善问诸儿：'日在而雨落，翁与媪相扑，此何等语？'和叔率尔对曰：'阴阳不谐耳。'长善大喜，因命策和叔马先诸儿。和叔博记览，为文辞立成，性真率，论事无所回避，称奖子弟文行，如出于己。尝试于有司，不利，因不复出。力田治生，守先人之业独至今。其平居田间，亦未尝废书，虽不光显，能世家矣"。有"子男四人：曰公麟、曰公虞、曰公骥，皆为进士；曰仲愈，早卒。女二人，适建昌录事参军余宏、进士夏鬲"。④

黄襄字圣谟，别号台源先生。黄庭坚集中有《次韵叔父圣谟咏莺迁谷》《次韵十九叔父台源》《次韵叔父台源歌》等诗。其《叔父十九先生

---

① 黄序：《放隐斋落成寄鲁直九侄并序》，《全宋诗》卷六一八，第11册，第7341页。
② 《宋登科记考》卷四，第232页。
③ 《舆地纪胜》卷二六《江南东路·隆兴府·人物》，《续修四库全书》第584册，第301页下。
④ 黄庭坚：《叔父和叔墓碣》，《全宋文》第108册，第101页。

祭文》曰："叔父孝恭慈仁，足以助乡官之化；明哲淑慎，足以追大雅之风。数术穷天地，而谈万物之宗；学问贯古今，而参百虑之致。先生既无求于世，世亦无求于先生。所以蠹老诗书，陆沉丘壑，功烈无述，文章不昭，岂不悲哉！昔在田里，侍坐从行，饱闻金玉之音，实入芝兰之室。清规映俗，孰能磷淄；和气格人，不以声色。子弟之过，不畏乡评，而恐达先生之耳。"① 是知此公在乡里及宗族间颇有声望，只可惜其与山谷酬和之作散佚无存。

黄庶子侄辈中，进士及第人数虽不及上辈，但在文学创作层面却渐臻鼎盛，其最显著者当属黄鲁直，其兄大临、弟叔献、叔达等亦以诗名世。

黄大临字元明，自号寅庵。庶长子，庭坚兄。尝宰庐陵，绍圣至崇宁间官萍乡令。黄鲁直《萍乡县宝积禅寺记》末署"崇宁二年十一月丁丑，朝奉郎、管勾洪州玉隆观、云骑尉赐绯鱼袋黄庭坚鲁直记并书，萍乡令黄大临元明立石"。大临与苏辙唱和，有《奉寄子由》②，苏辙则有《栾城次韵黄大临秀才见寄》。邹浩有《送黄元明赴梁县尉》诗云："豫章控江南，山高水汜汜。钟此千里秀，君家贤弟昆。文采映诸父，鸾凤争腾骞。"③ 对黄氏昆仲的辞彩神韵钦羡不已。

黄大临善于填词。《能改斋漫录》云："豫章先生弟黄元明，宰庐陵县，赴郡会，坐上巾带偶脱，太守喻妓令缀之。既毕，且俾元明撰词，云：'银烛画堂明如昼，见林宗巾垫羞蓬首。针借花枝，线赊罗袖，须臾两带还依旧。劝君倒载休今后，也不须更漉渊明酒。宝奁深藏，浓香熏透，为经十指如葱手。'盖七娘子也。"④ 此公另有《青玉案》（千峰百嶂宜州路）等词作，不赘。

黄庭坚字鲁直，号山谷道人，晚号涪翁。晁公武曰："皇朝黄庭坚鲁直，幼警悟，读书五行俱下，数过辄记。苏子瞻尝见其诗于孙莘老家，叹

---

① 黄庭坚：《叔父十九先生祭文》，《全宋文》第108册，第173页。
② 《全宋诗》卷九七八，第11327页。
③ 邹浩：《送黄元明赴梁县尉》，《全宋诗》卷一二三二，第21册，第13923页。
④ 吴曾：《能改斋漫录》卷一七，第489页。

绝,以为世久无此作矣,因以诗往来。会子瞻以诗得罪,亦罚金。元祐中,为校书郎。先是,秦少游、晁无咎、张文潜皆以文学游苏氏之门,至是同入馆,世号'四学士'。鲁直之诗尤奇,世又谓之'苏、黄'云。绍圣初,谪置戎州,至徽宗即位,召还。尝因嘲谑忤赵正夫,及正夫为相,谕部使者以风旨,摘所作《承天院塔记》中语,以为幸灾谤国,遂除名,编隶宜州以死,崇宁四年也。"①《宋史》本传则称:"幼警悟,读书数过辄成诵。舅李常过其家,取架上书问之,无不通,常惊,以为一日千里。举进士,调叶县尉。熙宁初,举四京学官,第文为优,教授北京国子监,留守文彦博才之,留再任。苏轼尝见其诗文,以为超轶绝尘,独立万物之表,世久无此作,由是声名始震。"复云:"庭坚学问文章,天成性得,陈师道谓其诗得法杜甫,学甫而不为者。善行、草书,楷法亦自成一家。与张耒、晁补之、秦观俱游苏轼门,天下称为四学士,而庭坚于文章尤长于诗,蜀、江西君子以庭坚配轼,故称'苏、黄'。轼为侍从时,举以自代,其词有'瑰伟之文,妙绝当世;孝友之行,追配古人'之语,其重之也如此。初游灊皖山谷寺、石牛洞,乐其林泉之胜,因自号山谷道人云。"②其实,黄庭坚所以能成长为诗坛领袖,乃是转益多师、熔铸锻炼的结果,元祐御史赵挺之曾弹劾黄鲁直"盖系御史中丞孙觉之婿,户部尚书李常之甥,左司郎中黄廉之侄,翰林学士苏轼歌笑诙谐之友"③,不当除右丞;但从另一角度讲,这种荟萃众多名家的关系网络,无疑为塑造黄庭坚的诗性人格创造了可贵条件,同时也展示出宋诗艺术海纳百川的艺术发展情状,其独特价值不容忽视。

　　吴坰《五总志》云:"山谷老人自丱角能诗,《送乡人赴廷试》云:'青衫乌帽芦花鞭,送君直至明君前。若问旧时黄庭坚,谪在人间十一年。'至中年以后,句律超妙入神,于诗人有开辟之功。始受知于东坡先

---

① 《郡斋读书志校证》卷一九《豫章集》解题,第1013页。
② 《宋史》卷四四四《黄庭坚传》,第13109—13111页。
③ 《宋稗类钞》卷六"诋毁"条,书目文献出版社1985年版,第516页。

生，而名达夷夏，遂有'苏、黄'之称。坡虽喜出我门下，然胸中似不能平也。故后之学者，因生分别，师坡者萃于浙右，师谷者萃于江左。以余观之，大是云门盛于吴，林济盛于楚。云门老婆心切，接人易与，人人自得，以为得法，而于众中求脚根点地者，百无二三焉。林济棒喝分明，勘辩极峻，虽得法者少，往往崭然见头角，如徐师川，余荀龙、洪玉父昆弟、欧阳元老，皆黄门登堂入室者，实自足以名家。噫！坡、谷之道一也，特立法与嗣法者不同耳。彼吴人指楚人为江西之流，大非公论。"①

黄叔达，字知命，庶四子，庭坚弟。《王直方诗话》称："双井黄叔达字知命。初自江南来，与陈履常俱谒法云禅师于城南，夜归，过龙眠居士李伯时。知命衣白衫，骑驴，缘道摇头而歌，履常负杖挟囊于后，一市皆惊，以为异人。伯时因画为图，而邢敦夫为作歌曰：'长安城头乌夜栖，长安道上行人稀。浮云卷尽暮天碧，但见明月流清辉。君独骑驴向何处，头上倒着白接䍦。长吟搔首望明月，不学山翁醉似泥。到得城中灯火闹，小儿拍手拦街笑。道傍观者那得知，相逢疑是商山皓。龙眠居士画无比，摇毫弄笔长风起。酒酣闭目望穷途，纸上轩昂无乃似！君不学长安游侠夸年少，臂鹰挟弹章台道。君不能提携长剑取灵武，指挥猛士驱貔虎。胡为脚踏梁宋尘，终日飘飘无定所。武陵桃花春欲暮，白水青山起烟雾。竹杖芒鞋归去来，头巾任挂三花树。'敦夫时年未二十。"②《瀛奎律髓》录黄叔达《次韵答清江主簿赵彦成》诗，释云："黄知命名叔达，山谷弟也。先是，山谷贬黔州，未携家。绍圣三年丙子知命自芜湖携己之子耜、山谷之子相及两所生母，五月六日抵黔州。先至施州，赴太守张仲猷饮。清江即施州城下。县主簿赵彦成名肯堂，嘉州人。知命此诗谓'忽把二天酒'，当是与彦成同席也。知命凡二十诗，见《山谷集》。或谓经乃兄润色以成其名。然则兄在贬所，弟为携家，孝友之道也。予先君四府君自广州谪封

---

① 吴坰：《五总志》，《丛书集成初编》第295册，第18页。
② 《诗话总龟·前集》卷二二，第241页。

州，先叔八府君元圭一至静江问劳，后又至封州取丧以归，亦山谷之知命也。故有所感而取此诗云。"① 彭大翼《山堂肆考》谓 "宋黄叔达，号知命君。在黔中作数诗，附山谷集中，殊有家法"②。黄叔达殁后四月，鲁直有《祭知命弟文》。

黄庭坚《写真自赞》五首之二云："吏能精密，里行娴恤，则不如兄元明，而无元明忧疑万事之弊。斟酌世故，铨品人物，则不如其弟知命，而无知命强项好胜之累。盖元明以寡过，而知命以傲世。如鲁直者，欲寡过而未能，以傲世则不敢。自江南乘一虚舟，又安知乘流之与遇坎者哉！"③ 兄弟情谊厚重如此。

鲁直兄弟行中以诗文名世者还有黄叔豹、黄叔敖、黄仲堪、黄淮等。

黄叔豹字嗣文，廉长子，庭坚从弟，刘涣外孙。元祐至宣和间历遂州司理参军、沅州麻阳县尉、管勾外排岸司、知永州。北宋江西词人张辑撰《沁园春》词，序曰："予顷游庐山，爱之。归，结屋马蹄山中，以庐山书堂为扁包日庵，作记，见称庐山道人，盖援涪翁山谷例。黄叔豹谓予居鄱，不应舍近取远，为更东泽。黄鲁庵诗帖往来于东泽，下加以'诗仙'二字。"④ 按：黄师参字子鲁，号鲁庵。黄叔豹与庐山隐逸者多有往来，或以其外家在此故也。叔豹诗文散佚几尽，所存者仅《同天寺记》《澹山题名》而已。

黄叔敖字嗣深，廉之幼子，叔豹弟。刘涣外孙，李常、李莘之婿。元祐六年（1091）中进士乙科⑤。袁燮为其孙莘撰《行状》云："大父讳叔敖，政和中，将漕河朔，疏廉访使者李滋之奸于朝，黜隶衡阳，时论快之。绍兴中，为户部尚书、徽猷阁学士、左宣奉大夫，赠少师。妣秦国、魏国夫人，皆李氏。元配尚书常之女，继室郎中莘之女，二父俱有盛名，

---

① 《瀛奎律髓汇评》卷四三，第1567页。
② 彭大翼：《山堂肆考》卷一六六，《景印文渊阁四库全书》第977册，第378页上。
③ 黄庭坚：《写真自赞》，《全宋文》第107册，第304页。
④ 陈起编：《江湖后集》卷一七，《景印文渊阁四库全书》第1357册，第934页上。
⑤ 《宋登科记考》卷七，第442页。

东坡苏公赋诗所谓'何人修水上，种此一双玉'者是也。"吕颐浩《与黄嗣深书》云："嗣深盛德大雅，莅官行己，皆前辈忠厚之风。于故旧交契，有绨袍恋恋之心，岂胜感服。"① 皆非向壁虚美。《建炎以来系年要录》卷一一九载，绍兴八年五月"辛卯，降充徽猷阁待制、提举江州太平观黄叔敖卒。诏追复徽猷阁学士"②。《江西通志》卷六六传称黄叔敖"所著有文集十卷、《春秋讲议》三卷、奏议十卷"③，今皆不传。《全宋诗》存诗两首，《全宋文》录文十七篇。

黄仲堪字觉民，山谷从弟，镒之父，适之祖。黄庭坚《觉民对问字说》曰："弟仲堪，温恭而文，好学之气方爱日而未倦也。庭坚字之觉民。"④《与李承之主簿书》复云："舍弟仲堪尉衡山，辄有一书，幸指挥寓递达之。"⑤《全宋文》据《八琼室金石补正》，谓黄仲堪于靖康初官永州长吏。

黄准，麃子，庭坚族弟。《江西通志》称其"博洽工诗，有《云樵居士集》"⑥。惜久佚。黄准娶仙都隐吏、朝散郎洪琰之女，与洪琰之子念祖同乡举⑦。可谓能继父祖之隐德者。

黄庭坚子侄行中闻人锐减，可考述者有黄相、黄楸、黄霂、黄檥等。

黄相，山谷子。未预举业，不曾入仕。彭大翼《山堂肆考》载："黄相，小字小德，山谷子。生母出于微贱，故谷诗云：'解著《潜夫论》，不妨无外家。'坡次韵有云'名驹已汗血，老蚌空泥沙。'山谷在黔中与王泸州帖云：'小子相，今年十四，骨相差庞厚。'又诗云：'小儿未可知，客咸许敦庞。'"⑧

---

① 吕颐浩：《与黄嗣深书》，《全宋文》第141册，第342页。
② 《建炎以来系年要录》卷一一九，《景印文渊阁四库全书》第326册，第614页上。
③ 《江西通志》卷六六，《景印文渊阁四库全书》第515册，第312页上。
④ 黄庭坚：《觉民对问字说》，《全宋文》第107册，第124页。
⑤ 黄庭坚：《与李承之主簿书》，《全宋文》第104册，第372页。
⑥ 《江西通志》卷六六，《景印文渊阁四库全书》第515册，第307页上。
⑦ 刘宰：《故仙都隐吏知县洪朝散墓志铭》，《全宋文》第300册，第263页。
⑧ 《山堂肆考》卷一〇八"客许敦庞"条，《景印文渊阁四库全书》第976册，第178页上。

黄楸字仲贲，廉孙，叔敖子，庭坚族侄。黄𮧯《山谷年谱》卷二八于建中靖国元年六月云："𮧯乾道之末，随侍先人官荆州，得见族伯祖晦甫侍御位。族伯父仲贲，名楸。仲贲尝言先生既与侍御位诸子为昆弟，视闻善为兄，闻善酗酒，山谷诗篇中多形劝戒。"楸有《跋黄庭坚承天塔记》，为其诗文之仅存者。

黄霢字彪甫，自号静乐居士。叔敖子，庭坚族侄，楸弟，江西诗人夏均父倪之女婿。《江西通志》卷四六称其隆兴二年（1164）以右朝请郎知袁州。同书卷八〇传云："黄霢字彪甫，临川人。历知袁、吉二州。慎于用刑，每决罚稍过，则蹙额曰：'吾德不足以化人，故至是。'守两州，断辟囚才二人。自号静乐居士。子荣，官至大府卿。孙堮，知肇庆府。"①

黄㯠字济川，庭坚族侄。《五总志》载："黄㯠字济川，山谷老人犹子也。年十九岁，会山谷自涪归寓荆州，教以诗律。济川曰：'为学当师古，吾叔源流实自杜陵，即吾师也。'余时尚幼，方参老人侍立在旁，会有乞草堂诗者，山谷即试之，济川援笔立成，曰：'径入小庭迁，登登岂按图。主人缘雅趣，有客爱规模。鸥与邻翁狎，船从穉子呼。何当迎接汝，有梦隔江湖。'山谷大奇之，既别以所用研，并手校注释杜诗以遗之，且铭研曰：'其重也，可以压崄者之累卵；其坚也，可以当谤者之铄金；其圆也，可以消非意之横逆；其方也，可以行立心之直方。夫如是，则研为子师，亦为子友。善友在前，良规在后。'后三年，余与济川别，乃举以相赠，盖传衣也。"② 吴垧父吴则礼《北湖集》有《得黄济川书》《同垧寄黄济川五首》等诗，知两家有深交。山谷《与济川侄》云："济川侄：夜来细观所作文字，甚有笔力，他日可为诸父雪耻。但须勤读书令精博，极养心使纯静。根本若深，不患枝叶不茂也。"③ 山谷与诸侄以家学相砥砺，其日常情形实不难驰想。

---

① 《江西通志》卷八〇，《景印文渊阁四库全书》第 515 册，第 754 页上。
② 吴垧：《五总志》，《丛书集成初编》第 295 册，第 15 页。
③ 黄庭坚：《与济川侄》，《全宋文》第 104 册，第 325 页。

黄庭坚孙辈中，黄然、黄䇓、黄谈、黄莘四人颇具盛名。

黄然字子奇，号超然。相子，庭坚孙。绍兴二十二年（1152）任军器监丞，迁尚书吏部员外郎；二十四年（1154）以右奉议郎为两浙路转运判官，次年"为江南东路提点刑狱公事。然为畿漕才数月，秦桧以其不胜任，遽命钟世明代之。曹泳主然，故复得职司"①。寻被言官弹劾，罢。隆兴末（1164），以右朝请郎权知台州，乾道二年（1166）因过降两官。黄然与弃官隐居卢溪的王庭珪交好，《卢溪文集》中与黄然寄赠酬和之作颇多，其《赠别黄超然》曰："我生不识黄太史，犹及诸老谈遗事。蓝田生玉海生珠，谓君眉目无乃似。谁作江西宗派诗，如今传法不传衣。句中有眼出月胁，密付嫡孙人未知。宗风后必喧人口，云梦更须吞八九。他年拈此一瓣香，狮子窟中狮子吼。"② 山谷一脉，幸得有此嫡传。

黄䇓字子耕，号复斋。叔敖孙，庭坚侄孙，楙子。登进士第，初授瑞昌主簿。③ 叶适《黄子耕墓志铭》云："子耕澄润明澈，雅服缥藉，纤尘点俗，挥绝限域，人谓唤起鲁直矣。读其诗词，如逗幽薄，超高丘，宇宙奇旷，风露绰约，人又谓'非子耕所能，鲁直遗墨散落，收拾未尽尔'。子耕不自是家学，挈从郭子和、朱元晦甚久。取友虽魁杰士，而皆行笃言信，步步著绳墨，未尝放达而好恣，漭荡而无程也。故子耕蚤岁名重江西，调瑞昌主簿，监文思院。"后"主管官告院、大理寺簿、军器监丞，岁为三迁，善类皆喜曰：'向用矣。'然子耕意不乐，间行西湖，戴莲叶，榜击汰，慨然叹曰：'我昔在南北山，一水一石无不自题品，今无有清味，何耶？岂髦耶？抑市朝山林，故相违耶？'遂以贫请去，知台州。又年余，

---

① 《建炎以来系年要录》卷一六九，《景印文渊阁四库全书》第327册，第361页上。
② 王庭珪：《赠别黄超然》，《全宋诗》卷一四五二，第25册，第16729页。
③ 《宋登科记考》卷一四据《光绪江西通志》等，列黄䇓为咸淳四年（1268）进士。然据叶适《黄子耕墓志铭》，䇓卒于宋宁宗嘉定五年（1212）九月二十二日，享年六十三岁，其绝无可能于殁后五十六年方举进士，《宋登科记考》显误。今按：䇓生于绍兴二十年（1150），及第时间当在孝宗乾道、淳熙间。

以从弟死，请归哭之，论者颇疑其迂。子耕请不已，知袁州，过抚州，哭弟哀甚，得疾，即谢事"。嘉定五年（1212）卒，享年六十三岁。① 除从学郭雍、朱熹外，黄䇮与楼钥、叶适、赵蕃、韩淲等众多名士往来密切。䇮有《复斋漫稿》今佚，所撰《山谷年谱》传世。赵蕃有《寄黄子耕》诗云："谁能一枉林间寺，君独屡过湖上村。先世文章出遗逸，当家句法有渊源。平生所识盖无几，盛意若何如见存。元祐兰台妙人物，我今寂寞愧诸孙。"② 叶适《黄子耕文集序》曰："豫章黄子耕，少所树立，便入高人胜士之目，不独倚先世为重也。诗文似太史，有《洪州九词》《五溪十谈》，兴指子夺之微，追古人而过今人矣。"③ 清人尝曰："考苏、黄二家并隶名元祐党籍，南渡以后，黄氏虽承藉先泽，颇见甄录，而家学殆失其传。惟其孙䇮依附朱子之门，得以挂名于《语录》。朱子于苏氏兄弟攻击如仇，而于庭坚无贬词，䇮之故也。"④ 按：黄氏家学以"江西诗法"为核心，所谓南渡以后此学无传，显属偏见。清儒论宋学而独宗"濂、洛"，且极重统系，权衡理解之间不免偶失，此其显例。

黄谈字子默，号涧壑居士。廉曾孙，庭坚侄孙。向子諲婿，官至右奉议郎、荆湖南路安抚司主管机宜文字。⑤ 周必大庆元四年（1198）撰《自题与黄谈书尺》云："元祐给事中黄公夷仲之曾孙讳谈，字子默，山谷先生从孙，实传诗社之正印，有文集三十卷，自号涧壑居士。早受知于胡明仲侍郎，其后刘共父枢密、张安国舍人继帅湖南，皆为上介，属以文翰人门具美，宜在朝廷。而官止椎务，寿不及知命，识者惜之。"⑥ 按：胡寅字明仲，刘珙字共父，张孝祥字安国，三人皆系南宋鸿儒，黄子默与之交，必有高风雅韵。张孝祥有《与黄子默》尺牍云："前日为子默作'江西

---

① 叶适：《黄子耕墓志铭》，《全宋文》第286册，第240—242页。
② 赵蕃：《寄黄子耕》，《全宋诗》卷二六三二，第49册，第30735页。
③ 叶适：《黄子耕文集序》，《全宋文》第285册，第158页。
④ 《四库全书总目》卷一五七《双溪集》提要，第1357页下。
⑤ 王庭珪：《故左奉直大夫直秘阁向公行状》，《全宋文》第158册，第284页。
⑥ 周必大：《自题与黄谈书尺》，《全宋文》第230册，第431页。

后社'字，茫然莫知所谓，至湘阴馆中，有题壁间二诗'急雪黄花度，初晴白日村'者，惊叹世间久无此作，客谓此子默诗也，敛然心服，真可作社头矣。今日见计钦祖，又诵数篇，益奇，盖辞达于诗，浑然天成，风行水波，偶入声律，非今之诗，山谷之诗也，幸甚斯文未坠于地。"①激赏之情溢于言表。王庭珪《故左奉直大夫直秘阁向公行状》载："公讳子愿，字宣卿，世为开封人"，"女三人：长适右奉议郎、新广南西路转运司主管文字范揆辰，次适右奉议郎、荆湖南路安抚司主管机宜文字黄谈"。②

黄荦字子迈，叔敖孙，庭坚侄孙，霈子。袁燮《秘阁修撰黄公行状》云："公讳荦字子迈"，曾大父讳廉，大父讳叔敖，考讳霈。"公既生长名族，而外氏又皆当世闻家，耳目所接，典刑犹在，清标胜韵，自然逸群，读书往往成诵，落笔无世俗态。"以父荫补将仕郎，任吉州龙泉簿。累官至中书门下省检正诸房公事。后除淮南转运副使兼提刑，加秘阁修撰。嘉定四年（1211）正月卒，享年六十一岁。"生平不治产业，惟法书名画古器物是好。一日得山谷帖数十卷，直千金，倾橐而偿之。对客卷舒，津津喜见眉睫，曰：'吾不贫矣。'又乐与名胜燕集，不计费，故其家屡空。士人或献诗云：'官大屡持节，家贫犹典衣。'公曰：'此子善形容我者。'家藏书万余卷，纵观博采，苟片言有可取，亦诵味不休。诗律字体，大略祖述山谷，而时出新意，自成一家。大字尤奇壮。"有"杂著二十卷，《介轩诗词》三十卷，藏于家"③。荦之著作久佚。

黄庭坚曾孙辈以下，由于史料匮乏，搜讨所得颇难与文学世家的声望相吻合。可补足者，有黄崖、黄铢、黄克昌、黄畴若、黄子行等数人而已。

黄崖，荦之子，庭坚曾孙辈。袁燮《秘阁修撰黄公行状》云："子三人：垮，迪功郎、监镇江府都酒务；崖，将以遗泽补官；坡，先六年卒。"

---

① 张孝祥：《与黄子默》，《全宋文》第254册，第67页。
② 王庭珪：《故左奉直大夫直秘阁向公行状》，《全宋文》第158册，第278、284页。
③ 袁燮：《秘阁修撰黄公行状》，《全宋文》第281册，第318—327页。

理宗绍定中任华亭县丞、县令,撰《华亭制锦堂记》,末云:"绍定三年,双井黄崖记并书。"①

黄铢字公权,黄庭坚玄孙辈,京镗之婿。尝跋《豫章先生遗文》曰:"铢龆龀时,先祖训之曰:吾七世祖仕南唐为著作郎、知分宁县,因家焉。……铢来宰三山,公事之余,得与二三文士校勘朱黄,修剔旧版。上以承先大夫之志,下以传之子孙。其有未尽,敬以俟之,故特以先训著于编末,以告来者。嘉定戊辰八月既望,孙通直郎、知信州贵溪县主管劝农营田公事、兼兵马都监铢谨识。"② 杨万里《京公墓志铭》云:"三女:长卒;次适从政郎、前广南西路经略安抚使准备差遣黄铢,太史后也;次适宣义郎、添差江南西路转运司干办公事张忠纯,忠献孙也。"③

黄克昌,黄庭坚诸孙,金溪进士陈良弼之婿④。刘克庄《跋黄贡士诗卷》云:"自元祐间,天下皆称苏、黄,亦曰坡、谷,称子由曰少公,叔党曰小坡,惟苏、黄之名与韩、柳、李、杜等,盛矣哉!谷虽罹党祸,及思陵再造,尤重其词翰,不幸子相无禄,犹擢其甥执政。至茂陵而谷之后益蕃,子迈、子耕皆显融,伯庸尤贵重。名克昌者最后出,为一时名公所称,示余《甲稿》《丙稿》《春风杂咏》《过秦诗》各一帖,字其名曰绍谷,名其集曰《后谷》。""及读其诗,惊曰:《甲稿》已有鼻祖熙丰气骨,《丙稿》而后则渐入元祐、建中境界,使加以年,锓锓近黔、宜晚笔矣。谓之绍谷可也,后谷亦可也。"⑤ 徐经孙《黄绍谷诗序》亦云:"沅江黄君妙年笃学,励志前修,暇日汇其诗,不鄙示余。余开卷读之,则后村李公、省身雷公各为著语,而苍山曾公又为易其字曰绍谷,盖以山谷文章之印期之也,余复何言!"⑥ 林希逸尝跋绍谷集云:"绍谷为翁直下孙,年十

---

① 黄崖:《华亭制锦堂记》,《全宋文》第333册,第400页。
② 黄铢:《豫章先生遗文跋》,《全宋文》第293册,第256—257页。
③ 杨万里:《宋故太保大观文左丞相魏国公赠太师谥文忠京公墓志铭》,《全宋文》第240册,第174页。
④ 谢逸:《彭夫人墓志铭》,《全宋文》第133册,第275页。
⑤ 刘克庄:《跋黄贡士诗卷》,《全宋文》第330册,第74页。
⑥ 徐经孙:《黄绍谷诗序》,《全宋文》第334册,第131页。

二即能文。弱冠前后诗集,有名者数种,上追陶、谢,下轧郊、岛,志趣之远,犹及于删前。一家人物,超诣如此,诚可爱而敬者。时之名胜,随集题品,其推许甚至,犹以老作期之,是固爱吾绍谷者也。"① 只可惜,黄绍谷诗集未见传世。

　　黄畴若字伯庸,隆兴府丰城县人。黄得礼曾孙,黄庭坚诸孙。淳熙五年(1178)进士及第,初授祁阳县主簿。累拜礼部尚书,以焕章阁学士致仕,积官至通议大夫②。善诗词,"四六"多警句。刘克庄《焕学尚书黄公神道碑》述黄畴若家世及仕历行实曰:"豫章之黄皆出金华,隐君子讳遇和者,居丰城县之沇江,始为儒家,马公存志其墓。是生表,表生得礼,擢元祐第,终柳州推官,赠朝议大夫。生彦辅,擢政和第,为了翁所敬,终吉水令,妇翁李公朴志其墓。是生去华,赠太中大夫,配淑人周氏,生公,讳畴若,字伯庸。甫晬而孤,外祖母杜夫人奇之,曰儿必贵,诲以学。擢淳熙戊戌第,历祁阳主簿。"③ 累官至权兵部尚书、太子右庶子,兼同修国史,以知贡举试礼部尚书。卒年六十九。其《跋黄贡士诗卷》则将黄伯庸列为山谷后人,称"至茂陵而谷之后益蕃,子迈、子耕皆显融,伯庸尤贵重"④。《鹤林玉露》载:"山谷晚年作日录,题曰《家乘》,取《孟子》'晋之《乘》'之义。谪死宜州。永州有唐生者从之游,为之经纪后事,收拾遗文。独所谓《家乘》者,仓忙间为人窃去,寻访了不可得。后百余年,史卫王当国,乃有得之以献者,卫王甚珍之。后黄伯庸帅蜀,以其为双井之族,乃以赆其行。"⑤ 按:伯庸乃黄畴若之字,《宋史》本传称"黄畴若字伯庸,隆兴丰城人。一岁而孤,外大母杜教之。淳熙五年举进士,授祁阳县主簿"⑥。周必大《送黄伯庸畴若序》曰:"丰城黄君伯庸为

---

① 林希逸:《黄绍谷集跋》,《全宋文》第335册,第355页。
② 《宋登科记考》卷一〇,第1073页。
③ 刘克庄:《焕学尚书黄公神道碑》,《全宋文》第331册,第59页。
④ 刘克庄:《跋黄贡士诗卷》,《全宋文》第330册,第74页。
⑤ 《鹤林玉露》乙编卷四,第181—182页。
⑥ 《宋史》卷四一五《黄畴若传》,第12446页。

庐陵宰，初示予古律诗二百篇，用意高远，属辞清新，摹写物象，莫能遁形。继出杂文一编，持论正大。古赋恢闳，碑志详雅，四六温醇，是可争文士之衡矣。"①

黄子行字蓬瓮，黄庭坚诸孙，能诗词。宋末宝章阁学士程公许《赠修水黄君子行》曰："黄君以元祐太史公之诸孙，寓籍分宜，苦志于诗，以《蓬瓮寐语》名其集，长篇短调，不主一体，敷腴而雅重，浏亮而奇崛，使读之者如游群玉府，百珍眩目，未暇睹也。庚伏祥热，惠然再临，赠五言古体二十八韵，清风披拂袖间。念宿诺不可负，而蘧径曹侍郎、三山陈广宗、韦辅江彝叟之序引，固无可复加，因次所示诗韵，赘附编末云。"其诗有云："君家太史公，以文瑞吾宋。崛奇庄骚语，雅淡商周颂。学力探窅深，天巧妙机综。风流被诸孙，璆琳富包贡。"②

综上所述，从黄茂宗、黄湜、黄注到黄礐、黄谈、黄荦，"分宁黄氏"共历五世，所得凡二十九人。其家族成员中除了"江西诗祖"黄庭坚外，其他以诗词文章为世人称道者还有很多。若加上黄崖、黄铢以及黄子行等三人，则该族在宋代显名的文学名公已达三十。此种盛况，大约只有"河南吕氏""昭德晁氏"等世系绵延的文学世家可与比肩。

毫无疑问，家族、家学乃至内涵丰富的家族文学传统，始终是文学生态研究者需要用力探寻的部分。凡文学或文化望族，必会有一位或几位成就卓著的硕学鸿儒开创新业，名播天下，为一代宗师；而该族之家学家风不仅深邃优美，令人眩目，其传承轨迹亦自清晰，名公辈出，代不乏人。导岷先生葛敏修尝从鲁直游，及其别也，特撰《送太和令黄鲁直序》曰："江南多学者，其人亦多有聪明辨智之质与夫才华章句之学，然用之能取声名、登科第则已矣，鲜有力学以穷圣人之道，而以其法传之家者也，独临川之王、南丰之曾、豫章之黄三家最为有法。然三家者，如荆公之父子、子固之兄弟，其问学满天下而又皆为天子之大臣。独豫

---

① 周必大：《送黄伯庸畴若序》，《全宋文》第230册，第128页。
② 程公许：《赠修水黄君子行》，《全宋诗》第57册，第35504页。

章之黄，未有赫然大显者，其间亦尝以文章魁天下，未及覆试以死，士大夫至今怜之。"① 葛敏修撰此文时，鲁直与"分宁黄氏"皆已有盛名于天下，而鲁直后辈循序以进，更为发扬家学、光大门楣做好了充分准备。元人虞集《跋双井黄氏家谱》云："有太史文节公之从昆弟，户部郎中讳叔豹氏之七世孙曰德荣者，持其谱相示。集受而观之，见其终宋之世，登进士第者相望，殆数十人。衣冠文献，历历可数。求诸郡乘，莫或过之。集尝见太史公家书，言马鞍山事，曰冲和偶在此一支。盖古之君子，概观其本初，则一人之身所分也。是以宗族之间，有盛大者，不啻己有之，忠厚之至也。而豫章集中，诸父昆弟子孙名字行业，多可考见。而太史公之孝友清节，百世之士也。其能保族于久远也，宜哉！"② 大抵与很多学者一样，虞集也是把"黄氏"一族兴旺发达的主要功勋归为鲁直一人。其实自黄湜、黄庶以降，以忠厚气质造就其家族文学事业之辉煌者比比皆是，只是世人昧于考察而已。

二　山谷诗中的舅氏、外舅与诸甥

两宋士人虽不像唐人那样"凡婚而不娶名家女，与仕而不由清望官，俱为社会所不齿"③，但婚姻关系对作家的影响也普遍存在。当然，能够像黄庭坚那样借婚姻机缘，在转益多师中造就"山谷诗法"的成功范例也不是很多。黄庭坚取法于舅氏李常以及外舅谢绛、孙觉的诗艺探索过程，不仅极大丰富了"黄氏"家学的固有内涵，有效拓展了黄庶以来诗学探索的范围和途径，在某种程度上，该过程更为造就宋诗新风提供了难得的历史契机。正因如此，对黄庭坚及其家族婚姻关系的深入考察才深具文学史价值。

黄庶"平生刻意于诗"，在"语法"上效法韩愈④。鲁直既已承其家

---

① 葛敏修：《送太和令黄鲁直序》，《全宋文》第119册，第106页。
② 虞集：《跋双井黄氏家谱》，《全元文》第26册，第337页。
③ 陈寅恪：《元白诗笺证稿·艳诗及悼亡诗》，第112页。
④ 黄庭坚：《刻先大夫诗跋》，《全宋文》第107册，第1页。

学，后又追尊杜甫，使固有堂庑进一步扩大。黄庭坚《黄氏二室墓志铭》云："豫章黄庭坚之初室，曰兰溪县君孙氏，故龙图阁直学士高邮孙公觉莘老之女，年十八归黄氏。能执妇道，其居室相保惠教诲，有迁善改过之美，家人短长，不入庭坚之耳。方是时，庭坚为叶县尉，贫甚，兰溪安之，未尝求索于外家。不幸年二十而卒，殡于叶县者二十二年。继室曰介休县君谢氏，故朝散大夫南阳谢公景初师厚之女，年二十归黄氏。闲于礼义，事先夫人爱敬不倦，侍疾尝药不解衣。至于复常，修禅学定，而不废女工。能为诗，而叔妹不知也。言有宫庭，行有防表，不皦不污，长少咸安怀之。年二十六而卒。"① 南宋司农少卿、总领四川财赋许尹尝为任渊所撰《山谷后山诗注》作序称："宋兴二百年，文章之盛追还三代，而以诗名世者豫章黄庭坚鲁直，其后学黄而不至者后山陈师道无己。二公之诗皆本于老杜而不为者也，其用事深密，杂以儒佛，虞初稗官之说，隽永鸿宝之书，牢笼渔猎，取诸左右。"② 这里面既体现了效法韩诗的功底，更显示着取法杜诗的成就。所以如此，盖与李公择、谢景初、孙莘老诸公的熏陶和启迪密切相关。其如王炎所云："山谷外舅谢师厚、孙莘老二人皆学杜诗，鲁直诗法得之谢、孙，故专以杜诗为宗；然诗法出于工部，而句法不尽出于工部，山谷所以名世者以此。"③ 外舅即岳父。为了准确描述黄山谷熔铸创新的艺术历程，相关讨论必须从"庭坚年十七，从舅氏李公择学于淮南"开始说起。

  舅氏及姨母的训育启蒙：黄庭坚在诗歌和书艺两方面渐告初成。

  李常字公择，南康建昌人。有关其家世及仕历行实，苏颂《龙图阁直学士知成都府李公墓志铭》及秦观《李公行状》叙述甚详。《行状》曰："李氏系出唐宗室郇公讳远。祖涛，五代时号称名臣，仕皇朝为兵部尚书，封莒国公。莒公少时仕于湖南马氏，有一子留江南，公其裔孙也，故今为

---

  ① 黄庭坚：《黄氏二室墓志铭》，《全宋文》第108册，第113—114页。
  ② 许尹：《任渊山谷后山诗注序》，《全宋文》第186册，第54页。
  ③ 王炎：《与杜仲高书》，《全宋文》第270册，第104页。

南康建昌人。"李常"曾祖讳宗谊,故不仕。祖讳知至,故不仕。父讳东,故任江宁府溧水县尉,累赠特进"。李东虽然官小职微,但在子女教育方面极为成功。其子李常"少警悟,好学强记。为文章捷敏,初若不经意,而比成粲然,属寓深远。皇祐中登进士甲科"①,而在当时同僚眼中,他更是一位"风度凝远,与人交有恩意"的谦谦君子。"其所厚善者翰林学士苏公轼子瞻,屡黜龃龉而以诗酬答,更相称誉,尝坐此赎金而益亲不悔。"② 值得注意的是,在朋党倾轧愈演愈烈、意气之争祸及文坛的宋哲宗时代,李常明确反对以诗罪人的文化自戕。《东都事略》本传云,时李常"拜御史中丞兼侍读,加龙图阁直学士。论取士,请分诗赋、经义为两科,以尽所长。吴处厚缴蔡确诗,以为谤讪,谏官刘安世因力攻之,常以为以诗罪确,非所以厚风俗。改兵部尚书,辞不拜,出知邓州"③。其胸怀见识不难设想。

李东的几个女儿也知书达理,贤淑多才,不同凡响。如《宋朝事实类苑》载:"江西洪郎中宣妻文城县君,李尚书公择姊也,治《春秋》,博学能文,所作诗甚多。公择挽诗云:'久历金门贵,未酬黄屋知。如闻天禄客,抱恨作铭诗。'不减前人。"④ 朱谋垔《画史会要》载:"崇德郡君李氏,朝议大夫王之才妻,李公择之妹也。能临松竹木石,见本即为之。曾临文与可纡竹及着色偃竹,米元章莫能辨。山谷亦有题姨母李夫人纡竹、偃竹及墨竹图歌诗载集中。"⑤ 今按:此女究为李公择姊,抑或为李公择妹,难以确考,但她能诗善文,尤其在绘画方面展示出过人才华。黄庭坚有《白山茶赋》,引曰:"姨母文城君作《白山茶赋》,兴寄高远,盖以自况,类楚人之《橘颂》。感之,作后白山茶赋。"⑥ 另《观崇德墨竹歌》亦

---

① 秦观:《李公行状》,《全宋文》第120册,第166页。
② 《苏魏公文集》卷五五《龙图阁直学士知成都府李公墓志铭》,第844页。
③ 《东都事略》卷九二《李常传》,《景印文渊阁四库全书》第382册,第596页下—597页上。
④ 江少虞:《宋朝事实类苑》卷三八,第496页。
⑤ 朱谋垔:《画史会要》卷二,《景印文渊阁四库全书》第816册,第479页上。
⑥ 黄庭坚:《白山茶赋》引,《全宋文》第104册,第236页。

称"姨母崇德君赠新墨竹图,且令作歌",诗韵悠扬,颇述姨母之德才①。此外,黄庭坚对姨母所画墨竹的艺术风格也有所描述,曰:"深闺净几试笔墨,白头腕中百斛力。荣荣枯枯皆本色,悬之高堂风动壁。"复云:"小竹扶疏大竹枯,笔端真有造化垆。人间俗气一点无,健妇果胜大丈夫。"②细读此诗,读者即能够设想崇德夫人墨竹图的构图与着色,也许还能想象到健妇腕中百斛力的遒劲与洒脱。黄庭坚善书,颇有盛名,书史称其"工正楷行草,楷法妍媚,自成一家,草书尤奇伟"③。意其所能,或与姨母李夫人的影响息息相关,山谷尝亲书《墨竹赋》是为明证。岳珂曾盛赞黄鲁直《食面帖》云:"山谷书法本于天才,变而成家,如万壑崖,骨瘦气清,霜寒籁哀。故其言曰:'法安出哉?我师我心,奚彼之侪。'今观此书,自叶而菱,敛其角圭,以复成才。规矩崛奇,关机阖开,故其跋曰:'自本心来,谁其知言。'嘻!嘻!絜斋。"④类似的评语,很容易让人联想到黄庭坚的《观崇德墨竹歌》及《姨母李夫人墨竹二首》等作。

  黄庶之妻自幼生长在这样一种勤学雅致的家庭环境中,耳濡目染之间已养成贤淑气质,眼界超群,胸次非俗。陈师道《李夫人墓铭》云:"夫人连昌人,李姓,溧水尉、赠特进之子,大理丞、知康州黄庶之妻,集贤校理、佐著作庭坚之母也。初,特进贤其子,不妄与人,久之以归康州。康州佐大臣幕府,持议不挠,大臣外敬内怀,以故官不达,夫人安之以相焉。康州卒,子稚而贫,夫人以丧还葬豫章,遣子就学。或劝以利,夫人曰:'自我家及儿父时,未尝不贫,何用利?'其后校理佐于朝,名伟人,士倾下之,然亦以是数致言者。校理谢不谨,为夫人忧,夫人曰:'大者吾望汝,细何忧焉?'夫人始封寿光,校理辞所拜官,进封安康郡太君。"⑤心胸如此超达,乃是建昌李氏门内教育的结果。

---

① 《黄庭坚诗集注·山谷诗外集补》卷一《观崇德墨竹歌》,中华书局2003年版,第1563页。
② 《山谷诗注》卷九《姨母李夫人墨竹二首》,第354页。
③ 陶宗仪:《书史会要》卷六,《景印文渊阁四库全书》第814册,第726页下。
④ 岳珂:《宝真斋法书赞》卷一五,《景印文渊阁四库全书》第813册,第734页上。
⑤ 陈师道:《李夫人墓铭》,《全宋文》第124册,第17页。

对黄庶而言，能够娶李氏为妻乃是家门幸事；对黄庭坚来说，能够在年幼时得到舅氏李常耳提面命的训育指导，更是成就"江西诗祖"的第一步。据《宋史》传称，黄庭坚"幼警悟，读书数过辄成诵。舅李常过其家，取架上书问之，无不通，常惊，以为一日千里"①。或许是对山谷的过人才智感到震惊，或许是因为甥舅之间血脉潜通的自然亲情，李常几乎视黄庭坚为己子，关爱督促无以复加。山谷《用明发不寐有怀二人为韵寄李秉彝德叟》诗云："往在舅氏旁，获拚堂上帚。六经观圣人，明如夜占斗。索居废旧闻，独学无新有。羡子杞梓材，未曾离矫揉。"按：李秉彝字德叟，山谷伯舅李布之子。布早卒，李常抚育如己子。山谷与德叟之间，既有先后接受李公择教诲的铭心感受，又有"在昔授子书，髧彼垂两发"的特殊经历②，故彼此之间颇能真诚相待。黄庭坚进士及第后渐有盛名，但对李公择早年抚育教养的恩情却不曾有丝毫淡忘。其《秋思》序称："庭坚之少也，学于舅氏，而后知方"，辞云："往予窥道而见兮，俯甘井以解渴；天地施我生兮，先生厚我德。水波无津兮，既拯我舟杭；路微径绝兮，又剪我荆棘。秉道要而置对兮，一与而九夺；曾不更刀兮，破肯綮于胸中。"③假如没有刻骨铭心的记忆，像这样发自肺腑的长歌痴语恐怕很难想象。山谷《祭舅氏李公择文》曰："我少不天，殆欲埋替。长我教我，实惟舅氏。四海之内，朋友比肩。舅甥相知，卒无间然。"④ 其为舅氏季女撰祭文曰："昔在舅氏，育我诸孤，视尔兄弟，粲然不殊。"⑤ 所有这些真诚告白，全都发自肺腑。

如果说黄庭坚在诗歌创作和书法艺术两方面的部分成就，应归功于舅氏李常及姨母李夫人的亲切教诲，那么"山谷诗法"的探索积累，则与孙莘老和谢师厚两位"外舅"的引导切磨密切相关。

---

① 《宋史》卷四四四《黄庭坚传》，第13109页。
② 《黄庭坚诗集注·山谷外集诗注》卷三，第834页。
③ 黄庭坚：《秋思》，《全宋文》第104册，第256页。
④ 黄庭坚：《祭舅氏李公择文》，《全宋文》第108册，第167页。
⑤ 黄庭坚：《又将葬祭文》，《全宋文》第108册，第178页。

先说孙觉。

孙觉字莘老，高邮人，从胡瑗受学，登皇祐元年（1049）进士第，授合肥县主簿。嘉祐中，进馆阁校勘。神宗即位，直集贤院，擢右正言。以言事谪越州通判，徙知通州。熙宁二年（1069）诏知谏院、同修起居注、知审官院。因与王安石政见相左，出知广德军。徙后入为太常少卿，易秘书少监。哲宗即位，兼侍讲，迁右谏议大夫，进吏部侍郎。后擢御史中丞，数月以疾请罢，除龙图阁学士兼侍讲。元祐五年（1090）卒，享年六十三岁。特别要说明的是，黄庭坚与孙觉之间的缘分是由李常促成的，山谷自谓："年十七，从舅氏李公择学于淮南，始识孙公，得闻言行之要，启迪劝奖，使知向道之方者，孙公为多。孙公怜其少立，故以兰溪归之。及庭坚失兰溪数年，谢公方为介休择对，见庭坚之诗，曰：'吾得婿如是，足矣。'庭坚因往求之。然庭坚之诗，卒从谢公得句法。"① 是其证。

孙、李两人不仅同为皇祐元年进士，志趣爱好亦极近似。苏颂曾说，李常"少与高邮孙觉莘老齐名，俱为司空吕正献公所知，期以国器。二人官伐趣舍大略多同，数月之间相继而逝，人甚异之"②。陆游《老学庵笔记》载："李公择、孙莘老平时至相亲厚，皆终于御史中丞。元祐五年二月二日，公择卒，三日，莘老卒，先后才一日。"③ 所有的契合，再加上黄庭坚的铿锵登场，北宋文学史上颇为"奇巧"的一幕，遂展现出难以名状的温馨情味。

孙觉著述颇丰，黄庭坚所谓从莘老"得闻言行之要，启迪劝奖，使知向道之方者"，多半与此相关。《郡斋读书志》载其《尚书解》十三卷，曰："觉仕元祐。至谓康王以丧服见诸侯为非礼，苏氏之说，盖本于此。"④《直斋书录解题》载《春秋经社要义》六卷，曰："龙图阁学士高邮孙觉莘老撰。觉从胡安定游，门弟子以千数，别其老成者为经社，觉年最少，俨

---

① 黄庭坚：《黄氏二室墓志》，《全宋文》第108册，第114页。
② 《苏魏公文集》卷五五《龙图阁直学士知成都府李公墓志铭》，第844页。
③ 《老学庵笔记》卷四，第42页。
④ 《郡斋读书志校证》卷一，第56页。

然居其间，众皆推服。此殆其时所作也。"《春秋经解》十五卷，曰："其自序言三家之说，《穀梁》最为精深，且以为本，杂取二传及诸儒之说，长者从之；其所未安，则以所闻于安定先生者断之。杨龟山为之后序。海陵周茂振跋云：先君传《春秋》于孙先生，尝言王荆公初欲释《春秋》以行于天下，而莘老之书已出，一见而忌之，自知不复能出其右，遂诋圣经而废之曰：此'断烂朝报'也，不列于学官，不用于贡举云。"[1] 又《吴兴诗》一卷，曰："熙宁中知湖州孙氏集，而不著名，以其时考之，孙觉莘老也。"[2] 而《宋史艺文志》所载莘老著作，除《春秋经社要义》《春秋经解》外，另有《春秋学纂》十二卷。此外还有《文集》四十卷，《奏议》十二卷，《外集》十卷，《荔枝唱和诗》一卷。所有这些，除《春秋经解》传世外，余多散佚。《全宋诗》仅录诗十五首，《全宋文》辑录佚文四卷。

在诗艺取向方面，黄庭坚深受孙觉影响。孙莘老深谙杜甫"读书破万卷，下笔如有神。赋料扬雄敌，诗看子建亲"的创作经验[3]，希望通过琢磨练习，最终达到理顺辞腴、创变无形的高妙境界。他首先是杜甫诗歌的虔诚读者，对杜诗的风雅韵致以及遣词造句、运用事典的种种特点体会至深。《晁氏客语》载："孙莘老云：杜甫如'日长唯鸟雀，春暖独柴荆'，言乱离有深意也，得风雅体。'草黄骐骥病，沙晚鹡鸰寒'，谓禄薄君子不得志，世乱兄弟不相见。'丛篁低地碧，高柳半天青'，谓君子失时，小人得志也。'返照入江翻石壁，归云拥树失山村'，'老树饱经霜'，'梅杏半传黄'，腰中一字最工。'荒庭垂橘柚，古屋画龙蛇'，甫因见此而有感也，盖橘柚锡贡、龙蛇，皆禹之事也。'六花却在御榻上，榻上庭前屹相向。至尊含笑催赐金，圉人太仆皆惆怅'，谓小人乘君子之器。圉人太仆养马者不得赐，而为假马者得，故惆怅也。《赠窦侍御》诗云：'与奴白饭马青

---

[1] 《直斋书录解题》卷三，第59—60页。
[2] 《直斋书录解题》卷一五，第453页。
[3] 杜甫：《奉赠韦左丞丈二十二韵》，仇兆鳌：《杜诗详注》卷一，第74页。

刍。'《诗·白驹》云：'生刍一束，其人如玉。'又云：'言刈其蒌，言秣其驹'，敬其奴马如此，则敬主人可知。"① 孙觉对杜诗的熟悉程度，的确超出了同时流辈。

孙莘老诗作虽散佚殆尽，其仅存各篇确有效法杜诗的明显痕迹；同时，从翁婿和答中，也不难感受到孙觉对山谷诗的影响。如孙觉守苏州时，尝题诗斗野亭，云："淮海无林丘，旷泽千里平。一渠闲防潴，物色故不清。老僧喜穿筑，北户延朱甍。檐楯斗杓落，帘帏河汉倾。平湖杳无涯，湛湛春波生。结缆嗟已晚，不见芙蓉城。尚想紫茭盘，明珠出新烹。平生有微尚，一舟聊寄行。遇胜辄偃蹇，霜须刷澄明。可待齿牙豁，归与谢浮荣。"② 元丰三年（1080）十月，黄庭坚和诗曰："谢公所筑埭，未叹曲池平。苏州来赋诗，句与秋气清。僧构擅空阔，浮光飞栋甍。唯斗天司南，其下百渎倾。贝宫产明月，含泽遍诸生。盘礴淮海间，风烟侵十城。籁箫吹木末，浪波沸庖烹。我来抄摇落，霜清见鱼行。白鸥远飞来，得我若眼明。佳人归何时，解衣绕厢荣。"③ 这两首诗句句用典，雍容雅致，绝无半点忸怩情态；所谓"得风雅体"，大约就是这样一种从容厚重的姿态。由于是五言古诗，用事造语颇显自由，情感表达也极为灵活。山谷诗之用典出于《庄子》与《文选》者固为杜诗所习见，其直接化用杜甫及韩愈诗句，则明显透露着黄庶和孙莘老相继教诲的艺术痕迹。山谷集中与孙莘老酬答之诗颇多，如《谢公择舅分赐茶三首》《呈外舅孙莘老二首》等，既有温馨体贴的情感抚慰，也不乏诗法、句法的互动切磨。山谷《祭外舅孙莘老文》曰："我初知书，许以远器。馆我甥室，饮食教诲。道德文章，亲承讲画。有防有范，至今为则。"④ 可谓肺腑之言。

再说谢景初。

---

① 晁说之：《晁氏客语》，《丛书集成初编》第369册，第11页。
② 孙觉：《和孙莘老题召伯斗野亭》，《全宋诗》卷六三二，第7544页。
③ 《外舅孙莘老守苏州留诗斗野亭庚申十月庭坚和》，《黄庭坚诗集注·山谷外集诗注》卷八，第1005页。
④ 《祭外舅孙莘老文》，《全宋文》第108册，第171页。

陈师道《后山诗话》曰："唐人不学杜诗，惟唐彦谦与今黄庶、谢师厚景初学之。鲁直，黄之子，谢之婿也。其于二父，犹子美之于审言也。然过于出奇，不如杜之遇物而奇也。三江五湖，平漫千里，因风石而奇尔。"① 此说播在人口，鲜有质疑者。其实，唐五代及北宋时期，杜诗的崇拜者绝不止三人而已。王禹偁自谓"本与乐天为后进，敢期子美是前身"②，他在向薛太保举荐丁谓时，亦称"其文类韩、柳，其诗类杜甫"③。庆历时代，苏舜钦将坎坷不遇之情发为歌咏，诗中既有忧国忧民的衷肠，也饱含抑郁失志的愁闷，其风格便与"以时事入诗"而"沉郁顿挫"的杜甫诗风相接近；方回称"苏子美壮丽顿挫，有老杜遗味"；"惜乎子美早卒，使老寿，山谷当并立也"④，实为的评。要之，黄鲁直在诗艺取向上既能传承黄庶家学，又能获益于孙莘老及谢景初，其如王炎所云："山谷外舅谢师厚、孙莘老二人皆学杜诗，鲁直诗法得之谢、孙，故专以杜诗为宗。然诗法出于工部，而句法不尽出于工部，山谷所以名世者以此。"⑤

谢景初诗法得益于姑父梅尧臣，范纯仁称谢景初"尤喜为诗，梅圣俞与公少长相陪，而为酬唱之友"⑥，是其证。随着婚姻网络的发展，梅诗的艺术精髓必将通过谢景初传递给黄庭坚，源流相继，乃必然之势。北宋诗史的发展轨迹，就这样隐藏在不易觉察的婚姻链条中。陆游《跋谢师厚书》云："师厚早岁与欧阳兖公、王荆公、梅直讲、江记注诸人游，名甚盛，晚更蹭蹬。居穰下二十余年，学愈进，文章愈成，独后诸公死。子憎、惊，甥黄鲁直，皆知名天下。然年运而往，士大夫鲜能知师厚者。"⑦其实，只要通读山谷诗，便知"士大夫鲜能知师厚"一说值得商榷。山谷《奉答谢公静与荣子邕论狄元规孙少述诗长韵》诗云："谢公遂如此，宰木

---

① 《历代诗话》上册，第307页。
② 《前赋春居杂兴诗二首……聊以自贺》，《全宋诗》卷六五，第2册，第733页。
③ 《荐丁谓与薛太保书》，《全宋文》第7册，第385页。
④ 《瀛奎律髓汇评》卷二二苏舜钦《中秋松江新桥对月和柳令》后评语，中册，第923页。
⑤ 王炎：《与杜仲高书》，《全宋文》第270册，第104页。
⑥ 范纯仁：《朝散大夫谢公墓志铭》，《全宋文》第71册，第342页。
⑦ 陆游：《跋谢师厚书》，《全宋文》第223册，第35页。

已三霜。无人知句法，秋月自澄江。二子学迈俗，窥杜见牖窗。试斫郢人鼻，未免伤手创。蠏胥与竹萌，乃不美羊腔。自往见谢公，论诗得濠梁。世方尊两耳，未敢筑受降。丹穴凤凰羽，风林虎豹章。小谢有家法，闻此不听将。相思北风恶，归雁落斜行。"① 山谷自外舅谢景初得"句法"，此诗即为铁案。黄庭坚在给苏轼的信中曾说："外舅谢师厚，外砥砺而中坦夷，士大夫间少见。暮年无所用心，更属全功于诗，益高古可爱。"② 或许只有那种亦师亦友亲如父子的关系，才能呈现出至纯至雅的唯美境界。山谷集中与谢师厚酬答之诗俯拾皆是，据黄䎱《山谷年谱》卷八考述，仅元丰元年（1078）所作，就有《和师厚秋半时复官分司西都》《师厚家居示里中诸君》《和答师厚黄连桥坏大木亦为秋雹所碎之作》《寄南阳谢外舅》《和外舅夙兴三首》《次韵师厚食蟹》《次韵谢外舅食驴肠》《次韵师厚答马著作屡赠诗》等，翁婿之间以酬答为手段的诗艺切磨，不仅促进了"山谷诗法"的不断成熟，更让北宋诗坛获益良多。

　　谢、黄之间的唱答交流其实还牵涉到谢景初的妹夫王存等人，这可以看成是该婚姻网络的延伸。熙宁十年（1077）任北京国子监教授的黄庭坚有《次韵外舅谢师厚喜王正仲三文奉诏祷南岳回至襄阳舍驿马就舟见过三首》及《次韵正仲三丈自衡山返命舍驿过外舅师厚赠答》等诗，史容注曰："'正仲三丈'谓王存，字正仲，元丰间修起居注，元祐初自右丞迁左丞。案《实录》，熙宁九年十一月诏，安南行营将士疾病者众，遣同知太常礼院王存祷南岳。自京师十一月被命至衡山，回程必在次年。案《陈无己诗话》云：谢师厚废居于邓。王右丞存，其妹婿也，奉使荆湖，枉道过之，夜至其家。师厚有诗云：倒着衣裳迎户外，尽呼儿女拜灯前。"③ 按：谢师厚妹夫王存、李处厚及王安礼等均为文学名家，黄庭坚以亲戚晚辈与之交往是必然的，只是这种交往对诗艺交流有无帮助已不得而知。

---

① 《山谷诗集注》卷四，第 177—178 页。
② 黄庭坚：《与苏子瞻书》，《全宋文》第 104 册，第 352 页。
③ 《黄庭坚诗集注·山谷外集诗注》卷二，第 808 页。

深受舅氏抚育之恩,并在孙、谢关怀下诗名渐盛的黄庭坚,后将甥舅亲情传递给了长姐的四个遗孤:洪朋、洪刍、洪炎和洪羽,成就了宋代文学史上最具人伦情味的一段佳话。"四洪"受教于舅氏的故事,原本隐含着一种鲜为人知的辛酸与苦楚。黄庭坚有《毁璧》云:

  毁璧兮陨珠,执手者兮问过。爱憎兮万世一轨,居物之忌兮固常以好为祸。羞桃苅兮饭汝,有席兮不嫔汝坐。归来兮逍遥,采云英兮御饿。淑善兮清明,阳春兮玉冰。畸于世兮天脱其缨,爱胃人兮生冥冥。弃汝阳侯兮,遇汝曾不如生。未可以去兮殆而其雏婴,众雏羽翼兮故巢倾。归来兮逍遥,西山浪波何时平?山潒潒兮猿鹤同社,瀑垂天兮雷霆在下。云月为昼兮风雨为夜,得意山川兮不可绘画。寂寥无朋兮去道如咫,彼幽坎兮可谢。归来兮逍遥,增胶兮不聊此暇。①

此赋乃哀悼之辞。山谷长姐不幸而殁,情形与苏洵之女苏小妹适其母兄程浚之子而不幸夭亡颇为相似。山谷《毁璧序》详述其原委,曰:"夫人黄氏,先大夫之长女","归南康洪民师。民师之母文成县君李氏,太夫人母弟也,治《春秋》甚文,有权智,如士大夫。夫人归洪氏,非先大夫意,怏怏逼之而后行。为洪氏生四男子,曰朋、刍、炎、羽,年二十五而卒。民师亦孝谨,喜读书,登进士第,为石州司户参军。奔父丧,客死。文成君闻夫人初不愿行,心少之,故夫人归则得罪。及舅而夫皆葬,夫人不得藏骨于其域,焚而投诸江。是时朋、刍、炎、羽未成人也。夫人殁后十有四年,太夫人始知不得葬,哭之不成声。曰:'使是子安归乎!'"② 文中所称"太夫人",即山谷与长姐之生母李氏。很明显,这位治《春秋》的姨母远没有善画墨竹的姨母那样亲切,至少在黄庭坚心中是善恶悬殊的。吴曾《能改斋漫录》曾记"四洪"生母曰:夫人"生重瞳子,眉目如

---

① 《毁璧》,《全宋文》第104册,第262页。
② 《毁璧序》,《全宋文》第106册,第157页。

画,玉雪可念。其为女工,皆妙绝人。幼少能自珍重,常欲练形仙去",只因"先大夫弃诸孤早,太夫人为家世堙替,持孤女托",才被迫将她嫁给了南康洪民师。① 黄震《黄氏日抄》则曰:"《毁璧序》叙山谷之女兄事姨母之子洪民师,年二十五而卒。姑恶之,不以葬焚而投诸江。山谷筑亭庐山而妥之。"② 了解到黄氏兄妹这段凄楚往事,再去解读黄山谷披肝沥胆以教"四洪"的良苦用心,感慨自会更深一层。

洪朋字龟父,"四洪"中最受推重者。此公于北宋末年两举进士不第,年仅三十八而卒。陈鹄《西塘集耆旧续闻》云:"诗有律","洪龟父诗云:'琅玕严佛屋,薜荔上僧垣。'山谷改上句,云'琅珰鸣佛屋',亦谓于律不合也"。③ 黄山谷传诗法于"四洪",正是从点滴入手。洪龟父虽英年早逝,但舅氏为他付出的心血并不少。山谷教授黄州时曾有书称:"龟父所寄诗,语益老健,甚慰相期之意。然家贫,老人须养,未免就科举,更须收拾笔墨,入规矩中,得失虽不在是,要是应科举法也";复云:"寄诗比旧增胜,每得所寄文字,虽衰苦憔悴中,亦一开颜也。"④ 在肯定诗艺进步的同时,也督促其"就科举"以养家,甥舅之间坦然相待,绝无矫饰。就整体而言,对洪朋的文学才华,山谷极为欣赏,尝谓"龟父笔力可扛鼎,它日不无文章垂世"⑤。洪龟父名列《江西宗派图》,《直斋书录解题》卷二〇载《清虚集》一卷,曰:"豫章洪朋龟父撰。"⑥

洪刍字驹父,登绍圣元年(1094)进士第⑦。历监汀州酒税。靖康中,官至左谏议大夫。建炎元年(1127)八月谪沙门岛以卒⑧。山谷有《与洪驹父》书曰:"所寄文字,更觉超迈,当是读书益有味也。学问文章,如

---

① 吴曾:《能改斋漫录》卷一四《陈后山李氏墓铭》条,第418、419页。
② 黄震:《黄氏日抄》卷六五,《景印文渊阁四库全书》第708册,第588页上。
③ 陈鹄:《西塘集耆旧续闻》卷五,第34页。
④ 《与洪氏四甥书》,《全宋文》第105册,第108—109页。
⑤ 《书旧诗与洪龟父跋其后》,《全宋文》第106册,第226页。
⑥ 《直斋书录解题》卷二〇,第597页。
⑦ 《宋登科记考》卷七,第457页。
⑧ 《建炎以来系年要录》卷八,《景印文渊阁四库全书》第325册,第156页上。

甥才器笔力，当求配于古人，勿以贤于流俗遂自足也。然孝友忠信，是此物之根本，极当加意养以敦厚醇粹，使根深蒂固，然后枝叶茂尔。"① 同样的教诲在山谷与洪驹父书中还有很多，足见其用心之深。另据《建炎以来系年要录》及王明清《玉照新志》载，洪刍后因为金人根括及纳景王宠姬曹氏获罪，知山谷预诫不为无由矣。洪刍所著有《职方乘》三卷、《后集》十四卷，赵希弁《读书附志》释曰："刍，字驹父，自少以诗名取重于时。登进士第，为晋州学官。山谷素称其才，尝曰：'甥之文学，他日当大成，但愿极加意于忠信孝友之地，甘受和，白和采，不但用文章照映今古，乃所望也。'又尝作《释权》以遗山谷，山谷答曰：'笔力纵横，极见日新之功。'刍之名因是益显。靖康之初，为尚书郎，三迁至谏议大夫。遭变坐事，贬文登。有《老圃集》行于世。续之者淳熙中帅程叔达也。"② 又有《香谱》一卷、《老圃集》一卷，均为陈振孙所录。陆游称"洪驹父窜海岛，有诗云：'关山不隔还乡梦，风月犹随过海身。'"③ 激赏不已。清人曰："刘克庄《后村诗话》曰：三洪与徐师川皆山谷之甥，龟父警句往往前人所未道，然早卒，惜不多见。驹父诗尤工"，"其诗本不足重轻，特其学有师承，深得豫章之格，但以文论，固不愧酷似其舅之称"。④ 撇开"失节"之事，单就家学传承而论，洪驹父能与兄龟父、弟刍父一起列名《江西诗派图》，亦不辱乃舅之教。

洪炎字玉父，与兄刍同登绍圣元年（1094）进士第⑤，以兄弟罹元祐党同贬。宣和中，累官至秘书少监，复坐元祐曲学罢。绍兴二年（1132）以左中大夫为秘书少监，兼权修注官。三年，除中书舍人，兼权直学士院；寻以疾请祠，遂以徽猷阁待制提举万寿观。十一月癸丑卒于信州。传见《宋史翼》卷二七。"四洪"中玉父人格上最似山谷。彭大翼《山堂肆

---

① 《与洪驹父》，《全宋文》第104册，第334—335页。
② 《郡斋读书志校证·读书附志》，第1124—1125页。
③ 《老学庵笔记》卷二，第22页。
④ 《四库全书总目》卷一五六《老圃集》提要，第1346页上、中。
⑤ 《宋登科记考》卷七，第457页。

考》云:"宋洪玉甫炎,师民第三子也。再为秘书少监,诗曰:'再入兰台逢旧史,重游东观阅新书。家徒四壁今无屋,谁为君王奏子虚。'按玉甫重听尝对上曰:'世人皆聋于心,臣独聋于耳;心则了了,惟上所使。'"①山谷诲"四洪"曰:"孝友忠信,是此物之根本。"玉父得之矣。他于建炎中编辑舅氏文集,以此报答"渭阳之情",曰:"建炎戊申岁,时鲁直之故人洪府连帅胡公少汲始属炎撰次,以刻板传世。撰次既契凤心,而外家所托,他人或不预闻,故不复辞。初,鲁直为叶县尉、北京教授、知太和县、监德平镇,诗文已无虑千数,《退听》所录,太和止数篇,德平十得四五。入馆之后,不合者盖鲜。窃意少时所作,虽或好诗传播尚多,不若入馆之后为全粹也。今断自《退听》而后,杂以他文,得一千三百四十有三首。""凡诗断自《退听》始,《退听》以前盖不复取,独取古风二篇冠诗之首,以见鲁直受知于苏公,有所自也。"② 此事关涉文学史书写细节,合当究心者。玉父有《西渡集》一卷,今传。另有《侍儿小名录》一卷。

洪羽字鸿父,绍圣四年(1097)登进士第,历知台州。元符末入元祐党籍,遂废黜终身③。山谷曾与洪驹父书曰:"鸿父更加意举业,须少入绳墨乃佳。"④复云:"鸿父不果别作书,凡欲与二甥道者,意不殊也。往见所作玉父僬壳轩诗,极知不负老舅所期。既食贫,不免仕宦,古人所谓'一人乘车,三人缓带',此亦不可不勉。赋自是中郎父子旧业,更须留意作五言六韵诗,若能此物,取青紫如拾芥耳。老舅往常作六七篇,尝见之否?或未见,当漫寄。大体作省题诗,尤当用老杜句法。若有鼻孔者,便知是好诗也。"⑤ 像这样深情恳切的叮嘱教诲,山谷集中还有许多。只可惜洪羽早逝,未有诗作传世。

"四洪"之外,山谷诸甥以诗名世者还有徐俯。俯字师川,洪州分宁

---

① 《山堂肆考》卷五八,《景印文渊阁四库全书》第 975 册,第 151 页下。
② 洪炎:《题山谷退听堂录序》,《全宋文》第 133 册,第 289 页。
③ 《宋登科记考》卷七,第 474 页。
④ 《答洪驹父书》,《全宋文》第 104 册,第 300 页。
⑤ 《与洪甥驹父》,《全宋文》第 104 册,第 311 页。

人。以父禧死国事,授通直郎。张邦昌僭位,遂退归乡里。绍兴二年(1132)任右谏议大夫,以门荫官不得为台谏,故特赐进士出身①。三年,迁翰林学士,俄擢端明殿学士、签书枢密院事。四年,兼权参知政事。次年卒②。徐俯身世,《建炎以来系年要录》述曰:"俯之母,黄庭坚从妹也。避乱抵昭州。上始因阅庭坚文集,见其名,而胡直孺在经筵称其行义文采,汪藻在翰苑又荐之。上赐吕颐浩手诏,曰:'朕比观黄庭坚集,称道其甥徐俯师川者,闻其人在靖康中立节可嘉,今致仕已久,想不复存,可赠右谏议大夫。或尚在,即以此官召之。'颐浩奏俯避地广中,乃诏俯文学行义有闻于时,除右谏议大夫,赴行在。俯入朝未数月,遂执政。"③既是鲁直从妹所出,自然非比"四洪"。不过,山谷对徐俯亦能推心置腹,竭力以教,尝以书诲之曰:"士大夫多报吾甥择交不妄出,极副所望。诗政欲如此作。其未至者,探经术未深,读老杜、李白、韩退之诗不熟耳。"复云:"每见贤士大夫及林下得意人,言师川言行之美,未尝不叹息也。所寄诗,正忙时读数过,辞皆尔雅,意皆有所属,规模远大。自东坡、秦少游、陈履常之死,常恐斯文之将坠。不意复得吾甥,真颓波之砥柱也。"④假如没有山谷的称誉和提携,徐师川之诗名能否与"四洪"等,实未可知。徐俯有《东湖集》三卷传世。

从黄庶、李公择兄妹到孙莘老、谢师厚,再到江西"四洪"以及分宁徐师川,这个以人伦亲情精心装点的婚姻网络,将几个文学家族紧密联系在一起,为宋代诗坛演绎着感人肺腑的优美乐章。对黄庭坚而言,这里面既有转益多师、渐次成就"山谷诗法"的幸运和感恩,也有因"毁璧"之痛而披肝沥胆的寄托与安慰。在这个姻缘网络中,也许还有一些需要提及的人物,譬如山谷集中屡次提到的外甥王霖,还有因撰《瀛奎律髓》而获誉天下的方回。回大父名垍,为山谷妹婿。不过,他们毕竟远离"山谷诗

---

① 《宋登科记考》卷九,第733页。
② 《宋史》卷三七二《徐俯传》,第11540页。
③ 《建炎以来系年要录》卷五一,《景印文渊阁四库全书》第322册,第688页上。
④ 《与徐师川书》,《全宋文》第104册,第305—306页。

法",也不在"江西诗派"中,旁搜远引易致繁赘。

三 黄氏家学内涵的变与不变

以婚姻为纽带的家学交流,必会促使不同家学之间的借鉴与互补。就"分宁黄氏"而言,其家学内涵在"十龙"竞爽的年代已形成:深笃孝友忠信,崇节尚义,重视举业,勤于学问事业,究心诗艺文章。随着家族成员婚姻关系的多元发展,"黄氏"家学的固有内涵或被坚持强化,或被部分修改;变与不变之间,仿佛呈现出多种家学相互影响的内在必然性。

首先,宁心养气、明道经世之教不以亲疏而稍易,孝友忠信、恭俭正直之德不以穷达而终始,不因富贵而易其志,不以贫贱而易其心,这是黄氏家学最核心的价值取向,同时也是家族成员绍续先贤的精神动力。

自黄中理创建芝台书院的那一刻起,"分宁黄氏"便注定要成为誉满天下的名门望族。该族经过黄湜一代"十龙"竞爽的准备积淀,至黄庶、黄廉时遂告辉煌。黄庶二十五时岁即以诗赋登进士第,后历佐府州,皆为从事,生平抱负虽奇伟,然卒未尽展;尽管如此,其爱民报国之心也不曾有丝毫改变;如知南雄州事时,遍访民间疾苦,修复凌连二陂水利,惠及百姓[①]。这种志在天下的仁者情怀,诗作中亦多有体现。《宿赵屯》曰:"芦花一股水,弭楫日已暮。山间闻鸡犬,无人见烟树。行逐羊豕迹,始识入市路。菱茨与鱼蟹,居人足来去。渔家无乡县,满船载稚乳。鞭笞公私急,醉眠听秋雨。"[②]此诗摹写渔村傍晚景象,特将目光集中在生计艰难的渔家身上,称他们既无乡县庇佑,却要面对公私税负,忍受鞭笞催缴之苦。宋代诗歌较少描述民间疾苦,黄庶此作一经面世便广获赞誉。黄庶尝自述曰:"其少而学也,观《诗》《书》以来,至于忠臣义士奇功大节,常恨身不出于其时,不得与古人上下其事,每辄自奋,以为苟朝得位,夕必

[①] 《广东通志》卷三九,《景印文渊阁四库全书》第563册,第677页下。
[②] 《宿赵屯》,《全宋诗》卷四五三,第8册,第5494页。

行之，当使后之人望乎己，若今之慕乎古也。既年二十五，以诗赋得第一，历佐一府三州，皆为从事，逾十年。郡之政，巨细无不与，大抵止于簿书狱讼而已，其心之所存，可以效于君，可以补于国，可以资于民者，曾未有一事可以自见。然而月廪于官，粟麦常两斛，而钱常七千；问其所为，乃一常人皆可不勉而能，兹素餐昭昭矣。"① 其实，所谓效君无路、爱国无门、资民无位，皆非庶之过也。

黄廉尝居要津，对忠君报国体会颇深。周必大《跋黄廉夷仲行状》云："给事中豫章黄公，在熙、丰时实任御史，将使指，在元祐时则椽公府，践禁省，出入要剧，独无间言，其致此必有道矣。""始见山谷所作行状，然后知公所以被遇两朝始终如一者，忘己徇公，中立不倚故也。"② 不错，"忘己徇公，中立不倚"乃是黄氏家学恭俭正直的要旨所在，同时更体现了黄廉忧君报国之诚。对此，吴曾尝举例说明，曰："'蜀茶总入诸蕃市，胡马尝从万里来。'盖元丰末，陆师闵提举川陕茶马，运茶抵陕，蜀人苦之。中丞苏辙、御史吕陶以为言，司马丞相建遣户部郎官黄廉往察视。同省皆云：'一笔勾断，归来作从官。'既堂辞，黄云：'容到彼，亲看利害，方敢奏陈。'既至，知得马为利，运茶为害。乃奏乞置铺兵官运茶，以宽民力。大忤宰执之意，就委措置行之。未几，公私果以为便。故诗云：'两猾论兵几败国。'盖此为王中正俞允作也。"③ 神宗及哲宗两朝，党争频仍，士畏其祸，能于纷乱朝局中保持中立、实事求是，确属难能可贵。从黄廉身上，后人即不难了解到黄氏子弟将家学精神转化为行事作风的内在逻辑。所谓欲"与古人上下其事"，"使后之人望乎己，若今之慕乎古"的价值追求，经过芝台书院"道义相磨"的训育熏陶早已深入骨髓，成为黄氏子孙安身立命的精神准则。

黄庭坚坚持道义、百折不回的品格宛如乃父乃叔，对此前贤早有公

---

① 黄庶：《伐檀集自序》，《全宋文》第51册，第243页。
② 周必大：《跋黄廉夷仲行状》，《全宋文》第230册，第256页。
③ 《能改斋漫录》卷七，第199页。

论，不待饶舌。清人时有牵强之论，如谓"黄氏"家学自南渡后遂失其传，显然有悖史实；或称朱熹等道学大家于山谷无贬词，乃是因孙䇮依附朱子之门，得以挂名于《语录》之故①，更属偏狭揣测。兹补引数条略加辨析。

山谷《濂溪诗序》颇为宋儒所激赏，以为形容至当，最能知濂溪高境②。如黄震曰："《濂溪诗序》言：'周茂叔，人品甚高，胸中洒落，如光风霁月。'晦庵谓此语最善形容，有道者气象。"③周琦《东溪日谈录》称："黄山谷谓茂叔人品甚高，胸中洒落，光风霁月。好读书，雅意林壑。初不为人窘束。短于取名而长于求志，薄于求福而厚于得民，菲于奉身而惠及茕嫠，陋于希世而尚友千古。山谷善体悉先生，故能知之如是也。"④由此不难看出，豫章之学与濂洛一派并无显著分歧，朱熹不以山谷为忤道者，原因在此。黄䇮能跻身朱子之门，亦因其家学渊源固有所自，非仅"依附"而已。至于说朱熹对山谷无贬词，亦非公论。如朱熹尝曰："山谷慈祥之意甚佳，然殊不严重。书简皆及其婢妮，艳词小诗，先已定以悦人，忠信孝弟之言不入矣。"复云："山谷使事多错本旨，如作人墓志云：'敬授来使，病于夏畦。'本欲言惶恐之意，却不知与'夏畦'相去关甚事？"⑤是知朱熹对山谷诗文不合于"道"者亦能明察秋毫，稍不宽贷。

山谷之后，黄氏子孙无论曳尾宦途还是遁迹江湖，都能恪守明道经世孝友忠信的家学传统，故受人赞誉者比比皆是。如黄荦仕至秘阁修撰，袁燮称："公资性笃实，用心于内，不汲汲于荣禄。""方群阴用事，则介然自持。及公道复开，亦恬然无愧。名流以是推之，每谓：'公若不限以科第，岂容我辈独在台阁。'公曰：'假令某以科第进，亦必不在台阁。'居朝列十三年，循序而升，未始超越，故制词有云：'安于平进，澹然无

---

① 《四库全书总目》卷一五七《双溪集》提要，第1357页下。
② 《黄庭坚诗集注·山谷别集诗注》卷上，第1411—1413页。
③ 黄震：《黄氏日抄》卷六五，《景印文渊阁四库全书》第708册，第583页下。
④ 周琦：《东溪日谈录》卷一五，《景印文渊阁四库全书》第714册，第256页上、下。
⑤ 《朱子语类》卷一三〇，第3120页。

营。'起居王舍人介称其明白洞达，礼部倪尚书思以先太史勉之，深感其言，服膺无致，谓子弟曰：'先太史名播海内，而官不过员郎，位不过著作。今吾德业未充，而禄位过之，岂不有愧。汝等但宜笃志力学，毋更求过入于侈靡，其有定分者，分寸不可强。枉尺直寻，徒丧所守尔。'公之立身垂训，大概若此。"① 从黄荦身上，即不难探寻到"分宁黄氏"久盛不衰的真正缘由。

以明道经世为核心的家学精神，经山谷"诸甥"接受传承，更得扩播。山谷《答洪驹父书》云："自顷尝见诸人论甥之文学，他日当大成，但愿极加意于忠信孝友之地。甘受和，白受采，不但用文章照映今古，乃所望者。"② 复云："望甥不以今所能者骄稚人，而思不如舜、禹、颜渊。禹七年三过其门而不入，观《禹贡》之书，厥功茂矣，然而终不伐，此必有长处。寡怨寡言，是为进德之阶，千万留意。犹望官下勤劳俗事勿懈。古人之言，犹钩其深，彼俗吏事，聪明者少加意，即当书最，既以立家为事，荣及手足为心。当念如此。"③ 以训诲文字传导爱及手足、心系天下的高尚情怀，其积极作用不容小觑。

江西"四洪"才分各异，"以立家为事，荣及手足"则一也。如《能改斋漫录》载："洪玉父云：祖宗时，非特士大夫能立节义，亦自上之人有以成之耳。张乖崖再任成都日，夜分时，城北门申有中贵人到，要请钥匙开门。公令开，既入见，公谓曰：'朝廷还知张咏在西川否？况川中两经兵寇，差咏治乱。今中贵人入川，比欲申地主之礼。如何须得中夜入城，使民惊扰。不知有何急切干当？'中贵曰：'衔命往峨嵋山烧香。'公曰：'待要先斩后奏，或先奏后斩耶？'中贵悚惧曰：'念某乍离班行，不知州府事体。'公曰：'若如此道即是。'却令出北门宿。来早入衙，下榜子云：'奉敕往峨嵋山烧香，入内内侍省王某参。'公判榜子：'既衔王命，

---

① 《秘阁修撰黄公行状》，《全宋文》第281册，第326页。
② 《答洪驹父书》，《全宋文》第104册，第301页。
③ 《与洪驹父书》，《全宋文》第104册，第310页。

不敢奉留。请于小南门出去。'其严正如此。又曾鲁公以侍读守郑州，有废疾中贵人，在郡寄居，多沽私酒。恃结连内侍，轻州县，不法。公始善谕之，俾自悛戢，辄出大言。公命吏搜捕，尽得其酿具，依法尽行。遂奏乞中官老废者，不得家外郡，朝廷嘉之。真宗朝，黄震知亳州。永城县濒汴河，例至冬涸，朝廷遣中官促州县科民开淘。时中官多任喜怒，非理棰挞役民，黄愤然殴之，中官即舍役赴阙自诉。帝问曰：'黄震缘何殴汝？'中官奏云：'言是我百姓，汝安得乱打！'帝嘉其言，即敕中官赴黄门，杖二十。黄后为才吏，仕至发运使。"① 洪炎举张咏、曾公亮及黄震三人，作为"能立节义"之楷模，不难推知其仕宦志趣。若通读《西渡集》所存诗，则能进一步了解其勤政爱民之心。《公实作暴雨诗次其韵》曰："民生惟播殖，天意在农深。一夜盆倾雨，千家粒食心。知时占聚蚁，催种有鸣禽。喜是田间语，青青刺水针。"又《庚戌岁六月四日至洪城旧庐无复尺橼怅然感怀用丙午岁迁居诗韵》曰："蝼蚁轻民命，泥沙损国赀。犬狼肆噬啮，驱逐乃其宜。胡为使群吠，如恶草蔓滋。哀哉三万室，钟此百六期。故居不可识，将是复疑非。阶前手种花，自怜托根微。露草相对泣，吟风作悲诗。"② 前者因暴雨成灾而忧及生民，后者缘大火焚城以成长歌，事有殊异，心系苍生则一也。

相同的追求，不变的情操，在洪龟父诗中亦有体现。如《小麦青青歌》曰："小麦青青大麦枯，新妇城边守茅蒲。不妨执热饷妇姑，奄观铚艾相喧呼。黄云好在玄云起，雨如车轮未渠已。绣衣使者问麦秋，今年麦秋又如此。"③ 此诗虽用《后汉书》事典，但心系民生疾苦自在不言中。龟父敬重古圣先贤，其《寄题蔡州鲁公祠堂》曰："鲁公岩壑姿，劲气不可及。岁寒万物尽，松柏当霜立。由来邪正间，厥势不相入。公当肃代后，窜斥复相袭。呜呼蔡州殒，义激壮士泣。周曾计不浅，希烈竟见执。从古

---

① 《能改斋漫录》卷一二，第363—364页。
② 《全宋诗》卷一二九九，第22册，第14738—14739页。
③ 洪朋：《小麦青青歌》，《全宋诗》卷一二七八，第22册，第14452页。

皆有殁，忠烈泰山岌。使君拊遗迹，丹青辨呼吸。壮公临大节，生气何当挹。高咏两贤篇，临风黯于邑。"① 蔡州鲁公祠，乃为唐颜真卿所建，曾巩《抚州颜鲁公祠堂记》谓颜公与其从父兄杲卿"皆有大节以死，至今虽小夫妇人，皆知公之为烈也"②，且详述其事迹，可参。严格说来，洪朋钦慕颜鲁公的壮节大义，与洪炎视张咏、曾公亮、黄震三人为"节义"楷模，精神实质并无二致，"分宁黄氏"崇尚高节的家学传统亦由此可见。

其次，仕、隐理念的互补与契合，是黄氏家学中最具个性特点的重要内涵。自黄湜以来，黄氏子孙积极进取，始终奉行"君子之事亲，当立身行道，扬名于后"，"常须读经书，味古人经世之意，宁心养气，累九鼎以自重"③ 的处世理念，希望能垂名后世。如果没有黄廉迎娶刘氏的婚姻牵连，这个崛起于科场的文化望族，恐怕永远都不会与退隐出世的消极人生发生关联。

黄廉娶刘涣之女，黄序娶处士章庆之女，黄淮娶仙都隐吏洪叔毅之女，都说明黄氏子孙已经逐步认同了"不事王侯，高尚其事"的盛德高节④，而这种认同，客观上不能不导致家族成员在出处心态上产生分歧。

刘涣字凝之，号西涧居士。天圣八年（1030）与欧阳修同榜及第，为颍上令。居官二十年，以不能屈节事上官，始终未得升迁。宋仁宗皇祐二年（1050）弃官归隐庐山，时年五十岁。《东都事略·刘恕传》云："父涣，字凝之。举进士，为颍上令。以刚直不屈于上位，即弃官而归，家于庐山之阳，时年且五十。欧阳修与涣同年进士也，高其节，作《庐山高》诗以美之。涣居庐山三十余年，环堵萧然，饘粥以为食，而游心尘垢之外，超然无戚戚之意。"⑤

---

① 《寄题蔡州鲁公祠堂》，《全宋诗》卷一二七八，第 22 册，第 14442 页。
② 《曾巩集》卷一八《抚州颜鲁公祠堂记》，第 293 页。
③ 黄庭坚：《与洪驹父》，《全宋文》第 104 册，第 335—336 页。
④ 《周易正义》卷三，《十三经注疏》本，中华书局影印本 1980 年版，第 35 页下。
⑤ 《东都事略》卷八七下《刘恕传》，《景印文渊阁四库全书》第 382 册，第 567 页下—568 页上。

其实，刘涣选择归隐，绝非决绝名利，而是缺乏进取之心。他宦途二十年不得升迁，表面上是因"刚直不屈于上位"，实则与碌碌无为久无建树的为官业绩密切相关。《三刘家集》存涣诗四首，其《初及第归题净慈寺壁二绝》云："彤扉新授紫皇宣，品作蓬壶二等仙。今日访师无限意，应怜憔悴胜当年。""梵刹仙都显焕存，心心惟绍法王孙。俗流不信空空理，将谓长生别有门。"刚刚进士及第便存空空之想，对梵刹仙都身怀眷恋，此等心境绝非积极向上者所当有。《自颖上归再题寺壁二绝》则称："颠倒儒冠二十春，归来重喜访僧邻。千奔万竞无穷竭，老竹枯松特地新。""被布羹藜三十春，苦空存性已通真。我来试问孤高士，翻愧区区名利身。"① 诗中说自己结束了"千奔万竞"的宦途生涯怡然归来，就仿佛是老竹枯松重新获得了新生。经历了三十载"被布羹藜"的世间磨炼，如今确已深悟"苦空存性"的禅理；因此，面对庄严肃穆的佛像，着实为自己曾经追名逐利的宦途人生悔恨不已。看似高洁的体悟，实则隐藏着宦途无成的郁闷和无奈。

应该说，刘涣的声誉是拜欧阳修《庐山高赠同年刘中允归南康》所赐，欧诗曰："庐山高哉，几千仞兮，根盘几百里，巀然屹立乎长江……羡君买田筑室老其下，插秧盈畴兮，酿酒盈缸。欲令浮岚暖翠千万状，坐卧常对乎轩窗。君怀磊砢有至宝，世俗不辨珉与玒。策名为吏二十载，青衫白首困一邦。宠荣声利不可以苟屈兮，自非青云白石有深趣，其气兀硉何由降？丈夫壮节似君少，嗟我欲说安得巨笔如长杠！"② 正是这样一首清响远播的诗作，将原本默默无闻的刘涣与出世"高节"联系在了一起，世人一旦吟诵《庐山高》，便会想起刘中允。

刘涣自退隐至元丰三年（1080）八十一岁而卒，生活安逸而纯粹。黄庭坚云："刘公中刚而外和，忍穷如铁石，其所不顾，万夫不能回其首也。家居四十年，不谈时事，宾客造门，必置酒终日。其言亹亹，似教似谏，

---

① 《全宋诗》卷二二九，第 4 册，第 2687 页。
② 《欧阳修全集》卷五《庐山高赠同年刘中允归南康》，第 84 页。

依于庄周、净名之间。年八十而耳聪目明,行不扶持,盖不得于彼而得于此也。若庐山之美,既备于欧阳文忠公之诗中,朝士大夫读之慨然,欲税尘驾,少挹其清旷而无由。而公独安乐四十年,起居饮食于庐山之下,没而名配此山,以不磨灭。碌碌而得志愿者,视公何如哉!"① 这种坦然出世的生活状态,的确令人驰想不已。

黄、刘两家联姻之后,黄氏子孙便受出世思想熏陶,遁迹归隐者日渐增多。黄廉族弟黄襄,山谷称"十九叔父"者,高隐不仕,耕耘之外颇以诗自题游钓胜景。黄庭坚治平中所作《次韵和台源篇九首》《次韵叔父圣谟咏莺迁谷》《叔父钓亭》《岩下放言五首》等,即从侧面反映着黄襄的隐居生活,而《次韵叔父台源歌》叙述尤详尽,曰:"吾家叔度天与闲,晚喜著书如漆园。台平旧基水发源,但闻淙淙下林峦。一朝斩木见万象,吞若云梦胸中宽。漱涤泥沙出山骨,混沌凿窍物状完。茶甘酒美汲双井,鱼肥稻香派百泉。暑风披襟着菡萏,夜月洗耳听潺湲。时从甥侄置樽俎,此地端正朝诸山。除书谤书两不到,紫烟白云深锁关。乡人讼争请来决,到门怀惭相与还。呼儿理琴荡俗气,果在巢由季孟间。"② 毫无疑问,这种茶甘酒美、鱼肥稻香、暑风披襟、夜月洗耳的乡间隐逸生活,已经得到了黄氏后人的认同和肯定。此外,黄茂宗之子黄育也在科举失意后耕读以终。其同辈人中,黄𪉂虽进士及第,为京兆府法曹,只因不肯俯首拜庭下,便解冠裳而归,终身不仕,隐芝台书院,教授以卒。其弟黄序,皇祐中登进士第,但"仕奇不逢,以大理寺丞致仕",过着"筑亭马鞍山,松声泉溜,足以忘年"的生活③。是知原本对立的隐、仕两种理念,在"分宁黄氏"家学中得到了有效互补,甚至实现了某种程度的契合。

避世情怀的独特价值一旦被接受,便很容易世代相传,逐渐成为家

---

① 《跋欧阳文忠公庐山高诗》,《全宋文》第 106 册,第 219 页。
② 《次韵叔父台源歌》,《全宋诗》卷一〇一八,第 17 册,第 11606—11607 页。
③ 黄序:《放隐斋落成寄鲁直九侄并序》,《全宋诗》卷六一八,第 11 册,第 7341 页。

风家学的有机组成。黄庭坚兄弟行中，黄廉之子叔豹、叔敖等皆以外家在庐山故，遂得与张辑等避世隐君往来酬答。黄廱子准，娶洪琰之女为妻。琰登进士第，终官清江宰。"方上下相安，而归意不可遏，乃奉祠去。家素贫，不以贫自累。"① 于偏安苟且之际奉祠以归，在吏隐生活中安享清贫，此公高节亦属可贵。黄准有此外舅，耳濡目染之间自然深受影响，其既称"云樵居士"，出处态度便不难推测。此外，黄叔敖之子霦亦号"静乐居士"，与"北湖居士"吴则礼酬答颇勤，则礼有《得黄济川书》云："荆南黄济川，少小但两屦。长大身转穷，四壁只么立。书来可怜人，苦说遥相忆。儿辈满眼前，吾发何由黑。几时打僧包，为子去得得。要论十年梦，已复话畴昔。"② 遁世生活的清苦，醇美友情的可贵，均在料想中，而平淡真诚的唱答，足可让彼此获得价值认同和心灵抚慰。

黄庭坚之孙黄然，也和弃官隐居卢溪的王庭珪、湖山居士吴芾以及竹坡居士周紫芝等交情深笃。周紫芝曾在同僚家看到过山谷画像，对其"芒鞋方释杖，野服不着冠"的超逸风采钦羡不已，于是渴望黄然能邀请画工，依照"君家本"重新描摹绘就，寄来江干，以慰其"幽兴"③。其诗格律严谨，运用古事，镕铸剪裁，颇显工巧，显然是受到黄山谷诗的熏陶浸染，习效日久，颇见功底。此外，周氏《次韵子绍同黄超然诸公山中之作》，抒发其与孙子绍、黄超然等乡野逸人之间的诚挚友情，称"伟哉二三子，风姿各磊落"，"那得嘶北风，长歌唾壶缺。眼看磊落士，抗论自超拔。各鸣白玉珂，共上黄金阙"。④ 周紫芝六十余岁方得一官，而在此之前，他与孙、黄诸公唱和酬答，以此获得精神上的理解和抚慰。应该说，在林泉雅士之间，酬答本身即蕴涵着肝胆相照

---

① 刘宰：《故仙都隐吏知县洪朝散墓志铭》，《全宋文》第 300 册，第 262 页。
② 吴则礼：《得黄济川书》，《全宋诗》卷一二六六，第 21 册，第 14281 页。
③ 周紫芝：《寄黄超然监丞求山谷像》，《全宋诗》卷一五三一，第 26 册，第 17388 页。
④ 周紫芝：《次韵子绍同黄超然诸公山中之作》，《全宋诗》卷一五二六，第 26 册，第 17350 页。

的价值和情韵。

"分宁黄氏"家学中崇尚隐逸的精神特质一直延续到南宋末期。黄子行"斥去职蕃宣,玩愒糜廪俸"①,尽心竭力,从事诗词创作,给黄氏隐君增添了新的风采。其词如《满江红·归自湖南题富春馆》《水龙吟·落梅》《花心动·落梅》等俱为名作,为历代词家所重。黄子行的词多为自度曲,如著名的《西湖月·探梅》便是自度商调。此词双调,一百四字,前后段各十句,四仄韵。词曰:

> 初弦月挂林梢,又一度西园,探梅消息。粉墙朱户,苔枝露蕊,淡匀轻饰。玉儿应有恨,为怅望,东昏相记忆。便解佩,飞入云阶,长伴此花倾国。　　还嗟瘦损幽人,记立马攀条,倚阑横笛。少年风味,拈花弄蕊,爱香怜色。扬州何逊在,试点染,吟笺留醉墨。漫赢得,疏影寒窗,夜深孤寂,送入我门来。

此调只有黄词二首,倚其声者可平可仄。黄子行的词以苦心而工,敷腴雅重,浏亮奇崛;这种作派,很容易让人联想到黄庶和黄庭坚取法前贤、熔铸创新的探索情景。黄庶尝作《忆竹亭》诗曰:"青衫汗污垢,尺寸莫可裨。忍作仓廪盗,宁老诗书饥。养笋为钓竿,早晚耕蒿藜。"② 对黄氏子孙来说,家学的核心乃在精神理念,非深入骨髓者难嗣其响。他们能够在清贫寂寞、与世暌隔的生活中静心品味山水幽趣,并以自度宫商、倚声填词的方式展示其审美体验,这既是家风家学的自然延续,更体现着引领风骚的真诚与渴望。

再次,诗艺探索始终是黄氏家学的重中之重。从黄庶、黄庭坚一直到黄克昌、黄子行,旁及江西"四洪"和徐俯,这一传承脉络不仅关涉黄氏一族的兴盛发达,即对整个宋诗研究也具有非常特别的意义和价值。

---

① 程公许:《赠修水黄君子行》,《全宋诗》第 57 册,第 35504 页。
② 黄庶:《忆竹亭》,《全宋诗》卷四五三,第 8 册,第 5493 页。

"黄氏"诗学祖述黄庶。庶"性嗜文字,若有病癖,未能无妄作"①,清人谓"江西诗派奉庭坚为初祖,而庭坚之学韩愈,实自庶倡之。其《和柳子玉十咏》中《怪石》一首最为世所传诵。然集中古体诸诗,并戛戛自造,不蹈陈因。虽魄力不及庭坚之雄阔,运用古事、镕铸剪裁亦不及庭坚之工巧,而生新矫拔,则取径略同。先河后海,其渊源要有自也"。"而其古文一卷,亦古质简劲,颇具韩愈规格,不屑为骈偶纤浓之词。其不甚加意于近体,盖由于此,非其才有不逮也。"②迄今为止,论黄庶学问与诗才者,无过于此。

黄庶的古体诗效法韩愈,此"西崑"与"欧梅"皆不曾尝试者。北宋文人对韩诗颇多争议,《冷斋夜话》载:"沈存中、吕惠卿吉甫、王存正仲、李常公择,治平中在馆中夜谈诗。存中曰:'退之诗,押韵之文耳。虽健美富赡,然终不是诗。'吉甫曰:'诗正当如是,吾谓诗人亦未有如退之者。'正仲是存中,公择是吉甫,于是四人者相交攻,久不决。""予尝熟味退之诗,真出自然,其用事深密,高出老杜之上。"③是知宋人"以文字为诗,以才学为诗,以议论为诗"者④,最早是受韩诗启发。不过,正如张戒所云:"退之诗,大抵才气有余,故能擒能纵,颠倒崛奇,无施不可。放之则如长江大河,澜翻汹涌,滚滚不穷;收之则藏形匿影,乍出乍没,姿态横生,变怪百出,可喜可愕,可畏可服也。"⑤没有足够的才学,实难达此境界。黄庶自幼勤读于芝台书院,及第后又与谢绛、晏殊、欧阳修及梅尧臣等交游往还,其丰厚的学识积淀为效法韩诗奠定了基础。《伐檀集》诗才气有余,如《忆竹亭》所谓"独移苍烟本,慰我千里思。坐生山林趣,亭园有光辉。免使清风来,留在桃李枝。月明绕竹步,捻挽颐颔髭。相向若知己,动摇影参差。人间欠药石,稚乳骄羌夷。青衫汗汗垢,尺寸莫可裨"⑥云云,

---

① 黄庶:《伐檀集自序》,《全宋文》第 51 册,第 243 页。
② 《四库全书总目》卷一五二《伐檀集》提要,第 1315 页上、中。
③ 《冷斋夜话》卷二,《丛书集成初编》第 2549 册,第 10 页。
④ 《沧浪诗话校释·诗辨》,人民文学出版社 1983 年版,第 26 页。
⑤ 《岁寒堂诗话》卷上,《历代诗话续编》上册,第 458 页。
⑥ 《忆竹亭》,《全宋诗》卷四五三,第 8 册,第 5493 页。

即很容易让人联想到韩愈的《和侯协律咏笋》。此类作品或不及韩诗健美,但"以才学为诗"的创作取向已经清晰。

《伐檀集》所存诗,当以《怪石》为典型,曰:"山阿有人着薜荔,廷下缚虎眠莓苔。手摩心语知许事,曾见汉唐池馆来。"① 首句化用《楚辞》原句,《九歌·山鬼》曰"若有人兮山之阿,被薜荔兮带女罗";次句"缚虎"典出《抱朴子》,称道士戴昞能以气禁人,人不能起;禁虎,虎伏地低头闭目,便可执缚。② 苏轼《题王晋卿画后》云:"丑石半蹲山下虎。"黄诗谓怪石宛如缚虎,久眠庭下,形容颇为奇巧。"手摩心语知许事"一句,实际"夺胎"于韩愈《郑群赠簟》诗句"手磨袖拂心语口",③ 此乃黄庶有意效法韩愈之铁案。诗中"莓苔"与"薜荔"成对,与"曾见汉唐池馆"相照应,谓此石历时久远,阅尽人间沧桑,构思可谓奇崛。《伐檀集》中像这样着意效韩的作品还有不少,如《大孤山》诗句句用典却绝无繁杂滞涩之感,用事精切,富赡奇崛,颇能彰显"无一字无来处"的诗法追求。此类诗作虽不能完全达到"姿态横生,变怪百出"的高妙境界,但潜心探索的方向非常明确。黄庶诗歌在两宋时期始终受到追捧,原因即在于此。刘后山非常欣赏黄庶诗中"书对圣贤为客主,竹兼风雨似《咸》《韶》","史解戮人惟戮古,地能埋死只埋愚"那样的诗句,以为其"奇崛不蹈袭",且云:"如《大孤山》'不知天星何时落,春秋不书不可寻',如《宿赵屯》云:'芦花一股水,弭棹日已暮。山间闻鸡犬,无人见烟树。行逐羊豕迹,始识入市路。菱芡与鱼蟹,居人足来去。渔家无乡县,满船载稚乳。鞭笞公私急,醉眠听秋雨。'杂之谷集中不能辨。"④ 应该说,后山的评论代表着宋元文人的普遍看法。

黄庶去世之后,黄庭坚念其"平生刻意于诗"而"世无知音"⑤,特

---

① 《怪石》,《全宋诗》卷四五三,第 8 册,第 5503 页。
② 《抱朴子内篇校释》卷一七《登涉》,中华书局 1985 年版,第 312 页。
③ 《韩昌黎诗系年集释》卷四,上海古籍出版社 1984 年版,第 387 页。
④ 《后村诗话·后集》卷一,第 53 页。
⑤ 黄庭坚:《刻先大夫诗跋》,《全宋文》第 107 册,第 1 页。

选《大孤山》与《宿赵屯》两诗,书写刻石,立于江西落星湾之禅寺。吕本中曰:"渊明、退之诗,句法分明,卓然异众,惟鲁直为能深识之。"[1] 山谷外甥洪刍亦称:"亚夫诗自有句法",而"山谷句法高妙,盖其源流有所自"。[2] 曹勋亦云:"黄太史以诗专门,天下士大夫宗仰之。及观其父所为诗,则江西正脉有自来矣。是父是子,呜呼盛哉!"[3] 亚夫效韩于前,山谷接踵于后,其审美追求一脉相承,后人若能仔细品读黄氏父子诗作,即可对此深信不疑。在北宋诗歌的发展历程中,黄氏父子的诗艺探索已经超越了家学范畴,呈现出不可忽视的史诗价值。

如果说黄庶是把效韩的功力传递给了黄庭坚,那么孙觉和谢景初则以师法杜诗的自觉丰富了"山谷句法"。

孙觉以为诗文创作"无他术,唯勤读书而多为之自工"[4],其与欧阳公、梅尧臣等名家情兼师友,学术及文章相得益彰,诗歌创作相互砥砺。当日作家,效韩文者多,真心喜欢杜诗者少。如《诗话总龟》载:"杨大年不喜杜子美诗,谓之村夫子。有乡人以子美诗强,大年不服,因曰:'公试为我续"江汉思归客"一句',大年亦为属对。乡人曰:'乾坤一腐儒。'大年似少屈。"[5] 杨亿主张诗文创作应讲求"丰富藻丽,不作枯瘠语",其文学主张与杜甫背道而驰,故称杜甫为"村夫子"。再如《贡父诗话》谓欧阳修"不甚爱杜诗,而谓韩吏部绝伦。吏部于唐世文章,未尝屈下,独于李、杜称道不已。欧阳贵韩而不悦子美,所不可晓"[6]。《延漏录》亦云:"予尝以师礼见参政欧公修,因论及唐诗,谓杜子美才出人表,不可学,学必不至,徒无所成,故未始学之。韩退之才可及,而每学之。故今欧诗多类韩体。"[7] 不管怎样理解,欧阳修贵"韩"轻"杜"乃是事实。

---

[1] 《苕溪渔隐丛话·前集》卷一八,第19页。
[2] 《苕溪渔隐丛话·前集》卷四七引《洪驹父诗话》,第319页。
[3] 曹勋:《跋黄鲁直书父亚夫诗》,《全宋文》第191册,第52页。
[4] 《竹庄诗话》卷一,第4—5页。
[5] 《诗话总龟·前集》卷五,第55页。
[6] 《诗话总龟·前集》卷六引,第66页。
[7] 《竹庄诗话》卷九引,第166页。

杜甫以"读书破万卷"的姿态"转益多师",故能"上薄风骚,下该沈宋","词气豪迈而风调清深,属对律切而脱弃凡近"①。苏轼尝云:"学诗当以子美为师,有规矩,故可学","学杜不成,不失为工"②,乃不易之论。不过,杜诗经典地位的确立是在仁宗以后。王安石皇祐四年(1052)撰《杜工部诗后集序》云:"予考古之诗,尤爱杜甫氏作者,其词所从出,一莫知穷极,而病未能学也。"③ 王琪嘉祐四年(1059)四月撰《杜工部集后记》时亦称:"近世学者,争言杜诗,爱之深者,至剽掠句语,迨所用险字而模画之,沛然自以绝洪流而穷深源矣";"子美博闻稽古,其用事,非老儒博士罕知其自出"④。从两人的议论中不难看出,至少在嘉祐时期,能够专注杜诗者尚不多见。

孙莘老不排斥韩愈,但更喜欢杜诗,曾公开宣称杜甫的《北征》诗远胜于韩愈的《南山》诗⑤。北宋作家效法杜诗而卓有成效者,以孙觉为早。《苕溪渔隐丛话·前集》引《诗眼》云:"山谷常言:'少时曾诵薛能诗云:青春背我堂堂去,白发欺人故故生。孙莘老问云:此何人诗?对曰:老杜。莘老云:杜诗不如此。'后山谷语传师云:'庭坚因莘老之言,遂晓老杜诗高雅大体。'传师云:'若薛能诗,正俗所谓叹世耳。'"⑥ 假使没有对杜诗品格的深入研究,并形成精准的鉴赏力,使偶闻一联便能认定"杜诗不如此",实难设想。孙觉文集未能传世,仅就《全宋诗》所辑十五首诗来看,其着意效法的姿态极为虔诚。如《介亭》诗云:

真人昔未起,奔鹿骇四方。连延天目山,两乳百里长。有地跨江海,无种生侯王。中霄燎穹旻,列石表坛场。朱旗大梁野,英气吞八

---

① 《杜诗详注·附编·诸家论杜》,第2329页。
② 《诗人玉屑》卷一二,第253页。
③ 《杜工部诗后集序》,仇兆鳌:《杜诗详注》卷二五,第2241页。
④ 王琪:《杜工部集后记》,仇兆鳌:《杜诗详注》卷二五,第2241页。
⑤ 《苕溪渔隐丛话·前集》卷二八,第198页。
⑥ 《苕溪渔隐丛话·前集》卷一四,第90页。

荒。寥寥百年后，故物亦已亡。所余彼巉岩，峰巅屹相望。主人承明老，星斗工文章。筑亭紫霄上，坐客苍株旁。攀云弄明月，晓星生扶桑。禹山隔波涛，简书永埋藏。愿逢希夷使，水土还故常。

介亭位于杭州凤凰山，左江右湖，千里在目，位置极其险峻。赵抃有《介亭》诗云："介亭群石似飞来，深插云林两两排。占得群峰最高地，翠姿何处有尘霾。"① 孙觉此诗则不同于赵抃之写实，它句句用典，置字下语皆有来处。首句化用唐人萧祐《游石堂观》诗句"西山高高何所如，上有古昔真人居"②；次句典出《越绝书》，越王句践尝盛赞其宝剑巨阙云："巨阙初成之时，吾坐于露坛之上，宫人有四驾白鹿而过者，车奔鹿惊，吾引剑而指之，四驾上飞扬，不知其绝也。"③ "连延"四句，用典源自《吴越备史》所载："咸通中，京师有望气者，言钱唐有王者气。乃遣侍御史许浑、中使许计赍璧来瘗秦望山之腹以厌之。使回，望气者言必不能止。又郭璞撰《临安地志》云：'天目山前两乳长，龙飞凤舞到钱唐。海门山起横为案，五百年生异姓王。'"④ 所谓"杜诗用事广"⑤，乃是效习者用功之关键。孙莘老诗所以能富赡高雅、沉潜厚重，根源即在于此。

谢景初宦途虽不达，诗作却别有韵味。山谷尝云："外舅谢师厚，外砥砺而中坦夷，士大夫间少见。暮年无所用心，更属全功于诗，益高古可爱。"⑥ 虽然是翁婿相惜，其评价亦非简单虚美。事实上，谢师厚诗之所以能够达到高古可爱的"绝妙"⑦境界，与姑父梅尧臣的熏染点拨密切相关。梅圣俞被刘克庄誉为宋诗"开山祖师"，其《宛陵集》之初稿即有赖谢景初捃拾编辑。梅公与谢师厚往还之作多达二十余首，如《师厚云虱古未有

---

① 赵抃：《杭州八咏·介亭》，《全宋诗》第六册，第4228页。
② 王仲镛：《唐诗纪事校笺》卷五三，巴蜀书社1989年版，第1447页。
③ 李步嘉：《越绝书校释》，武汉大学出版社1992年版，第265页。
④ 《吴越备史》卷一，四部丛刊续编本。
⑤ 《苕溪渔隐丛话·前集》卷二二，第145页。
⑥ 黄庭坚：《与苏子瞻书》，《全宋文》第104册，第352页。
⑦ 《苕溪渔隐丛话·前集》卷二八，第197页。

诗邀予赋之》《谢师厚归南阳效阮步兵》等作,具体描述了两人在诗艺方面切磋交流的真实细节。《依韵和师厚别后寄》云:"吾与尔别未及旬,吾家依旧甑生尘。闭门不出将谁亲,自持介独轻货珍。盘餐岂有咸酸辛,苦吟辍寝昏继晨。夜光忽怪来何频,采拾若在沧浪垠。和者弥寡唯阳春。"① 黄鲁直曾说:"谢师厚七言绝类老杜,但少人知之耳。如'倒着衣裳迎户外,尽呼儿女拜灯前',编入《杜集》无愧。"②《苕溪渔隐丛话》则称:"古今诗人,以诗名世者,或只一句,或只一联,或只一篇,虽其余别有好诗,不专在此,然播传于后世,脍炙于人口者,终不出此矣,岂在多哉。……'倒着衣裳迎户外,尽呼儿女拜灯前',乃谢师厚也。"③ 其实,谢景初"倒着衣裳"系由杜诗"有时颠倒着衣裳"变化而来,语气俊逸,偶对亲切,乃是其有意效法杜诗的明证。

谢景初的诗作多未传世,其新奇古峭的风格及师法杜诗的痕迹却清晰可见。如《和吴中复江渎泛舟》云:"雨飞暑馆变秋堂,息驾林祠意绪长。笋脱万苞风韵玉,莲开百亩水浮香。楸盘力战棋忘味,筼簹清吟扇递凉。心惜吏闲文酒乐,雅欢未既即离觞。"此诗"辞致峭丽、语脉新奇、句清而体好",隐约体现出初学杜诗者直欲"体其格,高其意,炼其字"的沉稳心态④。山谷称谢师厚"七言绝类老杜",此乃显证。再如,谢景初"峰巅见沧海,日出常先晨"的描述⑤,乃是由杜甫"沧海先迎日"幻化而来。此类诗作虽未达到杜诗"思人所不能思,道人所不敢道","直摅本怀,借景入情,点镕成相"⑥的境界和水平,模仿创新的思致却一目了然。

黄庭坚既绍承家学,在模仿韩诗方面得天独厚,又能接续孙、谢两家,将师法杜诗的艺术实践推进到一种新境界。宋人对此议论颇多,兹摘

---

① 梅尧臣:《依韵和师厚别后寄》,《全宋诗》卷二四五,第5册,第2846页。
② 《诗话总龟·前集》卷九,第98页。
③ 《苕溪渔隐丛话·后集》卷二,第10、12页。
④ 张表臣:《珊瑚钩诗话》卷二,《丛书集成初编》第2550册,第14页。
⑤ 谢景初:《寻余姚上林湖山》,《全宋诗》卷五一八,第9册,第6295页。
⑥ 陆时雍:《唐诗镜》卷二一,《景印文渊阁四库全书》第1411册,第497页下。

录数条以明其迹。

不拘声律。《竹庄诗话》引张文潜语曰："以声律作诗，其末流也，而唐至今诗人谨守之。独鲁直一扫古今，出胸臆，破弃声律，作五七言，如金石未作，钟磬声和，浑然有律吕外意。近来作诗者，颇有此体，然自吾鲁直始也。"①对此，胡仔发明曰："古诗不拘声律，自唐至今诗人皆然，初不待破弃声律。诗破弃声律，老杜自有此体，如绝句《漫兴》《黄河》《江畔独步寻花》《夔州歌》《春水生》，皆不拘声律，浑然成章，新奇可爱，故鲁直效之，作《病起荆州江亭即事》《谒李材叟兄弟》《谢答闻善绝句》之类是也。老杜七言如《题省中院壁》《望岳》《江雨有怀郑典设》《昼梦》《愁强戏为吴体》《十二月一日三首》。鲁直七言如《寄上叔父夷仲》《次韵李任道晚饮锁江亭》《兼简履中南玉》《廖致平送绿荔枝》《赠郑郊》之类是也。此聊举其二三，览者当自知之。文潜不细考老杜诗，便谓此体自吾鲁直始，非也。鲁直诗本得法于杜少陵，其用老杜此体何疑。"②

换字对句。《禁脔》曰："鲁直换字对句法，如'只今满坐且尊酒，后夜此堂空月明'，'清谈落笔一万字，白眼举觞三百杯'，'田中谁问不纳履，坐上适来何处蝇'，'秋千门巷火新改，桑柘田园春向分'，'忽乘舟去值花雨，寄得书来应麦秋'。其法于当下平字处以仄字易之，欲其气挺然不群，前此未有人作此体，独鲁直变之。"胡仔辩之曰："此体本出于老杜，如'宠光蕙叶与多碧，点注桃花舒小红'，'一双白鱼不受钓，三寸黄柑犹自青'，'外江三峡且相接，斗酒新诗终日疏'，'负盐出井此溪女，打鼓发船何郡郎'，'沙上草阁柳新暗，城边野池莲欲红'。似此体甚多，聊举此数联，非独鲁直变之也。"③

夺胎换骨。释惠洪《冷斋夜话》载："山谷云：诗意无穷而人之才有限，以有限之才追无穷之意，虽渊明、少陵不得工也。然不易其意而造其

---

① 《竹庄诗话》卷六"绝句谩兴九首"条，第129页。
② 《苕溪渔隐丛话·前集》卷四七，第319页。
③ 《苕溪渔隐丛话·前集》卷四七，第319页。

语,谓之换骨法,窥入其意而形容之谓之夺胎法。……山谷作《登达观台》诗曰:'瘦藤拄到风烟上,乞与游人眼界开。'不知眼界阔多少。'白鸟去尽青天回',凡此之类,皆换骨法也。……东坡《南中作》诗云:'儿童误喜朱颜在,一笑那知是醉红。'凡此之类,皆夺胎法也,学者不可不知。"①山谷所谓"夺胎换骨"乃传自苏轼。史绳祖云:"东坡《泗州僧伽塔》诗'耕田欲雨蓺欲晴,去得顺风来者怨。'此乃隐括刘禹锡《何卜赋》中语曰'同涉于川,其时在风,沿者之吉,泝者之凶,同蓺于野,其时在泽。伊穜之利,乃穋之厄'。坡以一联十四字而包尽刘禹锡四对三十二字之义,盖夺胎换骨之妙也。至如《前赤壁赋》尾段一节,自'惟江上之清风与山间之明月'至'相与枕藉乎舟中,不知东方之既白',却只是用李白'清风明月不用一钱买,玉山自倒非人推'一联,十六字演成七十九字,愈奇妙也。"②吴曾辩之曰:"予尝以觉范不学,故每为妄语。且山谷作诗,所谓'一洗万古凡马空',其肯教人以蹈袭为事乎?……夫皎然尚知此病,孰谓学如山谷,而反以不易其意,与规模其意,而遂犯钝贼不可原之情耶?"③

晚喜沈宋。石林叶氏曰:"黄大临云:'鲁直晚喜沈佺期、宋之问诗,以为与杜审言同时。老杜五言不惟出其家法,亦参得二人之妙也。责宜州,并不以书同行,箧中惟有佺期集一部。'然鲁直文字中未尝及,当是不示人以朴也。吾尝问大临诗中所甚爱者,举'海外逢寒食,春来不见饧。洛阳新甲子,何日是清明'一篇,以为二十字中婉而有味,如人序百许言者。"④

江西"四洪"及徐俯均能传承舅氏家学,在诗歌创作上卓有建树。山谷以诗法教诸甥,其秘诀可从书信中略见端倪;兹略举数端,以补前人议论之未足。

---

① 《冷斋夜话》卷一"换骨夺胎法"条,《丛书集成初编》第2549册,第5页。
② 《学斋佔毕》卷二,《丛书集成初编》第313册,第34页。
③ 《能改斋漫录》卷一〇,第296—297页。
④ 《文献统考》卷二三一,第1844页下。

其一，强调"治经术及精读史书"。《后山诗话》云："鲁直与方蒙书：'顷洪甥送令嗣二诗，风致洒落，材思高秀，展读赏爱，恨未识面也。然近世少年，多不肯治经术及精读史书，乃纵酒以助诗，故诗人致远则泥。想达源自能追琢之，必皆离此诸病，漫及之尔。'与洪朋书云：'龟父所寄诗，语益老健，甚慰相期之意。方君诗，如凤雏出毂，虽未能翔于千仞，竟是真凰尔。'"①

其二，讲求"无一字无来处"。山谷《答洪驹父书》云："所寄《释权》一篇，词笔纵横，极见日新之效，更须治经，探其渊源，乃可到古人耳。青琐祭文，语意甚工，但用字时有未安处。自作语最难，老杜作诗，退之作文，无一字无来处，盖后人读书少，故谓韩、杜自作此语耳。古之能为文章者，真能陶冶万物，虽取古人之陈言入于翰墨，如灵丹一粒，点铁成金也。文章最为儒者末事，然既学之，又不可不知其曲折，幸熟思之。至于推之使高如泰山之崇，崛如垂天之云，作之使雄壮如沧江八月之涛，海运吞舟之鱼，又不可守绳墨，令俭陋也。"② 苏、黄而后，所谓"无一字无来处"的创作经验渐入人心。李复云："杜诗谓之诗史，以班班可见当时事，至于诗之叙事，亦若史传矣。""若欲解释其意，须以礼义为本，盖子美深于经术，其言多止于礼义。至于陶冶性灵、留连光景之作，亦非若寻常之所谓诗人者。元微之作墓志甚称尚，竟不能发其气象意趣，盖子美诗，自魏晋以来一人而已。"③ 李之仪亦称："作诗要字字有来处，但将老杜诗细考之，方见其工。若无来处，即谓之乱道亦可也。"④ 究竟是杜甫深于学问，还是宋人为凸显其诗学理念而选择了杜甫？黄山谷于杜诗经典地位的确立，功莫大焉。

其三，诗文"自当造平淡"。山谷《与洪驹父》书曰："学功夫已多，读书贯穿，自当造平淡，且置之，可勤董、贾、刘向诸文字。学作论议文

---

① 《后山诗话》，《历代诗话》（上），第311页。
② 《答洪驹父书》，《全宋文》第104册，第301页。
③ 《与侯谟秀才书》，《全宋文》第112册，第167页。
④ 《杂题跋》，《全宋文》第122册，第64页。

字，更取苏明允文字读之。古文要气质浑厚，勿太雕琢。"①

黄庭坚《叔父和叔墓碣》尝云："家有藏书，使人多闻，先人之泽，束手不温。呜呼和叔，白首方册，泉涌于笔，不疚于吃。万金之产，一子倾之，前无以肩之，后无以承之。呜呼和叔，司田以迹，我耡我穮，以燕孙息。修水潫沄，源若瓮口。达于江汉，不闭其久。呜呼和叔，松槚在壠，泽尔本根，茂于子孙。"②"分宁黄氏"之家学传承有序，代不乏人。除此而外，黄氏家族几代成员的绝妙姻缘，对拓展其家学内涵颇有裨益。其如"山谷诗法"的熔铸锻炼，即凝聚着黄、孙、谢三家效"韩"法"杜"的艺术经验。山谷能以"千古奇作，于杜、韩、苏之外自辟一宗，故为江西初祖"③，盖与其外舅孙莘老、谢师厚的教诲切磨密切相关。刘克庄尝称黄鲁直"会粹百家句律之长，究极历代体制之变，搜猎奇书，穿穴异闻，作为古诗，自成一家，虽只言半字不轻出，遂为本朝诗家宗祖，在禅学中比得达摩"④。两宋士人之婚姻网络关涉其家学及诗文创作成就者，黄山谷之舅氏、外舅及诸甥等皆堪为楷模。

---

① 《与洪驹父》，《全宋文》第 104 册，第 334—335 页。
② 黄庭坚：《叔父和叔墓碣》，《全宋文》第 108 册，第 101 页。
③ 《居易录》卷三，《景印文渊阁四库全书》第 869 册，第 345 页上。
④ 《江西诗派序·黄山谷》，《全宋文》第 329 册，第 108 页。

第八章　陆氏家学与渭南文章

　　陆游文章雍雅典则，其风度气韵首先得益于家学熏陶。他自幼深受祖、父教诲，耳提面命之间渐告淹博。放翁虽没有学术专著，却能将考订典章名物、深究字词训释、辨析学术得失的家学功夫自觉运用于散文、笔记的创作之中；其游记之作也能搜寻金石资料，引据诗文作品，与相关地理相参证。所有这些，不仅丰富了陆氏家学的固有内涵，更拓展了诗文解读与批评的新途径。另一方面，陆游的杂史著作和史论文章，也能充分继承其祖、父治《春秋》的理念与方法，将借古鉴今的"微言大义"贯穿于历史叙事之中，援据精详，简实严谨。陆游始终保持着经史研究的思维逻辑和习惯，其不少散文形同札记，或拾遗补阙，或改错纠谬，体现着学以致用的追求与特点。

　　就创作个性而言，陆游的诗作向来以敷腴俊逸垂名后世，其经史之学与散文创作的卓越成就也深为时人所瞩目。或谓其"学问该贯，文辞超迈，酷喜为诗，其他志铭记叙之文皆深造三昧，尤熟识先朝典故沿革、人物出处，以故声名振耀当世"，[1] 颇为的论。不过，放翁在学术及文章两方面的非凡业绩向来为诗名所掩，悉心观照者既少，研究遂不够深入全面。窃以为欲深知放翁之诗，则先须通晓放翁之学，而"山阴陆氏"自陆佃以来传承不衰的丰厚家学，不仅成就了《渭南文集》《入蜀记》等清丽雅洁的精美文章，更让陆游对"诗家三昧"有了不同寻常的感悟和理解。虽说

---

[1]　张淏：《会稽续志》，《文渊阁四库全书》第486册，第512页下。

前代学者对"山阴陆氏"家学制约《渭南》文章的诸多因素颇有争议,但两者之间表里相济的内在逻辑毕竟不可否认。要之,学术研究与文章写作的关联互动,终使陆游散文创作"卓然自为一家";从这个角度看,其典型示范价值毋庸置疑。

一　山阴陆氏之家学渊源

　　精心研读先秦儒学典籍,推见王道治乱之本,探究"礼家、名数之说"①,潜心"名物训诂之学"②,这既是陆氏家学的固有之义,更是放翁"以文名当时,其言雍雅典则,足为学者资益"③的渊源所在。杨载尝曰:"凡作诗,气象欲其浑厚,体面欲其宏阔,血脉欲其贯串,风度欲其飘逸,气韵欲其铿锵,若雕刻伤气,敷衍露骨,此涵养之未至也,当益以学。"④其实,非独诗,文章亦然;《渭南》文章得益于陆氏家学的风度气韵,正可作如是观。

　　赵宋有国以后,"山阴陆氏"才俊辈出,衣冠之盛浸复如晋、唐时。大中祥符中陆轸以进士起家,仕至吏部郎中、直昭文馆。轸子珪,官至国子博士。珪子佃,累官至尚书左丞。佃生宰,官至中散大夫。宰四子,皆以文学政事自奋,放翁,其一也。就陆氏家学的兴盛发展而言,陆佃的功绩最为显著。他著有《二典义》、《礼象》及《春秋后传》等以发明礼家名数,复撰《尔雅新义》、《埤雅》与《鹖冠子》以传名物训诂之学,诗文创作则有《陶山集》传世。陆宰承其父学,亦撰有《春秋后传补遗》⑤。陆游自幼深受祖、父熏陶与教诲,其潜心为学的恒心更是至老不衰。开禧

---

① 《宋史》卷三四三《陆佃传》,第 10920 页。
② 《四库全书总目》卷一五《毛诗名物解》提要,第 122 页上。
③ 吴宽:《新刊渭南集序》,《渭南文集》卷首,《四部丛刊初编》,上海商务印书馆 1929 年版。
④ 杨载:《诗法家数》,何文焕:《历代诗话》(下),第 736 页。
⑤ 《宋史》卷二〇二《艺文志》,第 5065 页。

元年四月，放翁撰《东篱记》，称其告归之后"考《本草》以见其性质，探《离骚》以得其族类，本之《诗》、《尔雅》及毛氏、郭氏之传，以观其比兴，穷其训诂。又下而博取汉、魏、晋、唐以来，一篇一咏无遗者，反复研究古今体制之变革，间亦吟讽为长谣短章，楚调唐律，酬答风月烟雨之态度。盖非独娱身目、遣暇日而已"。① 由此不难看出，放翁一生都在克己自奋，自觉传承佃、宰之学。

陆氏家学的核心要义与王安石"新学"的关系极为密切。陆佃早年"蹑履从师，不远千里，过金陵，受经于王安石"，熙宁三年（1070）举进士甲科。后为郓州教授，召补国子监直讲。"安石以佃不附己，专付之经术，不复咨以政。"及安石辞世时，"佃率诸生供佛，哭而祭之，识者嘉其无向背"②。徽宗即位以后，官至吏部尚书，拜尚书右丞，迁尚书左丞，遂执政。后以名列"元祐党籍"，出知亳州而卒。陆佃颇尊王氏"新学"，其所撰《礼象》一书意在修订聂崇义《三礼图》之不足，然"尊、爵、彝、舟皆取公卿家及秘府所藏古遗器，与聂《图》大异"③，是知其治学方法与泥古尊圣者判然有别。佃所著《尔雅新义》颇多创新，序称："旧说此书始于周公以教成王，子夏因而广之。虽不可考，然非若周公、子夏不能为也，故予每尽心焉。虽其微言奥旨有不能尽，不得谓不知者也。岂天之将兴是书，以予赞其始。譬如绘画，我为发其精神。后之涉此者致曲焉，虽使仆拥彗清道，跂望尘躅可也。"④ 和《尔雅新义》同时面世的还有《埤雅》，该书有《释鱼》《释兽》《释鸟》《释虫》《释马》《释木》《释草》《释天》等八大门类，陈振孙谓其"本号《物性门类》，其初尝以《释鱼》《释木》二篇上之朝，编纂将就，而永裕上宾，不及再上，既注《尔雅》，遂成此书。其于物性精详，所援引甚博，而亦多用《字说》"⑤。所谓"援

---

① 陆游：《东篱记》，《全宋文》第 222 册，第 129 页。
② 《宋史》卷三四三《陆佃传》，第 10917、10918 页。
③ 《直斋书录解题》卷二《礼象》解题，第 50 页。
④ 陆佃：《尔雅新义序》，《全宋文》第 101 册，第 208 页。
⑤ 《直斋书录解题》卷三《埤雅》解题，第 88 页。

引甚博"而"多用《字说》",正是陆氏家学的特点所在,清人曰:"其说诸物大抵略于形状而详于名义,寻究偏旁,比附形声,务求其得名之所以然。又推而通贯诸经,曲证旁稽,假物理以明其义。中多引王安石《字说》。"① 陆佃虽以不附安石新法而名入党籍,然其学问渊源实有所自。若能撇开宗派之争,单就学术本身来看,其"曲证旁稽"以发明《尔雅》"微言奥旨"的学术探索,仍然值得尊重。

陆游传承家学,在名物训释、典章考绎等方面多有建树。尤其是自淳熙末年(1189)退归山阴镜湖以后,取法师旷"老而学如秉烛夜行"② 的精神,筑庵湖边,搜集整理各种名物典章及逸闻趣事,撰成《老学庵笔记》十卷。陈氏称陆游"生识前辈,年登耄期,所记见闻,殊可观也"③;清人则谓该书所载"轶闻旧典,往往足备考证"④;所有这些评价均不失客观公允。放翁传承陆佃学术,对王氏"新学"深怀敬意。《老学庵笔记》卷九载:"王荆公熙宁初召还翰苑。初侍经筵之日,讲《礼记》'曾参易箦'一节,曰:'圣人以义制礼,其详见于床笫之间。君子以仁行礼,其勤至于垂死之际。姑息者,且止之辞也。天下之害,未有不由于且止者也。'此说不见于文字,予得之于从伯父彦远。"⑤ 假如不是倾心向往,要完整重复这种"不见于文字"的《礼记》讲解恐非易事。当然,在王氏"新学"著作中,《字说》一书最为陆氏子孙所推重,《老学庵笔记》云:"予少时见族伯父彦远《和霄字韵诗》云:'虽贫未肯气如霄。'人莫能晓。或叩之,答曰:'此出《字说》霄字,云:"凡气升此而消焉。"其奥如此。'"复曰:"近时此学既废,予平生惟见王瞻叔参政笃好不衰。每相见,必谈《字说》,至暮不杂他语,虽病,亦拥被指画诵说,不少辍。其次晁

---

① 《四库全书总目》卷四〇《埤雅》提要,第342页中。
② 陆游:《老学庵诗注》,《陆放翁全集》中册,中国书店1986年版,第519页。
③ 《直斋书录解题》卷一一《老学庵笔记》解题,第336页。
④ 《四库全书总目》卷一二一《老学庵笔记》提要,第1046页中。
⑤ 《老学庵笔记》卷九,中华书局1979年版,第122页。

子止侍郎亦好之。"① 按：王之望字瞻叔，襄阳谷城人；晁公武，字子止。其实，从传承家学的角度看，陆游对"新学"的尊崇极为自然。他虽无《埤雅》那样的解字之书，但撇开汉唐学者的固有成说，对相关字音字义别做新解的做法，与王氏《字说》一脉相承。如曰："世多言白乐天用'相'字，多从俗语作思必切，如'为问长安月，如何不相离'是也。然北人大抵以'相'字作入声，至今犹然，不独乐天。老杜云：'恰似春风相欺得，夜来吹折数枝花。'亦从入声读，乃不失律。俗谓南人入京师，效北语，过相蓝，辄读其榜曰'大厮国寺'，传以为笑。"② 另如："梅宛陵诗，好用'案酒'，俗言'下酒'也，出陆玑《草木疏》：'荇，接余也。白径，叶紫赤色，正圆，茎寸余，浮水上，根在水底，与水深浅。茎大如钗股，上青下白，煮其白茎，以苦酒浸之，脆美可案酒。'今北方多言'案酒'。"③ 凡此种种，既已在王氏《字说》中司空见惯，更成为陆氏家学的当行做法。

严格来说，陆游的名物训释绝非单纯和自成体系的语言学研究，其征引考订的语词对象，往往出自一些名流大家的诗文作品，而考订过程又关涉对这些作品的正确理解。有些考订不仅能拓展读者的视野，还能有效提升审美想象的空间。因此，其研究本身，既是对"陆氏"家学的传承与变革，更具有丰富文学批评方法、拓展诗文解读途径的特殊价值。如曰：

韩退之诗云："夕贬潮阳路八千。"欧公云："夷陵此去更三千。"谓八千里、三千里也。或以为歇后，非也。《书》："弼成五服，至于五千。"注云："五千里。"《论语》冉有曰："方六七十，如五六十。"注亦云："六、七十里，五、六十里也。"④

东坡诗云："大弨一弛何缘彀，已觉翻翻不受檠。"《考工记》：

---

① 《老学庵笔记》卷二，第25、26页。
② 《老学庵笔记》卷一〇，第124页。
③ 《老学庵续笔记》卷一，第138页。
④ 《老学庵笔记》卷三，第31页。

"弓人寒奠体。"注曰:"奠,读为定。至冬胶坚,内之檠中,定往来体。"《释文》:"檠,音景。"《前汉苏武传》:"武能网纺缴,檠弓弩。"颜师古曰:"檠,谓辅正弓弩,音警;又巨京反。"东坡作平声叶,盖用《汉书》注也。①

如此解释,对正确理解韩愈、苏轼等人的相关诗句自然有所助益。虽说放翁在字词训释方面很难超越乃祖乃翁,但他能触类旁通,将严谨求实的治学理念与方法转移运用到地志考述方面,功绩颇为卓著。放翁尝自述曰:"余少读地志,至蜀汉巴僰,辄怅然有游历山川、揽观风俗之志。"② 也许正是这种自幼养成的好奇心,最终促成了他乾道六年(1170)的入蜀之旅。此行历时近半年,陆游于旅途中按日作记,撰成《入蜀记》六卷。四库馆臣尝列举十六例,以明其史地考述之精确严谨,曰:"游本工文,故于山川风土,叙述颇为雅洁。而于考订古迹,尤所留意。……非他家行记流连风景,记载琐屑者比也。"③ 对于四十五岁的陆游来说,将亲身游历与史地考察结合起来,发挥家学优势,形诸文字,这是一种必然选择。陆游既详于史实,考述过程亦严谨平实,其博学雅逸的人格魅力由此得到充分展示。《入蜀记》所记,仿佛是在借景转换、次第展开一幅幅震撼人心的历史画卷,令人遐想。

需强调说明的是,和"名物训释"一样,陆游的史地考察时常和具体作家、作品联系在一起。作者多以睹物思人的特殊方式追忆前贤,寄托幽思,文笔所及往往出人意表。如《东屯高斋记》曰:"少陵先生晚游夔州,爱其山川不忍去,三徙居皆名高斋。质于其诗,曰次水门者,白帝城之高斋也;曰依药饵者,瀼西之高斋也;曰见一川者,东屯之高斋也。故其诗又曰'高斋非一处。'予至?数月,吊先生之遗迹,则白帝城已废为丘墟百有余年,

---

① 《老学庵笔记》卷七,第90页。
② 陆游:《东楼集序》,《全宋文》第222册,第334页。
③ 《四库全书总目》卷五八《入蜀记》提要,第530页上。

自城郭府寺，父老无知其处者，况所谓高斋乎！瀼西，盖今？府治所，画为阡陌，裂为坊市，高斋尤不可识。独东屯有李氏者，居已数世，上距少陵，财三易主，大历中故券犹在，而高斋负山带溪，气象良是。李氏业进士，名襄，因郡博士雍君大椿属子记之。"① 假使没有陆游的考察与解释，杜诗所谓"高斋非一处，秀气豁烦襟"究指何种情境，恐怕很难确解。

另如《入蜀记》卷四载：（八月）"十九日早，游东坡。自州门而东，冈垄高下，至东坡则地势平旷开豁。东起一垄颇高，有屋三间。一龟头曰'居士亭'，亭下面南一堂颇雄，四壁皆画雪。堂中有苏公像，乌帽紫裘，横按筇杖，是为雪堂。堂东大柳，传以为公手植。正南有桥，榜曰'小桥'，以'莫忘小桥流水'之句得名。其下初无渠涧，遇雨则有涓流耳。旧止片石布其上，近辄增广为木桥，覆以一屋，颇败人意。东一井曰'暗井'，取苏公诗中'走报暗井出'之句。泉寒熨齿，但不甚甘。又有'四望亭'，正与雪堂相直。在高阜上，览观江山，为一郡之最。亭名见苏公及张文潜集中。坡西竹林，古氏故物，号南坡，今已残伐无几，地亦不在古氏矣。出城五里，至安国寺，亦苏公所尝寓。兵火之余，无复遗迹。惟绕寺茂林啼鸟，似犹有当时气象也"。② 苏轼被贬黄州，诗文创作大放异彩。州有胜境曰"东坡"，公以之自号。陆游亲临其地，拜谒"东坡""雪堂"，流连"小桥""暗井"，每到一处，即以所记苏轼名句与眼前景象对照比勘，感慨之余，更对这位"不以一身祸福，易其忧国之心，千载之下，生气凛然"的"忠臣烈士"③ 满怀景仰。要之，无论杜甫三迁"高斋"的豁达胸怀，还是苏轼被贬黄州时的闲雅情致，经过陆游的考察和比勘，都生动呈现在了读者面前；原本冰冷的地名，终被赋予了文学审美的全新内涵。

此外，陆游严谨翔实的地志考察，还能为读者提供诗文欣赏的新视角；以纠正字词解释为表象的考订分析，更能让人在悉心品读之间别有所

---

① 陆游：《东屯高斋记》，《全宋文》第223册，第90页。
② 《入蜀记》卷四，第36页。
③ 陆游：《跋东坡帖》，《全宋文》第223册，第23页。

获，会心一笑。如《老学庵笔记》云："欧阳公谪夷陵时，诗云：'江上孤峰蔽绿萝，县楼终日对嵯峨。'盖夷陵县治下临峡，江名'绿萝溪'。自此上沂，即上牢关，皆山水清绝处。孤峰者即甘泉寺山，有孝女泉及祠在万竹间，亦幽邃可喜，峡人岁时游观颇盛。予入蜀，往来皆过之。韩子苍舍人《泰兴县道中诗》云：'县郭连青竹，人家蔽绿萝。'似因欧公之句而失之。此诗盖子苍少作，故不审云。"① 若非亲至其地，则很难知晓"甘泉寺山"影入"绿萝溪"的幽邃胜境。本来略显凄凉的贬谪心境，经陆游指画，倒现出几分清绝闲雅的韵味。至于说韩子苍过泰兴县，未解欧公本意，误以"绿萝"泛指藤萝而写入诗中，此乃惯常之失，不辩不清。再如《入蜀记》卷三载：经过实地考察，陆游以为江州庾楼之得名与晋人庾亮无关，庾亮任江、荆、豫州刺史，其治所原在武昌。白居易、张芸叟等诗人称江州之楼为"庾楼"②，乃是误传。

类似的文字在《入蜀记》、《老学庵笔记》以及《渭南文集》中还有很多，其考订辨析的简洁片段，常似缀珠串玉，不断丰富着南宋诗学的新内涵。幸有贤者用心于此，搜辑掇拾，已成《放翁诗话》，其嘉惠后学的学术功绩足可称道。

概而言之，放翁之学得于佃、宰者为多。但从另一角度看，他毕竟生活在南宋中期，其时"新学"与"关洛之学"以及"蜀学"之间的宗派纷争已渐告消弭，"程朱"之学虽渐臻兴盛，但毕竟只是一家之说。陆游能兼顾众说，言语之间总是表现出兼收并取的超逸心态。如《答刘主簿书》以为，"诋穷经"和"诋博学"都是孤陋鄙浅的表现，凡好学之士就应该"各出所长，相与讲习，从其可者，去其不可"，在讨论分析后决定取舍，而学习的范围不仅包括儒家"六经"、先秦百家之说以及历代史书，还应涉及"文词议论、礼乐耕战、钟律星历、官名地志、姓族物类"等更加广泛的领域。即

---

① 《老学庵笔记》卷七，第87、88页。
② 《入蜀记》卷三，第29页。

使不能"兼该众长",也要力求"各有所得"①。陆游如是说,更如此做;故其文章富赡宏博,议论说理往往能出人意表。

放翁没有专门的学术著作,后人欲了解其学术理念和治学方法则有赖相关题跋及议论文字。如在《易》学研究方面,陆游明确倡导开放而独立的作风,反对仅守一家之说。《跋朱氏易传》云:"《易》道广大,非一人所能尽,坚守一家之说,未为得也。元晦尊程氏至矣,然其为说亦已大异,读者当自知之。"② 他绝不赞成在《周易》研究中固执己见,甚至掺杂个人好恶的举动。《老学庵笔记》云:"欧阳文忠公立论《易·系辞》当为《大传》,盖古人已有此名,不始于公也。有黠僧遂投其好,伪作韩退之《与僧大颠书》,引《系辞》谓之《易大传》,以示文忠公。公以合其论,遂为之跋曰:'此宜为退之之言。'予尝得此书石刻,语甚鄙,不足信也。"③ 欧阳修《易童子问》卷三载:"此所谓《系辞》者,汉初谓之《易大传》也,至后汉已为《系辞》矣。语曰:'为赵、魏老则优,不可以为滕、薛大夫也。'《系辞》者谓之《易大传》,则优于《书》、《礼》之传远矣,谓之圣人之作,则僭伪之书也。"④ 欧阳公不仅认为《系辞》和《易大传》同书而异名,且断言二者均非"圣人之作"。从表面上看,欧阳公为大颠所惑,信而跋之,是因为大颠能"投其好",在伪造的韩愈书信中将所引《系辞》内容标注为《易大传》;但实际上,陆游以为"不足信"者,并不仅仅指韩愈《与僧大颠书》的文本,或许还包括"《易·系辞》当为《大传》"的论点本身。事实上,陆游也确实没有对欧公《易》学给予太高评价。其《跋蒲郎中易老解》云:

《易》学自汉以后浸微,自晋以后与《老子》并行,其说愈高,愈非《易》之旧。宋兴,有酸枣先生以《易》名家,同时,种豹林亦

---

① 陆游:《答刘主簿书》,《全宋文》第 222 册,第 233 页。
② 陆游:《跋朱氏易传》,《全宋文》第 223 册,第 27 页。
③ 《老学庵笔记》卷六,第 73 页。
④ 《易童子问》卷三,《欧阳修全集》卷七六,第 1121 页。

开门传授，传至邵康节，遂大行于时。然康节欲以授伊川程先生，乃拒弗受，而伊川每称胡安定、王荆公《易传》，以为今学者所宜读，惟此二家。王公乃自毁其说，以为不足传，着论悔之。《易》之难知如此。夜读蜀蒲公《易传》、《老子解》，喟然叹曰："公于《易》与《老子》，盖各自立说，迹若与晋诸人同而实异也。"书以遗其族孙申仲，试以予言请问，信何如也？①

在这个北宋《易》学名家的排行榜中，就没有欧阳修。至于放翁借程颐之口盛赞胡瑗和王安石所著《易传》，很难说没有隐含任何好恶倾向。不过，有关王安石"自毁其说，以为不足传"的事实，也的确让陆游感受到"《易》之难知"。而且，随着年龄的增长，围绕《易》学而进行的理性思考还将进一步深化。开禧乙丑（1205），八十一岁的陆游在《跋潜虚》中这样写道："学者必通《易》，乃能以其绪余通《玄》；《玄》既通矣，又以其余及《虚》，非可以一旦骤得也。刘君谈《虚》如此，则其于《易》与《玄》可知矣。司马丞相乃谓己学不足知《易》，故先致力于《玄》，盖谦云耳。"② 今按：《玄》指《太玄》，扬雄撰；《虚》即《潜虚》，司马光著。从《周易》到《太玄》再到《潜虚》，呈现着学术探索的递进与发展，所谓"《玄》以准《易》，《虚》以准《玄》"③ 是也。应该说，在程朱理学渐行渐盛的南宋中期，能够以开放姿态遍览诸家兼收并取，陆游独立思考的严谨神态与乃祖一脉相承。

二　援据精详的史法传承

从《春秋后传》到《南唐书》，陆氏史学代有传人。而以史学家惯

---

① 陆游：《跋蒲郎中易老解》，《全宋文》第 223 册，第 29 页。
② 陆游：《跋潜虚》，《全宋文》第 223 册，第 46 页。
③ 《直斋书录解题》卷九《潜虚》解题，第 275 页。

有的深邃眼光观照现实社会，将借古鉴今视为历史研究的主旨和义务，时刻保持创新求真的学术自觉，乃是陆游史学著作中最值得重视的价值体现。

治《春秋》者必重其"义"，而"义"之所存并不仅限于《春秋》经传。陆佃早年"蹑屦从师，不远千里。过金陵，受经于王安石"①。进士及第后被选为郓州教授，召补国子监直讲。荆公为相时，佃始终专心经术，未预朝政。《春秋后传》虽未传世，但陆佃承袭王氏"新学"，对"《春秋》之义"别作新解，似无可疑。如其《鹖冠子》注文，在解释《著希》篇所谓"贤人之潜乱世也，上有随君，下无直辞。君有骄行，民多讳言。故人乖其诚。能士隐其实情，心虽不说，弗敢不誉"时说："扬雄《美新》是已。此非可已而不已者也。夫雄如此，而义不能绳墨者，则以有道故也。鲁人曰'柳下惠固可，吾固不可'，孔子善之。然则无雄之道，浮沉浊世，龌龊阿上，而欲自比于雄，亦已惑矣。"② 其实，类似的说法，在晋人范望注《太玄经》时就已出现过，曰："扬子云处前汉之末，值王莽用事，身絷乱世，逊退无由，是以朝隐，官爵不徙。昔者文王屈抑而系《易》，仲尼当衰周而述《春秋》，为一代之法，以彰圣人之符。子云志不申显，于是覃思，耦《易》著《玄》。其道以阴阳为本，比于庖牺之作，事异道同。"③ 范氏能将扬雄撰《太玄》之事与文王演《易》、孔子述《春秋》相提并论，以为"事异道同"，显然有悖历史真实，但类似说法却得到了孙复的继承与发挥。孙氏谓当王莽篡汉之时，"独子云耻从莽命，以圣王之道自守，故其位不过一大夫而已。子云既能疾莽之篡逆，又惧来者蹈莽之迹，复肆恶于人上，乃上酌天时行运盈缩消长之数，下推人事进退存亡成败之端，以作《太玄》"④。复尝著《春秋尊王发微》，欧阳修称其"不惑传注，不为曲说以乱经。其言简易，明于诸侯大夫功罪，以考时之

---

① 《宋史》卷三四三《陆佃传》，第10917页。
② 陆佃：《鹖冠子》卷上，《景印文渊阁四库全书》第848册，第204页下。
③ 扬雄撰：《太玄经》卷一，范望注，《景印文渊阁四库全书》第803册，第11页下。
④ 孙复：《辨扬子》，《全宋文》第19册，第304页。

盛衰，而推见王道之治乱，得于经之本义为多"①。孙氏称扬雄"以圣王之道自守"，陆佃谓扬雄"义不能绳墨者，则以有道故也"，可见他们对"义"的理解默然自通。

另如，《鹖冠子·天则》篇有云："文武交用而不得事实者，法令放而无以枭之谓也。"佃释之曰："枭，斩刑也。此言法令不行，小人敢为负谩而无忌惮也。虽然，秦以苛察相高，其弊徒文具耳，而至于土崩，更甚乎无法者，无恻怛之实故也。由是观之，内无至诚恻怛之实，欲以一切从事于法，则将以考真也，适足以起伪；将以稽治也，适足以招乱。"② 在陆佃看来，法令能否得到切实实行，关键要看它有无"至诚恻怛之实"；若无"至诚恻怛之实"，便只能停留在"文具"层面。所谓"《春秋》之义，用贵治贱，用贤治不肖，不以乱治乱也"③ 者，就是要凸显"王道"不同于"霸道"的治世理念和伦理价值。王符尝云："是故法令刑赏者，乃所以治民事而致整理尔，未足以兴大化而升太平也。夫欲历三正之绝迹，臻帝、皇之极功者，必先原元而本本，兴道而致和，以淳粹之气，生敦庞之民，明德义之表，作信厚之心，然后化可美而功可成也。"④ 陆佃认为"欲以一切从事于法"，便"足以起伪"，"足以招乱"，同样是在彰显"《春秋》之义"，其基本思致应与王符等一脉相承。

陆游不治《春秋》，但所谓"圣王之道""《春秋》大义"，在他的史论文章中也时时有体现。如《书郭崇韬传后》曰：

> 后唐庄宗初得天下，欲立爱姬刘氏为后。而韩夫人正室也，伊夫人位次在刘氏上。庄宗虽出夷狄，又承天下大乱，礼乐崩坏之际，然顾典礼人情，亦难其事，未知所出。群臣虽往往阿谀，亡学术，然亦无敢当其议者。豆卢革为相，郭崇韬为枢密使，崇韬功高迹危，思为

---

① 《欧阳修全集》卷三〇《孙明复先生墓志铭》，第458页。
② 《鹖冠子》卷上，《景印文渊阁四库全书》第848册，第207页上。
③ 范宁集解：《春秋穀梁传》卷一〇，《丛书集成初编》第3677册，第258页。
④ 王符撰：《潜夫论》卷八《本训》，胡大浚等注，甘肃人民出版社1991年版，第295页。

自安计，而革庸懦无所为，惟谄崇韬以自安，因相与上章言刘氏当立。于是庄宗遂立刘氏为后。刘氏既立，黩货蠹政，残贼忠良，天下遂大乱。庄宗以弑崩，李氏之子孙歼焉。呜呼！革不足言矣，崇韬佐命大臣，忠劳为一时冠，其请立刘氏，非有他心也，不过谓天子所宠昵而自结焉，将赖其助以少安而已。然唐之亡，实由刘氏，是亡唐者崇韬也。后唐之先，皆有勋劳于帝室，晋王克用百战以建王业，庄宗因之遂有天下。同光之初，海内震动，几可指麾而定矣。而崇韬顾区区之私，引刘氏以覆其社稷，而灭其后嗣。宗庙之灵，其肯赦之乎？崇韬卒以尽忠赤其族，革亦无罪诛死，岂非天哉！①

郭崇韬乃庄宗功臣，梁、唐夹河对垒以及后唐灭梁之际屡建奇功，累官至枢密使。后唐同光三年九月兴灭蜀之役，庄宗"以继岌为西南面行营都统，崇韬为招讨使，军政皆决崇韬"。② 功成之后，即次年正月，郭崇韬却被魏王继岌、宦官李从袭等人矫诏杀害，其五子皆遇害。不久，庄宗"异母弟、鄜州节度使存乂伏诛。存乂，郭崇韬之子婿也，故亦及于祸"。③ 自唐昭宗天复三年正月下诏诛杀宦官以后，阉寺之祸渐告消弭；五代数十年间，宦官得与后宫勾结，祸乱朝政者，仅庄宗一朝而已。郭崇韬乃朝廷重臣，其建功之后旋遭灭族，而造此无端之情状者，绝非刘氏"黩货蠹政，残贼忠良"那样简单。郭崇韬被杀之后，孟知祥入蜀割据，旋即建立后蜀政权；不久之后，唐庄宗亦被洛阳乱军所弑。假使庄宗治国有方，君正臣贤，朝纲稳固，后宫嫔妃欲与宦官串通构祸，岂容易哉！陆游不深责庄宗，实乃"为尊者讳"；而所谓"唐之亡，实由刘氏，是亡唐者崇韬也"的史论见解，则让人联想到石介"采摭唐史中女后、宦官、奸臣事迹"而撰写的《唐鉴》一书，该书所论"奸臣不可使专政，女后不可使预事，宦

---

① 陆游：《书郭崇韬传后》，《全宋文》第222册，第360页。
② 欧阳修：《新五代史》卷二四《郭崇韬传》，第250页。
③ 薛居正：《旧五代史》卷三四《庄宗纪》，第468页。

官不可使任权"①的历史教训，其实早已体现在《春秋》传笺的"微言大义"当中。

值得称道的是，陆游能将"《春秋》笔法"移诸其他文字，既隐约体现"微言大义"，又使讥刺褒贬了无痕迹。如《跋林和靖帖》云："祥符、天禧间，士之风节文学名天下者，陕郊魏仲先、钱塘林君复二人，又皆工于诗。方是时，天子修封禅，告太平，有二人在，天下麟凤芝草不足言矣。"②魏野、林逋乃宋初名隐，他们生活在真宗时期，亲身经历过天书屡降、祥瑞日生、东封西祀等种种诡异之事。陆游若直书其事，必会因"讥讪"而获罪；今跋文称"有二人在，天下麟凤芝草不足言矣"，虽隐约其辞，然讥刺之意存焉。《入蜀记》卷二所载樊若冰背叛南唐、北上献策的记载和评价，亦复如此。《春秋》记事讲究"书法不隐"，而陆游以为樊氏因个人偶不得志，遂起卖国投敌之念，其行为与"乱臣贼子"无异，故《入蜀记》文引张文潜议论，以为应"正其叛主之罪而诛之"，并强调说："文潜此说，实天下之正论也。"③对于"王师"渡采石灭南唐一事，陆游以为实出"天意"，樊若冰个人实无功可言。其有关南唐君臣"暗且怠"、招祸亡国实出必然的议论，很容易让人联想到偏安一隅、文恬武嬉的南宋政权。其文不仅用力挞伐樊若冰背主求荣的叛国行径，直接批评李氏君臣"暗且怠"的亡国教训，既有历史的观照，同时也深具现实隐忧；所谓"微言大义"正隐含其中。

由于自幼受到家传史学的熏陶，陆游在著史理念上始终坚持采获有据，谨严"史法"④。他不赞成欧阳修采小说入史，认为不够严谨。《老学庵笔记》云：

《该闻录》言："皮日休陷黄巢为翰林学士，巢败被诛。"今《唐

---

① 石介：《徂徕石先生文集》卷一八《唐鉴序》，第211页。
② 陆游：《跋林和靖帖》，《全宋文》第223册，第42页。
③ 《入蜀记》卷二，第16、17页。
④ 《直斋书录解题》卷五《新修南唐书》解题，第137页。

书》取其事。按尹师鲁作《大理寺丞皮子良墓志》，称："曾祖日休，避广明之难，徙籍会稽，依钱氏，官太常博士，赠礼部尚书。祖光业，为吴越丞相。父璨，为元帅府判官。三世皆以文雄江东。"据此，则日休未尝陷贼为其翰林学士被诛也。光业见《吴越备史》颇详。孙仲容在仁庙时，仕亦通显，乃知小说谬妄，无所不有。师鲁文章传世，且刚直有守，非欺后世者，可信不疑也。故予表而出之，为袭美雪谤于泉下。①

同一事案，在《跋松陵倡和集》中又有新的表述，曰："皮袭美当唐末遁于吴越，死焉。有子光业为吴越相，子孙业文，不坠家声。至袭美四世孙公弼，以进士起家，仕庆历、嘉祐间，为韩魏公所知，虽不甚贵显，亦当世名士也。方吴越时，中原隔绝，乃有妄人造谤，以谓袭美隳节于巢贼，为其翰林学士。《新唐书》喜取小说，亦载之。岂有是哉！比《唐书》成时，公弼已死，莫与辨者。可叹也！"② 今按：有关皮日休陷贼之事，《新唐书》的记载不为仅见。《资治通鉴》卷二五四僖宗广明元年十二月壬辰载，黄巢即皇帝位后"以太常博士皮日休为翰林学士"。③ 元辛文房《唐才子传》卷六亦称皮日休"乾符丧乱，东出关，为毗陵副使，陷巢贼中，巢惜其才，授以翰林学士。日休惶恐，局踖欲死，未能劫，令作谶文以惑众，曰：'欲知圣人姓，田八二十一；欲知圣人名，果头三屈律。'贼疑其衷恨必讥己，遂杀之，临刑神色自若，无知不知皆痛惋也"。④ 凡此种种，皆取《该闻录》所载而入史者，放翁独责《新唐书》，显属失察。不过，自胡三省注《资治通鉴》而征引《老学庵笔记》之考述文字，诸史旧说遂不足从信。陆游在史学研究中严考史料真伪的学术特点，由此不难得到明确的体认。

陆游专心于南唐史研究，其功夫也在于详考史实，辨伪存真。有不少细

---

① 《老学庵笔记》卷一〇，第134页。
② 陆游：《跋松陵倡和集》，《全宋文》第223册，第45页。
③ 司马光：《资治通鉴》卷二五四，中华书局1974年版，第17册，第8241页。
④ 傅璇琮主编：《唐才子传校笺》，中华书局1990年版，第3册，第503页。

节考察，颇能体现陆氏家学求实严谨的固有特点。如《入蜀记》卷二载：

> 州本唐扬州扬子县之白沙镇，杨溥有淮南，徐温自金陵来觐溥于白沙，因改曰迎銮镇。或谓周世宗征淮时，诸将尝于此迎谒，非也。（七月一日）
>
> 右文林郎监大军仓王烜来，王言京口人用七月六日为七夕，盖南唐重七夕，而常以帝子镇京口，六日辄先乞巧，翌旦，驰入建康，赴内燕，故至今为俗云。然埙太宗皇帝时尝下诏，禁以六日为七夕，则是北俗亦如此，此说恐不然。（五日）
>
> 有《祭悟空禅师文》，曰："保大九年，岁次辛亥，九月，皇帝以香茶乳药之奠，致祭于右街清凉寺悟空禅师。"按南唐元宗以癸卯岁嗣位，改元保大，当晋出帝之天福八年。至辛亥，实保大九年，当周太祖之广顺元年。则祭悟空者，元宗也。《建康志》以为后主，非是。（七日）
>
> 保宁有凤凰台、览辉亭。台有李太白诗云："三山半落青天外，二水中分白鹭洲。"今已废为大军甲仗库。惟亭因旧址重筑，亦颇宏壮。寺僧言亭榜本朱希真隶书，已为俗子易之。法堂后有片石，莹润如黑玉，乃宋子嵩诗，题云"凤台山亭子陈献司空，乡贡进士宋齐丘"。司空者，徐知诰也，后改姓名曰李昪，是为南唐烈祖，而齐丘为大臣。后又有题字云"升元三年奉敕刻石"，盖烈祖既有国，追念君臣相遇之始而表显之。昪、齐丘虽皆不足道，然当攘夺分裂横溃之时，其君臣相遇不如是，亦不能粗成其功业也。戒坛额曰"崇胜戒坛寺"，古谓之瓦棺寺。有阁，因冈阜，其高十丈，李太白所谓"钟山对北户，淮水入南荣"者；又《横江词》"一风三日吹倒山，白浪高于瓦棺阁"是也。南唐后主时，朝廷遣武人魏丕来使，南唐意其不能文，即宴于是阁，因求赋诗，丕揽笔成篇，末句云："莫教雷雨损基肩。"后主君臣皆失色。及南唐之亡，为吴越兵所焚。（九日）[①]

---

① 《入蜀记》卷二，第11—16页。

从辨析真州迎銮镇乃徐温改名,非周世宗时所改,到解释南唐以七月六日作七夕的真实缘由,都充分体现着陆游作为南唐史专家的严谨学识。而有关凤凰台所见证的南唐君臣际遇,以及瓦棺阁上曾令后主君臣失色的展宴赋诗等,更让人领略到陆游在史料占有和考订方面的独特风采。

　　当天下乱离之际,史事失传或记载舛误者难以避免,后世史家坐拥诸书详加考绎,方能察其真伪。陆游尝云:"史之失传者多矣。廖偃、彭师暠之事,可谓尽忠所事者,而《五代史》则以为马希崇遣师暠偃囚希萼,而师暠奉希萼为衡山王,是偃同受囚希萼之指,而师暠独能全之也。《江表志》则以为师暠且从希崇害希萼,偃百计诱谕而寝其谋,及卫希萼也,师暠之计乃无所施。是师暠实欲害希萼,独赖偃以全耳。呜呼!何其异也!惟《十国纪年》言两人者俱有功,差可考信,故多采之。大抵忠于故君两人实同,而偃功为多,不可诬也。张巡、许远之事,著如日星,两家子弟犹有异论,况偃师暠耶?"①毫无疑问,陆游南唐史研究的成功,首先体现在一丝不苟的细节考察上。

　　陆氏家学谨严"史法"的基本特点,在陆游《南唐书》中也得到了充分体现。该书仿照《史记》等正史体例,《纪》《传》安排规范合理,相关议论则往往能超越前贤,鞭辟入里。

　　先看体例。陆游之前,撰南唐史者有马元康及其孙马令、胡恢两家,而马氏《南唐书》独得传世。马氏祖孙撰写此书意在"诛乱尊王",马令《南唐书序》称:"予作此书,尊天子于中原,而僭伪之事则不为南唐讳者,岂无意哉?盖尊天子所以一天下之统,书其僭所以着李氏之罪。其统既一,其罪既着,则窃土贼民者,无遁刑于天下后世矣。"②为了实现这样的撰述宗旨,其书除了为南唐三主撰《书》外,还设有"女宪""宗室""义养""儒者""隐者""义死""廉隅""苛政""诛死""党与""归明""方术""谈谐""浮屠""妖贼""叛臣""灭国"等《传》,

---

① 陆游:《南唐书》卷一一,傅璇琮等主编:《五代史书汇编》第九册,第259页。
② 马令:《南唐书序》,傅璇琮主编:《五代史书汇编》第九册,第5284页。

名目繁多，体制颇显零乱。

　　陆游新撰《南唐书》体例严谨，超越了胡、马两家。其书为南唐三主撰《纪》，陆游为此解释说："昔马元康、胡恢皆常作《南唐书》，自烈祖以下，元康谓之书，恢谓之载记。苏丞相颂得恢书，而非之曰：'夫所谓纪者，盖摘其事之纲要系于岁月，属于时君。秦庄襄王而上与项羽，皆未尝有天下，而史迁著于《本纪》，范晔《汉书》又有皇后纪。以是质之，言纪者不足以别正闰。陈寿《三国志》，吴、蜀不称纪，是又非可法者也。'苏丞相之言，天下之公言也。今取之，自烈祖而下皆为纪，而用史迁法，总谓之南唐纪云。"① 南唐立号建国，皇祚传承有序，其有国之君依例当撰本纪。马令、胡恢因其"僭伪"，故曰书或载记，殊不知五代十国政权皆为偏霸之邦，若"僭伪"之君皆不得为纪，则其时无不"僭伪"者。且南唐"虽为国褊小，观其文物当时诸国莫与之并"，"唐末契丹雄盛，虎视中原，晋汉之君以臣子事之，惟谨顾。乃独拳拳于江淮小国，聘使不绝，尝献橐驼并羊马千计。高丽亦岁贡方物，意者久服唐之恩信，尊唐余风，以唐为犹未亡也"；② 当五代乱离之世，南唐政权受到的礼遇显然比中原更多。此外，朱熹尝撰《资治通鉴纲目》，即大书"开宝八年"，以为北宋正统之始。其"凡例"曰："凡天下混一为正统。正统者，大书纪年继世，虽土地分裂，犹大书之。其非一统，则分注细书之；虽一统而君非正系，或女主，亦分注书之。"③ 明人周礼《续资治通鉴纲目》卷二则发明朱熹之言曰："宋建隆初曷为分注其年号，而此大书何？天下未一，宋亦列国耳，故细书之。"④ 由此观之，陆游不受"中原正统"理念的束缚，明确为南唐三主立《纪》，完全符合著史规范。

　　陆游《南唐书》"列传"部分的考述援据精详，简实严谨，处处体现

---

①　陆游：《南唐书》卷一《烈祖本纪》后"论"语，傅璇琮主编：《五代史书汇编》第九册，第5471页。
②　赵世延：《南唐书序》，四部丛刊初编本《陆氏南唐书》卷首。
③　《御批资治通鉴纲目》卷首下《正统例》，《景印文渊阁四库全书》第689册，第34页下。
④　周礼：《续资治通鉴纲目》卷二，《景印文渊阁四库全书》第693册，第49页下。

着去伪存真的"史法"自觉。该部分虽较马令《南唐书》减少十卷,内容安排却更加合理。譬如,马令《南唐书》设"党与传",理由是"南唐之士,亦各有党,智者观之,君子、小人见矣。或曰宋齐丘、陈觉、李征古、冯延巳、延鲁、魏岑、查文徽为一党,孙晟、常梦锡、萧俨、韩熙载、江文蔚、钟谟、李德明为一党"。然该《传》所列仅宋齐丘、陈觉、李征古、冯延巳、延鲁、魏岑、查文徽等七人而已。在马氏看来,宋齐丘等人"一入于党与"者"则宜无君子",而孙晟等"各著于篇者,未必皆小人"①。马《书》撰成于宋徽宗崇宁年间,其作者长期生活在朋党倾轧的政治氛围中,对以"君子小人之辨"为核心的朋党理论非常熟悉。其专设"党与传",目的就是要让宋齐丘、冯延巳等"小人之党"承担南唐政权由盛转衰、直至亡国的历史责任,借以警世。及陆游重撰《南唐书》,其检讨角度有了很大变化,所谓朋党之争不再是关注重点。陆游虽然对宋齐丘"特好权利,尚诡谲,造虚誉,植朋党,矜功忌能,饰诈护前,富贵满溢,犹不知惧。狃于要君,闇于知人,衅隙遂成,蒙大恶以死"的奸佞品行了如指掌,且云:"齐丘之客,最亲厚者陈觉,元宗亦以为才。冯延巳、延鲁、魏岑、查文徽与觉深相附结,内主齐丘,时人谓之五鬼。"② 但论及此人与南唐盛衰的关系,态度客观公允,实出马令之上。《宋齐丘传》论曰:"世言江南精兵十万,而长江天堑可当十万,国老宋齐丘机变如神,可当十万。周世宗欲取江南,故齐丘以反间死。方五代之际,天下分裂大乱,贤人君子皆自引于深山大泽之间,以不仕为得。而冯道有重名于中原,齐丘擅众誉于江表,观其人,可以知其时之治乱矣。周师之犯淮南,齐丘实预议论,虽元宗不尽用,然使展尽其筹策,亦非能决胜保境者。且世宗岂畏齐丘机变而间之者哉?盖钟谟自周归,力排齐丘,杀之,故其党附会为此说,非其实也。"③ 钟谟使周返回江南后,遂力排宋齐丘而杀之,此乃客

---

① 马令:《南唐书》卷二〇《党与传序》,傅璇琮主编:《五代史书汇编》第九册,第 5387 页。

② 陆游:《南唐书》卷四《宋齐丘传》,傅璇琮主编:《五代史书汇编》第九册,第 5496、5497 页。

③ 陆游:《南唐书》卷四《宋齐丘传》,傅璇琮主编:《五代史书汇编》第九册,第 5498 页。

观事实。至于宋氏可当精兵十万之说出自敌党附会，也不是没有可能。既然两党诸人各有功罪，像马令那样专设"党与传"，而将江南灭国之罪尽归宋齐丘等人，就略显偏颇。有鉴于此，陆游《南唐书》对所有立传者皆一视同仁，力求评价公允准确。

撰史者各有立场，倘若不能充分尊重撰述对象的"主体"地位和价值，欲著为信史，常不可得。马令《南唐书》所谓"义死""诛死""归明""叛臣"等传，坚守中原"正统"理念，而斥南唐文臣"生草昧之世，事偏据之国，君臣上下，冥行而已矣"①。撰史立场既已偏颇，观照重点难免模糊。陆游重修南唐史，虽然也有对"天下大势"的充分观照，但尊重南唐政权本身的盛衰得失，充分彰显其"当时诸国莫与之并"② 的文化成就，乃是其重点所在。若能取马、陆两《南唐书》之列传文字比较对读，其高下差异不待智者而辨。

再谈史论。陆游《南唐书》本着"录其实"而使"览者得详焉"③ 的宗旨，对南唐近四十年间发生的重大历史事件及重要人物详加考察，知人论世之间不乏真知灼见。为避免烦冗，兹略举两例。

其一，北宋史家评南唐盛衰，总是先将矛头指向元宗发动的闽、楚之役，以为此役劳民伤财，致使南唐兵力耗丧，国力衰减；及周世宗帅师南牧时，李氏政权无力抵抗，仓促之间只能坐失江北之地。如马令云："元宗即位一十九年，有经营四方之志，约己慎刑，勤政如一。向非任用群小，屏弃忠良，国用不殚于闽楚，师旅不弃于淮甸，则庶几完成之君也。"④ 对此，陆游却另有看法，他说："元宗举闽、楚之师，境内虚耗。及契丹灭晋，中原有隙可乘，而南唐兵力国用既已弗支，熟视而不能出，世以为恨。予谓不然。唐有江淮，比同时割据诸国地大力强，人才众多，且据长江之险，隐然大邦也。若用得其人，乘闽、楚昏乱，一举而平之，

---

① 马令：《南唐书序》，傅璇琮主编：《五代史书汇编》第九册，第5399页。
② 赵世延：《南唐书序》，四部丛刊初编本《陆氏南唐书》卷首。
③ 陆游：《南唐书》卷四《宋齐丘传》，傅璇琮主编：《五代史书汇编》第九册，第5498页。
④ 马令：《南唐书》卷四《嗣主书》论语，傅璇琮主编：《五代史书汇编》第九册，第5287页。

然后东取吴越，南下五岭，成南北之势，中原虽欲睥睨，岂易动哉！不幸诸将失律，贪功轻举，大事弗成，国势遂弱，非始谋之失，所以行之者非也。且陈觉、冯延鲁辈用师闽、楚，犹丧败若此，若北向而争天下，与秦、晋、赵、魏之师战于中原，角一旦胜负，其祸可胜言哉！"① 与此同时，对南唐军纪涣散、赏罚无状的过失和责任，陆游也作了极为理性的分析，称："亡国之君，必先坏其纪纲，而后其国从焉。方是时，疆场之臣非皆不才也，败于敌，未必诛，一有成功，逸先杀之，故强者玩寇，弱者降敌，自古非一世也。南唐如陈觉、冯延鲁、查文徽、边镐辈，丧败涂地，未尝少正典刑。朱元取两州于周兵，将遁之，时固未为隽功，而陈觉已不能容，此元之所以降也。元降，诸将束手无策，相与为俘累以去，而唐遂失淮南，臣事于周。虽未即亡，而亡形成矣。欲知南唐之亡者，当于是观之。"② 客观说来，陆游肯定元宗发动闽、楚之役的动机，分析南唐军事失败的原因，也充分显示了超越凡俗的睿智和胸怀。假如元宗果真能像陆游所说，平闽、楚，取吴越，南下五岭，统一南中国地区，与中原政权形成南北对峙的格局，南唐政权的兴衰也许会呈现出别样轨迹。

其二，关于南唐君臣际遇关乎国运兴衰的讨论，向来深受史家重视。其最普遍的说法是李氏三朝君疑臣危，离心离德；志士仁人不能有为于苟安之邦，高节重义无存乎离乱之世；逸佞之徒结党乱政，忠勇之士祸难相寻。如马令《南唐书》云："南唐享国日浅，可名之士无几，而诛死太半。如宋齐丘、陈觉、李征古、李德明、钟谟、张峦、褚仁规、王建封、范冲敏、皇甫继勋、林仁肇、潘佑、李平，皆死于非命。就其未死之行以考之，则知其所死者不能无当否矣。然则南唐之亡，非人亡之，亦自亡也。为国而自去其股肱，譬诸排空之鸟，而自折其羽翮，孰有不困者哉！"③ 此说虽有依据，但置评者毕竟远离特定环境，主观臆测，人云亦云。而像陆

---

① 陆游：《南唐书》卷二《元宗本纪》论语，傅璇琮主编：《五代史书汇编》第九册，第5484页。
② 陆游：《南唐书》卷一二，傅璇琮主编：《五代史书汇编》第九册，第5561页。
③ 马令：《南唐书》卷一五《诛死传序》，傅璇琮主编：《五代史书汇编》第九册，第5381页。

游那样的南唐史专家，史料搜检既已翔实完备，便能站在江南君臣的立场上，设身处地去理解他们，并给予公允合理的分析和评价。如曰："南唐之衰，刘仁赡死于封疆，孙忌死于奉使，皆天下伟丈夫事，虽敌仇不敢议也。区区江淮之地，有国仅四十年，覆亡不暇，而后世追考，犹为国有人焉。盖自烈祖以来，倾心下士，士之避乱失职者，以唐为归。烈祖于宋齐丘，字之而不敢名，齐丘一语不合，则挈衣笥望秦淮门欲去，追谢之乃已。元宗接群臣，如布衣交。间御小殿，以燕服见学士，必先遣中使谢曰：'小疾不能着帻，欲冠褐，可乎？'于虖，是诚足以得士矣。苟含血气，名人类者，乌得不以死报之耶！《传》曰：'君之视臣如手足，则臣视君如腹心。'讵不信夫！"① 他不仅充分肯定了南唐之君倾心下士、江南群臣以死相报的客观史实，且深入揭示出南唐三主足以得士的内在原因。

南唐文臣因忠谏而被杀者首推潘佑，后主终身后悔、至死叹息者亦此事耳。佑在江南颇受礼遇。"后主在东宫，开崇文馆以招贤士，佑预其间。后主嗣位，迁虞部员外郎、史馆修撰。议纳后礼，援据精博，合指，迁知制诰。召草南汉主书，文不加点，后主咨赏，迁中书舍人，每以潘卿称之而不名。"其后以直谏被杀，世称其冤。陆游却对此另有议论，曰："佑学老、庄，齐死生、轻富贵，故其上疏，纵言诋讦，若惟恐不得死者，虽激于一时忠愤，亦少过矣。后主非强愎雄猜之君，而陷之于杀谏臣。使佑学圣人之道，知事君之义，岂至是哉！不幸既死，同时诸臣已默默为降虏矣，犹丑正嫉贤，视之如仇，诬之以狂愚惑溺淫祀左道之罪，至斥为人妖，虽后之良史，有不能尽察其说者，于戏悲夫！"② 平心而论，潘佑以自到死，确实有违"事君之义"，以此深责于后主，谓其自去"股肱"，亦言之太过。

如果说陆氏家学对"《春秋》大义"的理解和阐释，必然会对陆游史

---

① 陆游：《南唐书》卷一一《孙忌传》论，傅璇琮主编：《五代史书汇编》第九册，第5554、5555页。

② 陆游：《南唐书》卷一一《孙忌传》论，傅璇琮主编：《五代史书汇编》第九册，第5565、5566页。

学研究产生潜移默化的影响,那么以南宋偏安政权为参照的治史心态,则在一定程度上制约着陆氏《南唐书》对李氏政权盛衰之迹的分析和理解。陆游的南唐史研究延续了陆氏家学严谨求实的一贯作风,在史料考订方面一丝不苟。与此同时,其学术判断也往往超越凡俗。虽说历史不能假设,但陆游《南唐书》的反思与设想却让人回味无穷。

三 经史之学与渭南散文

经史之学与散文创作之间的关联与互动,在陆游身上体现得非常充分。陆子遹为乃父文集撰序,云:"先太史之文,于古则《诗》《书》《左氏》《庄》《骚》《史》《汉》,于唐则韩昌黎,于本朝则曾南丰,是所取法。然禀赋宏大,造诣深远,故落笔成文则卓然自为一家,人莫测其涯涘。"[1] 虽溢美之辞,亦可见陆游平生崇尚效法的文学经典,及其所渴望达到的古雅境界。从家学传统影响和制约散文创作的角度看,陆游以经、史考论为文,在"国是"讨论中始终体现"《春秋》之义";文辞虽简赅,却不掩学识之富赡、胸襟之超迈。

放翁散文在自觉或不自觉之间透露着经史研究的某种习惯。两宋作家固多如此,像陆游那样深受家学熏陶又能自造宏远者,其跌宕风神更令人陶醉。

《渭南文集》中有不少文章颇具学术探索的严谨韵致。有追记历史事件而不意成文者,《跋唐昭宗赐钱武肃王铁券文》云:

> 某按:唐昭宗乾宁四年,遣中使焦楚锽赐吴越武肃王铁券,以八月壬子至国。是岁,武肃始兼领镇东节,出师大败淮南兵十八营,定婺、睦、苏、湖州,而铁券适至,盖其国始盛时也。及忠懿王入朝,以其先王所藏玉册铁券,置之祖庙,不敢以自随。淳化元年,杭州悉

---

[1] 陆游:《渭南文集》,《四部丛刊初编》,上海商务印书馆1929年版,第1页。

上之于朝。时忠懿王已薨,太宗皇帝复以册券赐王之子安僖王惟浚。安僖王薨,券归文僖公惟演。文僖公薨,券传仲子霸州防御使晦。霸州侍仁宗皇帝燕闲,帝问先世所赐铁券,欲见之。霸州并三朝御书以进,帝为亲识御书之末,复赐焉。文僖之孙开府公景臻,尚秦鲁国大长公主。某年十二三时,尝侍先夫人,得谒见大主,铁券实藏卧内,状如笛瓦。今七十余年,乃得见录本于武肃诸孙欙家。后十字,盖文僖手书。某家旧藏文僖书帖,亦有押字,皆与此同。武胜军节度使印,则文僖尹洛时所领邓州节钺也。①

跋文追记唐昭宗赐钱武肃王钱镠铁券的传递线索极为清晰,它既是一段完整翔实的历史资料,又是一篇简洁雅致的记叙文章。小小铁券,不仅承载着钱氏受宠两朝、割据称雄的赫赫功勋,也彰显出宋太宗和仁宗皇帝大度有容的胸襟。文字简洁清晰,叙述有条不紊,非深于《春秋》者不能为也。

作为当代名家,陆游将经史研究的功底和气势施之于文章写作,遂造就了一种严谨浩博的态势。如《吕居仁集序》曰:"天下大川莫如河江,其源皆来自蛮夷荒忽辽绝之域,累数万里,而后至中国,以注于海。今禹之遗书,所谓岷积石者,特记禹治水之迹耳,非其源果止于是也。故《尔雅》谓河出昆仑墟,而传记又谓河上通天汉。某至蜀,穷江源,则自蜀岷山以西,皆岷山也。地断壤绝,不复可穷。河江之源,岂易知哉!古之学者,盖亦若是。惟其上探伏羲唐虞以来,有源有委,不以远绝,不以难止,故能卓然布之天下后世而无愧。凡古之言者皆莫不然。"② 为文集作序,却远述天下大川皆源自蛮夷荒忽辽绝之域,其虽有譬喻本中"自少时既承家学",后为"一时学士宗焉"的用意,但毕竟离题较远,用字太多。假如不是习惯使然,类似现象恐怕很难得到合乎情理的解释。

放翁集中有一些文章形同札记,或拾遗补阙,或改错纠谬,不一而

---

① 陆游:《跋唐昭宗赐钱武肃王铁券文》,《全宋文》第223册,第57页。
② 陆游:《吕居仁集序》,《全宋文》第222册,第340页。

足。如卷三〇《跋米元晖书先左丞海岱楼诗》云:"右,米侍郎元晖书先大父《题海岱楼》诗一首。《春秋公羊传》曰:'山川有能润于百里者,天子秩而祭之。触石而出,肤寸而合,不崇朝而遍雨乎天下者,惟泰山尔。'故大父云:'起为霖雨从肤寸。'盖言遍雨天下之泽,自肤寸而始也。米所书,误以'从'为'成',遂失本意,可为太息。"① 虽仅一字之差,放翁也能引经据典以正之,足见其充分尊重"《春秋》谨严"② 的真正含义。像这样简短而严谨的文字在《入蜀记》和《老学庵笔记》中俯拾皆是,只不过读者很少视之为"文章"。如《入蜀记》卷四载:

(八月)二十六日。与统纾同游头陁寺。

寺在州城之东,隅石城山。山缭绕如伏蛇,自西亘东,因其上为城,缺坏仅存。州治及漕司皆依此山。寺毁于兵火,汴僧舜广住持三十年兴葺略备。自方丈西北蹑支径至绝顶,旧有奇章亭,今已废。四顾江山井邑,靡有遗者。李太白《江夏赠韦南陵》诗云"头陁云外多僧气",正谓此寺也。黄鲁直亦云:"头陁全盛时,宫殿梯空级。"

藏殿后有南齐王简栖碑,唐开元六年建,苏州刺史张庭圭温玉书,韩熙载撰碑阴,徐锴题额,最后云:"唐岁在己巳,武昌军节度观察留后、知军州事杨守忠重立。"前鄂州唐年县主簿、秘书省正字韩夔书碑阴云:"乃命犹子夔正其旧本而刊写之。"以是知夔为熙载兄弟之子也。碑字前后一手,又作"温"字不全,盖南唐尊徐温为义祖而避其名,则此碑盖夔重书也。碑阴又云:"皇上鼎新文物,教被华夷,如来妙旨,悉已遍穷,百代文章,罔不备举,故是寺之碑,不言而兴。"按此碑立于己巳岁,当皇朝之开宝二年,南唐危蹙日甚,距其亡六年尔。熙载大臣,不以覆亡为惧,方且言其主鼎新文物,教被华夷,固已可怪!又以穷佛旨、举遗文及兴是碑为盛,夸诞妄谬,真

---

① 陆游:《跋米元晖书先左丞海岱楼诗》,《全宋文》第223册,第40页。
② 韩愈:《进学解》,《全唐文》卷五五八,上海古籍出版社1990年版,第2501页。

可为后世发笑。然熙载死，李主犹恨不及相之，君臣之惑如此，虽欲久存，得乎？

唐制，节度使不在镇，而以副大使或留后居任，则云知节度事。此云知军州事，盖渐变也。唐年县，本故唐时名，梁改曰临夏，后唐复晋，又改临江。然历五代，鄂州未尝属中原，皆遥改耳，故此碑开宝中建而犹曰唐年也。至江南平，始改崇阳云。

简栖为此碑，骈俪卑弱，初无过人，世徒以载于《文选》，故贵之耳。自汉、魏之间，骎骎为此体，极于齐、梁，而唐尤贵之，天下一律。至韩吏部、柳柳州大变文格，学者翕然慕从，然骈俪之作终亦不衰。故熙载、锴号江左辞宗，而拳拳于简栖之碑如此。本朝杨、刘之文擅天下，传夷狄亦骈俪也。及欧阳公起然后扫荡无余，后进之士虽有工拙，要皆近古。如此碑者，今人读不能终篇，已坐睡矣，而况效之乎？则欧阳氏之功可谓大矣。若鲁直云"唯有简栖碑，文章肖然立"，盖戏也。①

此文先述石城山头陏寺的地理位置和周边形胜，颇有寥落之感。次及南齐王简栖碑，引韩熙载所撰碑阴文字，以为南唐危蹙之时，君臣不惧覆亡，反以穷佛旨、举遗文、兴古碑为盛事，夸诞妄谬，贻笑于后世。文章最后简述骈俪之作的演变史程，谓此体成于汉、魏，极于齐、梁，贵于李唐。韩熙载、徐锴号江左辞宗，杨亿、刘筠以文擅天下，也不过长于骈体俪作。直到欧阳修奋起扫荡，骈俪之作才日渐近古。一篇不到八百字的记游文字，既有对江山兴废与地名沿革的考察，又有对江南君臣和骈俪文体的议论，考述严谨，层次清晰，开阖自如，宏阔大气。像这样宛如俯拾的优雅力作，若没有博赡厚重的知识积累，很难一蹴而就。

有一些闻见琐记看似信手拈来，实则用心良苦，耐人寻味。如《老学庵笔记》卷三载：

---

① 《入蜀记》卷四，第38、39页。

黄鲁直有日记，谓之《家乘》，至宜州犹不辍书。其间数言信中者，盖范寥也。高宗得此书真本，大爱之，日置御案。徐师川以鲁直甥召用，至翰林学士。上从容问信中谓谁。师川对曰："岭外荒陋无士人，不知何人。或恐是僧耳。"寥时为福建兵钤，终不能自达而死。

范寥言：鲁直至宜州，州无亭驿，又无民居可僦，止一僧舍可寓，而适为崇宁万寿寺，法所不许，乃居一城楼上，亦极湫隘，秋暑方炽，几不可过。一日忽小雨，鲁直饮薄醉，坐胡床，自栏楯间伸足出外以受雨，顾谓寥曰："信中，吾平生无此快也。"未几而卒。①

该文所记载的是黄庭坚不为人知的凄怆晚景，及其最后一个贫寒挚友。上段谓黄氏《家乘》数言"信中"者，无人知为范寥也。下段先饱蘸浓墨，叙写黄山谷贬居宜州时的困厄情状；紧接着通过一个戏剧性情节，用"以乐景写哀"的方式，精心勾画了"江西诗祖"颓然辞世前的音容笑貌，那句"吾平生无此快也"的告白乃是黄鲁直临终的叹息，留给世人的印象幽婉而凄凉！像这样看似随意的精妙之作，只有长期致力于经史研究的博雅之士才能在潜意识促使下创作出来。宋人"笔记"多似"小说"，而像《老学庵笔记》那样"轶闻旧典，往往足备考证"的严谨著作，却能保持经史研究的惯常状态；凡作者心目所及，即征引考述，构架成文。经史研究之于散文创作，其关联互通的学理逻辑正在于此。

学以致用的追求和原则，在渭南文章中同样有所体现。陆游以为在"六经散缺不全，而诸子之书，则往往具在。又其辞怪伟辩丽，足以动荡世之耳目"的现实情景下，欲使"学者之文辞一合于道，而不悖戾于经"是极其困难的，但只要法"古"守"正"，"重其身而养其气"②，就能发挥所学，运用于当下。

有道者始能尽文章之妙，这是包括陆游在内的许多宋代硕儒普遍秉持

---

① 《老学庵笔记》卷三，第33页。
② 陆游：《陆伯政山堂类稿序》，《全宋文》第222册，第348页。

的观点。绍兴三十一年（1161），三十五岁的陆游在《上执政书》中这样写道：

> 某小人，生无他长，不幸束发有文字之愚，自上世遗文，先秦古书，昼读夜思，开山破荒，以求圣贤致意处，虽才识浅暗，不能如古人迎见逆决，然譬于农夫之辨菽麦，盖亦专且久矣。原委如是，派别如是，机杼如是，边幅如是，自六经、《左氏》《离骚》以来，历历分明，皆可指数。不附不绝，不诬不紊，正有出于奇，旧或以为新，横鹜别驱，层出间见。每考观文词之变，见其雅正，则缨冠肃衽，如对王公大人；得其怪奇，则脱帽大叫，如鱼龙之陈前，枭卢之方胜也。间辄自笑曰："以此娱忧舒悲，忘其贫病，则可耳。持以语人，几何其不笑且骂哉！"诚不自意，诸公闻之，或以为可。书生所遭如此，虽穷死足以无憾矣。然师慕下风，而未得一望履舄，此心歉然，不敢遑宁。恭惟明公道德风节，师表一世，当功名富贵之会而不矜，践山林钟鼎之异而不变，非大有得于胸中，其何以能此？夫文章，小技耳，然与至道同一关捩。惟天下有道者，乃能尽文章之妙，此某所以忘其贱且愚，而愿有闻于左右也。①

在此，他明确提出了有效师法古圣前贤的方法和途径，即以"不附不绝，不诬不紊"的态度，倾心品读包括"六经、《左氏》、《离骚》"在内的"上世遗文，先秦古书"，仔细寻绎"圣贤致意处"。在他看来，文辞的"雅正"与"怪奇"并不重要，重要的是"文章"与"至道"表里相关，"惟天下有道者，乃能尽文章之妙"。文学批评史家很少注意到陆游的这篇文章，其有关"法古"途径及"文""道"关系的讨论，公正平和，值得重视。

关于"养气"，陆游反复强调"真"与"正"，竭力反对"伪"和

---

① 陆游：《上执政书》，《全宋文》第222册，第228页。

"妄",以为人之邪正,完全可以通过其文章来分辨洞察。其《上辛给事书》曰:

> 君子之有文也,如日月之明,金石之声,江海之涛澜,虎豹之炳蔚,必有是实,乃有是文。夫心之所养,发而为言,言之所发,比而成文。人之邪正,至观其文则尽矣决矣,不可复隐矣。爝火不能为日月之明,瓦釜不能为金石之声,潢污不能为江海之涛澜,犬羊不能为虎豹之炳蔚;而或谓庸人能以浮文眩世,乌有此理也哉?使诚有之,则所可眩者,亦庸人耳。
>
> 某闻前辈以文知人,非必巨篇大笔,苦心致力之词也,残章断稿,愤讥戏笑,所以娱忧而舒悲者,皆足知之。甚至于邮传之题咏,亲戚之书牍,军旅官府仓卒之间,符檄书判,类皆可以洞见其人之心术才能,与夫平生穷达、寿夭。前知逆决,毫芒不失。如对棋枰而指白黑,如观人面而见其目衡鼻纵,不待思虑搜索而后得也。何其妙哉! 故善观晁错者,不必待东市之诛,然后知其刻深之杀身;善观平津侯者,不必待淮南之谋,然后知其阿谀之易与。方发策决科时,其平生事业,已可望而知之矣。贤者之所养,动天地,开金石,其胸中之妙,充实洋溢,而后发见于外。气全力余,中正闳博,是岂可容一毫之伪于其间哉! 某束发好文,才短识近,不足以望作者之藩篱,然知文之不容伪也。故务重其身而养其气。贫贱流落,何所不有,而自信愈笃,自守愈坚,每以其全自养,以其余见之于文。文愈自喜,愈不合于世。夫欲以此求合于世,某则愚矣。而世遂谓某终无所合,某亦不敢谓其言为智也。①

陆游以为君子有文,必有其实,"心之所养,发而为言,言之所发,比而成文。人之邪正,至观其文则尽矣决矣"。而所谓"文"者,不必鸿篇巨

---

① 陆游:《上辛给事书》,《全宋文》第 222 册,第 230 页。

制,"残章断稿,愤讥戏笑,所以娱忧而舒悲者",只要"苦心致力"之所为,均应受到重视。"中正闳博"的文章乃是作者"气全力余"的外在表达,故绝难"容一毫之伪于其间"。虽然在很多情况下"文愈自喜,愈不合于世",但重身养气者不必迎合世俗潮流,更不能让自己沦为"以浮文眩世"的"庸人"。

通过"法古"和"养气"提升文章的精神内涵固然重要,但学以致用的最高境界并不在此。《渭南文集》中有不少文章,既可见出经史之学的相关背景,又能与国家兴衰密切结合,其高尚超逸的人格境界令人叹赏。陆游一生仕宦虽不甚显达,但发挥所学,积极建言,奋不顾身,足有可瞩目者。如《书渭桥事》云:"陆某曰:河渭之间,奥区沃野,周、秦、汉、唐之遗迹隐辚故在。自唐昭宗东迁,废不都者三百年矣。山川之气,郁而不发。艺祖、高宗皆尝慨然有意焉,而群臣莫克奉承。予得此事于若思之孙逸祖。岂关中将复为帝宅乎?夷暴中原,积六七十年,腥闻于天。王师一出,中原豪杰必将响应,决策入关,定万世之业,兹其时矣。予老病垂死,惧不获见,故私识若思事以示同志,安知士无脱挽辂以进说者乎?"①陆游熟读地志,有关恢复中原建都关中的设想必与所学相关。当南宋朝野苟且偷安时,陆游独以老病之身建言,其豪情壮志实非庸夫俗子可比。

同样的精神在《蜡弹省札》《论选用西北士大夫札子》及《代乞分兵取山东札子》等文章中均有体现。《上二府论事札子》就大理寺奏北界蒙城县官邢珪"侵犯边城,杀害义旅"一事提出议论,以为"有司谨守律令,朝廷当断以大义"。"邢珪生于涿、易,非祖宗涵养之人;仕于伪界,非国家禄使之吏。身有官守,一旦危急,力虽不及,犹能死守,虽懵于逆顺,不知革面,然《春秋》之义,天下之善一也。若遂诛之,恐非所以劝天下之为人臣者。"②类似的见识很容易让人联想到《前汉纪》的作者荀悦,此公尝云:"《春秋》之义,王者无外,欲一于天下也。《书》曰:

---

① 陆游:《书渭桥事》,《全宋文》第 223 册,第 148 页。
② 陆游:《上二府论事札子》,《全宋文》第 223 册,第 199、200 页。

'西戎即序，言皆顺从。'其序也，道理辽远，人物介绝，人事所不至，血气所不沾，不告谕以文辞，故正朔不及，礼义不加，非导之也"；"望之欲待以不臣之礼，加之以王公之上，借度失序，以乱天常，非礼也。若以权时之宜，则异论矣"。① 陆游所谓"朝廷当断以大义"，宽赦邢珪之罪，目的也在于通过"以权时之宜"，规劝那些"仕于伪界"的人臣，使其能知"大义"。

陆游的议论文章经常将西汉"文、景之治"、李唐"贞观之治"与仁宗朝的太平盛世相提并论，希望南宋朝廷能有所取法。《上殿札子》曰："臣窃观周自后稷、公刘以来，积德深远，卜世长久。为之子孙者，宜皆取法焉。然而独曰'仪刑文王'，又曰'仪式刑文王之典'。汉自高帝创业，其后嗣亦多贤君，然史臣独曰：'汉言文、景，美矣！'至武帝之功烈，犹以不遵文、景之恭俭为恨。唐三百年，一祖三宗，皆号盛世，而太宗《贞观政要》之书独传，宝以为大训。元祐中，学士范祖禹亦曰：'祖宗畏天爱民，子孙皆当取法。惟仁宗在位最久，德泽深厚，结于天下，诚能专法仁宗，则成康之隆，不难致也。'呜呼！祖禹之言，天下之至言也。"② 如果说"文景之治"和"贞观之治"还仅仅是一种令人神往的历史记载，那么"仁宗之朝，天下大定，兵戈不试，休养生息，日趋于富盛之域。士大夫之游于其时者，谈笑佚乐，无复向者幽忧不平之气"③ 的富盛与祥和，则更具现实说服力。学以致用的最佳途径，也许并不是向困惑的人群讲述那些永远难以企及的历史辉煌，而是尽可能多地提醒他们太平盛世其实并不遥远。陆游以其豁达超迈的文章议论，让世人看到了走出阴霾的希望，获得了改造现实的勇气。

坚守陆氏家学的固有传统，以兼收并取的开放胸怀品评唐宋两代的著名作家，全面呈现独立自主的审美判断，充分展示文学研究的丰富细节，

---

① 荀悦：《前汉纪》卷二〇"甘露三年"史论，《景印文渊阁四库全书》第303册，第392页下。
② 陆游：《上殿札子》，《全宋文》第222册，第202页。
③ 《张耒集》卷五六《上曾子固龙图书》，第845页。

这为陆游文章"卓然自为一家"① 提供了不可或缺的学术保证。

宋人有关科举及"时文""古文"的议论牵涉颇多,是非曲直很难判断。陆游虽非科举出身,也不能不面对同样的困惑;但相对于那些全盘否定科举和"时文"的理学家,陆游的观点显然要客观公允许多。如《答邢司户书》针对"世之称师弟子而徒事科举、求利禄者为羞"的道学论调,以为世人为生计所累出而求禄,乃是极其自然的事,既求禄仕,则难免要"从事于科举",又何必为此感到羞愧或失望。至于说科举之文有悖"圣人之道","不自得于心",这种认识值得商榷。在陆游看来,科举之文"尊王而贱霸,推明六艺而诵说古今",固无负于儒道;且唐宋许多名公圣手都曾经历场屋,"苦心耗力",方成大器②。毫无疑问,在道学称盛的时代,放翁书信所呈现的理性逻辑值得尊重。

陆游虽充分肯定欧阳修变革文风的历史功绩,但他并不主张"反骈重散",而是尊重各种文体的特点和功用。如王珪历仕仁、英、神宗三朝,以文章致位通显,"掌文诰二十年,每一篇出,四方传诵之"③;其文"多而且工者,以骈俪之作为最,揖让于'二宋'之间,可无愧色"④。夏竦"幼负才藻,超迈不群"⑤,其所为文章"闳衍瑰丽,殆非学者之所能至。凡朝廷有大典册,屡以属之,其誉满天下"⑥。他们虽以富赡博雅的骈偶俪文获誉当时,却没有得到两宋文论家的肯定。陆游熔经史之学而铸为文章,对上述诸公给予了客观公允的评价,称"王岐公文章闳丽,有西汉风"⑦,其高妙之处,绝非"不利场屋而名古之文者"所能及。《老学庵笔记》云:"夏文庄,初谥'文正',刘原父持以为不可,至曰:'天下谓竦

---

① 赵世延:《南唐书序》,四部丛刊初编本《陆氏南唐书》卷首。
② 陆游:《答邢司户书》,《全宋文》第222册,第231页。
③ 叶清臣:《王文恭公珪神道碑》,见杜大珪编《名臣碑传琬琰之集》上卷八,《景印文渊阁四库全书》第450册,第72页下。
④ 《四库全书总目》卷一五二《华阳集》提要,第1314页中。
⑤ 吴处厚:《青箱杂记》卷五,第48页。
⑥ 王珪:《夏文庄公竦神道碑铭》,《全宋文》第53册,第199页。
⑦ 陆游:《跋高康王墓志》,《全宋文》第222册,第390页。

邪，而陛下谥之正。'遂改今谥。宋子京作祭文，乃曰：'惟公温厚粹深，天与其正。'盖谓夏公之正，天与之，而人不与。当时自有此一种议论。故张文定甚恶石徂徕，诋之甚力，目为狂生。东坡《议学校贡举状》云：'使孙复、石介尚在，则迂阔矫诞之士也，可施之于政事之间乎？'其言亦有自来。欧公作《王洙源叔参政墓志》曰：'夏竦卒，天子以东宫恩赐谥文献。洙为知制诰，封还曰：此僖祖谥也。'于是太常更谥文庄。与他书异。"① 今按：夏竦与石介因《庆历圣德颂》而引发的公案，折射出北宋党争的诸多内在隐情。欧公亲历其事，悉知真相，其文以驳谥之事归之王洙，未详所据。放翁特引宋子京祭文及东坡《议学校贡举状》，以为"夏公之正，天与之，而人不与"者，盖为夏竦辩屈也。

不仅王珪、夏竦，在陆游眼里，所有骈文作者都值得尊重。《书空青集后》云："建中靖国元年，景灵西宫成，诏丞相曾公铭于碑，以诏万世。碑成，天下传诵，为宋大典，且叹曾公耆老白首，而笔力不少衰如此。建炎后，仇家尽斥，曾公文章始行于世，而独无此文。或谓中更丧乱，不复传矣。淳熙七年，某得曾公子宝文公遗文于临川，然后知其宝文公代作，盖上距建中八十年矣。呜呼！文章巨丽闳伟至此，使得用于世，代王言，颂成功，施之朝廷，荐之郊庙，孰能先之。而终宝文公之世，士大夫莫知也。"② 按：建中靖国元年居相位者乃曾布，所谓"曾公子宝文公"，即曾布之子纡。曾布与曾巩、曾肇都是"南丰曾氏"的重要成员。陆游偶读曾纡代父所撰碑文，即深叹其巨丽闳伟，感佩不已。或许在陆游看来，能够熔铸事典，将富赡渊博的学识施于文章写作无可指责，富实典雅的骈文远比"组织古语，剽裂奇字，大书深刻，以眩世俗"③ 的"古文"好。

创作主体的学识修养不同，审美取向必然各异；陆游讥李白浅陋似索客，即其例也。《老学庵笔记》云："世言荆公《四家诗》，后李白，以其

---

① 《老学庵笔记》卷七，第93、94页。
② 陆游：《书空青集后》，《全宋文》第222册，第360页。
③ 陆游：《答邢司户书》，《全宋文》第222册，第232页。

十首九首说酒及妇人，恐非荆公之言。白诗乐府外，及妇人者实少，言酒固多，比之陶渊明辈，亦未为过。此乃读白诗不熟者，妄立此论耳。《四家诗》未必有次序，使诚不喜白，当自有故。盖白识度甚浅，观其诗中如'中宵出饮三百杯，明朝归揖二千石'，'揄扬九重万乘主，谑浪赤墀金锁贤'，'王公大人借颜色，金章紫绶来相趋'，'一别蹉跎朝市间，青云之交不可攀'，'归来入咸阳，谈笑皆王公'，'高冠佩雄剑，长揖韩荆州'之类，浅陋有索客之风。集中此等语至多，世俱以其词豪俊动人，故不深考耳。又如以布衣得一翰林供奉，此何足道，遂云'当时笑我微贱者，却来请谒为交亲'，宜其终身坎壈也。"① 虽说唐人作诗唯在"兴趣"，"羚羊挂角，无迹可求"②，但在习惯了"以学问为诗"的宋人看来的确有些异样。放翁谓李白"识度甚浅"，盖由崇尚博雅的审美取向使然。

当然，强调博学有见识，并不意味着所有诗作都必须"字字有来处"，毕竟学识积累和艺术创作的价值指向并不相同。陆游"读书多，立言慎，于古人著作非果援据该博，商订详审，不敢轻着一语"，③ 这既是陆氏家学的传统，更是陆游撰述的基本特点。正因为有着如此严谨审慎的治学态度，陆游才对时人注解杜诗、苏诗心存怀疑。《老学庵笔记》卷七云：

> 今人解杜诗，但寻出处，不知少陵之意，初不如是。且如《岳阳楼》诗："昔闻洞庭水，今上岳阳楼。吴楚东南坼，乾坤日夜浮。亲朋无一字，老病有孤舟。戎马关山北，凭轩涕泗流。"此岂可以出处求哉！纵使字字寻得出处，去少陵之意益远矣。盖后人元不知杜诗所以妙绝古今者在何处，但以一字亦有出处为工。如《西昆酬倡集》中诗，何曾有一字无出处者，便以为追配少陵，可乎？且今人作诗，亦

---

① 《老学庵笔记》卷六，第79页。
② 严羽：《沧浪诗话》，何文焕：《历代诗话》下册，第688页。
③ 钱谦益：《牧斋有学集》卷八五《跋渭南文集》，《续修四库全书》第1390册，第430页下。

未尝无出处，渠自不知，若为之笺注，亦字字有出处，但不妨其为恶诗耳。①

其实，笺注杜诗的动作与宋代诗家过分讲求"无一字无来处"②的审美需求是密切相关的。就诗歌创作的艺术规律而言，欲"字字寻得出处"的笺注者肯定要违背"少陵之意"；但如果不详加注释，宋人又很难了解其作为艺术"经典"的权威所在。同样的困惑，在苏轼诗歌的注释和理解中同样存在。钱谦益《吴江朱氏杜诗辑注序》云："范致能与陆务观论注苏诗，务观以为难，枚举数条以告，致能曰：'如此则诚难矣。'厥后吴兴施宿武子注成，务观遂举斯言以为序。余读渭南之书，窃闻注诗之难，谆复以告学者，老而失学，不敢忘也。"③宋人以学问为诗，故注诗之风与日俱盛。但在陆游看来，能妙绝古今的大家名作，往往缘于即兴而来的意象情趣，作者的灵感动机是绝难通过"字字寻得出处"的办法获得理解的。放翁既是饱受家学熏陶的学者，同时也是名列"南宋四大家"的著名诗人，也许只有他才能真正理解"学问"关乎创作的深层思致。经史之学虽然有助于提高作者的"识度"，却不能直接转化为动人心脾的诗文作品；而真正高水平的诗文作品，也不可能通过精准无误的字句注释得到深层理解。

总之，陆游散文创作中隐约透露着的某些经史研究习惯，是同一主体扮演的两种角色在彼此转换过程中呈现的自然现象；无论序、跋还是用心良苦的琐记，都让人真切感受到经史研究与散文创作之间的深层联系。而在"学术"与"文章"的共同作用下，陆游将法"古"守"正"看作学以致用的基本前提，在他看来，只要"重其身而养其气"，就能使"学者之文辞一合于道，而不悖戾于经"，为时所用。客观说来，陆游确实用豁达超迈的议论文章，给世人带来了走出困惑的希望。作为陆氏家学的优秀

---

① 《老学庵笔记》卷七，第95页。
② 黄庭坚：《答洪驹父书》，《全宋文》第104册，第301页。
③ 钱谦益：《牧斋有学集》卷一五《吴江朱氏杜诗辑注序》，上海古籍出版社1996年版，第700页。

传人，陆游以兼收并取的态度阅读和品评着李白、杜甫、欧阳修、苏轼、曾巩等唐宋名家的诗文作品，他从未否定科举取士制度的合理性，也未将"科举之文"与"古文"对立看待。他偏好散文，却并不否定骈辞俪文的价值。至于讥笑李白诗"浅陋有索客之风"，则是博学雅士无意之间透露的审美趣味。虽然身处"以学问为诗"的时代，但陆游并不赞成"无一字无来处"的创作观念，也不赞成对杜甫、苏轼的诗歌作"字字寻得出处"的笺注。所有这些学术探索与诗文创作交织在一起的丰富细节，都为人们充分理解陆游"卓然自为一家"的辉煌人生提供了充分依据。

参考书目

王弼、韩康伯注，孔颖达疏：《周易正义》，《十三经注疏》本，中华书局影印本1980年版。

胡瑗撰：《周易口义》，倪天隐述，《景印文渊阁四库全书》第8册，台湾商务印书馆股份有限公司1986年版。

刘绍攽撰：《周易详说》，《续修四库全书》第22册，上海古籍出版社2012年版。

程颐撰：《伊川易传》，《景印文渊阁四库全书》第9册。

张载撰：《横渠易说》，《景印文渊阁四库全书》第8册。

杨简撰：《杨氏易传》，《景印文渊阁四库全书》第14册。

苏轼撰：《苏氏易传》，《丛书集成初编》第392册，上海商务印书馆1936年版。

朱鉴撰：《文公易说》，《景印文渊阁四库全书》第18册。

杨伯峻撰：《春秋左传注》，中华书局1981年版。

范宁集解：《春秋穀梁传》，《丛书集成初编》第3676册，上海商务印书馆1936年版。

胡士行撰：《尚书详解》，《景印文渊阁四库全书》第60册。

李学勤主编：《毛诗正义》，《十三经注疏》本，北京大学出版社1999年版。

李学勤主编：《周礼注疏》，《十三经注疏》本，北京大学出版社1999年版。

李学勤主编：《论语注疏》，《十三经注疏》本，北京大学出版社1999年版。

《孟子注疏》，《十三经注疏》本，中华书局影印本1980年版。

郝懿行撰：《尔雅义疏》，中国书店1982年影印。

司马迁撰：《史记》，中华书局1959年版。

班固撰：《汉书》，中华书局1962年版。

范晔撰：《后汉书》，中华书局2000年版。

郝经撰：《续后汉书》，《景印文渊阁四库全书》第385册。

房玄龄撰：《晋书》，中华书局1974年版。

姚思廉撰：《梁书》，中华书局1973年版。

萧子显撰：《南齐书》，中华书局1972年版。

刘昫等撰：《旧唐书》，中华书局1975年版。

欧阳修等撰：《新唐书》，中华书局1975年版。

薛居正撰：《旧五代史》，中华书局1976年版。

欧阳修撰：《新五代史》，中华书局1974年版。

脱脱等撰：《宋史》，中华书局1985年版。

冯琦原编，陈邦瞻增辑：《宋史纪事本末》，中华书局1977年版。

司马光撰：《资治通鉴》，中华书局1956年版。

李焘撰：《续资治通鉴长编》，中华书局1995年版。

朱熹撰：《御批资治通鉴纲目》，《景印文渊阁四库全书》第689册。

周礼撰：《续资治通鉴纲目》，《景印文渊阁四库全书》第693册。

王称撰：《东都事略》，《景印文渊阁四库全书》第382册。

李心传撰：《建炎以来系年要录》，上海古籍出版社1992年版。

陈均撰：《九朝编年备要》，《景印文渊阁四库全书》第328册。

徐梦莘撰：《三朝北盟会编》，《景印文渊阁四库全书》第351册。

徐松撰：《宋会要辑稿》，中华书局1957年版。

杜大珪编：《名臣碑传琬琰集》，《景印文渊阁四库全书》第450册。

李心传撰：《建炎以来朝野杂记》，中华书局2000年版。

佚名：《宋史全文》，黑龙江人民出版社2005年版。

李步嘉撰：《越绝书校释》，武汉大学出版社1992年版。

荀悦撰：《前汉纪》，《景印文渊阁四库全书》第 303 册。

吴兢撰：《贞观政要》，《景印文渊阁四库全书》第 407 册。

李林甫等修：《唐六典》，《景印文渊阁四库全书》第 595 册。

长孙无忌等撰：《唐律疏议》，《丛书集成初编》第 777 册，上海商务印书馆 1939 年版。

吕中撰：《宋大事记讲义》，《文渊阁四库全书》第 686 册。

李幼武撰：《宋名臣言行录》，《景印文渊阁四库全书》第 449 册。

朱轼撰：《史传三编》，《景印文渊阁四库全书》第 459 册。

赵翼撰：《廿二史札记》，中国书店 1987 年版。

《宣和书谱》，《景印文渊阁四库全书》第 813 册。

马令撰：《南唐书》，《丛书集成初编》第 3852 册，商务印书馆 1935 年版。

陆游撰：《南唐书》，《丛书集成初编》第 3853 册，商务印书馆 1937 年版。

吴任臣撰：《十国春秋》，中华书局 1983 年版。

范坰、林禹撰：《吴越备史》，四部丛刊续编本。

王定保撰：《唐摭言》，中华书局 1959 年版。

周密撰：《癸辛杂识》，中华书局 1988 年版。

司马光撰：《涑水记闻》，中华书局 1989 年版。

魏泰撰：《东轩笔录》，中华书局 1983 年版。

吴处厚撰：《青箱杂记》，中华书局 1985 年版。

释文莹撰：《玉壶清话》，中华书局 1984 年版。

释文莹撰：《湘山野录》，中华书局 1984 年版。

王辟之撰：《渑水燕谈录》，中华书局 1981 年版。

邵伯温撰：《邵氏闻见录》，中华书局 1983 年版。

邵博撰：《邵氏闻见后录》，中华书局 1983 年版。

费衮撰：《梁溪漫志》，上海古籍出版社 1985 年版。

赵彦卫撰：《云麓漫钞》，中华书局 1996 年版。

彭乘撰：《墨客挥犀》，中华书局 2002 年版。

朱弁撰：《曲洧旧闻》，中华书局 2002 年版。

罗大经撰：《鹤林玉露》，中华书局 1983 年版。

蔡絛撰：《铁围山丛谈》，中华书局 1983 年版。

陈鹄撰：《西塘集耆旧续闻》，中华书局 2002 年版。

释惠洪撰：《冷斋夜话》，《丛书集成初编》第 2549 册，上海商务印书馆 1937 年版。

叶梦得撰：《避暑录话》，《丛书集成初编》第 2786 册，上海商务印书馆 1939 年版。

吴曾撰：《能改斋漫录》，上海古籍出版社 1979 年版。

叶绍翁撰：《四朝闻见录》，中华书局 1989 年版。

叶梦得撰：《石林燕语》，中华书局 1984 年版。

王铚撰：《默记》，中华书局 1981 年版。

王明清撰：《玉照新志》，《丛书集成初编》第 2769 册，上海商务印书馆 1937 年版。

张世南撰：《游宦纪闻》，中华书局 1981 年版。

韩淲撰：《涧泉日记》，上海古籍出版社 1993 年版。

王明清撰：《封氏闻见记校注》，中华书局 2005 年版。

王明清撰：《挥麈录》，中华书局 1964 年版。

王明清撰：《挥麈前录》，上海书店 2001 年版。

晁说之撰：《晁氏客语》，《丛书集成初编》第 369 册，上海商务印书馆 1936 年版。

陆友仁撰：《研北杂志》，《景印文渊阁四库全书》第 866 册。

朱彧撰：《萍洲可谈》，《景印文渊阁四库全书》第 1038 册。

王应麟撰：《困学纪闻》，上海古籍出版社 2008 年版。

沈括撰：《梦溪笔谈》，《丛书集成初编》第 282 册，上海商务印书馆 1937 年版。

洪迈撰：《容斋随笔》，中华书局 2005 年版。

洪迈撰：《夷坚志》，中华书局 1981 年版。

周密撰：《齐东野语》，中华书局 1983 年版。

龚明之撰：《中吴纪闻》，上海古籍出版社 1986 年版。

王得臣撰：《麈史》，上海古籍出版社 1986 年版。

王楙撰：《野客丛书》，上海古籍出版社 1991 年版。

吴坰撰：《五总志》，《丛书集成初编》第 295 册，上海商务印书馆 1936 年版。

徐度撰：《却扫编》，《丛书集成初编》第 2791 册，上海商务印书馆 1936 年版。

王君玉撰：《国老谈苑》，《丛书集成初编》第 2744 册。

陈师道撰：《后山谈丛》，上海古籍出版社 1989 年版。

陆游撰：《老学庵笔记》，中华书局 1979 年版。

张世南撰：《游宦纪闻》，中华书局 1981 年版。

佚名：《绍兴十八年同年小录》，《景印文渊阁四库全书》第 448 册。

周琦撰：《东溪日谈录》，《景印文渊阁四库全书》第 714 册。

王士禛撰：《香祖笔记》，上海古籍出版社 1982 年版。

王士禛撰：《池北偶谈》，中华书局 1982 年版。

王士禛撰：《居易录》，《景印文渊阁四库全书》第 869 册。

江少虞撰：《宋朝事实类苑》，上海古籍出版社 1981 年版。

潘永因编：《宋稗类钞》，书目文献出版社 1985 年版。

释普济撰：《五灯会元》，中华书局 1984 年版。

扬雄撰，范望注：《太玄经》，《景印文渊阁四库全书》第 803 册。

王符撰，胡大浚等注：《潜夫论》，甘肃人民出版社 1991 年版。

苏辙撰：《老子解》，《丛书集成初编》第 537 册，商务印书馆 1939 年版。

王明撰：《抱朴子内篇校释》，中华书局 1985 年版。

刘盼遂撰：《论衡集解》，北京古籍出版社 1957 年版。

赵善璙撰：《自警编》，《景印文渊阁四库全书》第 875 册。

朱长文撰：《墨池编》，《景印文渊阁四库全书》第 812 册。

司马光撰：《家范》，《景印文渊阁四库全书》第 696 册。

司马光撰：《司马氏书仪》，《丛书集成初编》第 1040 册，上海商务印书馆 1936 年版。

袁采撰：《袁氏世范》，《丛书集成初编》第 974 册，上海商务印书馆 1939 年版。

张镃撰：《仕学规范》，《景印文渊阁四库全书》第 875 册。

朱熹撰：《朱子语类》，中华书局 1988 年版。

真德秀撰：《西山读书记》，《景印文渊阁四库全书》第 705 册。

黄震撰：《黄氏日抄》，《景印文渊阁四库全书》第 708 册。

吕祖谦撰：《少仪外传》，《丛书集成初编》第 991 册，上海商务印书馆 1936 年版。

朱熹撰：《宋名臣言行录》，《景印文渊阁四库全书》第 449 册。

刘清之撰：《戒子通录》，《景印文渊阁四库全书》第 703 册。

张端义撰：《贵耳集》，《丛书集成初编》第 2783 册，上海商务印书馆 1937 年版。

马永卿撰：《懒真子》，《丛书集成初编》第 285 册，上海商务印书馆 1939 年版。

陆佃撰：《鹖冠子》，《景印文渊阁四库全书》第 848 册。

朱熹撰：《四书章句集注》，《新编诸子集成》本，中华书局 1983 年版。

刘壎撰：《隐居通议》，《丛书集成初编》第 214 册，上海商务印书馆 1937 年版。

吴师道撰：《敬乡录》，《景印文渊阁四库全书》第 451 册。

章定撰：《名贤氏族言行类稿》，《景印文渊阁四库全书》第 933 册。

黄履翁撰：《古今源流至论》，《景印文渊阁四库全书》第 942 册。

佚名：《诸儒鸣道集》，上海图书馆藏宋端平中黄壮猷修补本。

黄宗羲、全祖望撰：《宋元学案》，中华书局 1986 年版。

王梓材、冯云濠编：《宋元学案补遗》，中华书局 2012 年版。

黄宗羲撰：《明儒学案》，中华书局1985年版。

朱熹撰：《伊洛渊源录》，《丛书集成初编》第3340册，上海商务印书馆1936年版。

吕本中撰：《童蒙训》，《文渊阁四库全书》第698册。

李清馥撰：《闽中理学渊源考》，《景印文渊阁四库全书》第460册。

李光地撰：《榕村语录》，中华书局1995年版。

金履祥编：《濂洛风雅》，《丛书集成初编》第1783册，上海商务印书馆1937年版。

顾炎武著，黄汝成集释：《日知录集释（外七种）》，上海古籍出版社1985年版。

钱大昕撰：《十驾斋养新录》，江苏古籍出版社2000年版。

陆游撰：《入蜀记》，《丛书集成初编》，上海商务印书馆1936年版。

祝穆撰：《方舆胜览》，《景印文渊阁四库全书》第471册。

王象之撰：《舆地纪胜》，《续修四库全书》第584册。

乐史撰：《太平寰宇记》，《景印文渊阁四库全书》第470册。

高似孙撰：《剡录》，《景印文渊阁四库全书》第485册。

董斯张撰：《吴兴备志》，《景印文渊阁四库全书》第494册。

梁克家撰：《淳熙三山志》，《景印文渊阁四库全书》第484册。

周应合撰：《景定建康志》，《景印文渊阁四库全书》第489册。

王鏊撰：《姑苏志》，《景印文渊阁四库全书》第493册。

佚名：《无锡县志》，《景印文渊阁四库全书》第492册。

范成大撰：《吴郡志》，《景印文渊阁四库全书》第485册。

《江西通志》，《景印文渊阁四库全书》第517册。

曹学佺撰：《蜀中广记》，《景印文渊阁四库全书》第592册。

《江南通志》，《景印文渊阁四库全书》第508册。

罗愿撰：《新安志》，《景印文渊阁四库全书》第485册。

施宿等撰：《会稽志》，《景印文渊阁四库全书》第486册。

张淏撰：《会稽续志》，《景印文渊阁四库全书》第 486 册。

郝玉麟监修，鲁曾煜编纂：《广东通志》，《景印文渊阁四库全书》第 563 册。

储大文等编：《山西通志》，《景印文渊阁四库全书》第 546 册。

马步蟾等撰：《道光徽州府志》，清道光七年刻本。

戴廷明、程尚宽撰：《新安名族志》，黄山书社 2007 年版。

米芾撰：《画史》，《景印文渊阁四库全书》第 813 册。

朱谋垔撰：《画史会要》，《景印文渊阁四库全书》第 816 册。

邓椿撰：《画继》，《景印文渊阁四库全书》第 813 册。

米芾撰：《书史》，《景印文渊阁四库全书》第 813 册。

陶宗仪撰：《书史会要》，《景印文渊阁四库全书》第 814 册。

岳珂撰：《宝真斋法书赞》，《景印文渊阁四库全书》第 813 册。

米芾撰：《宝章待访录》，《景印文渊阁四库全书》第 813 册。

王毓贤撰：《绘事备考》，《景印文渊阁四库全书》第 826 册。

洪遵撰：《泉志》，《丛书集成初编》第 767 册，上海商务印书馆 1939 年版。

董更撰：《书录》，《景印文渊阁四库全书》第 814 册。

朱存理撰，赵琦美编：《赵氏铁网珊瑚》，《景印文渊阁四库全书》第 815 册。

张照、梁诗正撰：《石渠宝笈》，《景印文渊阁四库全书》第 825 册。

柳宗元撰：《柳宗元集》，中华书局 1979 年版。

仇兆鳌撰：《杜诗详注》，中华书局 1979 年版。

韩愈撰，马其昶校注：《韩昌黎文集校注》，上海古籍出版社 1986 年版。

韩愈撰，钱仲联集释：《韩昌黎诗系年集释》，上海古籍出版社 1984 年版。

朱鹤龄撰：《玉溪生诗集笺注》，上海古籍出版社 1979 年版。

范仲淹撰：《范仲淹全集》，凤凰出版社 2005 年版。

欧阳修撰：《欧阳修全集》，中华书局 2001 年版。

石介撰：《徂徕石先生文集》，中华书局 1984 年版。

苏颂撰：《苏魏公文集》，中华书局 1988 年版。

张载撰：《张载集》，中华书局 1978 年版。

苏洵撰：《嘉祐集》，《景印文渊阁四库全书》第 1104 册。

苏轼撰：《苏轼文集》，中华书局 1986 年版。

苏辙撰：《苏辙集》，中华书局 1990 年版。

黄庭坚撰：《山谷别集》，《景印文渊阁四库全书》第 1113 册。

黄庭坚撰，任渊等注：《黄庭坚诗集注》，中华书局 2003 年版。

张耒撰：《张耒集》，中华书局 1990 年版。

秦观撰：《淮海集笺注》，徐培钧笺注，上海古籍出版社 1994 年版。

曾巩撰：《曾巩集》，中华书局 1984 年版。

程颢、程颐撰：《二程集》，中华书局 1981 年版。

程颢、程颐撰：《二程遗书》，上海古籍出版社 2000 年版。

程颢、程颐撰，朱熹编：《二程外书》，《景印文渊阁四库全书》第 698 册。

游酢撰：《游廌山集》，《景印文渊阁四库全书》第 1121 册。

廖行之撰：《省斋集》，《景印文渊阁四库全书》第 1167 册。

孔文仲、孔武仲、孔平仲撰：《清江三孔集》，《景印文渊阁四库全书》第 1345 册。

刘爚撰：《云庄集》，《景印文渊阁四库全书》第 1157 册。

范纯仁撰：《范忠宣集》，《景印文渊阁四库全书》第 1104 册。

陆游撰：《陆放翁全集》，中国书店 1986 年版。

李之仪撰：《姑溪居士前集》，《景印文渊阁四库全书》第 1120 册。

陆九渊撰：《陆九渊集》，中华书局 1980 年版。

陈起编：《江湖后集》，《景印文渊阁四库全书》第 1357 册。

朱熹撰，朱杰人等编：《朱子全书》，上海古籍出版社、安徽教育出版社 2002 年版。

方回撰：《桐江续集》，《景印文渊阁四库全书》第 1193 册。

陆陇其撰：《松阳钞存》，《丛书集成初编》第 671 册，上海商务印书馆 1936 年版。

陆陇其撰：《三鱼堂文集》，《景印文渊阁四库全书》第 1325 册。

沈季友撰：《檇李诗系》，《景印文渊阁四库全书》第 1475 册。

钱谦益撰：《牧斋有学集》，上海古籍出版社 1996 年版。

唐桂芳撰：《白云集》，《景印文渊阁四库全书》第 1226 册。

方苞撰：《方望溪先生文集》，四部丛刊初编本。

顾炎武撰：《顾亭林诗文集》，中华书局 1959 年版。

全祖望撰：《鲒埼亭集外编》，四部丛刊初编本。

陈垣撰：《陈垣全集》，安徽大学出版社 2009 年版。

严复撰：《严复集》，中华书局 1986 年版。

计有功撰：《唐诗纪事校笺》，王仲镛校笺，巴蜀书社 1989 年版。

傅璇琮主编：《唐才子传校笺》，中华书局 1990 年版。

陆时雍撰：《唐诗镜》，《景印文渊阁四库全书》第 1411 册。

胡震亨撰：《唐音癸籖》，古典文学出版社 1957 年版。

严羽撰：《沧浪诗话校释》，郭绍虞校释，人民文学出版社 1983 年版。

阮阅撰：《诗话总龟》，人民文学出版社 1987 年版。

胡仔撰：《苕溪渔隐丛话》，人民文学出版社 1962 年版。

陈岩肖撰：《庚溪诗话》，《景印文渊阁四库全书》第 1479 册。

何汶撰，常振国、绛云点校：《竹庄诗话》，中华书局 1984 年版。

许顗撰：《许彦周诗话》，《丛书集成初编》第 2550 册，上海商务印书馆 1939 年版。

刘攽撰：《中山诗话》，《景印文渊阁四库全书》第 1478 册。

张戒撰：《岁寒堂诗话》，《历代诗话续编》本。

葛立方撰：《韵语阳秋》，《丛书集成初编》第 2553 册，上海商务印书馆 1939 年版。

刘克庄撰：《后村诗话》，中华书局 1983 年版。

魏庆之编：《诗人玉屑》，中华书局 2007 年版。

张表臣撰：《珊瑚钩诗话》，《丛书集成初编》第 2550 册，商务印书馆 1939 年版。

胡应麟撰：《诗薮》，上海古籍出版社1979年版。

李重华撰：《贞一斋诗说》，《续修四库全书》第1701册。

史绳祖撰：《学斋佔毕》，《丛书集成初编》第313册，上海商务印书馆1939年版。

王铚撰：《四六话》，《丛书集成初编》第2615册，上海商务印书馆1936年版。

朱国桢撰：《涌幢小品》，续修四库全书本，上海古籍出版社2002年版。

李调元撰：《赋话》，《丛书集成初编》第2622册，上海商务印书馆1936年版。

何文焕辑：《历代诗话》，中华书局1981年版。

丁福保辑：《历代诗话续编》，中华书局1983年版。

萧统编，李善注：《文选》，上海古籍出版社1986年版。

董皓等编：《全唐文》，上海古籍出版社1990年版。

曾枣庄、刘琳编：《全宋文》，上海辞书出版社、安徽教育出版社2006年版。

《全宋诗》，北京大学出版社1998年版。

李修生主编：《全元文》，凤凰出版社2004年版。

李昉、宋白、徐铉等编：《文苑英华》，中华书局1956年版。

吕祖谦编：《宋文鉴》，《景印文渊阁四库全书》第1350册。

曾慥编：《类说》，《景印文渊阁四库全书》第873册。

陶宗仪撰：《说郛》，《景印文渊阁四库全书》第878册。

王应麟撰：《玉海》，《景印文渊阁四库全书》第944册。

方回选评，李庆甲集评校点：《瀛奎律髓汇评》，上海古籍出版社2005年版。

《永乐大典》，中华书局1986年版。

杨慎撰：《丹铅总录》，《景印文渊阁四库全书》第855册。

郑樵撰：《通志》，浙江古籍出版社1988年版。

马端临撰：《文献通考》，中华书局2011年版。

彭大翼撰：《山堂肆考》，《景印文渊阁四库全书》第976册。

朱彝尊撰:《经义考》,《景印文渊阁四库全书》第 679 册。

赵翼撰:《陔余丛考》,商务印书馆 1957 年版。

劳格撰:《读书杂识》,《丛书集成续编》第 19 册,新文丰出版公司 1989 年版。

晁公武撰,孙猛校证:《郡斋读书志校证》,上海古籍出版社 1990 年版。

陈振孙撰:《直斋书录解题》,上海古籍出版社 1987 年版。

傅增湘撰:《藏园经书经眼录》,中华书局 1983 年版。

永瑢等撰:《四库全书总目》,中华书局 1965 年版。

永瑢等撰:《四库全书简明目录》,古典文学出版社 1957 年版。

陈寅恪撰:《寒柳堂集》,上海古籍出版社 1980 年版。

王国维撰:《王国维遗书》,上海书店 1983 年版。

陈寅恪撰:《唐代政治史述论稿》,生活·读书·新知三联书店 2001 年版。

陈寅恪撰:《隋唐制度渊源略论稿》,中华书局 1963 年版。

陈寅恪撰:《金明馆丛稿初编》,上海古籍出版社 1980 年版。

陈寅恪撰:《金明馆丛稿二编》,上海古籍出版社 1980 年版。

陈寅恪撰:《元白诗笺证稿》,上海古籍出版社 1978 年版。

龚延民、祖慧撰:《宋登科记考》,江苏教育出版社 2005 年版。

李贵录:《北宋三槐王氏家族研究》,齐鲁书社 2004 年版。

刘焕阳:《宋代晁氏家族及其文献研究》,齐鲁书社 2004 年版。

汤江浩:《北宋临川王氏家族及文学考论——以王安石为中心》,人民文学出版社 2005 年版。

张剑:《宋代家族与文学——以澶州晁氏为中心》,北京出版社 2006 年版。

何新所:《昭德晁氏家族研究》,上海古籍出版社 2006 年版。

张剑、吕肖奂、周扬波:《宋代家族与文学研究》,中国社会科学出版社 2009 年版。

陶晋生撰:《北宋士族:家庭·婚姻·生活》,"中研院"历史语言研究所专刊之一〇二。

徐扬杰：《宋明家族制度史论》，中华书局1995年版。

张邦炜：《宋代婚姻家族史论》，人民出版社2003年版。

邢铁：《宋代家庭研究》，上海人民出版社2005年版。

王善军：《宋代宗族和宗族制度研究》，河北教育出版社2000年版。

柳立言：《宋代的家庭和法律》，上海古籍出版社2008年版。

黄宽重、刘增贵主编：《台湾学者中国史研究论丛·家族与社会》，中国大百科全书出版社2005年版。

《宋人年谱丛刊》，四川大学出版社2003年版。

余英时：《朱熹的历史世界：宋代士大夫的政治文化研究》，生活·读书·新知三联书店2004年版。

殷海卫：《苕溪渔隐丛话研究》，中国社会科学出版社2011年版。

莫砺锋：《朱熹文学研究》，南京大学出版社2000年版。

张兴武：《两宋望族与文学》，人民文学出版社2010年版。

［日］土田健次郎：《道学之形成》，朱刚译，上海古籍出版社2010年版。